"十二五"普通高等教育本科国家级规划教材

新世纪土木工程系列教材

土木工程建设法规
（第5版）

主　编　吴胜兴
副主编　宋宗宇　王　岩

中国教育出版传媒集团
高等教育出版社·北京

内容提要

本书为"十二五"普通高等教育本科国家级规划教材,是新世纪土木工程系列教材之一,依据《高等学校土木工程本科专业指南》和全国一级建造师执业资格考试大纲(2024版)等的要求,在第4版的基础上修订而成。

本书共分三篇:第1篇详细介绍《中华人民共和国建筑法》《中华人民共和国城乡规划法》和《中华人民共和国城市房地产管理法》,这是土木工程建设法规的核心;第2篇紧扣教学目标和注册考试的要求,以土木工程建设全过程为主线,阐述建设工程基本法律制度,建筑市场主体法律制度、建设工程发包与承包、合同、勘察设计、监理、安全生产、质量、劳动保障、环境保护及争议解决法律制度等;第3篇介绍涉外法律法规,以适应改革开放和"一带一路"建设的需要。

本书可作为高等学校土木类、工程管理及相关本科专业,高等职业教育建筑工程技术及相关专科专业的教材,可供参加注册建造师、监理工程师等执业资格考试的学生参考,也可作为相关工程技术人员继续教育的培训教材。

图书在版编目(CIP)数据

土木工程建设法规/吴胜兴主编;宋宗宇,王岩副主编. -- 5版. -- 北京:高等教育出版社,2025.3.
ISBN 978-7-04-063740-3

Ⅰ. D922.297

中国国家版本馆 CIP 数据核字第 2025MT3000 号

TUMU GONGCHENG JIANSHE FAGUI

| 策划编辑 | 元 方 | 责任编辑 | 元 方 | 封面设计 | 李小璐 | 版式设计 | 明 艳 |
| 责任校对 | 高 歌 | 责任印制 | 张益豪 | | | | |

出版发行	高等教育出版社	网 址	http://www.hep.edu.cn
社 址	北京市西城区德外大街4号		http://www.hep.com.cn
邮政编码	100120	网上订购	http://www.hepmall.com.cn
印 刷	河北鹏盛贤印刷有限公司		http://www.hepmall.com
开 本	787 mm×1092 mm 1/16		http://www.hepmall.cn
印 张	16.75	版 次	2003年12月第1版
字 数	400千字		2025年3月第5版
购书热线	010-58581118	印 次	2025年3月第1次印刷
咨询电话	400-810-0598	定 价	41.80元

本书如有缺页、倒页、脱页等质量问题,请到所购图书销售部门联系调换
版权所有 侵权必究
物 料 号 63740-00

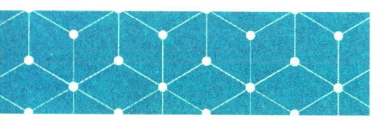

新形态教材网使用说明

土木工程
建设法规
第5版

主编 吴胜兴

1. 计算机访问 https://abooks.hep.com.cn/63740 或手机微信扫描下方二维码进入新形态教材网。
2. 注册并登录后,计算机端进入"个人中心",点击"绑定防伪码",输入图书封底防伪码(20位密码,刮开涂层可见),完成课程绑定;或手机端点击"扫码"按钮,使用"扫码绑图书"功能,完成课程绑定。
3. 在"个人中心"→"我的学习"或"我的图书"中选择本书,开始学习。

　　受硬件限制,部分内容可能无法在手机端显示,请按照提示通过计算机访问学习。如有使用问题,请直接在页面点击答疑图标进行咨询。

https://abooks.hep.com.cn/63740

出版者的话

根据 1998 年教育部颁布的《普通高等学校本科专业目录（1998 年）》，我社从 1999 年开始进行土木工程专业系列教材的策划工作，并于 2000 年成立了由具丰富教学经验、有较高学术水平和学术声望的教师组成的"高等教育出版社土建类教材编委会"，组织出版了新世纪土木工程系列教材，以适应当时"大土木"背景下的专业、课程教学改革需求。系列教材推出以来，几经修订，陆续完善，较好地满足了土木工程专业人才培养目标对课程教学的需求，对我国高校土木工程专业拓宽之后的人才培养和课程教学质量的提高起到了积极的推动作用，教学适用性良好，深受广大师生欢迎。至今，共出版 37 本，其中 22 本纳入普通高等教育"十一五"国家级规划教材，10 本纳入"十二五"普通高等教育本科国家级规划教材，5 本被评为普通高等教育精品教材，2 本获首届全国教材建设奖，若干本获省市级优秀教材奖。

2020 年，教育部颁布了新修订的《普通高等学校本科专业目录（2020 年版）》。新的专业目录中，土木类在原有土木工程，建筑环境与能源应用工程，给排水科学与工程，建筑电气与智能化等 4 个专业及城市地下空间工程和道路桥梁与渡河工程 2 个特设专业的基础上，增加了铁道工程，智能建造，土木、水利与海洋工程，土木、水利与交通工程，城市水系统工程等 5 个特设专业。

为了更好地帮助各高等学校根据新的专业目录对土木工程专业进行设置和调整，利于其人才培养，与时俱进，编委会决定，根据新的专业目录精神对本系列教材进行重新审视，并予以调整和修订。进行这一工作的指导思想是：

一、紧密结合人才培养模式和课程体系改革，适应新专业目录指导下的土木工程专业教学需求。

二、加强专业核心课程与专业方向课程的有机沟通，用系统的观点和方法优化课程体系结构。具体如，在体系上，将既有的一个系列整合为三个系列，即专业核心课程教材系列、专业方向课程教材系列和专业教学辅助教材系列。在内容上，对内容经典、符合新的专业设置要求的课程教材继续完善；对因新的专业设置要求变化而必须对内容、结构进行调整的课程教材着手修订。同时，跟踪已推出系列教材使用情况，以适时进行修订和完善。

三、各门课程教材要具有与本门学科发展相适应的学科水平，以科技进步和社会发展的最新成果充实、更新教材内容，贯彻理论联系实际的原则。

四、要正确处理继承、借鉴和创新的关系，不能简单地以传统和现代划线，决定取舍，而应根据教学需求取舍。继承、借鉴历史和国外的经验，注意研究结合我国的现实情况，择善而从，消化创新。

五、随着高新技术、特别是数字化和网络技术的发展，在本系列教材建设中，要充分考虑纸质教材与多种形式媒体资源的一体化设计，发挥综合媒体在教学中的优势，提高教学质量与效率。在开发研制数字化教学资源时，要充分借鉴和利用精品课程建设、精品资源共享课建设和一流本科课程尤其是线上一流本科课程建设的优质课程教学资源，要注意纸质教材与数字化资源

出版者的话

的结合,明确二者之间的关系是相辅相成、相互补充的。

六、融入课程思政元素,发挥课程育人作用。要在教材中把马克思主义立场观点方法的教育与科学精神的培养结合起来,提高学生正确认识问题、分析问题和解决问题的能力。要注重强化学生工程伦理教育,培养学生精益求精的大国工匠精神,激发学生科技报国的家国情怀和使命担当。

七、坚持质量第一。图书是特殊的商品,教材是特殊的图书。教材质量的优劣直接影响教学质量和教学秩序,最终影响学校人才培养的质量。教材不仅具有传播知识、服务教育、积累文化的功能,也是沟通作者、编辑、读者的桥梁,一定程度上还代表着国家学术文化或学校教学、科研水平。因此,遴选作者、审定教材、贯彻国家标准和规范等方面需严格把关。

为此,编委会在原系列教材的基础上,研究提出了符合新专业目录要求的新的土木工程专业系列教材的选题及其基本内容与编审或修订原则,并推荐作者。希望通过我们的努力,可以为新专业目录指导下的土木工程专业学生提供一套经过整合优化的比较系统的专业系列教材,以期为我国的土木工程专业教材建设贡献自己的一份力量。

本系列教材的编写和修订都经过了编委会的审阅,以求教材质量更臻完善。如有疏漏之处,恳请读者批评指正!

高等教育出版社
高等教育工科出版事业部
力学土建分社
2021 年 10 月 1 日

新世纪土木工程系列教材

第 5 版前言

本书第 4 版于 2020 年 5 月出版以来,《中华人民共和国民法典》由中华人民共和国第十三届全国人民代表大会第三次会议于 2020 年 5 月 28 日通过,自 2021 年 1 月 1 日起施行,随后相关法律法规作了调整和修改;2023 年,教育部高等学校土木工程专业教学指导分委员会组织修订的《高等学校土木工程本科专业指南》发布;2024 年,全国一级建造师执业资格考试大纲也作了较大幅度的修改。因此,本书也必须进行相应修订以适应形势的需要。

2019 年颁布的《普通高等学校教材管理办法》提出,高校教材必须体现党和国家意志,全面贯彻党的教育方针,落实立德树人根本任务,引导学生坚定"四个自信",成为担当中华民族复兴大任的时代新人。《"十四五"普通高等教育本科国家级规划教材建设实施方案》要求,"十四五"期间完成的新编或修订教材,要全面、准确、系统体现习近平新时代中国特色社会主义思想和党的二十大精神内涵,充分发挥教材的铸魂育人功能。因此,本教材的修订特色主要体现在以下三个方面:一是结合相关章节主题引入新时代发展建设成就的内容;二是从人才培养目标和注册考试的要求出发,对教材的篇章结构进行了系统设计,聚焦于培养学生的系统观念和整体思维;三是采用必修与选学、课内加课外、线上加线下、当前与长远相结合的立体化互补模式,以适应数字时代和知识爆炸环境下课内学时受限的需要。

为了贯彻落实立德树人根本任务,本书结合土木工程建设法律法规的特点增加了中国特色社会主义法律体系建设成就相关内容,改变单纯介绍法律条文的枯燥局面,旨在活跃教学气氛,令学生乐于接受。例如,第 13 章建设工程相关的其他法律制度集中介绍 14 部与建设工程相关的其他法律,涉及面非常广,这从一个侧面说明推进全面依法治国的成效,更进一步引申出为中国式现代化提供法治保障的观点。

本教材内容丰富,有法律、法规、规章,还有规范性文件,有的起统领作用,有的比较宏观,有的比较具体,因此本次修订对原有的篇章结构布局作了较大幅度的优化。例如,第 1 篇建设工程主要法律只选了三部法律,《中华人民共和国建筑法》是整个建设法规的核心与统领,学生必须全面掌握;《中华人民共和国城乡规划法》的地位很高,与建设工程密切相关,但不是建设工程法规的主体;《中华人民共和国城市房地产管理法》与建设工程也密切相关,房产是建设活动的重要成果,但其核心内容也不是建设工程法规的主体。对于土木类专业的学生来说,这三部法律都很重要,如果学时许可,建议将这三部法律都作为必修内容;如果学时紧张,可以考虑把后面两部法律作为选修的内容。

土木工程建设法规的条文很多,而法规课程的课时越来越少,因此,土木工程建设法规教材既要涵盖法律法规相关内容,又要考虑学生参加执业资格考试的实际需求,就需要重点关注教材内容的合理设置和取舍。信息技术和教材建设的深度融合,为高校教材的智能演进、个性化定制和效能提升提供了技术保障。为此,本教材在内容取舍方面明确宏观思路,保障重点内容,引导学生自学具体细节,并采用二维码技术提供大量数字资源供学生选学,最后通过测试训练帮助学

1

第5版前言

生掌握所学内容,从而实现必修与选学、课内加课外、线上加线下、当前与长远相结合的立体化互补模式。例如,每部法律法规的违规处罚规定篇幅较长,而且上、下位法的重复现象很明显,所以本教材只在第1篇的三部法律介绍中详细讲解了罚则的具体内容,其他章节则通过每章后的测试题来加深学生对这部分知识的理解掌握程度。

本书由河海大学吴胜兴、王岩和重庆大学宋宗宇共同修订,南京工业大学孙伟民教授审阅。本次修订得到了多方帮助:江苏泰和律师事务所及江苏三法律师事务所的专业律师、主编在国外的学生针对书中相关内容提出了很好的建议,红星图文的工作人员承担了大量文秘工作,河海大学在经费上给予了大力支持,修订过程中参阅的同类教材和有关文献也提供了有益的启发,在此一并致谢。

由于作者的水平所限,书中不足之处在所难免,欢迎读者批评指正。

编　者

2024 年 8 月

第 4 版前言

自本书 2017 年 2 月第 3 版出版以来,尤其是党的十九大后,由于以下三个方面的原因,土木工程建设领域的法律法规以及规章制度发生了巨大的变化。

一、党和国家机构改革。党的十九大和十九届三中全会以后,党和国家机构改革取得重大成效。国务院组建自然资源部,将住房和城乡建设部的城乡规划管理职责等进行了整合;组建应急管理部,将公安部的消防管理、地震局的震灾应急救援等职能进行了整合;监察部和国家预防腐败局并入新组建的国家监察委员会等。中央和国家机关层面,组建和重新组建部级机构 25 个,调整优化领导管理体制和职责部级机构 31 个。地方层面的机构也相应地进行了调整,目前基本到位。

二、全面推进依法治国。2014 年 10 月,党的十八届四中全会对全面推进依法治国作出全面的战略部署,全国人民代表大会及其常务委员会相应地加快了修法和立法的步伐。例如:2018 年 3 月 11 日,第十三届全国人民代表大会第一次会议通过的《中华人民共和国宪法修正案》,确立了习近平新时代中国特色社会主义思想在国家政治和社会生活中的指导地位,增加有关监察委员会、设区的市制定地方性法规等方面的规定;2019 年 3 月 15 日,中华人民共和国第十三届全国人民代表大会第二次会议审议通过了《中华人民共和国外商投资法》等。

三、国务院"放管服"改革。为了贯彻落实党中央和国务院关于推进政府职能转变、深化"放管服"改革、优化营商环境的重大决策,国务院办公厅印发了《关于全面开展工程建设项目审批制度改革的实施意见》(国办发〔2019〕11 号),主要针对房屋建筑和城市基础设施等工程从立项到竣工验收和公共设施接入服务审批全过程,覆盖行政许可等审批事项和技术审查、中介服务、市政公用服务以及备案等其他类型事项,要求全面开展工程建设项目审批制度改革,统一审批流程,统一信息数据平台,统一审批管理体系,统一监管方式。

根据我们的统计,本教材涉及法律法规共约 210 部,其中需要进行更新和修改的数量约占总数量的 45%。因此,适时推出新版教材是合适的,也是必要的。

第 4 版修订时,将各章节原来通过二维码链接的知识点框图移到了正文中,既便于读者学习,也使得全书排版图文并茂,与"新世纪土木工程系列教材"风格一致。另外,与本书各章配套的电子教案、案例、测试题也相应作了更新,还增加了慕课视频。此外,向读者推荐一个法律法规网站——法信网,所有土木工程建设法律法规都可以在此网站中查询到,而且更新非常及时,服务贴心。

本书由河海大学吴胜兴、王岩和重庆大学宋宗宇共同修订,南京工业大学孙伟民教授审阅了全部书稿。在修订过程中参阅了同类教材和有关文献,在此一并致谢。

由于作者的水平所限,书中不足之处在所难免,欢迎批评指正。

编 者
2019 年 10 月

第 3 版前言

自本书 2010 年 1 月第 2 版出版以来,尤其是党的十八大后,随着全面深化改革、全面依法治国和国务院简政放权的大力推进,我国工程建设领域又颁布或修订了大量的法律法规,因此,适时对第 2 版进行修订是非常必要的。同时,由于互联网技术的飞速发展,使得我们对教材建设又有了新的认识和体会。因此,本书第 3 版在修订的过程中充分考虑上述实际情况,并努力适应在线开放课程建设的需要,在开放性上作了重点突破。

一是法规体系的开放性。构建了一个开放的法规体系,便于今后法规内容的实时更新和补充。全书共分三篇,第 1 篇重点介绍与工程建设有关的法;第 2 篇以土木工程建设全过程为主线,阐述各环节法规和规章;第 3 篇介绍法律基础以及涉外工程建设法规。从总体上看,法规体系已很完善,今后的修订和补充不会对体系产生大的影响;从局部来看,各部分内容都聚焦在某一个点上,局部的修改完善不会影响整体布局。

二是教材内容的开放性。土木工程建设法规已经很多了,而且会越来越多;学生要学的内容越来越多,而课时会越来越少;还要为学生参加注册考试着想,必考的内容一定要涵盖进来,否则影响学生学习的积极性。为此,在内容的取舍上,宏观思路必须讲清楚,重点内容必须确保,具体细节引导学生自学,并链接大量法律法规电子文档供学生选学,最后通过测试题来确保学生掌握所学内容。

三是编写方式的开放性。对于重要的、核心的法律法规条文精选后放进教材,而且引用原文,以防阐释后引起歧义。其他内容用二维码技术,延伸到教材外,便于读者查阅。例如,全书精选了近 200 个案例;收集了近 10 年来注册建造师考试的考题,分门别类地放在各章节的课外,便于读者自己测试;根据新修订的教材重新完善了 PPT,随新版教材同时推出;为便于学生从宏观上掌握法律法规体系,各章节都绘制了法律法规的框架图。

四是面向对象的开放性。最初的读者对象是土木工程专业的本科生。实际上我国土木工程建设法律法规是客观存在的,不因学习对象的不同而变。因此,本书在修订的时候,综合考虑了教育部专业人才培养方案和注册建造师等执业资格考试的要求,在内容的取舍上照顾了方方面面的要求。本书可作为高等学校土木工程及相关本科专业、建筑工程技术及相关专科专业的教材和教学参考书,也可以作为注册建造师等执业资格考试复习用书,以及相关工程技术人员继续教育的培训教材。

本书由河海大学吴胜兴、王岩和重庆大学宋宗宇共同修订,在修订过程中参阅了大量同类专著、教材和文献,以及相关网站的大量案例,在此一并致谢。

由于作者的水平所限,书中不足之处在所难免,欢迎批评指正。

编 者
2016 年 10 月

第 2 版前言

本书第 1 版出版以来,我国工程建设领域又颁布了不少新的法规,因此适时对第 1 版进行修订是非常必要的。值此修订之际,第 2 版在以下方面作了比较大的变化:

第一,对本书的章节作了较大的变动。原因有以下三点:一是近年来又颁布了许多法规,原来的体系已容纳不下;二是原书以土木工程建设全过程来介绍相关法规,适应不了土木工程涉及面很广的特点;三是原书将主要的法规作为附录,供学生选读,显得重点不够突出。调整后的布局是:第 1 篇重点介绍由全国人民代表大会通过的与工程建设有关的法,这是土木工程建设法规的核心,要重点学习;第 2 篇仍沿袭原书的风格,以土木工程建设全过程为主线,阐述各环节法律法规,突出土木工程专业的特点;第 3 篇介绍建设法规的法律基础以及涉外工程建设法规和国外建设法规的概况,以适应经济全球化的需要。

第二,增加了大量的案例。土木工程建设法规条文比较多,学起来比较枯燥,提不起学生的学习兴趣。修订后,全书增加了大量的案例,通过案例的学习来加深对法律条文的理解,学习效果肯定会更好。

第三,建设了与本书配套的网站。为了便于广大教师和学生进行土木工程建设法规的教学,我们建设了与本书配套的网站。网站的主要内容有:全部土木工程建设法规的电子文档,大量案例的案例库(供教师和学生参考),与本书配套的习题库(包括选择题、填空题、问答题,供学生测试学习效果用),与本书配套的 PPT 电子教案(供任课教师参考)。

本书由河海大学吴胜兴及重庆大学罗世荣、宋宗宇等修订。修订过程中,河海大学王岩博士带领硕士生秦爱平、骆勇军、徐雯雯、贾德庆、刘东亮、陈育志、杨榕、解学娟、胡珀、艾玲玲,收集、整理了大量的文献资料,在此表示衷心的感谢。另外,在编写过程中参阅了大量同类专著和教材及相关网站的大量案例,在此一并致谢。

由于作者的水平所限,书中不足之处在所难免,欢迎批评指正。

编　者
2009 年 8 月

第1版前言

根据高等学校土木工程专业教学指导委员会制订的培养方案,"土木工程建设法规"是该专业的必修的课程。本教材是根据专业教学指导委员会关于该课程的教学大纲要求编写的。本书的主要特点如下:

1. 内容新。我国目前正处在法治建设的高峰,新颁布的建设法律和法规有好多部,因此教材的内容也必须与时俱进。本书尽可能反映了最新颁布的法律、法规的内容。例如2002年10月28日第九届全国人民代表大会常务委员会第三十次会议通过的《中华人民共和国环境影响评价法》,2002年6月29日第九届全国人民代表大会常务委员会第二十八次会议通过的《中华人民共和国安全生产法》,2003年5月1日起施行的《工程建设项目施工招标投标办法》,2002年12月1日起施行的《外商投资建筑业企业管理规定》和《外商投资建设工程设计企业管理规定》,2003年1月9日实施的《建造师执业资格制度暂行规定》等内容均在教材中有所反映。

2. 主线明。土木工程建设法规的内容非常之多,涉及的面也很广,在有限的学时内,不可能做到面面俱到。因此,本书以土木工程建设全过程为主线,重点阐述建设法规体系、工程建设程序、工程建设执业资格、城市与村镇规划、工程勘察设计、工程发包与承包、工程建设施工、工程建设监理与监督管理、工程建设环境影响评价与保护、房地产、工程建设合同及工程建设争议处理等方面所涉及的法律、法规以及重要规范条文,注重实用性,突出土木工程专业的特色。

3. 资料全。到目前为止,土木工程建设法规有数百部,相应的条文数以万计,全部作为附件列在书后是不现实的,也无法实时更新。因此,我们尽力将所有可能搜集到的电子版土木工程建设法律、法规进行分类整理,发布在高等教育出版社和河海大学网站上,供广大师生查阅、参考,同时也便于实时更新。

本书由河海大学吴胜兴(第2、3、5、7、8、9章)、重庆大学罗世荣(第1、4、10章)、重庆大学宋宗宇(第6、11、12章)编写。吴胜兴负责统稿。北京交通大学刘伊生教授审阅了全部书稿,在此表示衷心感谢。另外,在编写过程中参阅了大量同类专著和教材,在此一并致谢。

由于我们的水平所限,书中不足之处在所难免,欢迎批评指正。

编 者
2003年7月

目 录

绪论 ································· 1
  0.1 建设法规的概念 ················ 1
    0.1.1 建设法规 ················ 1
    0.1.2 建设活动与建设行政管理
          活动 ····················· 1
    0.1.3 建设法规的调整对象 ······ 1
    0.1.4 建设法规的基本原则 ······ 2
  0.2 建设法规的体系 ················ 3
    0.2.1 中国特色社会主义法律体系 ···· 3
    0.2.2 建设法规体系 ············ 4
    0.2.3 建设法规的备案和审查 ······ 6
  0.3 建设法规的施行 ················ 6
    0.3.1 建设法规的实施 ·········· 6
    0.3.2 建设法规的效力层级 ······ 8
    0.3.3 基本建设的程序 ·········· 9
  0.4 中国特色社会主义法律体系建设成就 ···· 10
    0.4.1 中国特色社会主义法律体系建设历程 ···· 10
    0.4.2 开创全面依法治国新局面 ···· 11
  思考题 ····························· 13

第 1 篇 建设工程主要法律

第 1 章 中华人民共和国建筑法 ········ 17
  1.1 总则 ·························· 17
    1.1.1 概述 ···················· 17
    1.1.2 主要内容 ················ 17
  1.2 建筑许可 ······················ 18
    1.2.1 建筑工程施工许可 ········ 18
    1.2.2 从业资格 ················ 19
  1.3 建筑工程发包与承包 ············ 19
    1.3.1 一般规定 ················ 19
    1.3.2 发包 ···················· 19
    1.3.3 承包 ···················· 20
  1.4 建筑工程监理 ·················· 21
  1.5 建筑安全生产管理 ·············· 21
  1.6 建筑工程质量管理 ·············· 22
  1.7 法律责任 ······················ 23
  1.8 建筑法实施取得的成效 ·········· 25
    1.8.1 立法背景与修订过程 ······ 25
    1.8.2 显著成效 ················ 25
    1.8.3 建筑法的实施任重而道远 ···· 26
  思考题 ····························· 28

第 2 章 中华人民共和国城乡规划法 ···· 29
  2.1 总则 ·························· 29
    2.1.1 概述 ···················· 29
    2.1.2 主要内容 ················ 29
  2.2 城乡规划的制定 ················ 30
    2.2.1 城镇体系规划的制定 ······ 30
    2.2.2 城镇总体规划的编制 ······ 31
    2.2.3 城镇详细规划的编制 ······ 31
    2.2.4 乡村规划的编制 ·········· 31
    2.2.5 城乡规划编制单位 ········ 32
  2.3 城乡规划的实施 ················ 32
    2.3.1 规划实施的原则和要求 ···· 32
    2.3.2 各项行政许可规定 ········ 33
    2.3.3 临时建设和竣工验收的规定 ···· 34

2.4 城乡规划的修改 ………………… 35
   2.4.1 规划评估的规定 ……………… 35
   2.4.2 规划修改的规定 ……………… 35
2.5 监督检查 ………………………… 35
2.6 法律责任 ………………………… 36
2.7 城乡规划的地位举足轻重 ……… 37
   2.7.1 《城乡规划法》的诞生 ……… 37
   2.7.2 城乡规划法律法规体系的
       完善 …………………………… 37
   2.7.3 国土空间规划将发挥更大
       作用 …………………………… 38
思考题 ………………………………… 40

第3章 中华人民共和国城市房地产管理法 ……………………………… 41
3.1 总则 ……………………………… 41
   3.1.1 概述 …………………………… 41
   3.1.2 主要内容 ……………………… 41
3.2 房地产开发用地 ………………… 42
   3.2.1 土地使用权出让 ……………… 42
   3.2.2 土地使用权划拨 ……………… 43
3.3 房地产开发 ……………………… 43
3.4 房地产交易 ……………………… 44
   3.4.1 一般规定 ……………………… 44
   3.4.2 房地产转让 …………………… 44
   3.4.3 房地产抵押 …………………… 45
   3.4.4 房屋租赁 ……………………… 45
   3.4.5 中介服务机构 ………………… 45
3.5 房地产权属登记管理 …………… 45
3.6 法律责任 ………………………… 46
思考题 ………………………………… 48

第2篇 建设工程主要环节的法律法规

第4章 建设工程若干基本法律制度 …… 51
4.1 建设工程物权制度 ……………… 51
   4.1.1 物权的设立与保护 …………… 51
   4.1.2 所有权 ………………………… 52
   4.1.3 用益物权 ……………………… 52
   4.1.4 担保物权 ……………………… 53
4.2 建设工程知识产权制度 ………… 54
   4.2.1 著作权制度 …………………… 55
   4.2.2 专利权制度 …………………… 55
   4.2.3 商标权制度 …………………… 56
   4.2.4 其他知识产权制度 …………… 56
4.3 建设工程侵权责任制度 ………… 56
   4.3.1 侵权责任主体 ………………… 56
   4.3.2 损害赔偿 ……………………… 57
   4.3.3 建筑物和物件损害责任 ……… 57
4.4 建设工程税收制度 ……………… 58
   4.4.1 企业所得税 …………………… 58
   4.4.2 增值税 ………………………… 58
   4.4.3 环境保护税 …………………… 58
   4.4.4 其他相关税种 ………………… 58
4.5 建设工程行政法律制度 ………… 58
   4.5.1 行政法的特征和基本原则 …… 59
   4.5.2 行政许可 ……………………… 59
   4.5.3 行政处罚 ……………………… 60
   4.5.4 行政强制 ……………………… 61
4.6 建设工程刑事法律制度 ………… 61
   4.6.1 犯罪概念和犯罪构成 ………… 61
   4.6.2 刑罚种类和刑罚裁量 ………… 61
   4.6.3 建设工程常见犯罪行为及
       罪名 …………………………… 62
4.7 建设工程基本法律制度日趋完善 … 62
   4.7.1 确立建设工程基本法律制度的
       必要性 ………………………… 62
   4.7.2 建设工程基本法律制度建设
       总体概况 ……………………… 63
   4.7.3 建设工程基本法律制度的

完善 …………………………… 63
思考题 ……………………………… 65

第5章　建筑市场主体法律制度 …… 66
5.1　建筑市场主体的一般规定 …… 66
5.1.1　自然人、法人和非法人组织 …… 66
5.1.2　建设工程委托代理 ………… 67
5.2　建筑业企业资质制度 ………… 69
5.2.1　建筑业企业资质条件和等级 … 69
5.2.2　建筑业企业资质的申请 …… 69
5.2.3　建筑业企业资质的许可 …… 70
5.2.4　建筑业企业资质的延续和变更 ………………………… 70
5.3　建造师注册执业制度 ………… 71
5.3.1　建造师考试 ………………… 71
5.3.2　建造师注册 ………………… 72
5.3.3　建造师受聘 ………………… 72
5.3.4　建造师执业范围 …………… 73
5.3.5　建造师基本权利和义务 …… 73
5.4　建筑市场主体信用体系建设 … 74
5.4.1　建筑市场各方主体信用信息分类 ………………………… 74
5.4.2　建筑市场各方主体信用信息公开 ………………………… 74
5.4.3　建筑市场各方主体信用信息应用 ………………………… 75
5.4.4　建筑市场各方主体不良行为记录认定标准 …………… 76
5.5　营商环境优化 ………………… 76
5.5.1　总体原则 …………………… 76
5.5.2　净化市场环境 ……………… 77
5.5.3　优化政务服务 ……………… 77
5.5.4　规范监管执法 ……………… 78
5.6　建筑市场主体法律法规体系基本建成 ………………………………… 79
5.6.1　建筑市场主体法律法规体系 … 79
5.6.2　从业资格认证与国际接轨 …… 79

5.6.3　营商环境持续优化 ………… 80
思考题 ……………………………… 82

第6章　建设工程发包与承包法律制度 ………………………………… 83
6.1　建设工程发包与承包的一般规定 … 83
6.1.1　建设工程总承包 …………… 83
6.1.2　建设工程分包 ……………… 84
6.2　建设工程招标投标制度 ……… 85
6.2.1　建设工程法定招标的范围和规模标准 …………………… 85
6.2.2　建设工程招标方式和交易场所 ………………………… 86
6.2.3　建设工程招标 ……………… 86
6.2.4　建设工程投标 ……………… 88
6.2.5　建设工程开标、评标和中标 … 89
6.3　非招标采购制度 ……………… 91
6.3.1　竞争性谈判 ………………… 92
6.3.2　询价 ………………………… 93
6.3.3　单一来源采购 ……………… 93
6.3.4　框架协议采购 ……………… 94
6.4　实施《招标投标法》取得的成效 … 94
6.4.1　立法背景与修订过程 ……… 94
6.4.2　主要成效 …………………… 95
6.4.3　持续完善 …………………… 95
思考题 ……………………………… 97

第7章　建设工程合同法律制度 …… 98
7.1　合同的基本规定 ……………… 98
7.1.1　合同的订立 ………………… 98
7.1.2　合同的效力 ………………… 99
7.1.3　合同的履行 ………………… 100
7.1.4　违约责任 …………………… 101
7.2　建设工程施工合同的规定 …… 102
7.2.1　施工合同的效力 …………… 102
7.2.2　建设工程工期、质量和价款 … 103
7.2.3　施工合同的变更 …………… 105
7.2.4　施工合同的权利义务终止 … 106

7.3 相关合同制度 …………………… 106
  7.3.1 买卖合同 ………………… 107
  7.3.2 借款合同 ………………… 107
  7.3.3 保证合同 ………………… 107
  7.3.4 租赁合同 ………………… 108
  7.3.5 承揽合同 ………………… 108
  7.3.6 运输合同 ………………… 109
  7.3.7 仓储合同 ………………… 109
  7.3.8 委托合同 ………………… 110
  7.3.9 保险合同 ………………… 110
7.4 合同法建设取得的成效 …………… 110
  7.4.1 立法背景与修订过程 …… 110
  7.4.2 合同法解决的若干重大
      问题 ………………………… 111
思考题 …………………………………… 113

第8章 建设工程勘察设计法律制度 … 114

8.1 建设工程勘察设计管理条例 ……… 114
  8.1.1 一般规定 ………………… 114
  8.1.2 资质资格管理 …………… 114
  8.1.3 建设工程勘察设计发包与
      承包 ………………………… 115
  8.1.4 建设工程勘察设计文件的
      编制与实施 ……………… 115
  8.1.5 监督管理 ………………… 116
  8.1.6 违法违规行为的处罚 …… 116
8.2 建设工程勘察设计资质管理
    规定 …………………………… 117
  8.2.1 资质分类分级和审批 …… 117
  8.2.2 监督与管理 ……………… 117
  8.2.3 法律责任 ………………… 117
8.3 注册建筑师和结构工程师有关
    制度规定 ……………………… 118
  8.3.1 注册建筑师条例实施细则 … 118
  8.3.2 注册结构工程师执业资格
      制度暂行规定 …………… 119
8.4 工程建设项目勘察设计招标

投标 …………………………… 120
  8.4.1 招标 ……………………… 120
  8.4.2 投标 ……………………… 121
  8.4.3 评标 ……………………… 121
  8.4.4 定标 ……………………… 122
8.5 设计文件的编制和审批办法 ……… 122
  8.5.1 设计的依据和程序 ……… 122
  8.5.2 设计阶段划分及设计文件
      内容和深度 ……………… 122
  8.5.3 设计单位的责任 ………… 123
  8.5.4 设计文件的审批权限和
      修改 ………………………… 123
  8.5.5 设计文件的审查 ………… 124
8.6 房屋建筑和市政基础设施工程施工
    图设计文件审查管理办法 ……… 124
  8.6.1 一般规定 ………………… 124
  8.6.2 施工图设计文件审查机构 … 124
  8.6.3 施工图设计文件审查的
      程序 ………………………… 125
  8.6.4 施工图审查机构的责任 … 125
8.7 建设工程勘察设计法规体系基本
    完善 …………………………… 126
  8.7.1 勘察设计法规体系 ……… 126
  8.7.2 勘察设计法规重在落实 … 126
思考题 …………………………………… 128

第9章 建设工程监理法律制度 ……… 129

9.1 工程监理企业资质管理规定 ……… 129
  9.1.1 资质等级和业务范围 …… 129
  9.1.2 资质申请和审批 ………… 129
  9.1.3 监督管理 ………………… 130
9.2 监理工程师职业资格制度规定 …… 130
  9.2.1 考试 ……………………… 130
  9.2.2 注册 ……………………… 131
  9.2.3 执业 ……………………… 131
9.3 建设工程监理范围和规模标准
    规定 …………………………… 131

  9.3.1 建设工程监理范围 ………… 131
  9.3.2 建设工程监理规模标准 … 132
 9.4 标准监理招标文件 ……………… 132
  9.4.1 招标公告和投标邀请书 … 132
  9.4.2 投标人须知 ……………… 132
  9.4.3 评标办法 ………………… 133
  9.4.4 合同条款及格式 ………… 133
  9.4.5 委托人要求 ……………… 134
  9.4.6 投标文件格式 …………… 134
 9.5 建设工程监理规范 ……………… 134
  9.5.1 总则与术语 ……………… 134
  9.5.2 监理机构和监理规划 …… 135
  9.5.3 工程质量、造价、进度控制及
     安全生产管理 …………… 136
  9.5.4 工程变更、索赔及施工合同
     争议处理 ………………… 137
  9.5.5 监理文件资料管理 ……… 137
  9.5.6 设备采购、监造及相关服务 … 138
 9.6 建设工程监理法规体系基本
   建成 ……………………………… 139
  9.6.1 建设工程监理制度发展
     历程 ……………………… 139
  9.6.2 现行建设工程监理法规
     体系 ……………………… 139
  9.6.3 建设工程监理法规体系
     有待完善 ………………… 139
 思考题 ……………………………………… 141

第10章　建设工程安全生产法律
     制度 ……………………………… 142
 10.1 建设单位和相关单位的安全
    责任制度 ……………………… 142
  10.1.1 建设单位的安全责任 …… 142
  10.1.2 勘察和设计单位的安全
      责任 ……………………… 143
  10.1.3 工程监理单位的安全责任 … 144
  10.1.4 机械设备和检验检测等单位

的安全责任 ……………… 144
 10.2 施工安全生产许可证制度 …… 145
  10.2.1 申请领取安全生产许可证的
      程序和条件 ……………… 145
  10.2.2 安全生产许可证的有效期和
      撤销 ……………………… 145
 10.3 施工单位安全生产责任制度 …… 146
  10.3.1 建立健全全员安全生产责任制
      和安全生产规章制度 …… 146
  10.3.2 风险分级管控与安全事故隐患
      排查治理制度 …………… 147
  10.3.3 施工总承包和分包单位的安全
      生产责任 ………………… 148
  10.3.4 负责人施工现场带班制度 … 148
  10.3.5 施工项目负责人的安全生产
      责任 ……………………… 149
  10.3.6 施工作业人员安全生产的权利
      和义务 …………………… 149
  10.3.7 施工单位安全生产教育
      培训 ……………………… 149
 10.4 施工现场安全防护制度 ……… 150
  10.4.1 编制安全技术措施和专项施工
      方案 ……………………… 150
  10.4.2 施工现场安全防范措施 … 150
  10.4.3 特种设备安全管理 ……… 151
  10.4.4 施工现场消防安全责任 … 151
 10.5 施工生产安全事故的应急救援和
    调查处理 ……………………… 151
  10.5.1 生产安全事故的等级划分
      标准 ……………………… 151
  10.5.2 生产安全事故应急救援
      预案 ……………………… 152
  10.5.3 生产安全事故报告、调查和
      处理 ……………………… 152
 10.6 建设工程施工安全监督管理
    体制 …………………………… 153

10.6.1　建筑施工安全监督机构及人员条件 …… 153
　　10.6.2　建筑施工安全监督内容与程序 …… 153
思考题 …… 155

第11章　建设工程质量法律制度 …… 156

11.1　建设单位和相关单位的质量责任和义务 …… 156
　　11.1.1　建设单位的质量责任和义务 …… 156
　　11.1.2　勘察、设计单位的质量责任和义务 …… 157
　　11.1.3　工程监理单位的质量责任和义务 …… 158
11.2　工程建设标准和质量体系认证 …… 159
　　11.2.1　工程建设标准的制定 …… 159
　　11.2.2　工程建设强制性标准的实施 …… 160
　　11.2.3　质量体系认证制度 …… 161
11.3　施工单位的质量责任和义务 …… 162
　　11.3.1　对施工质量负责和总分包单位的质量责任 …… 162
　　11.3.2　按照工程设计图纸和施工技术标准施工 …… 162
　　11.3.3　建筑材料和设备等的检验检测 …… 163
　　11.3.4　施工质量检验和返修 …… 163
11.4　建设工程竣工验收制度 …… 164
　　11.4.1　竣工验收的主体和条件 …… 164
　　11.4.2　规划、消防、环保和节能验收 …… 164
　　11.4.3　竣工验收备案 …… 165
　　11.4.4　应提交的档案资料 …… 166
11.5　建设工程质量保修制度 …… 166
　　11.5.1　质量保修书和最低保修期限 …… 166
　　11.5.2　工程质量保证金 …… 167
11.6　建设工程的高质量发展 …… 168
　　11.6.1　高质量发展理念的提出 …… 168
　　11.6.2　建设工程高质量发展的路径 …… 168
思考题 …… 170

第12章　建设工程劳动保障法律制度 …… 171

12.1　劳动合同制度 …… 171
　　12.1.1　劳动合同的订立 …… 171
　　12.1.2　劳动合同的履行和变更 …… 173
　　12.1.3　劳动合同的解除和终止 …… 173
12.2　劳动用工和工资支付保障 …… 174
　　12.2.1　劳动用工管理 …… 174
　　12.2.2　工资支付保障 …… 175
12.3　劳动安全卫生和保护 …… 176
　　12.3.1　劳动安全卫生 …… 176
　　12.3.2　劳动保护 …… 177
12.4　工伤保险制度 …… 178
　　12.4.1　工伤认定 …… 178
　　12.4.2　工伤保险待遇 …… 179
12.5　劳动争议的解决 …… 180
　　12.5.1　劳动争议调解 …… 180
　　12.5.2　劳动争议仲裁 …… 181
思考题 …… 183

第13章　建设工程相关的其他法律制度 …… 184

13.1　建设工程相关的环境法 …… 184
　　13.1.1　环境保护法 …… 184
　　13.1.2　大气污染防治法 …… 185
　　13.1.3　水污染防治法 …… 186
　　13.1.4　固体废物污染环境防治法 …… 186
　　13.1.5　噪声污染防治法 …… 187
　　13.1.6　清洁生产促进法 …… 188
　　13.1.7　节约能源法 …… 189
　　13.1.8　水土保持法 …… 189

13.2 建设工程相关的其他法律 ………… 190
    13.2.1 土地管理法 …………………… 190
    13.2.2 防震减灾法 …………………… 192
    13.2.3 文物保护法 …………………… 193
    13.2.4 水法 …………………………… 194
    13.2.5 防洪法 ………………………… 195
    13.2.6 无障碍环境建设法 …………… 196
思考题 …………………………………………… 198

第14章 建设工程争议解决法律制度 …… 199

14.1 建设工程争议和解与调解制度 … 199
    14.1.1 和解 …………………………… 199
    14.1.2 调解 …………………………… 199
    14.1.3 多元化纠纷解决机制 ………… 200
14.2 仲裁制度 ………………………………… 200
    14.2.1 仲裁协议 ……………………… 201
    14.2.2 仲裁的申请和受理 …………… 201
    14.2.3 仲裁庭的组成、开庭和裁决 …………………………… 201
14.3 民事诉讼制度 …………………………… 202
    14.3.1 民事诉讼的法院管辖 ………… 202
    14.3.2 民事审判组织与诉讼参加人 …………………………… 203
    14.3.3 民事诉讼证据的种类、保全、调查与审查 …………………… 204
    14.3.4 民事诉讼时效 ………………… 204
    14.3.5 民事诉讼的审判程序 ………… 205
14.4 行政复议制度 …………………………… 206
    14.4.1 行政复议范围 ………………… 206
    14.4.2 行政复议的申请 ……………… 207
    14.4.3 行政复议的管辖 ……………… 207
    14.4.4 行政复议的受理 ……………… 208
    14.4.5 行政复议的决定 ……………… 208
14.5 行政诉讼制度 …………………………… 209
    14.5.1 行政诉讼的受案范围 ………… 209
    14.5.2 行政诉讼的起诉和受理 ……… 209
    14.5.3 行政诉讼的法院管辖 ………… 210
    14.5.4 行政诉讼参加人 ……………… 210
    14.5.5 行政诉讼证据的种类、举证责任和保全 …………………… 211
    14.5.6 行政诉讼的审理、判决和执行 …………………………… 211
14.6 建设工程争议解决法律制度的特点和保障 …………………………… 212
    14.6.1 建设工程争议解决法律制度的特点 …………………………… 212
    14.6.2 行政部门的保障作用 ………… 212
思考题 …………………………………………… 214

第3篇 涉外法律法规

第15章 外商投资中国市场相关法律法规 ………………………………… 217

15.1 外商投资法 ……………………………… 217
    15.1.1 概述 …………………………… 217
    15.1.2 主要内容 ……………………… 217
15.2 外商投资法实施条例 …………………… 218
    15.2.1 概述 …………………………… 218
    15.2.2 主要内容 ……………………… 219
15.3 外国（地区）企业在中国境内从事生产经营活动登记管理办法 …… 220
    15.3.1 概述 …………………………… 220
    15.3.2 外国企业登记的范围及所需材料 …………………………… 220
    15.3.3 外国企业登记的主要事项 … 221
    15.3.4 外国企业的运营管理 ………… 221
15.4 外商投资负面清单与鼓励目录 … 222
    15.4.1 概述 …………………………… 222
    15.4.2 外商投资准入特别管理

　　　　　措施 ·············· 222
　15.4.3　自由贸易试验区外商投资
　　　　　准入特别管理措施 ······ 223
　15.4.4　鼓励外商投资产业目录 ···· 223
15.5　WTO 与我国建筑业 ············ 224
　15.5.1　我国加入 WTO 的承诺 ····· 224
　15.5.2　WTO 与我国规范 ·········· 224
15.6　我国工程技术的迅猛发展 ······ 225
思考题 ······························· 227

第 16 章　中国企业境外投资法律法规 ········ 228

16.1　对外贸易法 ·················· 228
　16.1.1　概述 ·················· 228
　16.1.2　主要内容 ·············· 228
16.2　企业境外投资管理办法 ········ 229
　16.2.1　概述 ·················· 229
　16.2.2　境外投资项目核准和备案 ··· 230
　16.2.3　境外投资监管 ·········· 230
16.3　美国工程建设相关法规 ········ 231
　16.3.1　美国建筑法律体系 ······ 231
　16.3.2　美国建筑许可制度 ······ 232
　16.3.3　美国招标投标制度 ······ 232
　16.3.4　美国建筑质量管理 ······ 233
16.4　欧盟工程建设相关法规 ········ 233
　16.4.1　欧盟建筑法规体系 ······ 233
　16.4.2　欧盟建筑许可制度 ······ 234
　16.4.3　欧盟建筑招标投标制度 ··· 235
　16.4.4　欧盟建筑质量管理 ······ 236
16.5　国际咨询工程师联合会 ········ 236
　16.5.1　国际咨询工程师联合会
　　　　　简介 ·················· 236
　16.5.2　FIDIC 施工合同条件 ···· 237
16.6　国际工程纠纷处理 ············ 237
　16.6.1　国际工程争端裁决机制 ··· 237
　16.6.2　国际工程仲裁 ·········· 238
　16.6.3　国际工程诉讼 ·········· 238
16.7　"一带一路"倡议推动构建人类命运
　　　共同体 ···················· 238
　16.7.1　中国的"一带一路"倡议 ··· 238
　16.7.2　"一带一路"倡议取得的显著
　　　　　成效 ·················· 239
　16.7.3　中国将为构建人类命运共同体
　　　　　作出更大贡献 ·········· 239
思考题 ······························· 241

参考文献 ································· 242

绪 论

1. 了解中国特色社会主义法律体系和法律部门，建设法规的基本概念和实施方式，工程建设全过程的程序及其主要内容。
2. 掌握建设法规的调整对象和基本原则、建设法规体系的层次结构，正确理解建设法规的效力层级并能处理一些常见问题。
3. 通过案例分析培养学生的法治意识，自觉做到学法、懂法、守法和用法，增强对中国特色社会主义道路自信、理论自信、制度自信、文化自信。

0.1 建设法规的概念

0.1.1 建设法规

建设法规是指国家权力机关或其授权的行政机关制定的，旨在调整国家及其有关机构、企事业单位、社会团体、公民之间在建设活动中或建设行政管理活动中发生的各种社会关系的法律、法规等的统称。

0.1.2 建设活动与建设行政管理活动

建设法规概念中提及的建设活动是指土木工程和建筑工程、线路管道工程、设备安装工程（统称建设工程）的新建、扩建、改建活动及建筑装修装饰活动等，而建设行政管理活动是指在建设活动中由国家权力部门正式授权的有关机构对建设行业的组织、监督、协调等职能管理活动。

0.1.3 建设法规的调整对象

法律以一定的社会关系作为调整对象，调整对象是区分法律部门的重要标准。建设法规主要调整国家管理机关、企业、事业单位、经济组织、社会团体和公民在建设活动中所发生的社会关系。建设法规的调整对象主要包括3种：① 建设管理关系；② 建设经济关系；③ 从事建设活动的主体内部民事关系。

1. 建设活动中的行政管理关系

建设活动是社会经济发展中的重要活动，与社会发展息息相关，国家对此类活动必然要实行严格的管理,包括对建设工程的立项、计划、资金筹集、设计、施工、监理、验收等进行严格的监督管理,从而形成建设活动中的行政管理关系。

建设活动中的行政管理关系,是国家及其建设行政主管部门与建设单位、设计单位、施工单位及有关单位(如中介服务机构等)之间发生的管理与被管理关系。它包括两个相互关联的方面:一方面是规划、指导、协调与服务;另一方面是检查、监督、控制与调节。其中不但要明确各种建设行政管理部门相互间及内部各方面的责权利关系,而且要科学地建立建设行政管理部门同各类建设活动主体及中介服务机构之间规范的管理关系。

2. 建设活动中的经济协作关系

在各项建设活动中,活动方为了自身的生产和生活需要,或者为了实现一定的经济利益、目的,必然寻求协作伙伴,随即发生相互间的经济协作关系。如投资主体(建设单位)同勘察设计单位、建筑施工单位等发生的勘察设计和施工关系等。

建设活动中的经济协作关系是一种平等自愿、互利互助的横向协作关系,一般应以经济合同的形式确定。经济合同是各经济主体之间为了实现一定的经济目的而明确相互间的权利义务关系的协议。与一般经济合同不同的是,建设活动的经济合同大多具有较强的计划性。

3. 建设活动中的民事关系

建设活动中的民事关系是指因从事建设活动而产生的自然人、法人、非法人组织之间的民事权利、义务关系。主要包括:在建设活动中发生的有关自然人的损害赔偿关系、房屋买卖关系等。建设活动中的民事关系既涉及国家社会利益,又关系个人的利益和自由,因此必须按照民法和建设法规中的民事法律规范予以调整。

应当指出的是,建设法规的三种具体调整对象,既彼此互相关联,又各具自身属性。它们都是因从事建设活动所形成的社会关系,都须以建设法规来加以规范和调整,不能或不应当撇开建设法规来处理建设活动中所发生的种种关系。这也是它们的共同点或相关联之处。同时这三种调整对象又不尽相同,它们各自的形成条件不同,处理关系的原则或调整手段不同,适用的范围不同,法律后果也不完全相同。从这个意义上说,它们又是三种并行不悖的社会关系,既不能混同,也不能相互取代。在承认建设法规统一调整的前提下,应当侧重适用它们各自所属的调整规范。

对于行政管理关系的调整采取的是行政手段的方式;对于经济协作关系的调整采取的是行政、经济、民事等几种手段相结合的方式;对于民事关系的调整主要采取民事手段。这表明建设法规是运用综合手段对行政的、经济的、民事的社会关系加以规范调整的法规。但就其主要的法律规范性质来说,多数属于行政法或经济法范围。

0.1.4　建设法规的基本原则

建设法规的基本原则包括市场经济规律原则、法制统一原则和责权利相一致原则。

1. 市场经济规律原则

市场经济是指市场对资源配置起决定性作用的经济体制。社会主义市场经济是指与社会主义基本制度相结合的、市场在国家宏观调控下对资源配置起决定性作用的经济体制。1993年3月29日第八届全国人民代表大会第一次会议通过的《中华人民共和国宪法修正案》规定"国家实行社会主义市场经济"。这不仅是宪法的基本原则,也是制定建设法规的基本原则。

(1) 遵循市场经济规律就是要建立健全市场主体体系,建设法规要规定各种建设市场主体的法律地位,并明确其在建设活动中的权利和义务。这些主体理应包括建设行政主管部门、规划勘察设计单位、建设监理单位、建筑施工单位、房地产开发经营部门、土地管理部门、城市市政公用事业单位、环境保护部门、建筑材料供应部门等。活跃的建设市场,要求国家、集体和个人共同参与。

(2) 遵循市场经济规律就是要确保建设市场体系具有统一性和开放性。建设法规立法机关应当确立规划与设计市场、建设监理市场、建设资金市场等多元化的建设活动大市场。

(3) 遵循市场经济规律就是要确定以间接手段为主的宏观调控体系。建设法规主要运用行政手段实现对建设行为的调整,但这种调整不应当是直接干预性的。各建设主体在具体的建设行为中都有其独立性和自主性,国家对其行为实施的调控只是间接性的。

(4) 遵循市场经济规律就是要求建设法规本身具有完备性。要把建设行为纳入法治轨道,必须要先使建设法规自身完备。只有这样,才能有效地规范建设市场的主体地位,维护建设市场秩序。

2. 法制统一原则

建设法规的立法所必须遵循的法制统一原则主要体现在以下方面。所有法律有着内在的统一联系,并在此基础上构成一个国家的法律体系。建设法规体系是我国法律体系中一个组成部分。组成本体系的每一个法律都必须符合宪法的精神与要求。该法律体系与其他法律体系也不应发生冲突。对于基本法的有关规定,建设行政法规和部门规章及地方性建设法规、地方政府规章都必须遵循。地位相等的法律、法规所确立的有关内容应相互协调。建设法规系统内部高层次的法律、法规、规章具有制约性和指导性。地位相等的建设法规和规章在内容规定上不应互为矛盾。

3. 责权利相一致原则

责权利相一致原则是对建设行为主体的权利和义务或责任在建设立法上提出的一项基本要求。具体体现为:① 建设法规主体享有的权利和履行的义务是统一的,任何一个主体均享有建设法规规定的权利,同时必须履行法律规定的义务;② 建设行政主管部门行使行政管理权既是权力,也是其责任义务。

0.2 建设法规的体系

0.2.1 中国特色社会主义法律体系

2011年3月10日,第十一届全国人民代表大会第四次会议正式宣布,一个立足中国国情和实际、适应改革开放和社会主义现代化建设需要、集中体现党和人民意志的,以宪法为统帅,以宪法相关法、民法商法等多个法律部门的法律为主干,由法律、行政法规、地方性法规等多个层次的法律规范构成的中国特色社会主义法律体系已经形成,国家经济建设、政治建设、文化建设、社会建设以及生态文明建设的各个方面实现有法可依。

中国特色社会主义法律体系,根据所调整的社会关系性质不同划分为不同的法律部门:宪法及宪法相关法、民法商法、行政法、经济法、社会法、刑法、诉讼与非诉讼程序法等,其架构如图0-1所示。2023年11月2日,全国人民代表大会常务委员会法制工作委员会发布了《现行有效法律目录》,截至2023年10月24日十四届全国人大常委会第六次会议闭幕,现行有效法律共计299件。

建设法规是我国法律体系的重要组成部分,并直接表现国家组织、管理与协调城市建设、乡村建设、工程建设、建筑业、房地产业、市政公用事业等各项相关建设活动的方针、政策和基本原则。工程建设法规主要涉及的是规范工程建设行为的法律,它不仅包括直接规范工程建设行为的法律,也包括与工程建设过程中的行为密切相关的法律。

建设法规体系是把已经制定和需要制定的建设法律、建设行政法规和建设部门规章衔接起来,形成一个相互联系、相互补充、相互协调的完整统一体系,广义的建设法规体系还包括地方性建设法规和地方政府规章等。

建设法规体系的建立和完善,是我国建设事业的必然要求。我国的建设事业将随着我国综合国力的增强而不断发展。而我国建设立法起步晚,法律、行政法规、部门规章尚未完全配套,还不能很好地适应建设事业发展的需要。此外,我国建设行业众多,具有很强的社会性、综合性、技术性特点,只有建立完善的建设法规体系,才能保证我国建设事业顺利进行。建设法规体系的基本框架由纵向结构和横向结构所组成。

0.2.2 建设法规体系

根据《中华人民共和国立法法》(简称《立法法》)有关立法权限的规定和国务院建设行政主管部门《建设法律体系规划方案》的规定和要求,我国建设法规体系确定为梯形结构的纵向形式,即不设立基本法律,而以若干并列的专项法律组成法规体系的顶层,然后对每部专项法律再配置相应的行政法规和部门规章等作为扩展和补充,形成若干相互联系而又相互独立的专项体系。我国建设法规体系纵向上由以下几个层次组成。

1. 宪法

宪法是国家的根本大法,具有最高的法律地位和效力,任何其他法律法规都必须符合宪法的规定,不得与之相抵触。宪法是工程建设法规的立法依据,同时又明确规定国家基本建设的方针和原则,直接规范和调整工程建设的相关活动。

《中华人民共和国宪法》规定,"国务院行使下列职权:……(六)领导和管理经济工作和城乡建设、生态文明建设""县级以上地方各级人民政府依照法律规定的权限,管理本行政区域内的……城乡建设事业……等行政工作,发布决定和命令,任免、培训、考核和奖惩行政工作人员"。

2. 建设法律

法律是指由全国人民代表大会和全国人民代表大会常务委员会制定颁布的规范性法律文件,即狭义的法律。法律分为基本法律和一般法律两类。基本法律是由全国人民代表大会制定的调整国家和社会生活中带有普遍性的社会关系的规范性法律文件的统称,如《中华人民共和国刑法》《中华人民共和国民法典》《中华人民共和国民事诉讼法》等法律。一般法律是由全国人民代表大会常务委员会制定的调整国家和社会生活中某种具体社会关系或其中某一方面内容的规范性文件的统称,如《中华人民共和国招标投标法》等法律。

建设法律既包括专门的建设领域的法律,也包括与建设活动相关的其他法律。前者有《中华人民共和国建筑法》《中华人民共和国城乡规划法》《中华人民共和国城市房地产管理法》等,本书第1篇将重点讲述这些法律,后者有《中华人民共和国民法典》《中华人民共和国行政处罚法》

《中华人民共和国行政许可法》等。

3. 建设行政法规

行政法规是国务院根据宪法和法律就有关执行法律和履行行政管理职权的问题，以及依据全国人民代表大会及其常务委员会特别授权所制定的规范性文件的总称。

现行的建设行政法规主要有《建设工程质量管理条例》《建设工程安全生产管理条例》《建设工程勘察设计管理条例》《城市房地产开发经营管理条例》等。

4. 地方性建设法规

地方性建设法规是指在不同宪法、法律、行政法规相抵触的前提下，由省、自治区、直辖市人民代表大会及其常务委员会根据本行政区域的具体情况和实际需要制定并发布的工程建设方面的法规，如《江苏省建筑市场管理条例》。设区的市人民代表大会及其常务委员会根据本市的具体情况和实际需要，在不同宪法、法律、行政法规和本省、自治区的地方性法规相抵触的前提下，可以对城乡建设与管理等方面的事项制定地方性法规，但须报省、自治区的人民代表大会常务委员会批准后施行。

5. 建设部门规章

国务院各部委及具有行政管理职能的直属机构等，可以根据法律和国务院的行政法规、决定、命令，在本部门的权限范围内制定规章，或与国务院其他有关部门联合制定并发布规章，其名称可以是"规定""办法""实施细则"等。

目前，大量的建设法规以部门规章的方式发布，如中华人民共和国住房和城乡建设部发布的《房屋建筑和市政基础设施工程质量监督管理规定》《房屋建筑和市政基础设施工程竣工验收备案管理办法》《市政公用设施抗灾设防管理规定》，中华人民共和国国家发展和改革委员会发布的《招标公告和公示信息发布管理办法》《必须招标的工程项目规定》等。

6. 地方政府建设规章

地方政府建设规章是指省、自治区、直辖市和设区的市、自治州的人民政府根据法律、行政法规和本省、自治区、直辖市的地方性法规制定并颁发的城乡建设与管理方面的规章。如《江苏省建设工程勘察设计管理办法》《江苏省建设工程造价管理办法》《江苏省建筑节能管理办法》等。

7. 国际条约

我国参加或与外国签订的调整经济关系的国际公约和双边条约，还有国际惯例、国际上通用的建筑技术规程都属于建设法规的范畴，如《建筑业安全卫生公约》等，都应当遵守和实施。涉外建设工程承包合同非常复杂，它涉及有形贸易、无形贸易、信贷、委托、技术规范、保险等诸多法律关系，这些法律关系的调整必须遵守我国承认的国际公约、国际惯例和国际通用的技术规程和标准。

8. 法律解释

当建设法律有以下情况之一时，全国人民代表大会常务委员会可以作出与法律具有同等地位的法律解释：① 法律的规定需要进一步明确具体含义的；② 法律制定后出现新的情况，需要明确适用法律依据的。最高人民法院、最高人民检察院可以就属于审判、检察工作中具体应用法律问题作出具有法律效力的司法解释，并与被解释的有关法律规定一并作为处理案件的依据。最高人民法院、最高人民检察院以外的审判机关和检察机关，不得作出具体应用法律问题的司法解释。

9. 规范性文件

规范性文件是指除法律、法规和规章外，行政机关及法律、法规授权的具有管理公共事务职能的组织,在法定职权范围内依照法定程序制定并公开发布,在本行政区域或其管理范围内具有普遍约束力,在一定时间内相对稳定、能够反复适用的行政措施、决定、命令等文件的总称。

10. 技术法规

技术法规是指国家制定或者认可的,在全国范围内有效的技术规程、规范、标准、定额、方法等技术文件。它们是建筑业工程技术相关人员从事经济技术作业、建设管理监测等的依据,如预算定额、设计规范、施工规范、验收标准等。

0.2.3　建设法规的备案和审查

除由全国人民代表大会和全国人民代表大会常务委员会制定颁布的法律文件外,行政法规、地方性法规等应当在公布后的30日内依照下列规定报有关机关备案:

(1) 行政法规报全国人民代表大会常务委员会备案。

(2) 省、自治区、直辖市的人民代表大会及其常务委员会制定的地方性法规,报全国人民代表大会常务委员会和国务院备案;设区的市、自治州的人民代表大会及其常务委员会制定的地方性法规,由省、自治区的人民代表大会常务委员会报全国人民代表大会常务委员会和国务院备案。

(3) 自治州、自治县的人民代表大会制定的自治条例和单行条例,由省、自治区、直辖市的人民代表大会常务委员会报全国人民代表大会常务委员会和国务院备案;自治条例、单行条例报送备案时,应当说明对法律、行政法规、地方性法规作出变通的情况。

(4) 部门规章和地方政府规章报国务院备案;地方政府规章应当同时报本级人民代表大会常务委员会备案;设区的市、自治州的人民政府制定的规章应当同时报省、自治区的人民代表大会常务委员会和人民政府备案。

(5) 根据授权制定的法规应当报授权决定规定的机关备案;经济特区法规、浦东新区法规、海南自由贸易港法规报送备案时,应当说明变通的情况。

0.3　建设法规的施行

0.3.1　建设法规的实施

建设法规的实施包括执法、司法和守法三个方面,是指国家机关、企事业组织及社会组织、公民实践建设法律规范的活动。法律的生命在于它的实行,建设法规只有通过具体的实践过程才能发挥其应有的作用。

1. 建设行政执法

建设行政执法是指国务院建设行政主管部门在本部门的职能权限内,适用或执行关于建设行政管理方面的法律、法规、规章和规范性文件的具体行政行为。建设行政执法除具有行政执法的一般特征之外,还具有其自己的特征。

(1) 建设行政执法具有广泛性。建设行政管理内容的复杂繁多,决定了建设行政执法的广泛性。建设行政执法包括城乡规划管理执法、市政设施管理执法、城市公用事业管理执法、城市园林绿化管理执法、风景名胜区管理执法、城市房地产管理执法、施工管理执法、工程建设勘察设计管理执法以及建设工程标准定额管理执法等。

（2）建设行政执法主体多元性。建设行政执法内容广泛，执法主体必然具有多元性的特点。中央有国务院建设行政主管部门，地方有省、自治区、直辖市建设主管部门，各地又分别设立有规划局、市政局、环卫局、园林局、建工局、公用局等分管不同的业务，各司其职，协同配合。

（3）建设行政执法的委托性和授权性。建设行政执法涉及的领域广泛，需要把一些部门监督执法工作授权或者委派给基层组织、群众自治组织和社会团体，由其根据法律、法规和规章，接受建设行政主管部门的委托，具体负责一些较为简单的执法活动。

（4）建设行政执法的专业技术性。建设行政执法中相当一部分行为具有较强的专业技术性特征。如城乡规划管理执法、勘察设计管理执法和标准定额管理执法等，都需要用专业技术、科学手段得出科学结论。

（5）建设行政执法还具有民事、行政的交叉性。如城市房地产管理执法，城市房屋拆迁管理执法与民事权益有非常密切的关系，在执法过程中，既要体现国家的行政管理特点，又要体现民事法律的特点。

建设行政执法的具体内容包括以下四个方面：

（1）建设行政决定，指建设行政执法者依法对相对人的权利和义务作出单方面的处理。包括行政许可、行政命令和行政奖励。

（2）建设行政检查，指建设行政执法者依法对相对人是否守法的事实进行单方面的强制了解。主要包括实地检查和书面检查两种。

（3）建设行政处罚，指建设行政主管部门或其他有权机关对相对人实行惩戒或制裁的行为。主要包括财产处罚、行为处罚和审诫处罚三种类型。

（4）建设行政强制执行，指在相对人不履行行政相关法规所规定的义务时，特定的行政机关依法对其采取强制手段，迫使其履行义务。

2. 行政司法

行政司法是一种特殊的具体行政行为，它是指行政机关根据法律的授权，按照司法程序审理和裁处有关争议或纠纷，以影响当事人之间的权利、义务关系，从而具有相应法律效力的行为。在我国，行政司法行为主要是指行政调解行为、行政复议行为和行政裁决行为。

（1）行政调解，指在行政机关的主持下，以法律为依据，通过说服、教育等方法，促使双方当事人通过协商达成协议。

（2）行政复议，指在当事人不服行政执法决定时，依法向指定的部门提出重新处理的申请。

（3）行政裁决，指国家行政机关以第三人的身份对特定的民事、经济争议进行审查，并作出判断和裁决。

3. 专门机关司法

建设法规实施中的专门机关司法是指国家司法机关，主要是指人民法院依照诉讼程序，对建设活动中的争议与违法建设行为进行的审理与判决的活动。

4. 守法

守法是建设法规实施过程中不可缺少的重要环节。守法是指公民、社会组织和国家机关以法律为自己的行为准则，依据法律的规定行使权利和履行义务，做法律要求做或允许做的事，不做法律禁止做的事。由此可见，守法不仅包括消极、被动的履行义务行为，还包括根据授权积极主动去行使自己的权利，实施法律所允许的行为。

0.3.2 建设法规的效力层级

法的效力层级,是指法律体系中的各种法的形式,由于制定的主体、程序、时间、适用范围等的不同,具有不同的效力而形成的法的效力等级体系。

1. 宪法至上

宪法是国家的根本大法,具有最高的法律效力。宪法作为根本法和母法,是其他立法活动的最高法律依据。任何法律、法规都必须遵循宪法而产生,无论是维护社会稳定、保障社会秩序,还是规范经济秩序,都不能违背宪法的基本准则。

2. 上位法优于下位法

在我国法律体系中,法律的效力仅次于宪法而高于其他法的形式。行政法规的法律地位和法律效力仅次于宪法和法律,高于地方性法规和部门规章。地方性法规的效力,高于本级和下级地方政府规章。省、自治区人民政府制定的规章的效力,高于本行政区域内的设区的市、自治州人民政府制定的规章。

自治条例和单行条例依法对法律、行政法规、地方性法规作变通规定的,在本自治地方适用自治条例和单行条例的规定。经济特区法规根据授权对法律、行政法规、地方性法规作变通规定的,在本经济特区适用经济特区法规的规定。

部门规章之间、部门规章与地方政府规章之间具有同等效力,在各自的权限范围内施行。

3. 特别法优于一般法

特别法优于一般法,是指当一般规定与特别规定不一致时,优先适用特别规定。《中华人民共和国立法法》规定,同一机关制定的法律、行政法规、地方性法规、自治条例和单行条例、规章,特别规定与一般规定不一致的,适用特别规定。

4. 新法优于旧法

新法、旧法对同一事项有不同规定时,新法的效力优于旧法。《中华人民共和国立法法》规定,同一机关制定的法律、行政法规、地方性法规、自治条例和单行条例、规章,新的规定与旧的规定不一致的,适用新的规定。

5. 需要由有关机关裁决适用的特殊情况

法律之间对同一事项的新的一般规定与旧的特别规定不一致,不能确定如何适用时,由全国人民代表大会常务委员会裁决。

行政法规之间对同一事项的新的一般规定与旧的特别规定不一致,不能确定如何适用时,由国务院裁决。

地方性法规、规章之间不一致时,由有关机关依照下列规定的权限作出裁决:① 同一机关制定的新的一般规定与旧的特别规定不一致时,由制定机关裁决。② 地方性法规与部门规章之间对同一事项的规定不一致,不能确定如何适用时,由国务院提出意见,国务院认为应当适用地方性法规的,应当决定在该地方适用地方性法规的规定;认为应当适用部门规章的,应当提请全国人民代表大会常务委员会裁决。③ 部门规章之间、部门规章与地方政府规章之间对同一事项的规定不一致时,由国务院裁决。

根据授权制定的法规与法律规定不一致,不能确定如何适用时,由全国人民代表大会常务委员会裁决。

0.3.3 基本建设的程序

基本建设程序是指工程项目从策划、选择、评估、决策、设计、施工到竣工验收、投入生产或交付使用的整个建设过程中,各项工作必须遵循的先后次序。目前,我国尚无一部专门的"基本建设程序法",但在《中华人民共和国建筑法》《中华人民共和国城乡规划法》《中华人民共和国招标投标法》等法律中均有涉及,因此,工程项目实际运行过程中依据部门规章和规范性文件。如1978年4月22日原国家计划委员会、原国家建设委员会、财政部联合发布了《关于基本建设程序的若干规定》,就计划任务书、建设地点的选择、设计文件、建设准备、计划安排、施工、生产准备和竣工验收交付使用等八方面对基本建设程序问题作了相关规定。此后相关部门针对具体事由又发布了若干规定等,但相当一部分已经修订或废止。2004年7月16日发布的《国务院关于投资体制改革的决定》确立了企业的投资主体地位,规定对于政府投资建设的项目,必须进行审批;对于企业不使用政府投资建设的项目,一律不再实行审批制,区别不同情况实行核准制和备案制。

现行基本建设程序总体上可分为工程建设前期、工程建设准备、工程建设实施、工程验收与保修、终结五个阶段,每个阶段又包含若干环节,如表0-1所示。

表0-1 基本建设程序

基本建设阶段	各阶段包含的环节
工程建设前期	投资意向
	投资机会研究
	编制项目建议书
	进行可行性研究
	项目审批立项
工程建设准备	取得建设用地规划许可证
	获取土地使用权
	取得建设工程规划许可证
	国有土地上房屋征收与补偿
	报建(取得施工许可证)
	工程勘察设计发包与承包
工程建设实施	勘察设计
	施工图设计文件审查
	委托建设监理
	工程施工发包与承包
	签订合同
	申请质量监督
	工程施工
	生产准备
工程验收与保修	竣工验收备案
	办理房地产证书
	工程保修

续表

基本建设阶段	各阶段包含的环节
终结	生产运营
	投资后评价

工程项目的性质不同,规模不一,同一阶段内有些环节可以省略,有些环节会有交叉,在具体执行时,可根据具体情况在遵守基本建设程序的大前提下,灵活开展各项工作。对经济社会发展、社会公众利益有重大影响或者投资规模较大的政府投资项目,投资主管部门或者其他有关部门应当在中介服务机构评估、公众参与、专家评议、风险评估的基础上作出是否批准的决定。政府投资项目应当按照投资主管部门或者其他有关部门批准的建设地点、建设规模和建设内容实施。

审批是各阶段中的一项重要工作。根据《国务院办公厅关于全面开展工程建设项目审批制度改革的实施意见》(国办发〔2019〕11号),工程建设项目审批制度改革包括统一审批流程、统一信息数据平台、统一审批管理体系、统一监管方式,实现工程建设项目审批"四统一"。改革覆盖工程建设项目审批全过程,将工程建设项目审批流程主要划分为立项用地规划许可、工程建设许可、施工许可、竣工验收四个阶段。

本书第二篇将根据全国一级建造师执业资格考试大纲(2024版)、全国注册城乡规划师职业资格考试大纲(2020版)、全国一级注册结构工程师考试大纲(2021版)、全国中级注册安全工程师职业资格考试大纲(2019版)和全国监理工程师职业资格考试大纲(2021版)等的要求,对土木工程建设全过程中的主要环节涉及的法律法规进行详细介绍。

0.4 中国特色社会主义法律体系建设成就

0.4.1 中国特色社会主义法律体系建设历程

中国特色社会主义法律体系是在中国共产党的领导下,适应中国特色社会主义建设事业的需要而逐步形成的。

1. 新中国成立初期

新中国成立初期,根据政权建设的需要,我国颁布实施了具有临时宪法性质的《中国人民政治协商会议共同纲领》,制定了中央人民政府组织法、工会法、婚姻法、土地改革法、全国人民代表大会和地方各级人民代表大会选举法以及有关地方各级人民政府和司法机关的组织、民族区域自治和公私企业管理、劳动保护等一系列法律、法令,开启了新中国民主法治建设的历史进程。

1954年,第一届全国人民代表大会第一次会议召开,通过了新中国第一部宪法,确立了人民民主和社会主义原则,确立了人民代表大会的根本政治制度,规定了公民的基本权利和义务,同时制定了全国人民代表大会组织法、国务院组织法、地方各级人民代表大会和地方各级人民委员会组织法、人民法院组织法、人民检察院组织法,确立了国家生活的基本原则。"文化大革命"期间,我国的民主法治建设遭到严重破坏,立法工作几乎陷于停顿。

2. 党的十一届三中全会以后

1978年,中国共产党第十一届中央委员会第三次全体会议深刻总结新中国成立以来的历史经验,作出把党和国家工作重点转移到经济建设上来、实行改革开放的历史性决策,并提出为了保障人民民主,必须加强社会主义法制,使民主制度化、法律化,使这种制度和法律具有稳定性、连续性和极大的权威,做到有法可依、有法必依、执法必严、违法必究。这次会议开启了中国改革开放和社会主义民主法治建设的历史新时期。

1982年,为适应国家经济、政治、文化、社会生活等各方面发生的巨大变化,第五届全国人民代表大会第五次会议通过了中华人民共和国第四部宪法,并先后于1988年、1993年、1999年、2004年和2018年对宪法的部分内容进行修改完善。2020年,《中华人民共和国民法典》(简称《民法典》)正式通过,于2021年1月1日起施行。全国人大及其常委会逐年加快立法进程,国务院、地方人大及其常委会还制定了大量行政法规和地方性法规,促进了我国社会主义民主法治建设,推动了中国特色社会主义法律体系的形成。

3. 法律体系初步建成

截至2011年8月底,我国已制定现行宪法和有效法律共240部、行政法规706部、地方性法规8600多部,涵盖社会关系各个方面的法律部门已经齐全,各个法律部门中基本的、主要的法律已经制定,相应的行政法规和地方性法规比较完备,法律体系内部总体做到科学规范统一,中国特色社会主义法律体系已经基本形成。

2011年3月10日,时任全国人民代表大会常务委员会委员长吴邦国向第十一届全国人民代表大会第四次会议作全国人大常委会工作报告时庄严宣布,一个立足中国国情和实际、适应改革开放和社会主义现代化建设需要、集中体现党和人民意志的,以宪法为统帅,以宪法相关法、民法商法等多个法律部门的法律为主干,由法律、行政法规、地方性法规等多个层次的法律规范构成的中国特色社会主义法律体系已经形成。

0.4.2 开创全面依法治国新局面

党的十八大以来,以习近平同志为核心的党中央,把全面依法治国纳入"四个全面"战略布局,开创了全面依法治国的新局面,社会主义法治建设取得了历史性成就。主要表现为以下十个方面:一是创立了习近平法治思想;二是中国的法治领导体制更加健全;三是宪法得到全面贯彻落实;四是法律规范体系更加完备;五是法治政府建设迈上新台阶;六是司法体制改革取得历史性突破;七是法治社会建设取得实质性进展;八是涉外法治工作开辟新局面;九是依规治党实现历史性跃升;十是法治工作队伍建设成效卓著。

党的二十大报告强调,必须更好发挥法治固根本、稳预期、利长远的保障作用,在法治轨道上全面建设社会主义现代化国家。党的二十大报告首次将法治建设作为专章论述、专门部署,这充分体现了以习近平同志为核心的党中央对全面依法治国的高度重视,充分体现了中国共产党不仅是敢于革命、善于建设、勇于改革的政党,更是信仰法治、坚守法治、建设法治的政党。党的二十大报告进一步指出我国法治建设的方向和目标:我们要坚持走中国特色社会主义法治道路,建设中国特色社会主义法治体系、建设社会主义法治国家。坚持依法治国、依法执政、依法行政共同推进,坚持法治国家、法治政府、法治社会一体建设,全面推进科学立法、严格执法、公正司法、全民守法。党的二十大报告具体部署了四个方面的工作:完善以宪法为核心的中国特色社会主义法律体系、扎实推进依法行政、严格公正司法、加快建设法治社会。

绪论

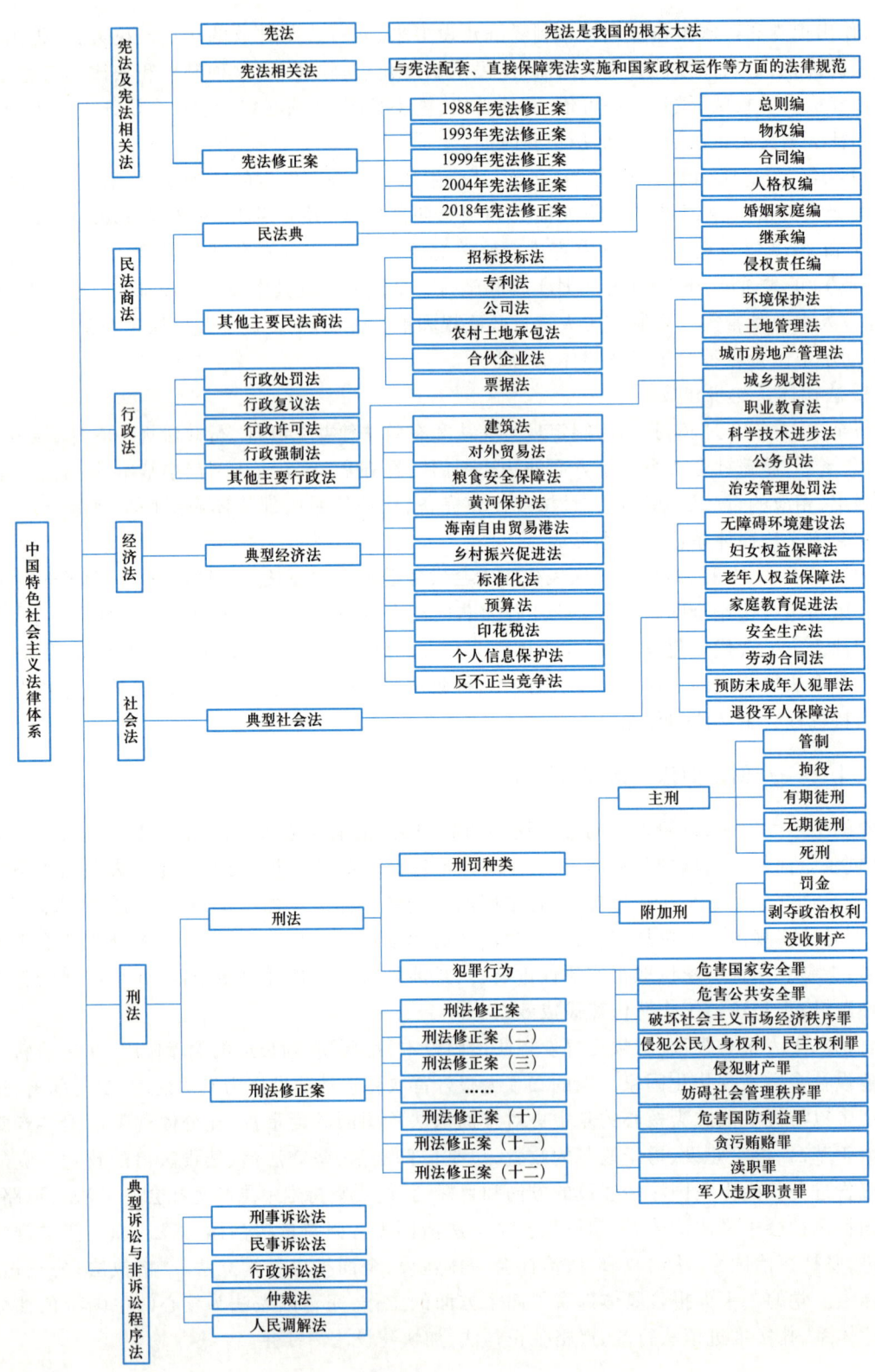

图 0-1 中国特色社会主义法律体系架构图

1. 简述建设法规的调整对象和基本原则。
2. 我国的法律体系包括哪几个法律部门？
3. 我国建设法规分哪几个层级？
4. 建设行政执法的主要内容包括哪些方面？
5. 建设法规不同层级的效力遵守的原则是什么？
6. 我国工程建设全过程分哪几个阶段？

绪论　案例

绪论　测试题及参考答案

第1篇

建设工程主要法律

第1章 中华人民共和国建筑法

本章学习目标

1. 了解《中华人民共和国建筑法》的立法背景与修订过程，实施后取得的主要成效，理解其立法意义。

2. 熟练掌握《中华人民共和国建筑法》中明确的若干制度，尤其是建筑许可、工程发包与承包、建筑工程监理、建筑安全生产与质量管理等制度。

3. 通过典型案例的学习，加深对《中华人民共和国建筑法》若干制度的理解，如建筑许可、建筑生产安全和质量责任等，能够用法律的武器来维护自身的合法权益。

1.1 总 则

1.1.1 概述

《中华人民共和国建筑法》（简称《建筑法》）于1997年11月1日由第八届全国人民代表大会常务委员会第二十八次会议通过，自1998年3月1日起施行，根据2011年4月22日第十一届全国人民代表大会常务委员会第二十次会议《关于修改〈中华人民共和国建筑法〉的决定》第一次修正，根据2019年4月23日第十三届全国人民代表大会常务委员会第十次会议《关于修改〈中华人民共和国建筑法〉等八部法律的决定》第二次修正。

该法共八章八十五条，内容主要包括建筑许可制度、建筑工程发包与承包制度、建筑工程监理制度、建筑安全生产管理制度及建筑工程质量管理制度等。

总则所指的建筑市场是指以建筑工程项目的建设单位（或称业主、发包方）和从事建筑工程的勘察、设计、施工、监理等业务活动的单位或个人（承包方），以及有关的中介机构为市场主体，以建筑工程项目的勘察、设计、施工等建筑活动的工作成果或者以工程监理的监理服务为市场交易客体的建筑工程项目承发包交易活动的统称。《建筑法》所称建筑活动，是指各类房屋建筑及其附属设施的建造和与其配套的线路、管道、设备的安装活动。

1.1.2 主要内容

《建筑法》总则共六条，主要讲述了本法的立法宗旨、适用范围、对全国建筑活动实施统一监督管理的行政主管机关等。

立法的目的是加强对建筑活动的监督管理,维护建筑市场秩序,保证建筑工程的质量和安全,促进建筑业健康发展。在中华人民共和国境内从事建筑活动,实施对建筑活动的监督管理,应当遵守本法。国务院建设行政主管部门对全国的建筑活动实施统一监督管理。

从事建筑活动应当遵守法律、法规,不得损害社会公共利益和他人的合法权益。任何单位和个人都不得妨碍和阻挠依法进行的建筑活动。建筑活动应当确保建筑工程质量和安全,符合国家的建筑工程安全标准。国家扶持建筑业的发展,支持建筑科学技术研究,提高房屋建筑设计水平,鼓励节约能源和保护环境,提倡采用先进技术、先进设备、先进工艺、新型建筑材料和现代管理方式。

《中华人民共和国建筑法》知识点导图如图 1-1 所示。

1.2 建筑许可

设立和实施建筑工程施工许可证制度,就是通过对建筑工程施工所应具备的基本条件的审查,避免不具备条件的建筑工程盲目开工而给相关当事人造成损失和带来社会财富的浪费,保证建筑工程开工后的顺利建设,达到事前控制的目的。建筑许可共八条规定,分为建筑工程施工许可和从业资格两大部分。

1.2.1 建筑工程施工许可

关于建筑工程施工许可的规定共有五条,包括对有关建筑工程实行施工许可证制度和依法应当申请领取施工许可证的建筑工程的范围、领取施工许可证应当具备的条件、施工许可证的有效期、施工中止与恢复、不能按期施工的处理。

施工许可证是指建筑工程开始施工前,建设单位向建设行政主管部门申请领取的可以施工的证明。按照国务院规定的权限和程序批准开工报告的建筑工程,不再领取施工许可证。国务院建设行政主管部门确定的限额以下的小型工程,也不需要领取施工许可证。申请领取施工许可证应当具备下列条件:① 已经办理该建筑工程用地批准手续;② 依法应当办理建设工程规划许可证的,已经取得建设工程规划许可证;③ 需要拆迁的,其拆迁进度符合施工要求;④ 已经确定建筑施工企业;⑤ 有满足施工需要的资金安排、施工图纸及技术资料;⑥ 有保证工程质量和安全的具体措施。建设行政主管部门应当自收到申请之日起七日内,对符合条件的申请颁发施工许可证。

建筑工程施工许可证只能在一定期限内有效,具体包括以下三种情况:① 施工许可证的有效期限为三个月,建设单位在领取施工许可证之日起三个月内应当开工;② 建设单位因故不能按期开工的,经原发证机关审查通过,可以延期开工,但最多只能延期两次,每次不能超过三个月;③ 建设单位在施工许可证有效期内没有开工,又没有申请延期,或者延期两次后仍没有开工的,施工许可证作废。

施工许可证是《建筑法》有效实施的重要抓手之一,《建筑工程施工许可管理办法》(2021年3月30日第二次修正)对施工许可制度、建设单位申请领取施工许可证的条件和程序、施工许可证的使用以及违规处罚等作了进一步的详细规定,具体细节详见办法原文。大中型项目的开工报告制度从1979年设立以来,随着社会经济的发展和政府"放管服"改革的深入项目规模以及审批内容根据当时的具体情况不断在调整。

1.2.2 从业资格

从事建筑活动的建筑施工企业、勘察单位、设计单位和工程监理单位应当具备一定的条件:① 有符合国家规定的注册资本;② 有与其从事的建筑活动相适应的具有法定执业资格的专业技术人员;③ 有从事相关建筑活动所应有的技术装备;④ 法律、行政法规规定的其他条件。

从事建筑活动的建筑施工企业、勘察单位、设计单位和工程监理单位,按照其拥有的条件划分为不同的资质等级,经资质审查合格,取得相应等级的资质证书后,方可在其资质等级许可的范围内从事建筑活动。

从事建筑活动的专业技术人员,应当依法取得执业资格证书,并在执业资格证书许可的范围内从事建筑活动。

对于从事建筑活动的单位和技术人员如何分级,以及各项资质等级条件的具体标准,《建筑法》未作具体规定,由国务院或国务院授权的有关主管部门依据《建筑法》规定的原则作出具体规定。

1.3 建筑工程发包与承包

这一部分在《建筑法》中占有重要的地位,共三节十五条,主要对建筑工程发包与承包活动的基本原则及发包与承包活动应遵守的具体行为规范作了规定,包括一般规定、发包、承包三部分内容。

1.3.1 一般规定

建筑工程的发包单位与承包单位应当依法订立书面合同,明确双方的权利和义务。发包单位和承包单位应当全面履行合同约定的义务。不按照合同约定履行义务的,依法承担违约责任。

建筑工程发包与承包的招标投标活动,应当遵循公开、公正、平等竞争的原则,择优选择承包单位。

发包单位及其工作人员在建筑工程发包中不得收受贿赂、回扣或者索取其他好处。承包单位及其工作人员不得利用向发包单位及其工作人员行贿、提供回扣或者给予其他好处等不正当手段承揽工程。

建筑工程造价应当按照国家有关规定,由发包单位与承包单位在合同中约定。公开招标发包的,其造价的约定,须遵守招标投标法律的规定。发包单位应当按照合同的约定,及时拨付工程款项。

1.3.2 发包

发包这一节主要通过七个条文进行约束,这七个条文分别就建筑工程发包的相关问题作了规定,确立了建筑工程发包活动应当遵守的基本行为规范。

建筑工程依法实行招标发包,对不适于招标发包的可以直接发包。

建筑工程实行公开招标的,发包单位应当依照法定程序和方式,发布招标公告,提供载有招标工程的主要技术要求、主要的合同条款、评标的标准和方法以及开标、评标、定标的程序等内容的招标文件。开标应当在招标文件规定的时间、地点公开进行。开标后应当按照招标文件规定的评标标准和程序对标书进行评价、比较,在具备相应资质条件的投标者中,择优选定中标者。

建筑工程招标的开标、评标、定标由建设单位依法组织实施,并接受有关行政主管部门的监督。

建筑工程实行招标发包的,发包单位应当将建筑工程发包给依法中标的承包单位。建筑工程实行直接发包的,发包单位应当将建筑工程发包给具有相应资质条件的承包单位。

政府及其所属部门不得滥用行政权力,限定发包单位将招标发包的建筑工程发包给指定的承包单位。

提倡对建筑工程实行总承包,禁止将建筑工程支解发包。建筑工程的发包单位可以将建筑工程的勘察、设计、施工、设备采购一并发包给一个工程总承包单位,也可以将建筑工程勘察、设计、施工、设备采购的一项或者多项发包给一个工程总承包单位;但是,不得将应当由一个承包单位完成的建筑工程支解成若干部分发包给几个承包单位。

按照合同约定,建筑材料、建筑构配件和设备由工程承包单位采购的,发包单位不得指定承包单位购入用于工程的建筑材料、建筑构配件和设备或者指定生产厂、供应商。

1.3.3 承包

这一节用四个条文分别就建筑工程承包的以下问题作了规定,确立了建筑工程承包活动应当遵守的基本行为规范。

承包建筑工程的单位应当持有依法取得的资质证书,并在其资质等级许可的业务范围内承揽工程。禁止建筑施工企业超越本企业资质等级许可的业务范围或者以任何形式用其他建筑施工企业的名义承揽工程。禁止建筑施工企业以任何形式允许其他单位或者个人使用本企业的资质证书、营业执照,以本企业的名义承揽工程。

大型建筑工程或者结构复杂的建筑工程,可以由两个以上的承包单位联合共同承包。共同承包的各方对承包合同的履行承担连带责任。两个以上不同资质等级的单位实行联合共同承包的,应当按照资质等级低的单位的业务许可范围承揽工程。

禁止承包单位将其承包的全部建筑工程转包给他人,禁止承包单位将其承包的全部建筑工程支解以后以分包的名义分别转包给他人。

建筑工程总承包单位可以将承包工程中的部分工程发包给具有相应资质条件的分包单位;但是,除总承包合同中约定的分包外,必须经建设单位认可。施工总承包的,建筑工程主体结构的施工必须由总承包单位自行完成。建筑工程总承包单位按照总承包合同的约定对建设单位负责;分包单位按照分包合同的约定对总承包单位负责。总承包单位和分包单位就分包工程对建设单位承担连带责任。禁止总承包单位将工程分包给不具备相应资质条件的单位。禁止分包单位将其承包的工程再分包。

因此,从事建筑活动的企业或单位必须是合格的主体,按照法定条件确定其在业务上的权利能力,鼓励合格者之间的竞争,禁止用不正当的、欺诈的手段冒充合格的企业或单位。比如,以

"挂靠""联营"的手段,使无资质的充当有资质的,低等级的充当高等级的,从而以虚假的从业资格承揽工程;又比如,转借、转让甚至伪造资质证书的,允许非法者使用合法名义的,更是明目张胆地进行欺诈,破坏了建筑市场的秩序。所以,无论是建筑施工企业、设计单位、勘察单位、工程监理单位,还是建设单位、有关部门,都应当遵守关于建筑从业资格的法律规定,重视以法律手段夯实建筑业发展的基础。

1.4 建筑工程监理

《建筑法》是第一部对建筑工程监理作出系统规定的法律。《建筑法》制定后即正式确定了建筑工程监理的法律地位,成为一项法定的制度。《建筑法》在这一部分共用了六个条文分别对建筑工程监理过程中所遇到的常见情况作了规定。

国家推行建筑工程监理制度。国务院可以规定实行强制监理的建筑工程的范围。

实行监理的建筑工程,由建设单位委托具有相应资质条件的工程监理单位监理。建设单位与其委托的工程监理单位应当订立书面委托监理合同。

建筑工程监理应当依照法律、行政法规及有关的技术标准、设计文件和建筑工程承包合同,对承包单位在施工质量、建设工期和建设资金使用等方面,代表建设单位实施监督。工程监理人员认为工程施工不符合工程设计要求、施工技术标准和合同约定的,有权要求建筑施工企业改正。工程监理人员发现工程设计不符合建筑工程质量标准或者合同约定的质量要求的,应当报告建设单位要求设计单位改正。

实施建筑工程监理前,建设单位应当将委托的工程监理单位、监理的内容及监理权限,书面通知被监理的建筑施工企业。

工程监理单位应当在其资质等级许可的监理范围内,承担工程监理业务。工程监理单位应当根据建设单位的委托,客观、公正地执行监理任务。工程监理单位与被监理工程的承包单位以及建筑材料、建筑构配件和设备供应单位不得有隶属关系或者其他利害关系。工程监理单位不得转让工程监理业务。

工程监理单位不按照委托监理合同的约定履行监理义务,对应当监督检查的项目不检查或者不按照规定检查,给建设单位造成损失的,应当承担相应的赔偿责任。工程监理单位与承包单位串通,为承包单位谋取非法利益,给建设单位造成损失的,应当与承包单位承担连带赔偿责任。

1.5 建筑安全生产管理

所谓建筑安全生产管理,是指为保证建筑生产安全所进行的计划、组织、指挥、协调和控制等一系列管理活动,目的在于保护职工在生产过程中的安全与健康,保证国家和人民的财产不受到损失,保证建筑生产任务的顺利完成。建筑安全生产管理包括:建设行政主管部门对于建筑活动过程中安全生产的行业管理;劳动行政主管部门对建筑活动过程中安全生产的综合性监督管理;从事建筑活动的主体(包括建设单位、施工企业、勘察单位、设计单位和工程监理单位等)为保证建筑生产活动的安全生产所进行的自我管理。建筑生产活动多为露天、高处作业,不安全因素较多,有些工作危险性较大,是事故多发的行业。因此,为依法加强建筑安全生产管理,预防和减少建筑业事故的发生,保障建筑行业职工及他人的人身安全和财产安全,《建筑法》在这一部分用了十六个条文对建筑生产安全问题作了专门的规定。

建筑工程安全生产管理必须坚持安全第一、预防为主的方针,建立健全安全生产的责任制度和群防群治制度。

建设单位应当向建筑施工企业提供与施工现场相关的地下管线资料,建筑施工企业应当采取措施加以保护。有下列情形之一的,建设单位应当按照国家有关规定办理申请批准手续:① 需要临时占用规划批准范围以外场地的;② 可能损坏道路、管线、电力、邮电通信等公共设施的;③ 需要临时停水、停电、中断道路交通的;④ 需要进行爆破作业的;⑤ 法律、法规规定需要办理报批手续的其他情形。

建筑施工企业必须依法加强对建筑安全生产的管理,执行安全生产责任制度,采取有效措施,防止伤亡和其他安全生产事故的发生。建筑施工企业的法定代表人对本企业的安全生产负责。建筑施工企业在编制施工组织设计时,应当根据建筑工程的特点制定相应的安全技术措施;对专业性较强的工程项目,应当编制专项安全施工组织设计,并采取安全技术措施。

建筑施工企业应当在施工现场采取维护安全、防范危险、预防火灾等措施;有条件的,应当对施工现场实行封闭管理。施工现场对毗邻的建筑物、构筑物和特殊作业环境可能造成损害的,建筑施工企业应当采取安全防护措施。施工现场安全由建筑施工企业负责。实行施工总承包的,由总承包单位负责。分包单位向总承包单位负责,服从总承包单位对施工现场的安全生产管理。

建筑施工企业应当建立健全劳动安全生产教育培训制度,加强对职工安全生产的教育培训;未经安全生产教育培训的人员,不得上岗作业。建筑施工企业和作业人员在施工过程中,应当遵守有关安全生产的法律、法规和建筑行业安全规章、规程,不得违章指挥或者违章作业。作业人员有权对影响人身健康的作业程序和作业条件提出改进意见,有权获得安全生产所需的防护用品。作业人员对危及生命安全和人身健康的行为有权提出批评、检举和控告。

建筑施工企业应当依法为职工参加工伤保险缴纳工伤保险费。鼓励企业为从事危险作业的职工办理意外伤害保险,支付保险费。施工中发生事故时,建筑施工企业应当采取紧急措施减少人员伤亡和事故损失,并按照国家有关规定及时向有关部门报告。

建筑施工企业应当遵守有关环境保护和安全生产的法律、法规的规定,采取控制和处理施工现场的各种粉尘、废气、废水、固体废物以及噪声、振动对环境的污染和危害的措施。

1.6　建筑工程质量管理

建筑工程质量管理是《建筑法》的重点内容,《建筑法》在这部分用了十二个条文分别对加强建筑工程质量管理,确保工程质量的基本制度,从事建筑活动的各方面应当履行的保证工程质量的基本义务和责任,作了明确的、有较强针对性的规定。

国家对从事建筑活动的单位推行质量体系认证制度。从事建筑活动的单位根据自愿原则可以向国务院产品质量监督管理部门或者国务院产品质量监督管理部门授权的部门认可的认证机构申请质量体系认证。经认证合格的,由认证机构颁发质量体系认证证书。

建设单位不得以任何理由,要求建筑设计单位或者建筑施工企业在工程设计或者施工作业中,违反法律、行政法规和建筑工程质量、安全标准,降低工程质量。建筑设计单位和建筑施工企业对建设单位违反前款规定提出的降低工程质量的要求,应当予以拒绝。

建筑工程实行总承包的,工程质量由工程总承包单位负责,总承包单位将建筑工程分包给其他单位的,应当对分包工程的质量与分包单位承担连带责任。分包单位应当接受总承包单位的质量管理。

建筑工程的勘察、设计单位必须对其勘察、设计的质量负责。勘察、设计文件应当符合有关法律、行政法规的规定和建筑工程质量、安全标准、建筑工程勘察、设计技术规范以及合同的约定。设计文件选用的建筑材料、建筑构配件和设备,应当注明其规格、型号、性能等技术指标,其质量要求必须符合国家规定的标准。建筑设计单位对设计文件选用的建筑材料、建筑构配件和设备,不得指定生产厂、供应商。

建筑施工企业对工程的施工质量负责。建筑施工企业必须按照工程设计图纸和施工技术标准施工,不得偷工减料。工程设计的修改由原设计单位负责,建筑施工企业不得擅自修改工程设计。建筑施工企业必须按照工程设计要求、施工技术标准和合同的约定,对建筑材料、建筑构配件和设备进行检验,不合格的不得使用。

建筑物在合理使用寿命内,必须确保地基基础工程和主体结构的质量。建筑工程竣工时,屋顶、墙面不得留有渗漏、开裂等质量缺陷;对已发现的质量缺陷,建筑施工企业应当修复。

交付竣工验收的建筑工程,必须符合规定的建筑工程质量标准,有完整的工程技术经济资料和经签署的工程保修书,并具备国家规定的其他竣工条件。建筑工程竣工经验收合格后,方可交付使用;未经验收或者验收不合格的,不得交付使用。

建筑工程实行质量保修制度。建筑工程的保修范围应当包括地基基础工程、主体结构工程、屋面防水工程和其他土建工程,以及电气管线、上下水管线的安装工程,供热、供冷系统工程等项目;保修的期限应当按照保证建筑物合理寿命年限内正常使用,维护使用者合法权益的原则确定。具体的保修范围和最低保修期限由国务院规定。

1.7 法律责任

法律责任是指当事人因违反了法律规定的义务所应承担的法律后果。这一节共十七条,分别对各个建筑活动主体的违法行为应承担的行政责任、民事责任作了规定,对其中构成犯罪的行为,重申了要依法追究刑事责任。

建设单位违反《建筑法》规定,未取得施工许可证或者开工报告未经批准擅自施工的,责令改正,对不符合开工条件的责令停止施工,可以处以罚款。建设单位违反《建筑法》规定,要求建筑设计单位或者建筑施工企业违反建筑工程质量、安全标准,降低工程质量的,责令改正,可以处以罚款;构成犯罪的,依法追究刑事责任。发包单位将工程发包给不具有相应资质条件的承包单位的,或者违反《建筑法》规定将建筑工程支解发包的,责令改正,处以罚款。

承包单位超越本单位资质等级承揽工程的,责令停止违法行为,处以罚款,可以责令停业整顿,降低资质等级;情节严重的,吊销资质证书;有违法所得的,予以没收。未取得资质证书承揽工程的,予以取缔,并处罚款;有违法所得的,予以没收。以欺骗手段取得资质证书的,吊销资质证书,处以罚款;构成犯罪的,依法追究刑事责任。承包单位将承包的工程转包的,或者违反《建筑法》规定进行分包的,责令改正,没收违法所得,并处罚款,可以责令停业整顿,降低资质等级;情节严重的,吊销资质证书。承包单位有前款规定的违法行为的,对因转包工程或者违法分包的工程不符合规定的质量标准造成的损失,与接受转包或者分包的单位承担连带赔偿责任。

在工程发包与承包中索贿、受贿、行贿,构成犯罪的,依法追究刑事责任;不构成犯罪的,分别处以罚款,没收贿赂的财物,对直接负责的主管人员和其他直接责任人员给予处分。对在工程承包中行贿的承包单位,除依照前款规定处罚外,可以责令停业整顿,降低资质等级或者吊销资质证书。

建筑设计单位不按照建筑工程质量、安全标准进行设计的,责令改正,处以罚款;造成工程质量事故的,责令停业整顿,降低资质等级或者吊销资质证书,没收违法所得,并处罚款;造成损失的,承担赔偿责任;构成犯罪的,依法追究刑事责任。

工程监理单位与建设单位或者建筑施工企业串通,弄虚作假、降低工程质量的,责令改正,处以罚款,降低资质等级或者吊销资质证书;有违法所得的,予以没收;造成损失的,承担连带赔偿责任;构成犯罪的,依法追究刑事责任。工程监理单位转让监理业务的,责令改正,没收违法所得,可以责令停业整顿,降低资质等级;情节严重的,吊销资质证书。

建筑施工企业转让、出借资质证书或者以其他方式允许他人以本企业的名义承揽工程的,责令改正,没收违法所得,并处罚款,可以责令停业整顿,降低资质等级;情节严重的,吊销资质证书。对因该项承揽工程不符合规定的质量标准造成的损失,建筑施工企业与使用本企业名义的单位或者个人承担连带赔偿责任。建筑施工企业违反《建筑法》规定,对建筑安全事故隐患不采取措施予以消除的,责令改正,可以处以罚款;情节严重的,责令停业整顿,降低资质等级或者吊销资质证书;构成犯罪的,依法追究刑事责任。建筑施工企业的管理人员违章指挥、强令职工冒险作业,因而发生重大伤亡事故或者造成其他严重后果的,依法追究刑事责任。建筑施工企业在施工中偷工减料的,使用不合格的建筑材料、建筑构配件和设备的,或者有其他不按照工程设计图纸或者施工技术标准施工的行为的,责令改正,处以罚款;情节严重的,责令停业整顿,降低资质等级或者吊销资质证书;造成建筑工程质量不符合规定的质量标准的,负责返工、修理,并赔偿因此造成的损失;构成犯罪的,依法追究刑事责任。建筑施工企业违反《建筑法》规定,不履行保修义务或者拖延履行保修义务的,责令改正,可以处以罚款,并对在保修期内因屋顶、墙面渗漏、开裂等质量缺陷造成的损失,承担赔偿责任。

违反《建筑法》规定,涉及建筑主体或者承重结构变动的装修工程擅自施工的,责令改正,处以罚款;造成损失的,承担赔偿责任;构成犯罪的,依法追究刑事责任。在建筑物的合理使用寿命内,因建筑工程质量不合格受到损害的,有权向责任者要求赔偿。

政府及其所属部门的工作人员违反《建筑法》规定,限定发包单位将招标发包的工程发包给指定的承包单位的,由上级机关责令改正;构成犯罪的,依法追究刑事责任。负责颁发建筑工程施工许可证的部门及其工作人员对不符合施工条件的建筑工程颁发施工许可证的,负责工程质量监督检查或者竣工验收的部门及其工作人员对不合格的建筑工程出具质量合格文件或者按合格工程验收的,由上级机关责令改正,对责任人员给予行政处分;构成犯罪的,依法追究刑事责任;造成损失的,由该部门承担相应的赔偿责任。违反《建筑法》规定,对不具备相应资质等级条件的单位颁发该等级资质证书的,由其上级机关责令收回所发的资质证书,对直接负责的主管人员和其他直接责任人员给予行政处分;构成犯罪的,依法追究刑事责任。

《建筑法》规定的责令停业整顿、降低资质等级和吊销资质证书的行政处罚,由颁发资质证书的机关决定;其他行政处罚,由建设行政主管部门或者有关部门依照法律和国务院规定的职权范围决定。依照《建筑法》规定被吊销资质证书的,由工商行政管理部门吊销其营业执照。

1.8 建筑法实施取得的成效

1.8.1 立法背景与修订过程

改革开放前,建筑业在国民经济中的比重相对较低,例如,1978年全国建筑业完成增加值仅为138.9亿元[①],占国内生产总值(gross domestic product,GDP)的比重为3.78%。改革开放后,建筑业迅速发展成为国民经济的重要支柱产业,但随之而来是建筑市场的不规范,如施工单位无资质、工程质量低劣、安全事故频发等;国家虽然也有一些与建筑业相关的法规,但缺乏一部统一、系统的法律来全面规范建筑活动,建筑活动中存在许多法律空白和漏洞。

《建筑法》于1997年11月1日由第八届全国人民代表大会常务委员会第二十八次会议通过,并于1998年3月1日起施行。《建筑法》明确了建筑活动的主体、责任、权利和义务,规范了建筑市场各方主体的行为,保障了建筑工程的质量和安全,推动了建筑业的持续健康发展。此后,为了适应经济社会发展的需要,分别于2011年和2019年两次进行修正。

1.8.2 显著成效

《建筑法》的颁布实施,为我国建筑行业的规范有序、健康发展提供了有力的法律保障,尤其是在以下几个方面取得了显著成效。

1. 规范了建筑市场秩序

《建筑法》规定了建筑市场主体的权利和义务,规范了建筑市场的竞争秩序,使建筑市场的行为有法可依、有章可循。《建筑法》实施前,建筑市场准入门槛较低,存在一些无证经营、挂靠经营等现象,导致市场竞争无序;《建筑法》实施后,对建筑企业的资质等级、经营范围等进行了明确规定,建立了严格的市场准入机制,淘汰了一批不具备相应资质和能力的企业,提高了建筑市场的整体水平。《建筑法》实施前,建筑市场存在恶意竞争、低价抢标等不规范行为,严重扰乱了市场秩序;《建筑法》实施后,明确禁止恶意压价、串通投标等不正当竞争行为,维护了建筑市场的公平竞争,同时,通过加强行业自律和诚信体系建设,促进了建筑市场的健康发展。《建筑法》实施前,建筑市场的监管力度相对较弱,导致一些违法违规行为得不到及时查处和纠正;《建筑法》实施后,政府加大了建筑市场的监管力度,严厉打击违法违规行为,尤其是规定了行政主管部门的职责和权力,使得监管部门在执法过程中有法可依、有权可用。

2. 提高了工程质量

《建筑法》规定了建筑工程的质量标准和质量要求,规定了建筑工程质量管理的各项制度,

---

① 人民币。余同。

如施工图审查制度、施工许可证制度、竣工验收制度等,明确了工程质量的责任主体和法律责任。例如,《建筑法》实施前,建筑工程质量责任主体不明确,建设单位、施工单位、设计单位等各方遇到质量问题时可能互相推诿,导致质量问题难以得到有效解决;《建筑法》实施后,建筑工程质量责任主体得以明确,建设单位、勘察设计单位、施工单位、监理单位等,各方都要按照法定的质量责任与义务来承担自己的责任,从而促进了建筑工程质量的提高。《建筑法》实施前,建筑工程质量标准相对较低,存在一些质量问题,如屋面渗漏、管道不畅、地面不平、墙面空鼓或开裂等;《建筑法》实施后,相关质量标准明显提高,建筑工程在设计、施工、验收等各个环节都需要遵守严格的质量标准,确保建筑工程的质量符合规范要求,建筑工程质量得到了显著提升。《建筑法》实施前,政府对建筑工程质量的监管力度相对较弱,质量事故处理不及时、追责不到位,导致一些质量问题得不到及时查处和纠正;《建筑法》实施后,政府加大了建筑工程质量的监管力度,通过加强监督检查、开展质量专项整治等方式,及时发现和纠正建筑工程中的质量问题,一旦发生质量事故,及时启动调查程序,查明事故原因并追究相关责任人的责任,促进建筑工程质量的提高。

3. 保障了安全生产

《建筑法》明确了建筑工程安全生产的各项制度,如安全生产责任制、安全教育培训制度、安全检查制度等,规定了安全生产事故的处理程序和法律责任。通过实施这些制度,建筑工程安全生产得到了有效保障,降低了安全生产事故的发生率。例如,《建筑法》实施后,相关部门出台了各种配套的法规,如《建设工程安全生产管理条例》等,为建筑施工安全提供了法律保障;建筑企业通过建立安全管理体系、完善安全管理程序和制度、强化安全教育和培训等多种手段,提高员工的安全意识和安全技能,同时加强对各项施工工作的监控和管理,注重安全风险评估,严格执行安全制度和规章制度,确保施工现场的安全;先进的技术手段被广泛应用于建筑安全领域,如工程监理系统、安全检查系统、安全跟踪系统、安全培训视频系统等,有效提高了工作效率,减少了人为差错,降低了施工事故的发生率。

1.8.3 建筑法的实施任重而道远

虽然《建筑法》的实施取得了显著成效,但我们也应清醒地认识到,《建筑法》的实施仍然任重道远。

一方面,随着建筑行业的不断发展,新的问题和挑战不断涌现,需要不断完善和更新《建筑法》的内容和要求;另一方面,建筑市场的不规范现象仍然存在,一些建设单位和施工单位为了追求利润最大化而忽视建筑工程的质量和安全,部分地方和单位在执行《建筑法》过程中存在敷衍塞责、执法不严等问题,需要加强监督检查,加大对违法行为的打击力度。

为了更好地实施《建筑法》,需要采取以下措施:一是加强宣传教育力度,通过广泛宣传《建筑法》的内容和要求,提高全社会的法律意识和质量安全意识;二是完善相关法律法规和配套政策,为《建筑法》的实施提供有力支持;三是加强监督和检查力度,确保《建筑法》的各项规定得到有效执行;四是加强国际合作和交流,不断更新和完善《建筑法》的内容和要求,以适应新形势和新技术,推动我国建筑行业的健康持续发展。

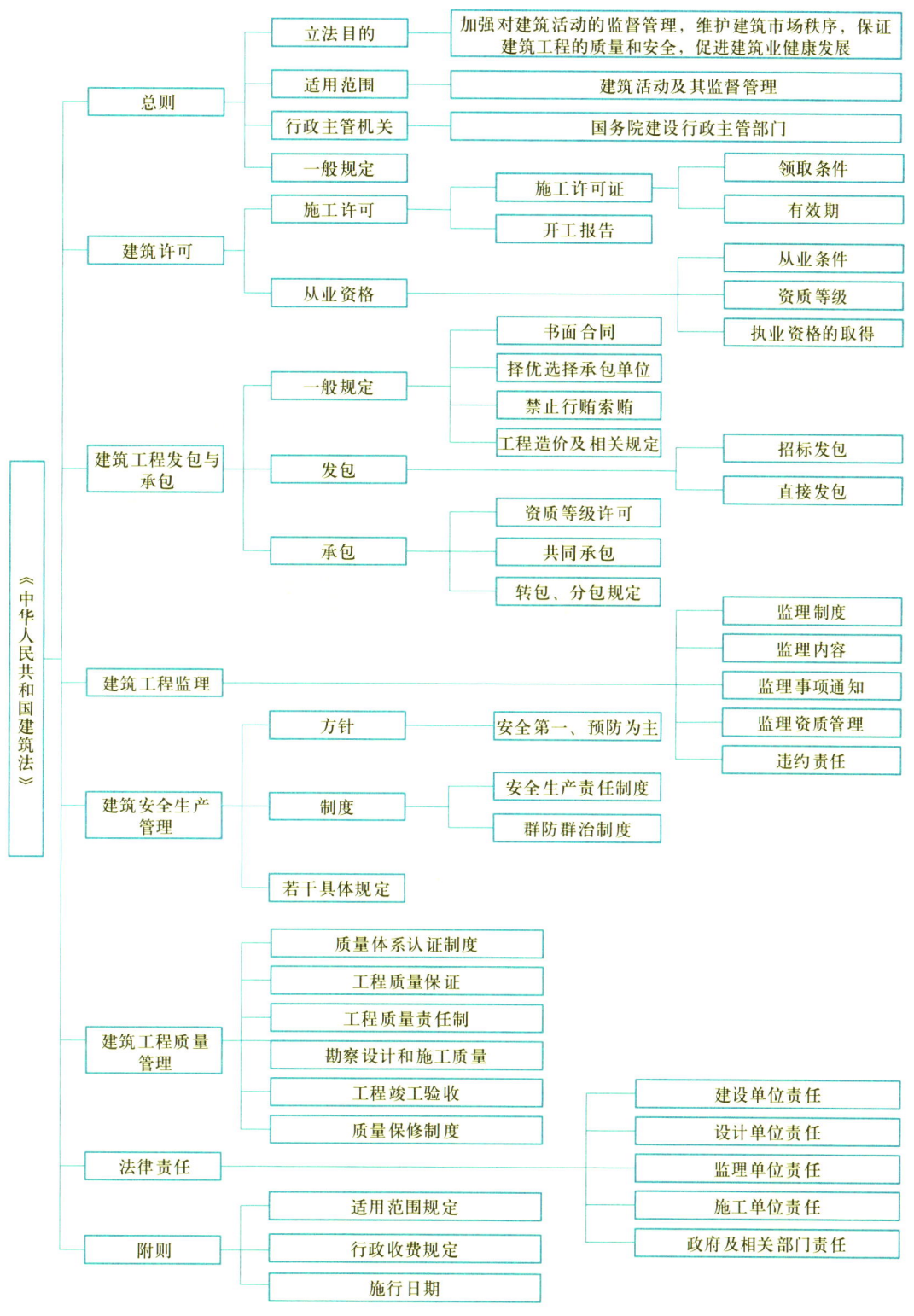

图1-1 《中华人民共和国建筑法》知识点导图

1. 申请领取施工许可证的建筑工程的范围有哪些?
2. 申请领取施工许可证的条件有哪些?
3. 对建筑活动主体从业资格有哪些要求?
4. 工程招标、投标的基本要求和禁止性规定有哪些?
5. 建筑工程发包、承包的规定有哪些?
6. 建筑工程发包、承包的禁止性规定有哪些?
7. 监理单位违反规定有哪些处罚?
8. 建筑工程竣工验收及交付使用应具备哪些条件?
9. 《建筑法》关于质量保修是如何规定的?
10. 《建筑法》有关行政处罚的实施机关是如何规定的?

第 1 章　案例　　　　第 1 章　测试题及参考答案

第 2 章 中华人民共和国城乡规划法

1. 了解《中华人民共和国城乡规划法》的立法背景与修订过程,制定和实施的原则及其若干专业名词的内涵和意义等。
2. 熟悉城镇体系规划、城镇总体规划、城镇详细规划和乡村规划的编制,以及选址意见书、建设用地规划许可证和建设工程规划许可证制度。
3. 正确理解组建中华人民共和国自然资源部的重大意义,以及《中共中央 国务院关于建立国土空间规划体系并监督实施的若干意见》的核心内容和深远影响。

2.1 总 则

2.1.1 概述

1989年12月第七届全国人民代表大会常务委员会第十一次会议通过了《中华人民共和国城市规划法》(简称《城市规划法》),1993年6月国务院颁布了《村庄和集镇规划建设管理条例》。在这"一法一条例"的总体框架下,经过近20年的不断努力,我国基本形成了比较完善的城乡规划法规体系,但也暴露出一些明显的问题。

2007年10月28日第十届全国人民代表大会常务委员会第三十次会议通过并于2008年1月1日起施行的《中华人民共和国城乡规划法》(简称《城乡规划法》)将调整对象"城市规划"变更为"城乡规划",将原来的城乡二元法律体系转变为城乡统筹的法律体系。该法根据2015年4月24日第十二届全国人民代表大会常务委员会第十四次会议《关于修改〈中华人民共和国港口法〉等七部法律的决定》第一次修正,根据2019年4月23日第十三届全国人民代表大会常务委员会第十次会议《关于修改〈中华人民共和国建筑法〉等八部法律的决定》第二次修正。现行的《城乡规划法》共七章七十条,对城乡规划的制定、实施、修改、监督检查和法律责任作了规定。

2.1.2 主要内容

总则共包括十一条规定,除规定了《城乡规划法》的立法目的、适用范围、城乡规划和规划区的概念外,还明确了制定和实施城乡规划的原则和要求,城乡规划与国民经济和社会发展规划、土地利用总体规划的关系,城乡规划编制和管理经费来源,单位和个人对经依法批准的城乡规划的知情权、查询权和对违反城乡规划行为的举报和控告权,鼓励采用先进的科学技术以增强城乡规划科学性和实施监管的效能,完善城乡规划管理体制等。

立法的目的是加强城乡规划管理,协调城乡空间布局,改善人居环境,促进城乡经济社会全面协调可持续发展。制定和实施城乡规划,在规划区内进行建设活动,都必须遵守《城乡规划法》。国务院城乡规划主管部门负责全国的城乡规划管理工作。县级以上地方人民政府城乡规划主管部门负责本行政区域内的城乡规划管理工作。

《城乡规划法》所称城乡规划,包括城镇体系规划、城市规划、镇规划、乡规划和村庄规划。城市规划、镇规划分为总体规划和详细规划。详细规划分为控制性详细规划和修建性详细规划。《城乡规划法》所称规划区,是指城市、镇和村庄的建成区以及因城乡建设和发展需要,必须实行规划控制的区域。规划区的具体范围由有关人民政府在组织编制的城市总体规划、镇总体规划、乡规划和村庄规划中,根据城乡经济社会发展水平和统筹城乡发展的需要划定。

制定和实施城乡规划,应当遵循城乡统筹、合理布局、节约土地、集约发展和先规划后建设的原则,改善生态环境,促进资源、能源节约和综合利用,保护耕地等自然资源和历史文化遗产,保持地方特色、民族特色和传统风貌,防止污染和其他公害,并符合区域人口发展、国防建设、防灾减灾和公共卫生、公共安全的需要。在规划区内进行建设活动,应当遵守土地管理、自然资源和环境保护等法律、法规的规定。

城市总体规划、镇总体规划及乡规划和村庄规划的编制,应当依据国民经济和社会发展规划,并与土地利用总体规划相衔接。经依法批准的城乡规划,是城乡建设和规划管理的依据,未经法定程序不得修改。城乡规划组织编制机关应当及时公布经依法批准的城乡规划。但是,法律、行政法规规定不得公开的内容除外。

《中华人民共和国城乡规划法》知识点导图如图2-1所示。

2.2 城乡规划的制定

城乡规划的制定共包括十六条规定,规定了全国城镇体系规划、省域城镇体系规划的编制和审批程序,城市、镇的总体规划的编制和审批程序,城市、镇的总体规划的内容、强制性内容和期限,城市、镇的控制性详细规划的编制、审批和备案程序及修建性详细规划的编制,乡规划、村庄规划的编制和审批程序,乡规划、村庄规划编制的原则和主要内容,首都的总体规划、详细规划的特殊要求,城乡规划编制单位的资质条件,编制城乡规划的标准和基础资料,城乡规划草案的公告、公开征求意见及专家和有关部门审查等。

2.2.1 城镇体系规划的制定

城镇体系规划,是指一定地域范围内,以区域生产力合理布局和城镇职能分工为依据,确定不同人口规模等级和职能分工的城镇的分布和发展规划。

国务院城乡规划主管部门会同国务院有关部门组织编制全国城镇体系规划,用于指导省域城镇体系规划、城市总体规划的编制。全国城镇体系规划由国务院城乡规划主管部门报国务院审批。

省、自治区人民政府组织编制省域城镇体系规划,报国务院审批。省域城镇体系规划的内容应当包括:城镇空间布局和规模控制,重大基础设施的布局,为保护生态环境、资源等需要严格控制的区域。

2.2.2 城镇总体规划的编制

总体规划,是在一定区域内,根据国家社会经济可持续发展的要求和当地自然、经济、社会条件,对土地的开发、利用、治理、保护在空间上、时间上所作的总体安排和布局。

城市人民政府组织编制城市总体规划。直辖市的城市总体规划由直辖市人民政府报国务院审批。省、自治区人民政府所在地的城市以及国务院确定的城市的总体规划,由省、自治区人民政府审查同意后,报国务院审批。其他城市的总体规划,由城市人民政府报省、自治区人民政府审批。

县人民政府组织编制县人民政府所在地镇的总体规划,报上一级人民政府审批。其他镇的总体规划由镇人民政府组织编制,报上一级人民政府审批。

省、自治区人民政府组织编制的省域城镇体系规划,城市、县人民政府组织编制的总体规划,在报上一级人民政府审批前,应当先经本级人民代表大会常务委员会审议,常务委员会组成人员的审议意见交由本级人民政府研究处理。镇人民政府组织编制的镇总体规划,在报上一级人民政府审批前,应当先经镇人民代表大会审议,代表的审议意见交由本级人民政府研究处理。规划的组织编制机关报送审批省域城镇体系规划、城市总体规划或者镇总体规划,应当将本级人民代表大会常务委员会组成人员或者镇人民代表大会代表的审议意见和根据审议意见修改规划的情况一并报送。

城市总体规划、镇总体规划的内容应当包括:城市、镇的发展布局,功能分区,用地布局,综合交通体系,禁止、限制和适宜建设的地域范围,各类专项规划等。规划区范围、规划区内建设用地规模、基础设施和公共服务设施用地、水源地和水系、基本农田和绿化用地、环境保护、自然与历史文化遗产保护以及防灾减灾等内容,应当作为城市总体规划、镇总体规划的强制性内容。城市总体规划、镇总体规划的规划期限一般为二十年。城市总体规划还应当对城市更长远的发展作出预测性安排。

2.2.3 城镇详细规划的编制

详细规划是以总体规划或者分区规划为依据,详细规定建设用地的各项控制指标和其他管理要求,或者直接对建设作出具体的安排和规划设计。控制性详细规划,是以城市总体规划或分区规划为依据,确定建设地区的土地使用性质和使用强度的控制指标、道路和工程管线控制性位置以及空间环境控制的规划要求。修建性详细规划,是以城市总体规划、分区规划或控制性详细规划为依据,制定用以指导各项建筑和工程设施的设计和施工的规划设计。

城市人民政府城乡规划主管部门根据城市总体规划的要求,组织编制城市的控制性详细规划,经本级人民政府批准后,报本级人民代表大会常务委员会和上一级人民政府备案。

镇人民政府根据镇总体规划的要求,组织编制镇的控制性详细规划,报上一级人民政府审批。县人民政府所在地镇的控制性详细规划,由县人民政府城乡规划主管部门根据镇总体规划的要求组织编制,经县人民政府批准后,报本级人民代表大会常务委员会和上一级人民政府备案。

城市、县人民政府城乡规划主管部门和镇人民政府可以组织编制重要地块的修建性详细规划。修建性详细规划应当符合控制性详细规划。

2.2.4 乡村规划的编制

乡规划、村庄规划应当从农村实际出发,尊重村民意愿,体现地方和农村特色。乡规划、村庄规划的内容应当包括：规划区范围，住宅、道路、供水、排水、供电、垃圾收集、畜禽养殖场所等农村生产、生活服务设施、公益事业等各项建设的用地布局、建设要求，以及对耕地等自然资源和历史文化遗产保护、防灾减灾等的具体安排。乡规划还应当包括本行政区域内的村庄发展布局。

乡、镇人民政府组织编制乡规划、村庄规划，报上一级人民政府审批。村庄规划在报送审批前，应当经村民会议或者村民代表会议讨论同意。

2.2.5 城乡规划编制单位

城乡规划组织编制机关应当委托具有相应资质等级的单位承担城乡规划的具体编制工作。从事城乡规划编制工作应当具备下列条件，并经国务院城乡规划主管部门或者省、自治区、直辖市人民政府城乡规划主管部门依法审查合格，取得相应等级的资质证书后，方可在资质等级许可的范围内从事城乡规划编制工作：① 有法人资格；② 有规定数量的经相关行业协会注册的规划师；③ 有规定数量的相关专业技术人员；④ 有相应的技术装备；⑤ 有健全的技术、质量、财务管理制度。编制城乡规划必须遵守国家有关标准。

城乡规划报送审批前，组织编制机关应当依法将城乡规划草案予以公告，并采取论证会、听证会或者其他方式征求专家和公众的意见。公告的时间不得少于三十日。组织编制机关应当充分考虑专家和公众的意见，并在报送审批的材料中附具意见采纳情况及理由。

2.3 城乡规划的实施

城乡规划的实施共包括十八条规定，规定了城乡规划实施的原则，城市新区的开发和建设与旧城区的改建，历史文化名城、名镇、名村及风景名胜区的保护，城市地下空间的开发和利用，选址意见书、建设用地规划许可证、建设工程规划许可证、乡村建设规划许可证的核发及不得在城乡规划确定的建设用地范围以外作出规划许可，建设单位变更规划条件的批准程序，临时建设的批准程序，城乡规划主管部门对建设工程是否符合规划条件进行核实以及建设单位在竣工验收后报送有关资料等。

2.3.1 规划实施的原则和要求

城市的建设和发展，应当优先安排基础设施以及公共服务设施的建设，妥善处理新区开发与旧区改建的关系，统筹兼顾进城务工人员生活和周边农村经济社会发展、村民生产与生活的需要。镇的建设和发展，应当结合农村经济社会发展和产业结构调整，优先安排供水、排水、供电、供气、道路、通信、广播电视等基础设施和学校、卫生院、文化站、幼儿园、福利院等公共服务设施的建设，为周边农村提供服务。乡、村庄的建设和发展，应当因地制宜、节约用地，发挥村民自治组织的作用，引导村民合理进行建设，改善农村生产、生活条件。

城市新区的开发和建设，应当合理确定建设规模和时序，充分利用现有市政基础设施和公共服务设施，严格保护自然资源和生态环境，体现地方特色。在城市总体规划、镇总体规划确定的建设用地范围以外，不得设立各类开发区和城市新区。

旧城区的改建，应当保护历史文化遗产和传统风貌，合理确定拆迁和建设规模，有计划地对危房集中、基础设施落后等地段进行改建。历史文化名城、名镇、名村的保护以及受保护建筑物的维护和使用,应当遵守有关法律、行政法规和国务院的规定。

城乡建设和发展,应当依法保护和合理利用风景名胜资源,统筹安排风景名胜区及周边乡、镇、村庄的建设。风景名胜区的规划、建设和管理,应当遵守有关法律、行政法规和国务院的规定。

城市地下空间的开发和利用,应当与经济和技术发展水平相适应,遵循统筹安排、综合开发、合理利用的原则,充分考虑防灾减灾、人民防空和通信等需要,并符合城市规划,履行规划审批手续。

城市、县、镇人民政府应当根据城市总体规划、镇总体规划、土地利用总体规划和年度计划以及国民经济和社会发展规划,制定近期建设规划,报总体规划审批机关备案。近期建设规划应当以重要基础设施、公共服务设施和中低收入居民住房建设以及生态环境保护为重点内容,明确近期建设的时序、发展方向和空间布局。近期建设规划的规划期限为五年。

城乡规划确定的铁路、公路、港口、机场、道路、绿地、输配电设施及输电线路走廊、通信设施、广播电视设施、管道设施、河道、水库、水源地、自然保护区、防汛通道、消防通道、核电站、垃圾填埋场及焚烧厂、污水处理厂和公共服务设施的用地以及其他需要依法保护的用地,禁止擅自改变用途。

2.3.2 各项行政许可规定

1. 选址意见书

建设项目选址意见书,是城乡规划行政主管部门依法核发的有关建设项目的选址和布局的法律凭证。

按照国家规定需要有关部门批准或者核准的建设项目,以划拨方式提供国有土地使用权的,建设单位在报送有关部门批准或者核准前,应当向城乡规划主管部门申请核发选址意见书。前款规定以外的建设项目不需要申请选址意见书。

2. 建设用地规划许可证

建设用地规划许可证,是建设单位在向土地管理部门申请征用、划拨土地前,经城乡规划行政主管部门确认建设项目位置和范围符合城乡规划的法定凭证,是建设单位用地的法律凭证。

在城市、镇规划区内以划拨方式提供国有土地使用权的建设项目,经有关部门批准、核准、备案后,建设单位应当向城市、县人民政府城乡规划主管部门提出建设用地规划许可申请,由城市、县人民政府城乡规划主管部门依据控制性详细规划核定建设用地的位置、面积、允许建设的范围,核发建设用地规划许可证。建设单位在取得建设用地规划许可证后,方可向县级以上地方人民政府土地主管部门申请用地,经县级以上人民政府审批后,由土地主管部门划拨土地。

在城市、镇规划区内以出让方式提供国有土地使用权的,在国有土地使用权出让前,城市、县人民政府城乡规划主管部门应当依据控制性详细规划,提出出让地块的位置、使用性质、开发强度等规划条件,作为国有土地使用权出让合同的组成部分。未确定规划条件的地块,不得出让国有土地使用权。以出让方式取得国有土地使用权的建设项目,建设单位在取得建设项目的批准、核准、备案文件和签订国有土地使用权出让合同后,向城市、县人民政府城乡规划主管部门领取建设用地规划许可证。城市、县人民政府城乡规划主管部门不得在建设用地规划许可证中,擅自改变作为国有土地使用权出让合同组成部分的规划条件。

3. 建设工程规划许可证

建设工程规划许可证,是指在城市、镇规划区内进行建筑物、构筑物、道路、管线和其他工程建设的建设单位或者个人依照规定,向城市、县人民政府规划主管部门或者省、自治区、直辖市人民政府确定的镇人民政府申请领取的建设工程的法律凭证。

在城市、镇规划区内进行建筑物、构筑物、道路、管线和其他工程建设的,建设单位或者个人应当向城市、县人民政府城乡规划主管部门或者省、自治区、直辖市人民政府确定的镇人民政府申请办理建设工程规划许可证。申请办理建设工程规划许可证,应当提交使用土地的有关证明文件、建设工程设计方案等材料。需要建设单位编制修建性详细规划的建设项目,还应当提交修建性详细规划。对符合控制性详细规划和规划条件的,由城市、县人民政府城乡规划主管部门或者省、自治区、直辖市人民政府确定的镇人民政府核发建设工程规划许可证。城市、县人民政府城乡规划主管部门或者省、自治区、直辖市人民政府确定的镇人民政府应当依法将经审定的修建性详细规划、建设工程设计方案的总平面图予以公布。

4. 乡村建设规划许可证

乡村建设规划许可证,是指为了确保乡、村庄规划区内的建设用地符合规划的要求,维护乡镇企业、乡村公共设施和公益事业建设的建设单位或者个人按照规划使用土地的合法权益,建设单位或者个人依照法定程序向乡、镇人民政府提出申请,由乡、镇人民政府报城市、县人民政府城乡规划主管部门核发的由建设单位或者个人使用土地的法律凭证。

在乡、村庄规划区内进行乡镇企业、乡村公共设施和公益事业建设的,建设单位或者个人应当向乡、镇人民政府提出申请,由乡、镇人民政府报城市、县人民政府城乡规划主管部门核发乡村建设规划许可证。在乡、村庄规划区内使用原有宅基地进行农村村民住宅建设的规划管理办法,由省、自治区、直辖市制定。在乡、村庄规划区内进行乡镇企业、乡村公共设施和公益事业建设以及农村村民住宅建设,不得占用农用地;确需占用农用地的,应当依照《中华人民共和国土地管理法》有关规定办理农用地转用审批手续后,由城市、县人民政府城乡规划主管部门核发乡村建设规划许可证。建设单位或者个人在取得乡村建设规划许可证后,方可办理用地审批手续。

2018年4月组建成立的中华人民共和国自然资源部,其主要职责之一就是建立空间规划体系并监督实施。我国的国土空间规划将采取五级(国家、省、市、县、乡或镇)、三类(总体规划、详细规划、专项规划)、四体系(编制审批、实施监督、法规政策、技术标准)的结构体系。2019年5月,《中共中央 国务院关于建立国土空间规划体系并监督实施的若干意见》明确要求推进"放管服"改革,以"多规合一"为基础,统筹规划、建设、管理三大环节,推动"多审合一""多证合一",优化现行建设项目用地(海)预审、规划选址以及建设用地规划许可、建设工程规划许可等审批流程,提高审批效能和监管服务水平。2023年,自然资源部《关于深化规划用地"多审合一、多证合一"改革的通知》鼓励同步核发规划许可,探索建立建设工程规划许可豁免清单和告知承诺制,优化乡村建设规划许可管理,推进用途管制全周期数字化管理。

2.3.3 临时建设和竣工验收的规定

在城市、镇规划区内进行临时建设时,应当经城市、县人民政府城乡规划主管部门批准。影响近期建设规划或者控制性详细规划的实施以及交通、市容、安全等的临时建设不得批准。临时建设须在批准的使用期限内自行拆除。

县级以上地方人民政府城乡规划主管部门按照国务院规定对建设工程是否符合规划条件予以核实。未经核实或者经核实不符合规划条件的,建设单位不能组织竣工验收。建设单位应当在竣工验收后六个月内向城乡规划主管部门报送有关竣工验收资料。

2.4　城乡规划的修改

城乡规划的修改共包括五条规定,规定了城乡规划的实施评估,城乡规划修改的权限和程序,城市、镇的总体规划强制性内容修改的权限、程序,近期建设规划的修改备案,控制性详细规划的修改程序,修改规划给规划许可相对人的合法权益造成损失的补偿,修建性详细规划、建设工程设计方案的总平面图的修改以及因修改给利害关系人合法权益造成损失的补偿等。

2.4.1　规划评估的规定

省域城镇体系规划、城市总体规划、镇总体规划的组织编制机关,应当组织有关部门和专家定期对规划实施情况进行评估,并采取论证会、听证会或者其他方式征求公众意见。组织编制机关应当向本级人民代表大会常务委员会、镇人民代表大会和原审批机关提出评估报告并附具征求意见的情况。

2.4.2　规划修改的规定

有下列情形之一的,组织编制机关方可按照规定的权限和程序修改省域城镇体系规划、城市总体规划、镇总体规划:① 上级人民政府制定的城乡规划发生变更,提出修改规划要求的;② 行政区划调整确需修改规划的;③ 因国务院批准重大建设工程确需修改规划的;④ 经评估确需修改规划的;⑤ 城乡规划的审批机关认为应当修改规划的其他情形。修改省域城镇体系规划、城市总体规划、镇总体规划前,组织编制机关应当对原规划的实施情况进行总结,并向原审批机关报告;修改涉及城市总体规划、镇总体规划强制性内容的,应当先向原审批机关提出专题报告,经同意后,方可编制修改方案。修改后的省域城镇体系规划、城市总体规划、镇总体规划,应当依照本法规定的审批程序报批。

修改控制性详细规划的,组织编制机关应当对修改的必要性进行论证,征求规划地段内利害关系人的意见,并向原审批机关提出专题报告,经原审批机关同意后,方可编制修改方案。修改后的控制性详细规划,应当依照本法规定的审批程序报批。控制性详细规划修改涉及城市总体规划、镇总体规划的强制性内容的,应当先修改总体规划。修改乡规划、村庄规划的,应当依照本法规定的审批程序报批。

在选址意见书、建设用地规划许可证、建设工程规划许可证或者乡村建设规划许可证发放后,因依法修改城乡规划给被许可人合法权益造成损失的,应当依法给予补偿。经依法审定的修建性详细规划、建设工程设计方案的总平面图不得随意修改;确需修改的,城乡规划主管部门应当采取听证会等形式,听取利害关系人的意见;因修改给利害关系人合法权益造成损失的,应当依法给予补偿。

2.5　监督检查

监督检查共包括七条规定,规定了县级以上人民政府及其城乡规划主管部门对城乡规划编制、审批、实施、修改的监督检查,地方人大常委会或者乡、镇人民代表大会对城乡规划的实施情况的监督,城乡规划主管部门对城乡规划的实施情况进行监督检查时有权采取的措施及监督检查情况和结果的处理,上级人民政府城乡规划主管部门对有关城乡规划主管部门的行政处罚的监督等。

县级以上人民政府城乡规划主管部门对城乡规划的实施情况进行监督检查,有权采取以下措施:① 要求有关单位和人员提供与监督事项有关的文件、资料,并进行复制;② 要求有关单位和人员就监督事项涉及的问题作出解释和说明,并根据需要进入现场进行勘测;③ 责令有关单位和人员停止违反有关城乡规划的法律、法规的行为。城乡规划主管部门的工作人员履行前款规定的监督检查职责,应当出示执法证件。被监督检查的单位和人员应当予以配合,不得妨碍和阻挠依法进行的监督检查活动。

2.6 法律责任

法律责任共包括十二条规定,规定了城乡规划相关主体违法行为应承担的行政责任和民事责任,并强调违反《城乡规划法》规定,构成犯罪的,依法追究刑事责任。

对依法应当编制城乡规划而未组织编制,或者未按法定程序编制、审批、修改城乡规划,或者委托不具有相应资质等级的单位编制城乡规划的,由上级人民政府责令改正,通报批评;对有关人民政府负责人和其他直接责任人员依法给予处分。

镇人民政府或者县级以上人民政府城乡规划主管部门有下列行为之一的,由本级人民政府、上级人民政府城乡规划主管部门或者监察机关依据职权责令改正,通报批评;对直接负责的主管人员和其他直接责任人员依法给予处分:① 未依法组织编制城市的控制性详细规划、县人民政府所在地镇的控制性详细规划的;② 超越职权或者对不符合法定条件的申请人核发选址意见书、建设用地规划许可证、建设工程规划许可证、乡村建设规划许可证的;③ 对符合法定条件的申请人未在法定期限内核发选址意见书、建设用地规划许可证、建设工程规划许可证、乡村建设规划许可证的;④ 未依法对经审定的修建性详细规划、建设工程设计方案的总平面图予以公布的;⑤ 同意修改修建性详细规划、建设工程设计方案的总平面图前未采取听证会等形式听取利害关系人的意见的;⑥ 发现未依法取得规划许可或者违反规划许可的规定在规划区内进行建设的行为,而不予查处或者接到举报后不依法处理的。

县级以上人民政府有关部门有下列行为之一的,由本级人民政府或者上级人民政府有关部门责令改正,通报批评;对直接负责的主管人员和其他直接责任人员依法给予处分:① 对未依法取得选址意见书的建设项目核发建设项目批准文件的;② 未依法在国有土地使用权出让合同中确定规划条件或者改变国有土地使用权出让合同中依法确定的规划条件的;③ 对未依法取得建设用地规划许可证的建设单位划拨国有土地使用权的。

城乡规划编制单位有下列行为之一的,由所在地城市、县人民政府城乡规划主管部门责令限期改正,处合同约定的规划编制费1倍以上2倍以下的罚款;情节严重的,责令停业整顿,由原发证机关降低资质等级或者吊销资质证书;造成损失的,依法承担赔偿责任:① 超越资质等级许可的范围承揽城乡规划编制工作的;② 违反国家有关标准编制城乡规划的。

城乡规划编制单位未依法取得资质证书承揽城乡规划编制工作的,由县级以上地方人民政府城乡规划主管部门责令停止违法行为,依照上述规定处以罚款;造成损失的,依法承担赔偿责任。

城乡规划编制单位以欺骗手段取得资质证书承揽城乡规划编制工作的,由原发证机关吊销资质证书,依照上述规定处以罚款;造成损失的,依法承担赔偿责任。

城乡规划编制单位取得资质证书后,不再符合相应的资质条件的,由原发证机关责令限期改正;逾期不改正的,降低资质等级或者吊销资质证书。

未取得建设工程规划许可证或者未按照建设工程规划许可证的规定进行建设的,由县级以上地方人民政府城乡规划主管部门责令停止建设;尚可采取改正措施消除对规划实施的影响的,限期改正,处建设工程造价5%以上10%以下的罚款;无法采取改正措施消除影响的,限期拆除,不能拆除的,没收实物或者违法收入,可以并处建设工程造价10%以下的罚款。

在乡、村庄规划区内未依法取得乡村建设规划许可证或者未按照乡村建设规划许可证的规定进行建设的,由乡、镇人民政府责令停止建设、限期改正;逾期不改正的,可以拆除。

建设单位或者个人有下列行为之一的,由所在地城市、县人民政府城乡规划主管部门责令限期拆除,可以并处临时建设工程造价1倍以下的罚款:① 未经批准进行临时建设的;② 未按照批准内容进行临时建设的;③ 临时建筑物、构筑物超过批准期限不拆除的。

建设单位未在建设工程竣工验收后6个月内向城乡规划主管部门报送有关竣工验收资料的,由所在地城市、县人民政府城乡规划主管部门责令限期补报;逾期不补报的,处1万元以上5万元以下的罚款。

城乡规划主管部门作出责令停止建设或者限期拆除的决定后,当事人不停止建设或者逾期不拆除的,建设工程所在地县级以上地方人民政府可以责成有关部门采取查封施工现场、强制拆除等措施。

2.7　城乡规划的地位举足轻重

2.7.1　《城乡规划法》的诞生

1952年9月,中央财政经济委员会召开中华人民共和国第一次城市建设座谈会,提出城市建设要根据国家长期计划,有计划、有步骤地进行新建或改造,加强规划设计工作,加强统一领导,克服盲目性。第一个五年计划时期(1953—1957年),我国开始大规模经济建设,1956年,国家建委颁发了《城市规划编制暂行办法》,这是中华人民共和国第一部重要的城市规划立法。改革开放后,我国城市规划和城市建设,尤其是城市规划法治建设进入了新阶段,1988年,建设部在吉林召开了第一次全国城市规划法规体系研讨会,提出建立我国包括有关法律、行政法规、部门规章、地方性法规和地方规章在内的城市规划法规体系。1990年4月1日,中华人民共和国第一部城市规划专业法律《中华人民共和国城市规划法》正式施行,1990年建设部颁发《关于统一实行建设用地规划许可证和建设工程规划许可证的通知》,并出台了一系列规定和办法,城市规划法治建设体系框架初步形成。2007年颁布的《中华人民共和国城乡规划法》,标志着我国城乡规划法治建设进入新的阶段。

从新中国成立初期开始,国家就高度重视城乡规划工作,城乡规划法治建设经历了从无到有、从单一到配套、从不完善到逐步完善的过程,充分说明城乡规划的地位举足轻重。

2.7.2　城乡规划法律法规体系的完善

2007年颁布的《城乡规划法》是在《城市规划法》和《村庄和集镇规划建设管理条例》的基础上修订完善的,更加全面、系统地规范了城乡规划工作。在《城乡规划法》的指导下,国务院及其相关部门、地方政府制定了一系列配套法规和政策文件,形成了较为完善的城乡规划法律法规体

系。当前,相关的配套法规和部门规章有:

《风景名胜区条例》(2016年2月6日)
《历史文化名城名镇名村保护条例》(2017年10月7日)
《城乡规划编制单位资质管理办法》(2024年1月24日)
《省域城镇体系规划编制审批办法》(2010年7月1日)
《城市、镇控制性详细规划编制审批办法》(2011年1月1日)
《建制镇规划建设管理办法》(2011年1月26日)
《历史文化名城名镇名村街区保护规划编制审批办法》(2014年12月29日)
《建设项目选址规划管理办法》(1991年8月23日)
《城市国有土地使用权出让转让规划管理办法》(2011年1月26日)
《城市地下空间开发利用管理规定》(2011年1月26日)
《城市绿线管理办法》(2011年1月26日)
《城市紫线管理办法》(2011年1月26日)
《城市黄线管理办法》(2011年1月26日)
《城市蓝线管理办法》(2011年1月26日)
《住房城乡建设行政复议办法》(2015年11月1日)
《城乡规划违法违纪行为处分办法》(2016年1月18日)

2.7.3 国土空间规划将发挥更大作用

2018年4月组建成立的自然资源部,整合了国家发展改革委、国土资源部、住房城乡建设部等部门的规划职责,统一行使所有国土空间用途管制和生态保护修复职责,建立统一的空间规划体系和事权,推行"多规合一"并监督规划实施。

2019年5月,《中共中央 国务院关于建立国土空间规划体系并监督实施的若干意见》发布,提出建立国土空间规划体系并监督实施,将主体功能区规划、土地利用规划、城乡规划等空间规划融合为统一的国土空间规划,实现"多规合一",并明确强化国土空间规划对各专项规划的指导约束作用。

2019年11月,中共中央办公厅、国务院办公厅印发《关于在国土空间规划中统筹划定落实三条控制线的指导意见》。三条控制线——生态保护红线、永久基本农田、城镇开发边界,是对最严格的生态环境保护制度、耕地保护制度和节约用地制度的落实,是调整经济结构、规划产业发展、推进城镇化不可逾越的红线。

2019年5月,自然资源部发布《关于全面开展国土空间规划工作的通知》。全面启动国土空间规划编制,实现"多规合一",各级主管部门要抓紧启动编制全国、省级、市县和乡镇国土空间规划,尽快形成规划成果上报审批。省级和市县国土空间规划,侧重控制性审查,重点审查目标定位、底线约束、控制性指标、相邻关系等,并对规划程序和报批成果形式做合规性审查。

2021年2月,中共中央、国务院印发《国家综合立体交通网规划纲要》。2022年5月,中共中央办公厅、国务院办公厅印发《乡村建设行动实施方案》《关于推进以县城为重要载体的城镇化建设的意见》。

可以预见,我国将出台更多与规划相关的法律法规,国土空间规划将会在引导城市建设、优化空间布局、促进生态保护、提高土地资源利用率以及推动经济社会发展等方面发挥重要作用。

图 2-1 《中华人民共和国城乡规划法》知识点导图

1. 《中华人民共和国城乡规划法》和《中华人民共和国城市规划法》最大的不同是什么？
2. 城乡规划由哪个部门来组织编制？
3. 是否所有建设项目都需要办理建设项目选址意见书？
4. 出让国有土地使用权是否必须有规划条件？
5. 城乡规划制定后能否修改？
6. 建设单位能否变更规划条件？确需变更的如何办理？
7. 国土空间规划的内涵是什么？
8. 什么是"多规合一"？
9. 什么是"三条控制线"？

第 2 章 案例

第 2 章 测试题及参考答案

第3章 中华人民共和国城市房地产管理法

> **本章学习目标**
>
> 1. 了解《中华人民共和国城市房地产管理法》的立法背景、修订过程及实施后取得的主要成效，能够在实际生活中利用法律手段来解决与住房有关的问题。
> 2. 熟悉房地产开发用地的取得、房地产开发的基本原则、商品房预售、房屋租赁、房地产中介机构、房地产权属登记等相关制度和规定。
> 3. 结合自己的亲身经历和我国住房制度改革历程，正确认识房地产业在国民经济中的地位和作用，理解和支持国家关于房地产业的宏观政策。

3.1 总 则

3.1.1 概述

《中华人民共和国城市房地产管理法》(简称《城市房地产管理法》)于 1994 年 7 月 5 日第八届全国人民代表大会常务委员会第八次会议通过，根据 2007 年 8 月 30 日第十届全国人民代表大会常务委员会第二十九次会议《关于修改〈中华人民共和国城市房地产管理法〉的决定》第一次修正，根据 2009 年 8 月 27 日第十一届全国人民代表大会常务委员会第十次会议《关于修改部分法律的决定》第二次修正，根据 2019 年 8 月 26 日第十三届全国人民代表大会常务委员会第十二次会议《关于修改〈中华人民共和国土地管理法〉、〈中华人民共和国城市房地产管理法〉的决定》第三次修正。

现行《城市房地产管理法》共七章七十三条，包括房地产开发用地的取得，房地产开发的基本原则、开发土地期限、开发项目设计和施工，房地产价格、房地产转让及其方式，商品房预售及其条件，房地产抵押及抵押登记、抵押物范围，房屋租赁以及房屋租赁的特别规定，房地产中介服务机构的设立，房地产权属登记和房地产权属证书，房地产违法行为及其相应处罚等。

3.1.2 主要内容

总则共包括七条规定，明确了立法目的、适用范围及行政主管部门，同时对我国房地产相关制度作了说明。

立法的目的是加强对城市房地产的管理，维护房地产市场秩序，保障房地产权利人的合法权益，促进房地产业的健康发展。在中华人民共和国城市规划区国有土地(简称国有土地)范围内取得房地产开发用地的土地使用权，从事房地产开发、房地产交易，实施房地产管理，应当遵守

《城市房地产管理法》。国务院建设行政主管部门、土地管理部门依照国务院规定的职权划分，各司其职，密切配合，管理全国房地产工作。县级以上地方人民政府房产管理、土地管理部门的机构设置及其职权由省、自治区、直辖市人民政府确定。

相关的房地产制度如下：国家依法实行国有土地有偿、有限期使用制度，但是国家在《城市房地产管理法》规定的范围内划拨国有土地使用权的除外。国家根据社会、经济发展水平，扶持发展居民住宅建设，逐步改善居民的居住条件。房地产权利人应当遵守法律和行政法规，依法纳税。房地产权利人的合法权益受法律保护，任何单位和个人不得侵犯。为了公共利益的需要，国家可以征收国有土地上单位和个人的房屋，并依法给予拆迁补偿，维护被征收人的合法权益；征收个人住宅的，还应当保障被征收人的居住条件。具体办法由国务院规定。

《中华人民共和国城市房地产管理法》知识点导图如图3-1所示。

3.2 房地产开发用地

房地产开发用地共包括十七条规定，主要涉及土地使用权的出让和划拨的概念及基本流程。

3.2.1 土地使用权出让

土地使用权出让，是指国家将国有土地使用权（简称土地使用权）在一定年限内出让给土地使用者，由土地使用者向国家支付土地使用权出让金的行为。城市规划区内的集体所有的土地，经依法征收转为国有土地后，该幅国有土地的使用权方可有偿出让，但法律另有规定的除外。土地使用权出让，必须符合土地利用总体规划、城市规划和年度建设用地计划。县级以上地方人民政府出让土地使用权用于房地产开发的，须根据省级以上人民政府下达的控制指标拟订年度出让土地使用权总面积方案，按照国务院规定，报国务院或者省级人民政府批准。

出让的每幅地块、用途、年限和其他条件，由市、县人民政府土地管理部门会同城市规划、建设、房产管理部门共同拟订方案，按照国务院规定，报经有批准权的人民政府批准后，由市、县人民政府土地管理部门实施。

土地使用权出让，可以采取拍卖、招标或者双方协议的方式。商业、旅游、娱乐和豪华住宅用地，有条件的，必须采取拍卖、招标方式；没有条件，不能采取拍卖、招标方式的，可以采取双方协议的方式。采取双方协议方式出让土地使用权的出让金不得低于按国家规定所确定的最低价。土地使用权出让最高年限由国务院规定。

土地使用权出让，应当签订书面出让合同。土地使用权出让合同由市、县人民政府土地管理部门与土地使用者签订。土地使用者必须按照出让合同约定，支付土地使用权出让金；未按照出让合同约定支付土地使用权出让金的，土地管理部门有权解除合同，并可以请求违约赔偿。土地使用者按照出让合同约定支付土地使用权出让金的，市、县人民政府土地管理部门必须按照出让合同约定，提供出让的土地；未按照出让合同约定提供出让的土地的，土地使用者有权解除合同，由土地管理部门返还土地使用权出让金，土地使用者并可以请求违约赔偿。

土地使用者需要改变土地使用权出让合同约定的土地用途的，必须取得出让方和市、县人民政府城市规划行政主管部门的同意，签订土地使用权出让合同变更协议或者重新签订土地使用权出让合同，相应调整土地使用权出让金。土地使用权出让金应当全部上缴财政，列入预算，用于城市基础设施建设和土地开发。土地使用权出让金上缴和使用的具体办法由国务院规定。

国家对土地使用者依法取得的土地使用权,在出让合同约定的使用年限届满前不收回;在特殊情况下,根据社会公共利益的需要,可以依照法律程序提前收回,并根据土地使用者使用土地的实际年限和开发土地的实际情况给予相应的补偿。

土地使用权出让合同约定的使用年限届满,土地使用者需要继续使用土地的,应当至迟于届满前一年申请续期,除根据社会公共利益需要收回该幅土地的,应当予以批准。经批准准予续期的,应当重新签订土地使用权出让合同,依照规定支付土地使用权出让金。土地使用权出让合同约定的使用年限届满,土地使用者未申请续期或者虽申请续期但依照前款规定未获批准的,土地使用权由国家无偿收回。

3.2.2 土地使用权划拨

土地使用权划拨,是指县级以上人民政府依法批准,在土地使用者缴纳补偿、安置等费用后将该幅土地交付其使用,或者将土地使用权无偿交付土地使用者使用的行为。依照本法规定以划拨方式取得土地使用权的,除法律、行政法规另有规定外,没有使用期限的限制。

下列建设用地的土地使用权,确属必需的,可以由县级以上人民政府依法批准划拨:① 国家机关用地和军事用地;② 城市基础设施用地和公益事业用地;③ 国家重点扶持的能源、交通、水利等项目用地;④ 法律、行政法规规定的其他用地。

3.3 房地产开发

房地产开发共包括七条规定,主要对房地产开发必须遵守的方针、原则、时间要求,房地产开发企业设立程序、必须具备的条件等作了规定。

房地产开发的基本原则是必须严格执行城市规划,按照经济效益、社会效益、环境效益相统一的原则,实行全面规划、合理布局、综合开发、配套建设。

以出让方式取得土地使用权进行房地产开发的,必须按照土地使用权出让合同约定的土地用途、动工开发期限开发土地。超过出让合同约定的动工开发日期满一年未动工开发的,可以征收相当于土地使用权出让金20%以下的土地闲置费;满二年未动工开发的,可以无偿收回土地使用权;但是,因不可抗力或者政府、政府有关部门的行为或者动工开发必需的前期工作造成动工开发迟延的除外。

房地产开发项目的设计、施工,必须符合国家的有关标准和规范。房地产开发项目竣工,经验收合格后,方可交付使用。依法取得的土地使用权,可以依照本法和有关法律、行政法规的规定,作价入股,合资、合作开发经营房地产。

房地产开发企业是以营利为目的,从事房地产开发和经营的企业。设立房地产开发企业,应当具备下列条件:① 有自己的名称和组织机构;② 有固定的经营场所;③ 有符合国务院规定的注册资本;④ 有足够的专业技术人员;⑤ 法律、行政法规规定的其他条件。设立房地产开发企业,应当向工商行政管理部门申请设立登记。工商行政管理部门对符合本法规定条件的,应当予以登记,发给营业执照;对不符合本法规定条件的,不予登记。设立有限责任公司、股份有限公司,从事房地产开发经营的,还应当执行公司法的有关规定。房地产开发企业在领取营业执照后的一个月内,应当到登记机关所在地的县级以上地方人民政府规定的部门备案。

3.4 房地产交易

房地产交易共包括五个小节二十八条规定,对房地产的转让、抵押,房地产价格评估和成交价格申报,商品房预售和房屋租赁,中介服务机构的开业条件等作了规定。

3.4.1 一般规定

房地产转让、抵押时,房屋的所有权和该房屋占用范围内的土地使用权同时转让、抵押。

基准地价、标定地价和各类房屋的重置价格应当定期确定并公布。

国家实行房地产价格评估制度。房地产价格评估,应当遵循公正、公平、公开的原则,按照国家规定的技术标准和评估程序,以基准地价、标定地价和各类房屋的重置价格为基础,参照当地的市场价格进行评估。

国家实行房地产成交价格申报制度。房地产权利人转让房地产,应当向县级以上地方人民政府规定的部门如实申报成交价,不得瞒报或者作不实的申报。

3.4.2 房地产转让

房地产转让,是指房地产权利人通过买卖、赠与或者其他合法方式将其房地产转移给他人的行为。

下列房地产,不得转让:① 以出让方式取得土地使用权的,不符合《城市房地产管理法》规定的条件的;② 司法机关和行政机关依法裁定、决定查封或者以其他形式限制房地产权利的;③ 依法收回土地使用权的;④ 共有房地产,未经其他共有人书面同意的;⑤ 权属有争议的;⑥ 未依法登记领取权属证书的;⑦ 法律、行政法规规定禁止转让的其他情形。

以出让方式取得土地使用权的,转让房地产时,应当符合下列条件:① 按照出让合同约定已经支付全部土地使用权出让金,并取得土地使用权证书;② 按照出让合同约定进行投资开发,属于房屋建设工程的,完成开发投资总额的25%以上,属于成片开发土地的,形成工业用地或者其他建设用地条件。转让房地产时房屋已经建成的,还应当持有房屋所有权证书。

以划拨方式取得土地使用权的,转让房地产时,应当按照国务院规定,报有批准权的人民政府审批。有批准权的人民政府准予转让的,应当由受让方办理土地使用权出让手续,并依照国家有关规定缴纳土地使用权出让金。以划拨方式取得土地使用权的,转让房地产报批时,有批准权的人民政府按照国务院规定决定可以不办理土地使用权出让手续的,转让方应当按照国务院规定将转让房地产所获收益中的土地收益上缴国家或者作其他处理。

房地产转让,应当签订书面转让合同,合同中应当载明土地使用权取得的方式。房地产转让时,土地使用权出让合同载明的权利、义务随之转移。

以出让方式取得土地使用权的,转让房地产后,其土地使用权的使用年限为原土地使用权出让合同约定的使用年限减去原土地使用者已经使用年限后的剩余年限。

以出让方式取得土地使用权的,转让房地产后,受让人改变原土地使用权出让合同约定的土地用途的,必须取得原出让方和市、县人民政府城市规划行政主管部门的同意,签订土地使用权出让合同变更协议或者重新签订土地使用权出让合同,相应调整土地使用权出让金。

商品房预售,应当符合下列条件:① 已交付全部土地使用权出让金,取得土地使用权证书;② 持有建设工程规划许可证;③ 按提供预售的商品房计算,投入开发建设的资金达到工程建设总投资的25%以上,并已经确定施工进度和竣工交付日期;④ 向县级以上人民政府房产管理部门办理预售登记,取得商品房预售许可证明。商品房预售人应当按照国家有关规定将预售合同报县级以上人民政府房产管理部门和土地管理部门登记备案。商品房预售所得款项,必须用于有关的工程建设。

3.4.3 房地产抵押

房地产抵押,是指抵押人以其合法的房地产以不转移占有的方式向抵押权人提供债务履行担保的行为。债务人不履行债务时,抵押权人有权依法以抵押的房地产拍卖所得的价款优先受偿。

依法取得的房屋所有权连同该房屋占用范围内的土地使用权,可以设定抵押权。以出让方式取得的土地使用权,可以设定抵押权。

房地产抵押,应当凭土地使用权证书、房屋所有权证书办理。房地产抵押,抵押人和抵押权人应当签订书面抵押合同。

设定房地产抵押权的土地使用权是以划拨方式取得的,依法拍卖该房地产后,应当从拍卖所得的价款中缴纳相当于应缴纳的土地使用权出让金的款额后,抵押权人方可优先受偿。

房地产抵押合同签订后,土地上新增的房屋不属于抵押财产。需要拍卖该抵押的房地产时,可以依法将土地上新增的房屋与抵押财产一同拍卖,但对拍卖新增房屋所得,抵押权人无权优先受偿。

3.4.4 房屋租赁

房屋租赁,是指房屋所有权人作为出租人将其房屋出租给承租人使用,由承租人向出租人支付租金的行为。

房屋租赁,出租人和承租人应当签订书面租赁合同,约定租赁期限、租赁用途、租赁价格、修缮责任等条款,以及双方的其他权利和义务,并向房产管理部门登记备案。

住宅用房的租赁,应当执行国家和房屋所在城市人民政府规定的租赁政策。租用房屋从事生产、经营活动的,由租赁双方协商议定租金和其他租赁条款。

以营利为目的,房屋所有权人将以划拨方式取得使用权的国有土地上建成的房屋出租的,应当将租金中所含土地收益上缴国家。

3.4.5 中介服务机构

房地产中介服务机构包括房地产咨询机构、房地产价格评估机构、房地产经纪机构等。

房地产中介服务机构应当具备下列条件:① 有自己的名称和组织机构;② 有固定的服务场所;③ 有必要的财产和经费;④ 有足够数量的专业人员;⑤ 法律、行政法规规定的其他条件。设立房地产中介服务机构,应当向工商行政管理部门申请设立登记,领取营业执照后,方可开业。

国家实行房地产价格评估人员资格认证制度。

3.5 房地产权属登记管理

房地产权属登记管理共包括四条规定,明确规定国家实行土地使用权和房屋所有权登记发证制度,并规定了具体程序和方法。

　　以出让或者划拨方式取得土地使用权,应当向县级以上地方人民政府土地管理部门申请登记,经县级以上地方人民政府土地管理部门核实,由同级人民政府颁发土地使用权证书。在依法取得的房地产开发用地上建成房屋的,应当凭土地使用权证书向县级以上地方人民政府房产管理部门申请登记,由县级以上地方人民政府房产管理部门核实并颁发房屋所有权证书。房地产转让或者变更时,应当向县级以上地方人民政府房产管理部门申请房产变更登记,并凭变更后的房屋所有权证书向同级人民政府土地管理部门申请土地使用权变更登记,经同级人民政府土地管理部门核实,由同级人民政府更换或者更改土地使用权证书。

　　房地产抵押时,应当向县级以上地方人民政府规定的部门办理抵押登记。因处分抵押房地产而取得土地使用权和房屋所有权的,应当依照本章规定办理过户登记。

　　经省、自治区、直辖市人民政府确定,县级以上地方人民政府由一个部门统一负责房产管理和土地管理工作的,可以制作、颁发统一的房地产权证书,依照本法规定,将房屋的所有权和该房屋占用范围内的土地使用权的确认和变更,分别载入房地产权证书。

3.6　法律责任

　　法律责任共包括八条规定,主要是针对土地出让、房地产交易、房地产开发活动中的违法行为以及政府有关部门对房地产管理行为中的一些渎职行为进行相应处罚。

　　违反本法规定,擅自批准出让或者擅自出让土地使用权用于房地产开发的,由上级机关或者所在单位给予有关责任人员行政处分。

　　违反本法规定,未取得营业执照擅自从事房地产开发业务的,由县级以上人民政府工商行政管理部门责令停止房地产开发业务活动,没收违法所得,可以并处罚款。

　　违反本法规定转让土地使用权的,由县级以上人民政府土地管理部门没收违法所得,可以并处罚款。

　　违反本法规定转让房地产的,由县级以上人民政府土地管理部门责令缴纳土地使用权出让金,没收违法所得,可以并处罚款。

　　违反本法规定预售商品房的,由县级以上人民政府房产管理部门责令停止预售活动,没收违法所得,可以并处罚款。

　　违反本法规定,未取得营业执照擅自从事房地产中介服务业务的,由县级以上人民政府工商行政管理部门责令停止房地产中介服务业务活动,没收违法所得,可以并处罚款。

　　没有法律、法规的依据,向房地产开发企业收费的,上级机关应当责令退回所收取的钱款;情节严重的,由上级机关或者所在单位给予直接责任人员行政处分。

　　房产管理部门、土地管理部门工作人员玩忽职守、滥用职权,构成犯罪的,依法追究刑事责任;不构成犯罪的,给予行政处分。房产管理部门、土地管理部门工作人员利用职务上的便利,索取他人财物,或者非法收受他人财物为他人谋取利益,构成犯罪的,依法追究刑事责任;不构成犯罪的,给予行政处分。

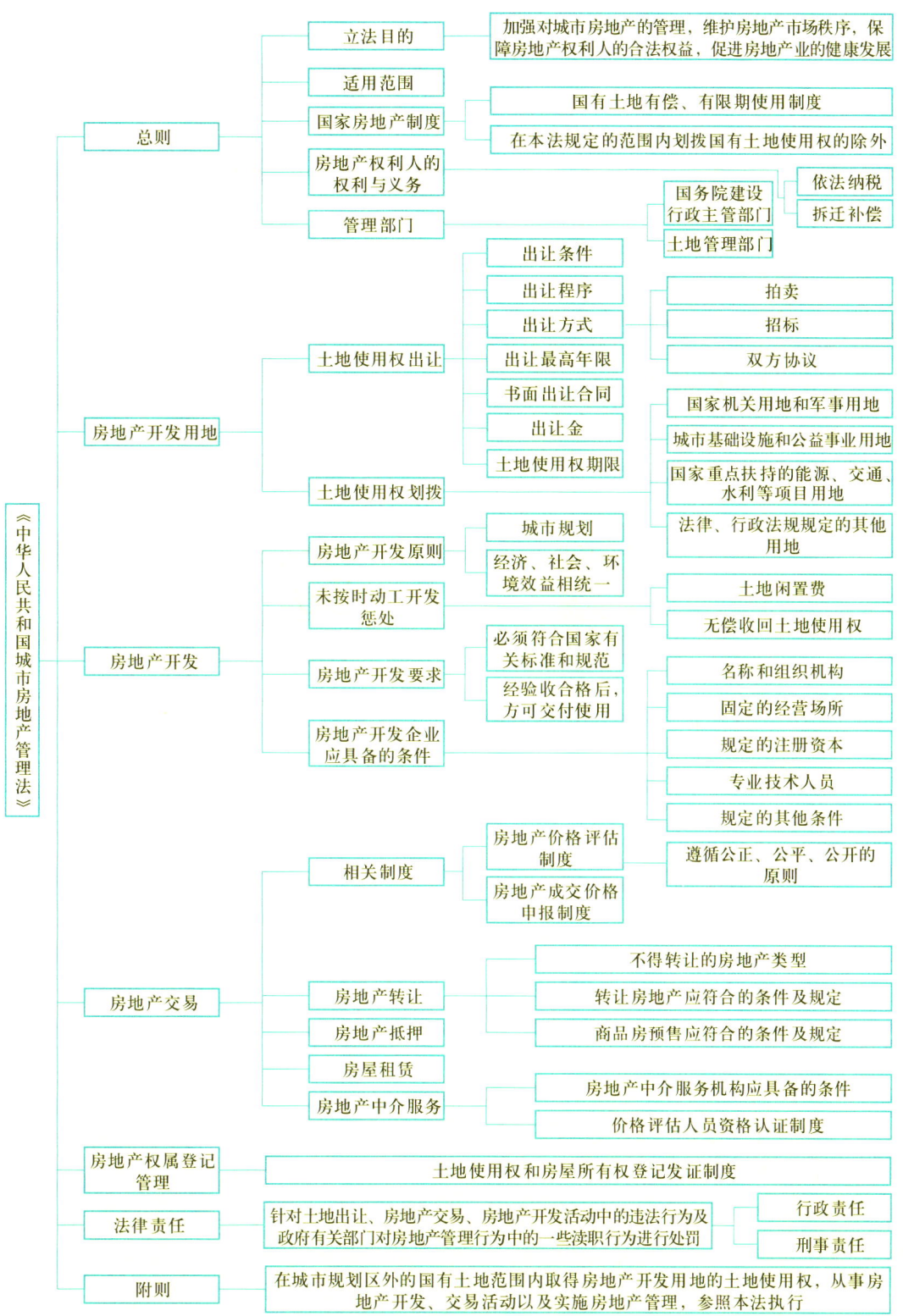

图 3-1 《中华人民共和国城市房地产管理法》知识点导图

思考题

1. 我国现行的房地产管理制度有哪些?
2. 什么是土地使用权的出让?土地使用权的出让必须遵守什么原则?
3. 土地使用权划拨的适用范围是什么?
4. 什么是房地产交易?房地产交易有哪些类型?
5. 商品房预售需要符合哪些条件?
6. 抵押权客体需要符合什么客观条件?
7. 设立房地产企业需要满足哪些条件?
8. 房地产中介服务机构一般包括哪些?
9. 房地产中介服务机构应当具备哪些条件?
10. 如何进行房地产权属登记管理?

第 3 章　案例　　　第 3 章　测试题及参考答案

第 2 篇

建设工程主要环节的法律法规

第 4 章　建设工程若干基本法律制度

> **本章学习目标**

1. 了解建设工程基本法律制度概况，包括建设工程知识产权、建设工程侵权责任、建设工程税收制度、建设工程行政法律制度和刑事法律制度等。
2. 熟练掌握建设工程物权制度，包括物权的设立、变更、转让和消灭，以及所有权、用益物权、担保物权等的具体内涵。
3. 结合自己的亲身经历及对典型案例的剖析，正确理解基本法律制度建设的必要性，思考建设领域还有哪些法律制度需要完善。

4.1　建设工程物权制度

物权是指权利人依法对特定的物享有的直接支配和排他的权利，物权包括所有权、用益物权和担保物权。

4.1.1　物权的设立与保护

1. 不动产登记

不动产登记是指不动产登记机构依法将不动产权利归属和其他法定事项记载于不动产登记簿的行为。

不动产物权的设立、变更、转让和消灭，依照法律规定应当登记的，自记载于不动产登记簿时发生效力；依法属于国家所有的自然资源，所有权可以不登记。

下列不动产权利，依照规定办理登记：① 集体土地所有权；② 房屋等建筑物、构筑物所有权；③ 森林、林木所有权；④ 耕地、林地、草地等土地承包经营权；⑤ 建设用地使用权；⑥ 宅基地使用权；⑦ 海域使用权；⑧ 地役权；⑨ 抵押权；⑩ 法律规定需要登记的其他不动产权利。

不动产权属证书是权利人享有该不动产物权的证明。不动产权属证书记载的事项，应当与不动产登记簿一致；记载不一致的，除有证据证明不动产登记确有错误外，以不动产登记簿为准。

当事人之间订立有关设立、变更、转让和消灭不动产物权的合同，除法律另有规定或者当事人另有约定外，自合同成立时生效；未办理物权登记的，不影响合同效力。

2. 动产交付

动产物权的设立和转让，自交付时发生效力，但是法律另有规定的除外。船舶、航空器和机动车等的物权的设立、变更、转让和消灭，未经登记，不得对抗善意第三人。

动产物权设立和转让前,权利人已经占有该动产的,物权自民事法律行为生效时发生效力。动产物权设立和转让前,第三人占有该动产的,负有交付义务的人可以通过转让请求第三人返还原物的权利代替交付。动产物权转让时,当事人又约定由出让人继续占有该动产的,物权自该约定生效时发生效力。

3. 其他规定

因人民法院、仲裁机构的法律文书或者人民政府的征收决定等,导致物权设立、变更、转让或者消灭的,自法律文书或者征收决定等生效时发生效力。因合法建造、拆除房屋等事实行为设立或者消灭物权的,自事实行为成就时发生效力。

4. 物权的保护

物权的保护是指通过法律规定的方法和程序保障物权人在法律许可的范围内对其财产行使占有、使用、收益、处分权利的制度。

4.1.2 所有权

1. 所有权的概念和权能

所有权是所有权人依法对自己财产(包括不动产和动产)所享有的占有、使用、收益和处分的权利。它是一种财产权,又称财产所有权。

占有权是指对财产实际掌握、控制的权能。使用权是指对财产的实际利用和运用的权能。收益权是指收取由原物产生出来的新增经济价值的权能。处分权是指依法对财产进行处置的权能。

2. 所有权的种类

所有权分为国家所有权、集体所有权和私人所有权。

法律规定属于国家所有的财产,属于国家所有即全民所有。矿藏、水流、海域属于国家所有。无居民海岛属于国家所有,国务院代表国家行使无居民海岛所有权。城市的土地,属于国家所有。法律规定属于国家所有的农村和城市郊区的土地,属于国家所有。森林、山岭、草原、荒地、滩涂等自然资源,属于国家所有,但是法律规定属于集体所有的除外。

集体所有的不动产和动产包括:① 法律规定属于集体所有的土地和森林、山岭、草原、荒地、滩涂;② 集体所有的建筑物、生产设施、农田水利设施;③ 集体所有的教育、科学、文化、卫生、体育等设施;④ 集体所有的其他不动产和动产。

私人对其合法的收入、房屋、生活用品、生产工具、原材料等不动产和动产享有所有权。

3. 业主的建筑物区分所有权

业主对建筑物内的住宅、经营性用房等专有部分享有所有权,对专有部分以外的共有部分享有共有和共同管理的权利。业主对其建筑物专有部分享有占有、使用、收益和处分的权利。业主行使权利不得危及建筑物的安全,不得损害其他业主的合法权益。业主对建筑物专有部分以外的共有部分,享有权利,承担义务;不得以放弃权利为由不履行义务。业主转让建筑物内的住宅、经营性用房,其对共有部分享有的共有和共同管理的权利一并转让。

4.1.3 用益物权

1. 用益物权的概念

用益物权是权利人对他人所有的不动产或者动产,依法享有占有、使用和收益的权利。用益物权包括土地承包经营权、建设用地使用权、宅基地使用权、居住权和地役权。

国家所有或者国家所有由集体使用以及法律规定属于集体所有的自然资源,组织、个人依法可以占有、使用和收益。此时,组织或者个人就成为用益物权人。因不动产或者动产被征收、征用致使用益物权消灭或者影响用益物权行使的,用益物权人有权获得相应补偿。

2. 土地承包经营权

土地承包经营权人依法对其承包经营的耕地、林地、草地等享有占有、使用和收益的权利,有权从事种植业、林业、畜牧业等农业生产。

土地承包经营权自土地承包经营权合同生效时设立。登记机构应当向土地承包经营权人发放土地承包经营权证、林权证等证书,并登记造册,确认土地承包经营权。土地承包经营权人依照法律规定,有权将土地承包经营权互换、转让。

3. 建设用地使用权

建设用地使用权人依法对国家所有的土地享有占有、使用和收益的权利,有权利用该土地建造建筑物、构筑物及其附属设施。建设用地使用权可以在土地的地表、地上或者地下分别设立。

设立建设用地使用权,可以采取出让或者划拨等方式。工业、商业、旅游、娱乐和商品住宅等经营性用地以及同一土地有两个以上意向用地者的,应当采取招标、拍卖等公开竞价的方式出让。严格限制以划拨方式设立建设用地使用权。通过招标、拍卖、协议等出让方式设立建设用地使用权的,当事人应当采用书面形式订立建设用地使用权出让合同。

4. 宅基地使用权

宅基地使用权人依法对集体所有的土地享有占有和使用的权利,有权依法利用该土地建造住宅及其附属设施。宅基地使用权的取得、行使和转让,适用土地管理的法律和国家有关规定。

宅基地因自然灾害等原因灭失的,宅基地使用权消灭。对失去宅基地的村民,应当依法重新分配宅基地。已经登记的宅基地使用权转让或者消灭的,应当及时办理变更登记或者注销登记。

5. 居住权

居住权人有权按照合同约定,对他人的住宅享有占有、使用的用益物权,以满足生活居住的需要。设立居住权,当事人应当采用书面形式订立居住权合同。设立居住权的,应当向登记机构申请居住权登记。居住权自登记时设立。

居住权不得转让、继承。设立居住权的住宅不得出租,但是当事人另有约定的除外。居住权期限届满或者居住权人死亡的,居住权消灭。

6. 地役权

地役权人有权按照合同约定,利用他人的不动产,以提高自己的不动产的效益。他人的不动产为供役地,自己的不动产为需役地。设立地役权,当事人应当采用书面形式订立地役权合同。地役权自地役权合同生效时设立。当事人要求登记的,可以向登记机构申请地役权登记;未经登记,不得对抗善意第三人。

供役地权利人应当按照合同约定,允许地役权人利用其不动产,不得妨害地役权人行使权利。地役权人应当按照合同约定的利用目的和方法利用供役地,尽量减少对供役地权利人物权的限制。

4.1.4 担保物权

1. 担保物权的概念

担保物权是权利人在债务人不履行到期债务或者发生当事人约定的实现担保物权的情形时,依法享有就担保财产优先受偿的权利,但法律另有规定的除外。担保物权包括抵押权、质权、留置权。

设立担保物权,应当订立担保合同。担保合同包括抵押合同、质押合同和其他具有担保功能的合同。担保合同是主债权债务合同的从合同。

2. 抵押权

为担保债务的履行,债务人或者第三人不转移财产的占有,将该财产抵押给债权人的,债务人不履行到期债务或者发生当事人约定的实现抵押权的情形,债权人有权就该财产优先受偿。债务人或者第三人为抵押人,债权人为抵押权人,提供担保的财产为抵押财产。

债务人或者第三人有权处分的下列财产可以抵押:① 建筑物和其他土地附着物;② 建设用地使用权;③ 海域使用权;④ 生产设备、原材料、半成品、产品;⑤ 正在建造的建筑物、船舶、航空器;⑥ 交通运输工具;⑦ 法律、行政法规未禁止抵押的其他财产。

下列财产不得抵押:① 土地所有权;② 宅基地、自留地、自留山等集体所有土地的使用权,但是法律规定可以抵押的除外;③ 学校、幼儿园、医疗机构等为公益目的成立的非营利法人的教育设施、医疗卫生设施和其他公益设施;④ 所有权、使用权不明或者有争议的财产;⑤ 依法被查封、扣押、监管的财产;⑥ 法律、行政法规规定不得抵押的其他财产。

以建筑物抵押的,该建筑物占用范围内的建设用地使用权一并抵押。以建设用地使用权抵押的,该土地上的建筑物一并抵押。

3. 质权

质权分为动产质权和权利质权。

动产质权是指为担保债务的履行,债务人或者第三人将其动产出质给债权人占有的,债务人不履行到期债务或者发生当事人约定的实现质权的情形,债权人有权就该动产优先受偿。债务人或者第三人为出质人,债权人为质权人,交付的动产为质押财产。

权利质权是以权利出质的质权。债务人或者第三人有权处分的下列权利可以出质:① 汇票、本票、支票;② 债券、存款单;③ 仓单、提单;④ 可以转让的基金份额、股权;⑤ 可以转让的注册商标专用权、专利权、著作权等知识产权中的财产权;⑥ 现有的以及将有的应收账款;⑦ 法律、行政法规规定可以出质的其他财产权利。以汇票、本票、支票、债券、存款单、仓单、提单出质的,质权自权利凭证交付质权人时设立;没有权利凭证的,质权自办理出质登记时设立。

4. 留置权

债务人不履行到期债务,债权人可以留置已经合法占有的债务人的动产,并有权就该动产优先受偿。债权人为留置权人,占有的动产为留置财产。留置权人负有妥善保管留置财产的义务;因保管不善致使留置财产毁损、灭失的,应当承担赔偿责任。留置权人有权收取留置财产的孳息。

同一动产上已经设立抵押权或者质权,该动产又被留置的,留置权人优先受偿。留置权人对留置财产丧失占有或者留置权人接受债务人另行提供担保的,留置权消灭。

4.2 建设工程知识产权制度

知识产权是权利人对其创造的智力成果依法享有的权利。建设工程中的知识产权主要是著作权、专利权、商标权。

4.2.1 著作权制度

著作权是指作者及其他著作权人依法对文学、艺术和科学作品所享有的专有权。

著作权保护的客体是作品,在建设工程活动中,主要有以下几种:① 文字作品。如施工单位编制的投标文件等文字作品、项目经理完成的工作报告等,都会享有著作权。② 建筑作品。建筑作品是指以建筑物或者构筑物形式表现的有审美意义的作品。③ 图形作品。图形作品是指为施工、生产绘制的工程设计图、产品设计图,以及反映地理现象、说明事物原理或者结构的地图、示意图等作品。

在建设工程活动中,有许多作品属于单位作品。由法人或者非法人组织主持,代表法人或者非法人组织意志创作,并由法人或者非法人组织承担责任的作品,法人或者非法人组织视为作者。如招标文件、投标文件,往往就是单位作品。单位作品的著作权完全归单位所有。

在建设工程活动中,有些作品属于职务作品。自然人为完成法人或者非法人组织工作任务所创作的作品是职务作品。《中华人民共和国著作权法》(简称《著作权法》)规定,有下列情形之一的职务作品,作者享有署名权,著作权的其他权利由法人或者非法人组织享有,法人或者非法人组织可以给予作者奖励:① 主要是利用法人或者非法人组织的物质技术条件创作,并由法人或者非法人组织承担责任的工程设计图、产品设计图、地图、示意图、计算机软件等职务作品;② 报社、期刊社、通讯社、广播电台、电视台的工作人员创作的职务作品;③ 法律、行政法规规定或者合同约定著作权由法人或者非法人组织享有的职务作品。

在建设工程活动中,有些作品属于委托作品。一般情况下,勘察设计文件都是勘察设计单位接受建设单位委托创作的委托作品。受委托创作的作品,著作权的归属由委托人和受托人通过合同约定。合同未作明确约定或者没有订立合同的,著作权属于受托人。

著作权的保护期由于权利内容以及主体的不同而有所不同:① 作者的署名权、修改权、保护作品完整权的保护期不受限制。② 自然人的作品,其发表权、使用权和获得报酬权的保护期,为作者终生及其死后 50 年,截止于作者死亡后第 50 年的 12 月 31 日。如果是合作作品,截止于最后死亡的作者死亡后第 50 年的 12 月 31 日。③ 法人或者非法人组织的作品、著作权(署名权除外)由法人或者非法人组织享有的职务作品,其发表权、使用权和获得报酬权的保护期为 50 年,截止于作品首次发表后第 50 年的 12 月 31 日,但作品自创作完成后 50 年内未发表的,不再受《著作权法》保护。

4.2.2 专利权制度

专利权是指权利人在法律规定的期限内,对其发明创造所享有的制造、使用和销售的专有权。《中华人民共和国专利法》(简称《专利法》)保护的是发明创造专利权,并规定发明创造是指发明、实用新型和外观设计。

发明是指对产品、方法或者其改进所提出的新的技术方案。实用新型是指对产品的形状、构造或者其结合所提出的适于实用的新的技术方案。外观设计是指对产品的整体或者局部的形状、图案或者其结合以及色彩与形状、图案的结合所作出的富有美感并适于工业应用的新设计。

发明和实用新型专利权被授予后,除《专利法》另有规定的,任何单位或者个人未经专利权人许可,都不得实施其专利,即不得为生产经营目的制造、使用、许诺销售、销售、进口其专利产品,或者使用其专利方法以及使用、许诺销售、销售、进口依照该专利方法直接获得的产品。外观设计专利权被授予后,任何单位或者个人未经专利权人许可,都不得实施其专利,即不得为生产经营目的制造、许诺销售、销售、进口其外观设计专利产品。

发明专利权的期限为 20 年,实用新型专利权的期限为 10 年,外观设计专利权的期限为 15 年,均自申请日起计算。

4.2.3 商标权制度

商标是指用来区别一个经营者的品牌或服务和其他经营者的商品或服务的标记。任何能够将自然人、法人或者其他组织的商品与他人的商品区别开的标志,包括文字、图形、字母、数字、三维标志、颜色组合和声音等,以及上述要素的组合,均可以作为商标申请注册。经商标局核准注册的商标为注册商标,包括商品商标、服务商标和集体商标、证明商标;商标注册人享有商标专用权,受法律保护。

商标专用权的内容是指商标所有人对注册商标所享有的具体权利。同其他知识产权不同,商标专用权的内容只包括财产权,商标设计者的人身权受《著作权法》保护。

注册商标的有效期为 10 年,自核准注册之日起计算。注册商标有效期满,需要继续使用的,商标注册人应当在期满前 12 个月内办理续展手续;在此期间未能办理的,可以给予 6 个月的宽展期。每次续展注册的有效期为 10 年,自该商标上一届有效期满次日起计算。期满未办理续展手续的,注销其注册商标。

4.2.4 其他知识产权制度

在工程建设中,除了著作权、专利权、商标权,建造师还可能遇到的知识产权有商业秘密、地理标志等。

商业秘密是指不为公众所知悉、具有商业价值并经权利人采取相应保密措施的技术信息、经营信息等商业信息。各类建设主体都会有商业秘密,建造师在进行项目管理时,既要保护本单位的商业秘密,也要注意不要侵犯其他主体的商业秘密,特别是在履行职务时获取的其他主体的商业秘密。

地理标志是指标示某商品来源于某地区,该商品的特定质量、信誉或者其他特征主要由该地区的自然因素或者人文因素所决定的标志。地理标志权是指为国内法或国际条约所确认的或规定的由地理标志保护的相关权利。

4.3 建设工程侵权责任制度

侵权责任制度是行为人实施侵权行为应承担法律后果的一种法律制度。

4.3.1 侵权责任主体

侵权是指没有法律依据而侵害他人的人身权利或财产权利的行为。侵权行为危及他人人身、财产安全的,被侵权人有权请求侵权人承担停止侵害、排除妨碍、消除危险等侵权责任。本部分主要涉及一般侵权责任主体,《中华人民共和国民法典》中还规定了特殊责任主体。

二人以上共同实施侵权行为,造成他人损害的,应当承担连带责任。教唆、帮助他人实施侵权行为的,应当与行为人承担连带责任。教唆、帮助无民事行为能力人、限制民事行为能力人实施侵权行为的,应当承担侵权责任;该无民事行为能力人、限制民事行为能力人的监护人未尽到监护职责的,应当承担相应的责任。

二人以上实施危及他人人身、财产安全的行为,其中一人或者数人的行为造成他人损害,能够确定具体侵权人的,由侵权人承担责任;不能确定具体侵权人的,行为人承担连带责任。被侵权人对同一损害的发生或者扩大有过错的,可以减轻侵权人的责任。损害是因受害人故意造成的,行为人不承担责任。损害是因第三人造成的,第三人应当承担侵权责任。

合法权益受到侵害,情况紧迫且不能及时获得国家机关保护,不立即采取措施将使其合法权益受到难以弥补的损害的,受害人可以在保护自己合法权益的必要范围内采取扣留侵权人的财物等合理措施;但是,应当立即请求有关国家机关处理。受害人采取的措施不当造成他人损害的,应当承担侵权责任。

4.3.2 损害赔偿

侵害他人造成人身损害的,应当赔偿医疗费、护理费、交通费、营养费、住院伙食补助费等为治疗和康复支出的合理费用,以及因误工减少的收入。造成残疾的,还应当赔偿辅助器具费和残疾赔偿金;造成死亡的,还应当赔偿丧葬费和死亡赔偿金。

侵害他人人身权益造成财产损失的,按照被侵权人因此受到的损失或者侵权人因此获得的利益赔偿;被侵权人和侵权人就赔偿数额协商不一致,向人民法院提起诉讼的,由人民法院根据实际情况确定赔偿数额。

侵害他人财产的,财产损失按照损失发生时的市场价格或者其他合理方式计算。故意侵害他人知识产权,情节严重的,被侵权人有权请求相应的惩罚性赔偿。

4.3.3 建筑物和物件损害责任

建筑物、构筑物或者其他设施倒塌、塌陷造成他人损害的,由建设单位与施工单位承担连带责任,但是建设单位与施工单位能够证明不存在质量缺陷的除外。因所有人、管理人、使用人或者第三人的原因,建筑物、构筑物或者其他设施倒塌、塌陷造成他人损害的,由所有人、管理人、使用人或者第三人承担侵权责任。

建筑物、构筑物或者其他设施及其搁置物、悬挂物发生脱落、坠落造成他人损害,所有人、管理人或者使用人不能证明自己没有过错的,应当承担侵权责任。所有人、管理人或者使用人赔偿后,有其他责任人的,有权向其他责任人追偿。

禁止从建筑物中抛掷物品。从建筑物中抛掷物品或者从建筑物上坠落的物品造成他人损害的,由侵权人依法承担侵权责任;经调查难以确定具体侵权人的,除能够证明自己不是侵权人的外,由可能加害的建筑物使用人给予补偿。物业服务企业等建筑物管理人应当采取必要的安全保障措施防止上述规定情形的发生;未采取必要的安全保障措施的,应当依法承担未履行安全保障义务的侵权责任。

堆放物倒塌、滚落或者滑落造成他人损害,堆放人不能证明自己没有过错的,应当承担侵权责任。在公共道路上堆放、倾倒、遗撒妨碍通行的物品造成他人损害的,由行为人承担侵权责任。公共道路管理人不能证明已经尽到清理、防护、警示等义务的,应当承担相应的责任。

在公共场所或者道路上挖掘、修缮安装地下设施等造成他人损害,施工人不能证明已经设置明显标志和采取安全措施的,应当承担侵权责任。窨井等地下设施造成他人损害,管理人不能证明尽到管理职责的,应当承担侵权责任。

4.4 建设工程税收制度

税收制度是指政府为了满足社会公共需要,凭借其政治权力,以法律等形式确定的各种课税方法的总称。

4.4.1 企业所得税

企业所得税是对我国境内的企业和其他取得收入的组织的生产经营所得和其他所得征收的所得税。

《中华人民共和国企业所得税法》规定,在中华人民共和国境内,企业和其他取得收入的组织(以下统称企业)为企业所得税的纳税人,依照规定缴纳企业所得税。个人独资企业、合伙企业不适用《中华人民共和国企业所得税法》。

企业每一纳税年度的收入总额,减除不征税收入、免税收入、各项扣除以及允许弥补的以前年度亏损后的余额,为应纳税所得额。

4.4.2 增值税

增值税是以商品和劳务在流转过程中产生的增值额作为征税对象而征收的一种流转税。根据纳税人的经营规模以及会计核算的健全程度,我国将增值税的纳税人分为一般纳税人和小规模纳税人。

一般纳税人可以领购和自行开具增值税专用发票,采用抵扣法缴纳增值税款;小规模纳税人缴纳增值税款只能采取简易方法,不能采用抵扣法。小规模纳税人会计核算健全,能够提供准确税务资料的,可以向主管税务机关办理登记,不作为小规模纳税人计算应纳税额。小规模纳税人的标准由国务院财政、税务主管部门规定。

4.4.3 环境保护税

环境保护税是以在中华人民共和国领域和中华人民共和国管辖的其他海域,直接向环境排放应税污染物的企业事业单位和其他生产经营者为纳税人征收的一种税。

有下列情形之一的,不属于直接向环境排放污染物,不缴纳相应污染物的环境保护税:① 企业事业单位和其他生产经营者向依法设立的污水集中处理、生活垃圾集中处理场所排放应税污染物的;② 企业事业单位和其他生产经营者在符合国家和地方环境保护标准的设施、场所贮存或者处置固体废物的。

4.4.4 其他相关税种

同建设工程有关的税种还有个人所得税、城市维护建设税、教育费附加、城镇土地使用税、房产税、车船税、印花税、车辆购置税、契税等。

4.5 建设工程行政法律制度

行政法律体系是指规范行政机关的行为、保护公民权益、实现行政法治的行政法律规范构成的体系。

4.5.1 行政法的特征和基本原则

1. 行政法的特征

行政法涉及的社会领域十分广泛，内容丰富，行政关系复杂多变，因而难以制定一部全面而又完整的统一法典。

在我国，政府职能相当广泛，行政法的内容也因此更为丰富。行政法内容的广泛性决定了行政法的内容较之其他法律规范更易发生变动。在行政法中，为了防止行政权的滥用、控制和约束行政权、实现行政管理的规范化，往往既规定行政主体享有的特定行政管理权，又规定行政主体行使这些权力的程序。

2. 行政法的基本原则

行政法有以下基本原则：① 依法行政原则。依法行政原则是指行政机关和其他行政公务组织必须依法行使行政权或者从事行政管理活动，其基本内涵包括职权法定、法律优先和法律保留三个方面。② 行政合理性原则。行政合理性原则是指行政主体不仅应当按照行政法律规范所规定的条件、种类和幅度范围作出行政行为，还要求行政行为的内容要符合立法精神和目的，符合公平正义等法律理性，其基本内涵包括比例原则和平等对待两个方面。③ 程序正当原则。程序正当原则主要体现在行政公开、程序公正和公众参与三个方面。④ 诚信原则。诚实信用的基本内涵主要包括诚实守信和信赖保护两个方面。⑤ 高效便民原则。高效便民原则是指行政机关应依法高效率、高效益地行使职权，最大限度地方便人民群众，从而更好地服务于人民和实现行政管理的目标。⑥ 监督与救济原则。监督行政的原则是指有权国家机关、公民、法人或者其他组织对行政机关或其他组织的行政活动有权进行监督与问责。救济原则是指处于行政相对人地位的公民、法人或其他组织的救济权利，主要包括申请行政复议权、提起行政诉讼权、要求赔偿或补偿权以及救济过程中的相应权利等。

4.5.2 行政许可

行政许可是指行政机关根据公民、法人或者其他组织的申请，经依法审查，准予其从事特定活动的行为。

《中华人民共和国行政许可法》规定，下列事项可以设定行政许可：① 直接涉及国家安全、公共安全、经济宏观调控、生态环境保护以及直接关系人身健康、生命财产安全等特定活动，需要按照法定条件予以批准的事项；② 有限自然资源开发利用、公共资源配置以及直接关系公共利益的特定行业的市场准入等，需要赋予特定权利的事项；③ 提供公众服务并且直接关系公共利益的职业、行业，需要确定具备特殊信誉、特殊条件或者特殊技能等资格、资质的事项；④ 直接关系公共安全、人身健康、生命财产安全的重要设备、设施、产品、物品，需要按照技术标准、技术规范，通过检验、检测、检疫等方式进行审定的事项；⑤ 企业或者其他组织的设立等，需要确定主体资格的事项；⑥ 法律、行政法规规定可以设定行政许可的其他事项。

行政许可由具有行政许可权的行政机关在其法定职权范围内实施。行政许可实施程序的基本环节包括申请与受理、审查与决定、期限、听证、变更与延续。

行政机关在其法定职权范围内，依照法律、法规、规章的规定，可以委托其他行政机关实施行政许可。委托机关应当将受委托行政机关和受委托实施行政许可的内容予以公告。委托行政机关对受委托行政机关实施行政许可的行为应当负责监督,并对该行为的后果承担法律责任。受委托行政机关在委托范围内,以委托行政机关名义实施行政许可;不得再委托其他组织或者个人实施行政许可。

4.5.3 行政处罚

行政处罚是指行政机关依法对违反行政管理秩序的公民、法人或者其他组织,以减损权益或者增加义务的方式予以惩戒的行为。

行政处罚的种类如下:① 警告、通报批评;② 罚款、没收违法所得、没收非法财物;③ 暂扣许可证件、降低资质等级、吊销许可证件;④ 限制开展生产经营活动、责令停产停业、责令关闭、限制从业;⑤ 行政拘留;⑥ 法律、行政法规规定的其他行政处罚。

行政处罚由具有行政处罚权的行政机关在法定职权范围内实施。国家在城市管理、市场监管、生态环境、文化市场、交通运输、应急管理、农业等领域推行建立综合行政执法制度,相对集中行政处罚权。限制人身自由的行政处罚权只能由公安机关和法律规定的其他机关行使。

法律、法规授权的具有管理公共事务职能的组织可以在法定授权范围内实施行政处罚。行政机关依照法律、法规、规章的规定,可以在其法定权限内书面委托符合规定条件的组织实施行政处罚。委托书应当载明委托的具体事项、权限、期限等内容。

行政处罚的程序有简易程序、普通程序和听证程序。

简易程序:违法事实确凿并有法定依据,对公民处以 200 元以下、对法人或者其他组织处以 3 000 元以下罚款或者警告的行政处罚的,可以当场作出行政处罚决定。但法律另有规定的,从其规定。

普通程序:除可以当场作出的行政处罚外,行政机关发现公民、法人或者其他组织有依法应当给予行政处罚的行为的,必须全面、客观、公正地调查,收集有关证据;必要时,依照法律、法规的规定,可以进行检查。符合立案标准的,行政机关应当及时立案。调查终结,行政机关负责人应当对调查结果进行审查,根据不同情况,分别作出决定。

听证程序:行政机关拟作出下列行政处罚决定,应当告知当事人有要求听证的权利,当事人要求听证的,行政机关应当组织听证:① 较大数额罚款;② 没收较大数额违法所得、没收较大价值非法财物;③ 降低资质等级、吊销许可证件;④ 责令停产停业、责令关闭、限制从业;⑤ 其他较重的行政处罚;⑥ 法律、法规、规章规定的其他情形。听证结束后,行政机关应当根据听证笔录,依照规定作出决定。

我国现行的法律法规中违法处罚条文所占的比重越来越大,而且有越来越细的趋势,这对法律的有效实施无疑是合适的。但是,教材篇幅与授课学时有限,不可能体现所有的罚则条文,也不可能要求学生记住所有的处罚规定,因此,学生应养成遵纪守法的良好习惯,谨记所有的法律法规都要严格执行,违法必然会受到相应的处罚;今后在实际工作中,可根据所从事工作的不同,详细阅读相关法律法规中的罚则,自觉遵守。至于要参加注册考试的学生,可以根据报考科目的不同,通过阅读相关法律法规的原文和完成章后所附测试题的训练来强化应试。所以,本书仅对建设领域主要法律,如《建筑法》《城乡规划法》《城市房地产管理法》等,详细介绍了处罚规定,希望学生对这部分内容有直观的了解,掌握其中的核心要义,能够举一反三;对于面广量大的相关法律法规中的处罚规定就不再一一介绍,而是通过本章行政处罚制度的宏观介绍,说明建设工程不同环节、不同程度的违法行为,都会受到相应的处罚;情节严重、违反刑法规定的,还将受到刑罚处罚。

4.5.4 行政强制

行政强制包括行政强制措施和行政强制执行。行政强制措施是指行政机关在行政管理过程中,为制止违法行为、防止证据损毁、避免危害发生、控制危险扩大等情形,依法对公民的人身自由实施暂时性限制,或者对公民、法人或者其他组织的财物实施暂时性控制的行为。行政强制执行是指行政机关或者行政机关申请人民法院,对不履行行政决定的公民、法人或者其他组织,依法强制履行义务的行为。

行政强制措施的种类:① 限制公民人身自由;② 查封场所、设施或者财物;③ 扣押财物;④ 冻结存款、汇款;⑤ 其他行政强制措施。

行政强制执行的方式:① 加处罚款或者滞纳金;② 划拨存款、汇款;③ 拍卖或依法处理查封、扣押的场所、设施或者财物;④ 排除妨碍、恢复原状;⑤ 代履行;⑥ 其他强制执行方式。

行政强制措施由法律、法规规定的行政机关在法定职权范围内实施。行政强制措施权不得委托。

4.6 建设工程刑事法律制度

刑法是规定犯罪、刑事责任和刑罚的法律。刑法的基本原则包括罪刑法定原则、适用刑法人人平等原则和罪责刑相适应原则。

4.6.1 犯罪概念和犯罪构成

《中华人民共和国刑法》规定,一切危害国家主权、领土完整和安全,分裂国家、颠覆人民民主专政的政权和推翻社会主义制度,破坏社会秩序和经济秩序,侵犯国有财产或者劳动群众集体所有的财产,侵犯公民私人所有的财产,侵犯公民的人身权利、民主权利和其他权利,以及其他危害社会的行为,依照法律应当受刑罚处罚的,都是犯罪,但是情节显著轻微危害不大的,不认为是犯罪。因此,我国刑法中的犯罪是指严重危害我国社会,触犯刑法并应受刑罚处罚的行为。

犯罪构成要件包括犯罪客体、犯罪客观方面、犯罪主体和犯罪主观方面,也称为四要件犯罪构成理论。

4.6.2 刑罚种类和刑罚裁量

刑罚是刑法所规定的由国家审判机关对犯罪人所适用的限制或剥夺其某种权益的强制性制裁方法。

刑罚分为主刑和附加刑。主刑的种类如下:① 管制;② 拘役;③ 有期徒刑;④ 无期徒刑;⑤ 死刑。附加刑的种类如下:① 罚金;② 剥夺政治权利;③ 没收财产。附加刑也可以独立适用。

刑罚裁量,又称量刑,是指人民法院在依法认定行为人的行为构成犯罪的基础上依据行为人的犯罪事实、各种量刑情节与规则,依法决定对行为人是否判处刑罚、判处什么刑以及如何执行刑罚的刑事审判活动。

犯罪分子具有规定的从重处罚、从轻处罚情节的，应当在法定刑的限度以内判处刑罚。犯罪分子具有规定的减轻处罚情节的，应当在法定刑以下判处刑罚；刑法规定有数个量刑幅度的，应当在法定量刑幅度的下一个量刑幅度内判处刑罚。刑罚的具体运用还包括累犯、自首或立功、数罪并罚、缓刑、减刑和假释等。

4.6.3　建设工程常见犯罪行为及罪名

重大责任事故罪是指在生产、作业中违反有关安全管理的规定，因而发生重大伤亡事故或者造成其他严重后果的行为。

强令、组织他人违章冒险作业罪是指强令他人违章冒险作业，或者明知存在重大事故隐患而不排除，仍冒险组织作业，因而发生重大伤亡事故或者造成其他严重后果的行为。

工程重大安全事故罪是指建设单位、设计单位、施工单位、工程监理单位违反国家规定，降低工程质量标准，造成重大安全事故的行为。

重大劳动安全事故罪是指安全生产设施或者安全生产条件不符合国家规定，因而发生重大伤亡事故或者造成其他严重后果的行为。

虚开增值税专用发票、用于骗取出口退税、抵扣税款发票罪是指故意虚开增值税专用发票或者虚开用于骗取出口退税、抵扣税款的其他发票的行为。

串通投标罪指投标人相互串通投标报价，损害招标人或者其他投标人利益，或者投标人与招标人串通投标，损害国家、集体、公民的合法权益，情节严重的行为。

4.7　建设工程基本法律制度日趋完善

4.7.1　确立建设工程基本法律制度的必要性

基本法律制度是一个国家（地区）或部门法律体系的基石，在维护社会秩序、保护公民权益、促进社会发展和维护国家安全等方面提供重要的法律保障。在建设工程领域加强基本法律制度建设意义重大，很有必要。

一是保障建设工程质量与安全的需要。首先，通过明确工程参建各方，包括建设、勘察、设计、施工、监理等单位的质量责任，可以建立严格的质量责任体系。其次，通过建立健全工程质量监管机制，加大对工程质量违法行为的惩处力度，能够切实保障工程质量。最后，通过制定实施工程安全标准，明确施工现场安全管理制度和安全防范措施，可以防止和减少工程安全事故的发生。

二是保护人民群众合法权益的需要。首先，基本法律制度的确立可以确保劳动者在工程建设过程中的合法权益，如工资、福利、保险、劳动保护等。其次，通过建立建设工程信息公开制度，可以及时向社会公众披露工程建设信息，便于公众了解和监督工程建设情况。最后，通过鼓励工程建设各方参与民主决策，充分听取和尊重公众意见，可以确保工程建设符合人民群众的利益和期望。

三是促进建设工程行业健康发展的需要。首先，通过法律手段规范工程招投标、合同管理、工程造价、工程担保等环节的市场秩序，可有效防止和打击工程建设领域的违法违规行为。其次，通过基本法律制度保障工程建设领域的技术创新和知识产权，能够推动工程建设行业的技术进步。最后，通过支持工程建设行业协会发挥作用，引导行业自律，可以促进工程建设行业的健康发展。

4.7.2 建设工程基本法律制度建设总体概况

建设工程基本法律制度的内容包括法律体系、法律规范和法律关系等方面。法律体系是由宪法、法律、行政法规、地方性法规、部门规章和地方政府规章等构成的。法律规范则包括建设工程的具体法律条文,如《中华人民共和国建筑法》《中华人民共和国城乡规划法》《中华人民共和国城市房地产管理法》《中华人民共和国招标投标法》等。法律关系则涉及建设工程的主体、客体和内容。本章所涉及建设工程基本法律制度的知识点导图如图4-1所示。

随着我国法治建设进程的不断推进以及建设工程法律事务实践经验的不断积累,建设工程基本法律制度总体已较为完善,但仍存在以下一些问题。

首先,对建设工程的法律性质认识不足。当前的建设工程基本法律制度主要针对具体项目,缺乏对建设工程法律性质的系统研究和理论指导。其次,建设工程法律制度的配套细则仍需完善。例如,我国建设工程质量管理主要依据《建设工程质量管理条例》,但该条例规定相当宽泛,缺乏具体的操作细则和标准,导致实践中难以准确把握质量标准。最后,对建设工程法律的实施监管不足。由于建设工程涉及的主体多、环节复杂,在招标投标、合同履行、行业监管等过程中仍存在一些共性问题,需要加强法律监管和环节性监管。但不同部门协调联动不足,尚未对建设工程领域形成全面闭环式的监管。

4.7.3 建设工程基本法律制度的完善

针对当前建设工程基本法律制度存在的问题,可以从以下四个方面进行完善和改进。

一是完善建设工程相关的法律法规。一方面,建立健全建设工程相关法律法规。在现有法律法规的基础上,结合实际情况,制定和完善与建设工程相关的法律法规,使建设工程管理各环节、各方面均有法可依。另一方面,强化建设工程法律法规的可操作性。对于已有的法律法规,要制定具体的实施细则和操作指南,使其更具可操作性和可执行性。

二是强化建设工程的全过程法律管理。首先,加强建设工程前期法律审查。对建设工程的立项、可行性研究、用地规划、环评等前期工作进行严格的法律审查,确保符合法律法规要求。其次,强化建设工程实施过程中的法律监管。对建设工程的施工、监理、验收等过程进行法律监管,确保各环节合法合规。最后,重视建设工程后期法律评估。在建设工程完工后,进行法律评估,总结经验教训,为今后的建设工程管理提供参考。

三是加强监管力度,严格追究违法行为的法律责任。一方面,加强执法力度,严厉打击建设工程领域的违法行为。对于违反法律法规的行为,要依法追究责任,加大处罚力度,形成有效的威慑。另一方面,完善举报制度,鼓励社会公众参与监督。建立健全举报制度,鼓励社会公众积极举报建设工程领域的违法行为,形成全社会共同参与和监管的良好氛围,促进建设工程质量的提升。

四是推进信息化建设,加强建设工程领域的法治教育和宣传。首先,积极推进信息化建设,运用现代信息技术手段,提高建设工程法律制度的科学化、规范化水平。通过建立建设工程信息化平台,实现信息共享、协同工作,提高工作效率和监管效果。其次,不断提高建设工程从业人员的法律意识。通过培训、讲座等形式,加强建设工程从业人员的法律意识,使其更好地遵守法律法规。最后,进一步加强对社会公众的法治宣传教育。通过各种渠道,加强社会公众对建设工程法律法规的了解,提高公众的法律意识和认识。

图 4-1 建设工程若干基本法律制度知识点导图

1. 《中华人民共和国民法典》中规定的物权包括哪些权利?
2. 物权是如何设立、变更、转让和消灭的?
3. 所有权的种类分为哪三种?
4. 我国的用益物权主要包括哪些权利?
5. 《中华人民共和国民法典》中规定哪些财产可以抵押?
6. 建设工程知识产权制度的主要内容有哪些?
7. 建设工程侵权责任制度的主要内容有哪些?
8. 建设工程税收制度的主要内容有哪些?
9. 建设工程行政法律制度的主要内容有哪些?
10. 建设工程刑事法律制度的主要内容有哪些?

第4章 案例

第4章 测试题及参考答案

第 5 章　建筑市场主体法律制度

 本章学习目标

1. 了解建筑市场主体的一般规定,包括自然人、法人和非法人组织及项目经理部等,以及建设工程委托代理制度的基本概念和主要内容。

2. 熟练掌握建筑业企业资质等级划分办法及资质的申请等相关规定,注册建造师考试、注册及受聘、执业范围、基本权利和义务的主要内容。

3. 正确理解建筑市场主体信用制度和营商环境优化的意义,建筑市场各方主体信用信息公开等相关规定,以及信用信息的合理应用。

5.1　建筑市场主体的一般规定

《市场主体登记管理条例》规定,市场主体是指在中华人民共和国境内以营利为目的从事经营活动的自然人、法人及非法人组织。他们也是建筑市场的重要主体。

5.1.1　自然人、法人和非法人组织

1. 自然人

自然人是指基于自然出生而依法在民事上享有权利和承担义务的个人;自然人从出生时起到死亡时止,具有民事权利能力,依法享有民事权利,承担民事义务。根据一个人是否具有正常的认识和判断能力及丧失这种能力的程度,自然人的民事行为能力分为完全民事行为能力、限制民事行为能力、无民事行为能力三种。

在工程建设中,自然人可以作为建设单位人员、设计师、施工人员、监理人员等角色参与项目,承担相应的工作任务和义务。

《民法典》规定,自然人从事工商业经营,经依法登记,为个体工商户。个体工商户的债务,个人经营的,以个人财产承担;家庭经营的,以家庭财产承担;无法区分的,以家庭财产承担。农村承包经营户的债务,以从事农村土地承包经营的农户财产承担;事实上由农户部分成员经营的,以该部分成员的财产承担。

2. 法人

法人是具有民事权利能力和民事行为能力,依法独立享有民事权利和承担民事义务的组织。法人应当依法成立,有自己的名称、组织机构、住所、财产或者经费。法人应该有法定代表

人,代表法人从事民事活动。

法人分为营利法人、非营利法人和特别法人三大类。以取得利润并分配给股东等出资人为目的成立的法人,为营利法人。营利法人包括有限责任公司、股份有限公司和其他企业法人等。为公益目的或者其他非营利目的成立,不向出资人、设立人或者会员分配所取得利润的法人,为非营利法人。非营利法人包括事业单位、社会团体、基金会、社会服务机构等。机关法人、基层群众性自治组织、农村集体经济组织、城镇农村的合作经济组织等属于特别法人。

3. 非法人组织

非法人组织是不具有法人资格,但是能够依法以自己的名义从事民事活动的组织。非法人组织包括个人独资企业、合伙企业、不具有法人资格的专业服务机构等。

非法人组织与非经登记的组织、非法组织不一样。非法人组织所表征的是该组织不具有独立法人资格和地位,并不涉及其组织或行为的合法性;非经登记的组织是未履行登记程序的组织;非法组织则是指该组织所从事的业务或所实施的行为违反法律的规定,具有违法性。

在建设工程中,非法人组织可以作为建设单位、设计单位、监理单位等参与项目。

4. 项目经理部

项目经理部是施工企业为了完成某项建设工程施工任务而设立的组织。项目经理部是由一个项目经理与技术、生产、材料、成本等管理人员组成的项目管理班子,是一次性的具有弹性的现场生产组织机构。对于大中型施工项目,施工企业应当在施工现场设立项目经理部;小型施工项目可以由施工企业根据实际情况选择适当的管理方式。施工企业应当明确项目经理部的职责、任务和组织形式。

项目经理部不具备法人资格,而是施工企业根据建设工程施工项目需要组建的非常设的下属机构。项目经理根据企业法人的授权,全面组织和领导本项目经理部的工作,项目经理是企业法人授权在建设工程施工项目上的管理者,项目经理部行为的法律后果由企业法人承担。

5.1.2 建设工程委托代理

《民法典》规定,民事主体可以通过代理人实施民事法律行为。

1. 代理的法律特征和主要种类

代理的法律特征如下:① 代理人必须在代理权限范围内实施代理行为;② 代理人一般应该以被代理人的名义实施代理行为;③ 代理行为必须是具有法律意义的行为;④ 代理行为的法律后果归属于被代理人。

代理包括委托代理和法定代理,委托代理是指委托代理人按照被代理人的委托行使代理权,法定代理是指根据法律的规定而发生的代理。

2. 建设工程代理行为的设立

建设工程活动不同于一般的经济活动,其代理行为受到法律的限制。

《民法典》规定,依照法律规定、当事人约定或者民事法律行为的性质,应当由本人亲自实施的民事法律行为,不得代理。如《建筑法》规定,禁止承包单位将其承包的全部建筑工程转包给他人,禁止承包单位将其承包的全部建筑工程支解以后以分包的名义分别转包给他人。施工总承包的,建筑工程主体结构的施工必须由总承包单位自行完成。

一般的代理行为可以由自然人、法人担任代理人,对其资格并无法定的严格要求。即使是诉讼代理人,也不要求必须由具有律师资格的人担任。如《中华人民共和国民事诉讼法》规定,下列人员可以被委托为诉讼代理人:① 律师、基层法律服务工作者;② 当事人的近亲属或者工作人员;③ 当事人所在社区、单位以及有关社会团体推荐的公民。

建设工程代理行为多为民事法律行为的委托代理。民事法律行为的委托代理,可以用书面形式,也可以用口头形式。但是,法律规定用书面形式的,应当用书面形式。书面委托代理的授权委托书应当载明代理人的姓名或者名称、代理事项、权限和期间,并由委托人签名或者盖章。委托书授权不明的,被代理人应当向第三人承担民事责任,代理人负连带责任。

3. 建设工程代理法律关系

《民法典》规定,代理人在代理权限内,以被代理人名义实施的民事法律行为,对被代理人发生效力,即被代理人要对代理人的代理行为承担民事责任。

《民法典》规定,代理人需要转委托第三人代理的,应当取得被代理人的同意或者追认。转委托代理经被代理人同意或者追认的,被代理人可以就代理事务直接指示转委托的第三人,代理人仅就第三人的选任以及对第三人的指示承担责任。转委托代理未经被代理人同意或者追认的,代理人应当对转委托的第三人的行为承担责任。但是,在紧急情况下代理人为了维护被代理人的利益需要转委托第三人代理的除外。

4. 无权代理和表见代理

无权代理是指行为人没有代理权仍以被代理人名义实施民事法律行为。《民法典》规定,行为人没有代理权、超越代理权或者代理权终止后,仍然实施代理行为,未经被代理人追认的,对被代理人不发生效力。

无权代理一般存在三种表现形式:① 自始未经授权。如果行为人自始至终没有被授予代理权就以他人的名义实施民事行为,属于无权代理。② 超越代理权。代理权限是有范围的,超越了代理权限,依然属于无权代理。③ 代理权已终止。行为人虽曾得到被代理人的授权,但该代理权已经终止的,行为人如果仍以被代理人的名义实施民事行为,则属无权代理。

表见代理是指行为人虽无权代理,但由于行为人的某些行为,造成了足以使善意相对人相信其有代理权的表象,而与善意相对人进行的、由被代理人承担法律后果的代理行为。《民法典》规定,行为人没有代理权、超越代理权或者代理权终止后,仍然实施代理行为,相对人有理由相信行为人有代理权的,代理行为有效。

表见代理除需符合无权代理的一般条件外,还需具备以下特别构成要件:① 须存在足以使相对人相信行为人具有代理权的事实或理由。这是构成表见代理的客观要件。它要求行为人与被代理人之间应存在某些事实上或法律上的联系,如行为人持有被代理人发出的委任状、已加盖公章的空白合同书或者有显示被代理人向行为人授予代理权的通知函告等证明类文件。② 须被代理人存在过失。其过失表现为被代理人表达了足以使相对人相信有授权意思的表示,或者实施了足以使相对人相信有授权意义的行为,发生了外表授权的事实。③ 相对人须为善意且无过失。这是构成表见代理的主观要件。如果相对人明知行为人无代理权而仍与之实施民事行为,则相对人为主观恶意,不构成表见代理。

5. 代理中不当或违法行为应承担的法律责任

代理人不履行或者不完全履行职责,造成被代理人损害的,应当承担民事责任。代理人和相对人恶意串通,损害被代理人合法权益的,代理人和相对人应当承担连带责任。

相对人知道或者应当知道行为人无权代理的,相对人和行为人按照各自的过错承担责任。

代理人知道或者应当知道代理事项违法仍然实施代理行为,或者被代理人知道或者应当知道代理人的代理行为违法未作反对表示的,被代理人和代理人应当承担连带责任。

5.2 建筑业企业资质制度

建筑业企业从事土木工程、建筑工程、线路管道设备安装工程的新建、扩建、改建等施工活动应当依法取得相应等级的资质证书并在其资质等级许可的范围内承揽工程。

5.2.1 建筑业企业资质条件和等级

1. 建筑业企业资质条件

《建筑业企业资质管理规定》要求,企业应当按照其拥有的资产、主要人员、已完成的工程业绩和技术装备等条件申请建筑业企业资质,经审查合格,取得建筑业企业资质证书后,方可在资质许可的范围内从事建筑施工活动。也就是说,企业申请资质的时候要有符合规定的净资产、符合规定的主要人员、符合规定的已完成工程业绩、符合规定的技术装备。

2. 施工企业的资质序列、类别和等级

《建设工程企业资质管理制度改革方案》规定,施工资质分为综合资质、施工总承包资质、专业承包资质和专业作业资质。改革方案将原来的10类施工总承包企业特级资质调整为施工综合资质,可承担各行业、各等级施工总承包业务;保留12类施工总承包资质,将民航工程的专业承包资质整合为施工总承包资质;将36类专业承包资质整合为18类;将施工劳务企业资质改为专业作业资质,由审批制改为备案制。综合资质和专业作业资质不分等级;施工总承包资质、专业承包资质等级原则上压减为甲、乙两级(部分专业承包资质不分等级),其中,施工总承包甲级资质在本行业内承揽业务规模不受限制。

施工总承包资质分为13个类型,分别是建筑工程、公路工程、铁路工程、港口与航道工程、水利水电工程、电力工程、矿山工程、冶金工程、石油化工工程、市政公用工程、通信工程、机电工程以及民航工程施工总承包。

专业承包资质分为18个类型,分别是地基基础工程、起重设备安装工程、预拌混凝土、模板脚手架、桥梁工程、隧道工程、通用、建筑装修装饰工程、防水防腐保温工程、建筑机电工程、消防设施工程、古建筑工程、公路工程类、铁路电务电气化工程、港口与航道工程类、水利水电工程类、输变电工程以及核工程专业承包。

5.2.2 建筑业企业资质的申请

深化改革与提高治理能力在当前我国的发展中具有举足轻重的地位,为了稳妥起见,有些改革还需先行先试再推而广之,所以有些办事程序还在不断完善之中。但总体趋势是深化"互联网

+政务服务",简化各类证明事项,加快推动企业资质审批事项线上办理,实现企业资质审批"一网通办"。

《建筑业企业资质管理规定》规定,企业可以申请一项或多项建筑业企业资质。企业首次申请或增项申请资质,应当申请最低等级资质。企业申请建筑业企业资质,在资质许可机关的网站或审批平台提出申请事项,提交资金、专业技术人员、技术装备和已完成业绩等电子材料。

《关于建设工程企业资质有关事宜的通知》规定,具有法人资格的企业可直接申请施工总承包、专业承包二级资质。企业按照新申请或增项提交相关材料,企业资产、技术负责人需满足《建筑业企业资质标准》规定的相应类别二级资质标准要求,其他指标需满足相应类别三级资质标准要求。持有施工总承包、专业承包三级资质的企业,可按照现行二级资质标准要求申请升级,也可按照上述要求直接申请二级资质。

5.2.3 建筑业企业资质的许可

《建筑业企业资质管理规定》规定,国务院住房城乡建设主管部门负责全国建筑企业资质的统一监督管理。国务院交通运输、水利、工业信息化等有关部门配合国务院住房城乡建设主管部门实施相关资质类别建筑业企业资质的管理工作。

省、自治区、直辖市人民政府住房城乡建设主管部门负责本行政区域内建筑业企业资质的统一监督管理。省、自治区、直辖市人民政府交通运输、水利、通信等有关部门配合同级住房城乡建设主管部门实施本行政区域内相关资质类别建筑业企业资质的管理工作。

企业违法从事建筑活动的,违法行为发生地的县级以上地方人民政府住房城乡建设主管部门或者其他有关部门应当依法查处,并将违法事实、处理结果或者处理建议及时告知该建筑业企业资质的许可机关。

《建设工程企业资质管理制度改革方案》规定,进一步加大放权力度,选择工作基础较好的地方和部分资质类别,开展企业资质审批权下放试点,将除综合资质外的其他等级资质,下放至省级及以下有关主管部门审批(其中,涉及公路、水运、水利、通信、铁路、民航等资质的审批权限由国务院住房和城乡建设主管部门会同国务院有关部门根据实际情况决定),方便企业就近办理。

企业资质全国通用,严禁各行业、各地区设置限制性措施,严厉查处变相设置市场准入壁垒,违规限制企业跨地区、跨行业承揽业务等行为,维护统一规范的建筑市场。

5.2.4 建筑业企业资质的延续和变更

《建筑业企业资质管理规定》规定,资质证书有效期为5年。建筑业企业资质证书有效期届满,企业继续从事建筑施工活动的,应当于资质证书有效期届满3个月前,向原资质许可机关提出延续申请。资质许可机关应当在建筑业企业资质证书有效期届满前作出是否准予延续的决定;逾期未作出决定的,视为准予延续。

《关于建设工程企业资质有关事宜的通知》规定,地方各级住房和城乡建设主管部门核发的工程勘察、工程设计、建筑业企业、工程监理企业资质,资质延续有关政策由各省级住房和城乡建设主管部门确定,相关企业资质证书信息应及时报送至全国建筑市场监管公共服务平台。

《建筑业企业资质管理规定》规定,企业在建筑业企业资质证书有效期内名称、地址、注册资本、法定代表人等发生变更的,应当在工商部门办理变更手续后1个月内办理资质证书变更手续。

由国务院住房城乡建设主管部门颁发的建筑业企业资质证书的变更,企业应当向企业工商注册所在地省、自治区、直辖市人民政府住房城乡建设主管部门提出变更申请,省、自治区、直辖市人民政府住房城乡建设主管部门应当自受理申请之日起2日内将有关变更证明材料报国务院住房城乡建设主管部门,由国务院住房城乡建设主管部门在2日内办理变更手续。

上述规定以外的资质证书的变更,由企业工商注册所在地的省、自治区、直辖市人民政府住房城乡建设主管部门或者设区的市人民政府住房城乡建设主管部门依法另行规定,变更结果应当在资质证书变更后15日内,报国务院住房城乡建设主管部门备案。涉及公路、水运、水利、通信、铁路、民航等方面的建筑业企业资质证书的变更,办理变更手续的住房城乡建设主管部门应当将建筑业企业资质证书变更情况告知同级有关部门。

5.3 建造师注册执业制度

从事建筑活动的专业技术人员应该依法取得相应的执业资格证书并在执业资格证书许可的范围内从事建筑活动,注册建造师分为一级建造师和二级建造师。

5.3.1 建造师考试

《建造师执业资格制度暂行规定》规定,一级建造师执业资格实行统一大纲、统一命题、统一组织的考试制度,由人事部、建设部共同组织实施,原则上每年举行一次考试。二级建造师执业资格实行全国统一大纲,各省、自治区、直辖市命题并组织考试的制度。建设部负责拟定二级建造师执业资格考试大纲,人事部负责审定考试大纲。各省、自治区、直辖市人事厅(局)、建设厅(委)按照国家确定的考试大纲和有关规定,在本地区组织实施二级建造师执业资格考试。

《建造师执业资格考试实施办法》规定,一级建造师执业资格考试设"建设工程经济""建设工程法规及相关知识""建设工程项目管理""专业工程管理与实务"4个科目。二级建造师执业资格考试设"建设工程施工管理""建设工程法规及相关知识""专业工程管理与实务"3个科目。

《建造师执业资格制度暂行规定》规定,凡遵守国家法律、法规,具备下列条件之一者,可以申请参加一级建造师执业资格考试:① 取得工程类或工程经济类大学专科学历,工作满6年,其中从事建设工程项目施工管理工作满4年。② 取得工程类或工程经济类大学本科学历,工作满4年,其中从事建设工程项目施工管理工作满3年。③ 取得工程类或工程经济类双学士学位或研究生班毕业,工作满3年,其中从事建设工程项目施工管理工作满2年。④ 取得工程类或工程经济类硕士学位,工作满2年,其中从事建设工程项目施工管理工作满1年。⑤ 取得工程类或工程经济类博士学位,从事建设工程项目施工管理工作满1年。二级建造师报考条件相应降低。

《建造师执业资格考试实施办法》规定,参加考试由本人提出申请,携带所在单位出具的有关证明及相关材料到当地考试管理机构报名。考试管理机构按规定程序和报名条件审查合格后,发给准考证。考生凭准考证在指定的时间、地点参加考试。中央管理的企业和国务院各部门及其所属单位的人员按属地原则报名参加考试。

5.3.2 建造师注册

《注册建造师管理规定》规定,取得一级建造师资格证书并受聘于一个建设工程勘察、设计、施工、监理、招标代理、造价咨询等单位的人员,应当通过聘用单位提出注册申请,并可以向单位工商注册所在地的省、自治区、直辖市人民政府住房城乡建设主管部门提交申请材料。省、自治区、直辖市人民政府住房城乡建设主管部门收到申请材料后,应当在5日内将全部申请材料报国务院住房城乡建设主管部门审批。国务院住房城乡建设主管部门在收到申请材料后,应当依法作出是否受理的决定,并出具凭证;申请材料不齐全或者不符合法定形式的,应当在5日内一次性告知申请人需要补正的全部内容。逾期不告知的,自收到申请材料之日起即为受理。涉及铁路、公路、港口与航道、水利水电、通信与广电、民航专业的,国务院住房城乡建设主管部门应当将全部申报材料送同级有关部门审核。符合条件的,由国务院住房城乡建设主管部门核发《中华人民共和国一级建造师注册证书》,并核定执业印章编号。

《注册建造师管理规定》规定,取得二级建造师资格证书的人员申请注册,由省、自治区、直辖市人民政府住房城乡建设主管部门负责受理和审批。对批准注册的,核发由国务院住房城乡建设主管部门统一样式的《中华人民共和国二级建造师注册证书》和执业印章,并在核发证书后30日内送国务院住房城乡建设主管部门备案。

取得资格证书的人员,经过注册方能以注册建造师的名义执业。申请初始注册时应当具备以下条件:① 经考核认定或考试合格取得资格证书;② 受聘于一个相关单位;③ 达到继续教育要求;④ 没有《注册建造师管理规定》中规定不予注册的情形。

初始注册者,可自资格证书签发之日起3年内提出申请。逾期未申请者,须符合本专业继续教育的要求后方可申请初始注册。申请初始注册需要提交下列材料:① 注册建造师初始注册申请表;② 资格证书、学历证书和身份证明复印件;③ 申请人与聘用单位签订的聘用劳动合同复印件或其他有效证明文件;④ 逾期申请初始注册的,应当提供达到继续教育要求的证明材料。

注册证书和执业印章是注册建造师的执业凭证,由注册建造师本人保管、使用。注册证书与执业印章有效期为3年。注册有效期满需继续执业的,应当在注册有效期届满30日前,按照规定申请延续注册。延续注册的,有效期为3年。申请延续注册的,应当提交下列材料:① 注册建造师延续注册申请表;② 原注册证书;③ 申请人与聘用单位签订的聘用劳动合同复印件或其他有效证明文件;④ 申请人注册有效期内达到继续教育要求的证明材料。

《注册建造师执业管理办法(试行)》规定,多专业注册的注册建造师,其中一个专业注册期满仍需以该专业继续执业和以其他专业执业的,应当及时办理续期注册。

5.3.3 建造师受聘

《注册建造师管理规定》规定,取得资格证书的人员应当受聘于一个具有建设工程勘察、设计、施工、监理、招标代理、造价咨询等一项或者多项资质的单位,经注册后方可从事相应的执业活动。担任施工单位项目负责人的,应当受聘并注册于一个具有施工资质的企业。

《注册建造师执业管理办法(试行)》规定,注册建造师应当通过企业按规定及时申请办理变更注册、续期注册等相关手续。注册建造师变更聘用企业的,应当在与新聘用企业签订聘用合同后的1个月内,通过新聘用企业申请办理变更手续。因变更注册申报不及时影响注册建造师执业、导致工程项目出现损失的,由注册建造师所在聘用企业承担责任,并作为不良行为记入企业信用档案。

《注册建造师执业管理办法(试行)》规定,聘用企业与注册建造师解除劳动关系的,应当及时申请办理注销注册或变更注册。聘用企业与注册建造师解除劳动合同关系后无故不办理注销注册或变更注册的,注册建造师可向省级建设主管部门申请注销注册证书和执业印章。注册建造师要求注销注册或变更注册的,应当提供与原聘用企业解除劳动关系的有效证明材料。建设主管部门经向原聘用企业核实,聘用企业在7日内没有提供书面反对意见和相关证明材料的,应予办理注销注册或变更注册。

5.3.4 建造师执业范围

《注册建造师管理规定》规定,注册建造师可以从事建设工程项目总承包管理或施工管理,建设工程项目管理服务,建设工程技术经济咨询,以及法律、行政法规和国务院住房城乡建设主管部门规定的其他业务。

《注册建造师执业管理办法(试行)》明确,注册建造师应当在其注册证书所注明的专业范围内从事建设工程施工管理活动。大中型工程施工项目负责人必须由本专业注册建造师担任。一级注册建造师可担任大、中、小型工程施工项目负责人。二级注册建造师可以承担中、小型工程施工项目负责人。

《建造师执业资格制度暂行规定》规定,建造师的执业范围包括:① 担任建设工程项目施工的项目经理;② 从事其他施工活动管理工作;③ 法律、行政法规或国务院建设行政主管部门规定的其他业务。

5.3.5 建造师基本权利和义务

《注册建造师管理规定》规定,注册建造师享有下列权利:① 使用注册建造师名称;② 在规定范围内从事执业活动;③ 在本人执业活动中形成的文件上签字并加盖执业印章;④ 保管和使用本人注册证书、执业印章;⑤ 对本人执业活动进行解释和辩护;⑥ 接受继续教育;⑦ 获得相应的劳动报酬;⑧ 对侵犯本人权利的行为进行申述。

《注册建造师管理规定》规定,注册建造师应当履行下列义务:① 遵守法律法规和有关管理规定,恪守职业道德;② 执行技术标准、规范和规程;③ 保证执业的质量,并承担相应责任;④ 接受继续教育,努力提高执业水准;⑤ 保守在执业中知悉的国家秘密和他人的商业、技术等秘密;⑥ 与当事人有利害关系的,应当主动回避;⑦ 协助注册管理机关完成相关工作。

注册建造师不得有下列行为:① 不履行注册建造师义务;② 在执业过程中,索贿、受贿或者谋取合同约定费用外的其他利益;③ 在执业过程中实施商业贿赂;④ 签署有虚假记载等不合格的文件;⑤ 允许他人以自己的名义从事执业活动;⑥ 同时在两个或者两个以上单位受聘或者执业;⑦ 涂改、倒卖、出租、出借或以其他形式非法转让资格证书、注册证书和执业印章;⑧ 超出执业范围和聘用单位业务范围内从事执业活动；⑨ 法律、法规、规章禁止的其他行为。

5.4　建筑市场主体信用体系建设

信用体系建设的目的是建立各市场参与主体信用信息记录和使用制度，促进全社会形成守信光荣、失信可耻的氛围。

5.4.1　建筑市场各方主体信用信息分类

《建筑市场信用管理暂行办法》明确指出：建筑市场信用管理是指在房屋建筑和市政基础设施工程建设活动中，对建筑市场各方主体信用信息的认定、采集、交换、公开、评价、使用及监督管理。建筑市场各方主体是指工程项目的建设单位和从事工程建设活动的勘察、设计、施工、监理等企业，以及注册建筑师、勘察设计注册工程师、注册建造师、注册监理工程师等注册执业人员。

建筑市场的信用信息在省级建筑市场平台或者全国市场建筑平台进行公开。建筑市场信用信息由基本信息、优良信用信息、不良信用信息构成。基本信息是指注册登记信息、资质信息、工程项目信息、注册执业人员信息等。优良信用信息是指建筑市场各方主体在工程建设活动中获得的县级以上行政机关或群团组织表彰奖励等信息。不良信用信息是指建筑市场各方主体在工程建设活动中违反有关法律、法规、规章或工程建设强制性标准等，受到县级以上住房城乡建设主管部门行政处罚的信息，以及经有关部门认定的其他不良信用信息。

5.4.2　建筑市场各方主体信用信息公开

《建筑市场信用管理暂行办法》规定，各级住房城乡建设主管部门应当完善信用信息公开制度，通过省级建筑市场监管一体化工作平台和全国建筑市场监管公共服务平台，及时公开建筑市场各方主体的信用信息。

1. 公开期限

《建筑市场信用管理暂行办法》规定，建筑市场各方主体的信用信息公开期限为：① 基本信息长期公开；② 优良信用信息公开期限一般为 3 年；③ 不良信用信息公开期限一般为 6 个月至 3 年，并不得低于相关行政处罚期限。具体公开期限由不良信用信息的认定部门确定。

《建筑市场诚信行为信息管理办法》规定，省、自治区和直辖市建设行政主管部门负责审查整改结果，对整改确有实效的，由企业提出申请，经批准，可缩短其不良行为记录信息公布期限，但公布期限最短不得少于 3 个月，同时将整改结果列于相应不良行为记录后，供有关部门和社会公众查询；对于拒不整改或整改不力的单位，信息发布部门可延长其不良行为记录信息公布期限。

《招标投标违法行为记录公告暂行办法》规定，国务院有关行政主管部门和省级人民政府有关行政主管部门应自招标投标违法行为行政处理决定作出之日起 20 个工作日内对外进行记录公告。

2. 内容和范围

《建筑市场信用管理暂行办法》规定，公开建筑市场各方主体信用信息不得危及国家安全、公共安全、经济安全和社会稳定,不得泄露国家秘密、商业秘密和个人隐私。

《建筑市场诚信行为信息管理办法》规定,属于《全国建筑市场各方主体不良行为记录认定标准》范围的不良行为记录除在当地发布外,还将由建设部统一在全国公布,公布期限与地方确定的公布期限相同,法律、法规另有规定的从其规定。各省、自治区、直辖市建设行政主管部门将确认的不良行为记录在当地发布之日起7日内报建设部。通过与工商、税务、纪检、监察、司法、银行等部门建立的信息共享机制,获取的有关建筑市场各方主体不良行为记录的信息,省、自治区、直辖市建设行政主管部门也应参照本规定在本地区统一公布。

《招标投标违法行为记录公告暂行办法》规定,对招标投标违法行为所作出的以下行政处理决定应给予公告:① 警告;② 罚款;③ 没收违法所得;④ 暂停或者取消招标代理资格;⑤ 取消在一定时期内参加依法必须进行招标的项目的投标资格;⑥ 取消担任评标委员会成员的资格;⑦ 暂停项目执行或追回已拨付资金;⑧ 暂停安排国家建设资金;⑨ 暂停建设项目的审查批准;⑩ 行政主管部门依法作出的其他行政处理决定。

违法行为记录公告的基本内容为:被处理的招标投标当事人名称(或姓名)、违法行为、处理依据、处理决定、处理时间和处理机关等。公告部门可将招标投标违法行为行政处理决定书直接进行公告。

3. 公告信息的变更

《建筑市场信用管理暂行办法》规定,地方各级住房城乡建设主管部门应当通过省级建筑市场监管一体化工作平台办理信用信息变更,并及时推送至全国建筑市场监管公共服务平台。

《建筑市场诚信行为信息管理办法》规定,对发布有误的信息,由发布该信息的省、自治区和直辖市建设行政主管部门进行修正,根据被曝光单位对不良行为的整改情况,调整其信息公布期限,保证信息的准确和有效。行政处罚决定经行政复议、行政诉讼以及行政执法监督被变更或被撤销,应及时变更或删除该不良记录,并在相应诚信信息平台上予以公布,同时应依法妥善处理相关事宜。

《招标投标违法行为记录公告暂行办法》规定,公告部门负责建立公告平台信息系统,对记录信息数据进行追加、修改、更新,并保证公告的违法行为记录与行政处理决定的相关内容一致。被公告的招标投标当事人认为公告记录与行政处理决定的相关内容不符的,可向公告部门提出书面更正申请,并提供相关证据。公告部门接到书面申请后,应在5个工作日内进行核对。公告的记录与行政处理决定的相关内容不一致的,应当给予更正并告知申请人;公告的记录与行政处理决定的相关内容一致的,应当告知申请人。公告部门在作出答复前不停止对违法行为记录的公告。

5.4.3 建筑市场各方主体信用信息应用

《建筑市场信用管理暂行办法》规定,各级住房城乡建设主管部门应当充分利用全国建筑市场监管公共服务平台,建立完善建筑市场各方主体守信激励和失信惩戒机制。对信用好的,可根据实际情况在行政许可等方面实行优先办理、简化程序等激励措施;对存在严重失信行为的,作为"双随机、一公开"监管重点对象,加强事中事后监管,依法采取约束和惩戒措施。同时还要求建立建筑市场主体"黑名单"制度并将列入"黑名单"的市场主体作为重点监管对象。

县级以上住房城乡建设主管部门按照"谁处罚、谁列入"的原则,将存在下列情形的建筑市场各方主体,列入建筑市场主体"黑名单":① 利用虚假材料、以欺骗手段取得企业资质的;② 发生转包、出借资质,受到行政处罚的;③ 发生重大及以上工程质量安全事故,或1年内累计发生2次及以上较大工程质量安全事故,或发生性质恶劣、危害性严重、社会影响大的较大工程质量安全事故,受到行政处罚的;④ 经法院判决或仲裁机构裁决,认定为拖欠工程款,且拒不履行生效法律文书确定的义务的。

《建筑市场诚信行为信息管理办法》规定,各级建设行政主管部门,应当依据国家有关法律、法规和规章,按照诚信激励和失信惩戒的原则,逐步建立诚信奖惩机制,在行政许可、市场准入、招标投标、资质管理、工程担保与保险、表彰评优等工作中,充分利用已公布的建筑市场各方主体的诚信行为信息,依法对守信行为给予激励,对失信行为进行惩处。在健全诚信奖惩机制的过程中,要防止利用诚信奖惩机制设置新的市场壁垒和地方保护。各级建设行政主管部门应按照管理权限和属地管理原则建立建筑市场各方主体的信用档案,将信用记录信息与建筑市场监管综合信息系统数据库相结合,实现数据共享和管理联动。

《建筑业企业资质管理规定》规定,企业未按照本规定要求提供企业信用档案信息的,由县级以上地方人民政府住房城乡建设主管部门或者其他有关部门给予警告,责令限期改正;逾期未改正的,可处以1 000元以上1万元以下的罚款。

5.4.4 建筑市场各方主体不良行为记录认定标准

《全国建筑市场各方主体不良行为记录认定标准》对涉及建筑市场最主要的责任主体,即建设单位、勘察、设计、施工、监理、工程检测、招标代理、造价咨询、施工图审查等单位的不良行为,制定了具体的认定标准,特别是强化了对建设单位行为的规范问题,突出了建筑许可、市场准入、招标投标、发承包交易、质量管理、安全生产、拖欠工程款和农民工工资、治理商业贿赂等相关内容。对施工单位的不良行为记录认定标准就分为5大类、41条,详见具体条文。

注册建造师有下列行为之一,经有关监督部门确认后由工程所在地建设主管部门或有关部门记入注册建造师执业信用档案:①《注册建造师执业管理办法(试行)》第22条所列行为;② 未履行注册建造师职责造成质量、安全、环境事故的;③ 泄露商业秘密的;④ 无正当理由拒绝或未及时签字盖章的;⑤ 未按要求提供注册建造师信用档案信息的;⑥ 未履行注册建造师职责造成不良社会影响的;⑦ 未履行注册建造师职责导致项目未能及时交付使用的;⑧ 不配合办理交接手续的;⑨ 不积极配合有关部门监督检查的。

5.5 营商环境优化

《优化营商环境条例》从制度层面为营商环境的持续优化提供了有力保障和支撑,有利于加快现代化经济体系建设,推动高质量发展。

5.5.1 总体原则

1. 转变政府职能

国家持续深化简政放权、放管结合、优化服务改革,最大限度减少政府对市场资源的直接配置,最大限度减少政府对市场活动的直接干预,加强和规范事中事后监管,着力提升政务服务能力和水平,切实降低制度性交易成本,更大激发市场活力和社会创造力,增强发展动力。

2. 坚持市场化、法治化、国际化原则

以市场主体需求为导向,以深刻转变政府职能为核心,创新体制机制、强化协同联动、完善法治保障,对标国际先进水平,为各类市场主体投资兴业营造稳定、公平、透明、可预期的良好环境。

3. 建立营商环境评价制度

国家建立和完善以市场主体和社会公众满意度为导向的营商环境评价体系,发挥营商环境评价对优化营商环境的引领和督促作用。开展营商环境评价,不得影响各地区、各部门正常工作,不得影响市场主体正常生产经营活动或者增加市场主体负担。

4. 加强市场主体保护

国家坚持权利平等、机会平等、规则平等,保障各种所有制经济平等受到法律保护。市场主体依法享有经营自主权,平等参与竞争。国家依法保护市场主体的财产权和其他合法权益,保护企业经营者人身和财产安全。

5.5.2 净化市场环境

1. 简化企业开办及经营流程

国家统一企业登记业务规范,统一数据标准和平台服务接口,采用统一社会信用代码进行登记管理。国家推进"证照分离"改革,持续精简涉企经营许可事项,依法采取直接取消审批、审批改为备案、实行告知承诺、优化审批服务等方式,对所有涉企经营许可事项进行分类管理,为企业取得营业执照后开展相关经营活动提供便利。除法律、行政法规规定的特定领域外,涉企经营许可事项不得作为企业登记的前置条件。

2. 营造公平竞争环境

实行全国统一的市场准入负面清单制度。市场准入负面清单以外的领域,各类市场主体均可以依法平等进入。各地区、各部门不得另行制定市场准入性质的负面清单。

3. 严格规范各类收费行为

设立政府性基金、涉企行政事业性收费、涉企保证金,应当有法律、行政法规依据或者经国务院批准。对政府性基金、涉企行政事业性收费、涉企保证金以及实行政府定价的经营服务性收费,实行目录清单管理并向社会公开,目录清单之外的前述收费和保证金一律不得执行。推广以金融机构保函替代现金缴纳涉企保证金。

4. 加强社会信用体系建设

持续推进政务诚信、商务诚信、社会诚信和司法公信建设,提高全社会诚信意识和信用水平,维护信用信息安全,严格保护商业秘密和个人隐私。

5.5.3 优化政务服务

1. 推进政务服务标准化

政府按照减环节、减材料、减时限的要求,编制并向社会公开政务服务事项(包括行政权力事项和公共服务事项)标准化工作流程和办事指南,细化量化政务服务标准,压缩自由裁量权,推进同一事项实行无差别受理、同标准办理。没有法律、法规、规章依据,不得增设政务服务事项的办理条件和环节。

2. 提高政务服务效率

政府及其有关部门办理政务服务事项,应当根据实际情况,推行当场办结、一次办结、限时办结等制度,实现集中办理、就近办理、网上办理、异地可办。需要市场主体补正有关材料、手续的,应当一次性告知需要补正的内容;需要进行现场踏勘、现场核查、技术审查、听证论证的,应当及时安排、限时办结。

3. 逐步精简行政许可

新设行政许可应当按照行政许可法和国务院的规定严格设定标准,并进行合法性、必要性和合理性审查论证。对通过事中事后监管或者市场机制能够解决以及行政许可法和国务院规定不得设立行政许可的事项,一律不得设立行政许可,严禁以备案、登记、注册、目录、规划、年检、年报、监制、认定、认证、审定以及其他任何形式变相设定或者实施行政许可。

4. 优化项目审批程序

县级以上地方人民政府应当深化投资审批制度改革,根据项目性质、投资规模等分类规范投资审批程序,精简审批要件,简化技术审查事项,强化项目决策与用地、规划等建设条件落实的协同,实行与相关审批在线并联办理。设区的市级以上地方人民政府应当按照国家有关规定,优化工程建设项目(不包括特殊工程和交通、水利、能源等领域的重大工程)审批流程,推行并联审批、多图联审、联合竣工验收等方式,简化审批手续,提高审批效能。

5. 优化产权登记及权利担保流程

不动产登记机构应当按照国家有关规定,加强部门协作,实行不动产登记、交易和缴税一窗受理、并行办理,压缩办理时间,降低办理成本。在国家规定的不动产登记时限内,各地区应当确定并公开具体办理时间。国家推动建立统一的动产和权利担保登记公示系统,逐步实现市场主体在一个平台上办理动产和权利担保登记。纳入统一登记公示系统的动产和权利范围另行规定。

5.5.4 规范监管执法

1. 政府监管应公开透明

政府有关部门应当严格按照法律法规和职责,落实监管责任,明确监管对象和范围、厘清监管事权,依法对市场主体进行监管,实现监管全覆盖。

2. 构建新型监管机制

政府及其有关部门应当按照国家关于加快构建以信用为基础的新型监管机制的要求,创新和完善信用监管,强化信用监管的支撑保障,加强信用监管的组织实施,不断提升信用监管效能。

3. 推行"双随机、一公开"监管

除直接涉及公共安全和人民群众生命健康等特殊行业、重点领域外,市场监管领域的行政检查应当通过随机抽取检查对象、随机选派执法检查人员、抽查事项及查处结果及时向社会公开的方式进行。针对同一检查对象的多个检查事项,应当尽可能合并或者纳入跨部门联合抽查范围。

4. 政府应当鼓励创新

对新技术、新产业、新业态、新模式等实行包容审慎监管,针对其性质、特点分类制定和实行相应的监管规则和标准,留足发展空间,同时确保质量和安全,不得简单化予以禁止或者不予监管。

5.6 建筑市场主体法律法规体系基本建成

5.6.1 建筑市场主体法律法规体系

建筑市场主体法律法规是指调整市场经济中从事建设工程相关活动的经济组织和个人之间所产生的各种社会关系的法律规范的总称。与建筑市场主体密切相关的法律有《民法典》《建筑法》《招标投标法》等,与建筑市场主体密切相关的行政法规有《市场主体登记管理条例》《优化营商环境条例》等,总的来说,建筑市场主体法律法规体系已经基本建成,其知识点导图如图5-1所示。现行的建筑市场主体专门规章和规范性文件主要有:

《建设工程企业资质管理制度改革方案》(2020年11月30日)
《建筑业企业资质管理规定》(2018年12月22日)
《关于建设工程企业资质有关事宜的通知》(2022年10月28日)
《建造师执业资格制度暂行规定》(2003年1月9日)
《建造师执业资格考试实施办法》(2004年2月19日)
《注册建造师管理规定》(2016年10月20日)
《注册建造师执业管理办法(试行)》(2008年2月26日)
《中华人民共和国注册建筑师条例实施细则》(2008年3月15日)
《注册结构工程师执业资格制度暂行规定》(1997年9月1日)
《注册监理工程师管理规定》(2016年10月20日)
《注册造价工程师管理办法》(2020年2月19日)
《注册房地产估价师管理办法》(2016年10月20日)
《注册安全工程师管理规定》(2013年8月29日)
《建筑市场信用管理暂行办法》(2018年1月1日)
《建筑市场诚信行为信息管理办法》(2007年1月12日)
《招标投标违法行为记录公告暂行办法》(2009年1月1日)

5.6.2 从业资格认证与国际接轨

从业资格认证制度是通过统一的标准和程序对从业人员进行能力评估和资格认证,确保从业人员具备必要的专业知识和技能,提高行业的整体水平和竞争力。国际从业资格认证制度在许多行业都得到了广泛应用,如金融、医疗、教育、工程等。以金融行业为例,国际注册金融分析师(CFA)和国际注册会计师(ACCA)等认证制度,要求从业人员具备深厚的金融理论知识和实践经验,以及良好的职业道德和操守。

改革开放后,建筑行业取得突飞猛进的发展,国家开始对建筑行业进行规范管理,建立了建筑企业分类、分级管理、建筑设计资质认证和施工资质认证等制度。自 1992 年起,建设部和人事部开始探索适合中国国情的建筑业执业资格制度,并逐步建立了包括建筑师、结构工程师、建造师、造价师、监理工程师、安全工程师、房地产估价师等在内的多种个人执业资格,目前基本覆盖了建筑行业的各个领域。

土木工程专业评估始于 1995 年,是针对全国高校开设的土木工程专业实施的专门性评估,目的是根据建设部设立的评估标准,考查土木工程专业是否达到国家规定的专业合格水平。自 2016 年开始,土木工程专业评估被纳入全国工程教育认证的整体框架,采用了工程教育认证标准。因此,"土木工程专业评估"更名为"土木工程专业评估(认证)"。评估与认证以《华盛顿协议》为纲领,以学生为中心(students-centered,SC)、成果导向(outcome-based education,OBE)及持续改进(continuous quality improvement,CQI)的理念评价高校的人才培养。

工程教育认证是国际通行的工程教育质量保证制度,也是实现工程教育国际互认和工程师资格国际互认的重要基础。通过认证,对于学生来说,学历被《华盛顿协议》成员互认,更容易获得行业认可,并有机会提前一年参加一级注册结构工程师专业考试;对于专业来说,推进专业教育改革,提高人才培养质量,提升专业影响力、社会认可度与国际知名度。

土木工程专业评估与认证,极大地促进了我国土木工程专业教育质量的提升,加强了国内外土木工程专业的交流与合作,为培养具有国际视野和竞争力的土木工程人才提供了有力保障。

5.6.3 营商环境持续优化

营商环境优化是一个长期且复杂的过程,涉及政策制定、法规完善、制度改革、服务提升等多个方面,因此可以说营商环境优化永远在路上。

一是深化简政放权。进一步简化行政审批流程,减少审批环节,提高审批效率;清理和废除不必要的行政许可和前置条件,降低市场准入门槛。同时,完善法律法规体系,确保政策的透明度和稳定性;加强对执法行为的监督,防止权力滥用和不当干预。

二是优化政务服务。提高政务服务效率,尽快实现"一网通办""一窗受理"等便民服务。加强政务服务人员的培训和管理,提高服务质量和水平。建立健全市场监管体系,推动行业自律和社会监督,形成多元共治的市场监管格局。

三是营造公平竞争环境。打破行政性垄断和市场壁垒,消除地方保护主义,确保各类市场主体在市场中公平竞争。加强知识产权保护,打击侵权和假冒行为;降低企业税费负担,减少企业运营成本;优化融资环境,降低企业融资成本。

四是提升国际化水平。加强与国际接轨,学习借鉴国际先进经验,提高营商环境的国际化水平。同时,要积极参与国际竞争与合作,推动开放型经济水平的提升。

在优化营商环境的过程中,需要政府、企业和社会各方共同努力,形成合力。政府要发挥主导作用,加强政策引导和支持;企业要积极参与市场竞争,提高自身竞争力;社会各方要加强监督和评估,推动营商环境的持续优化。

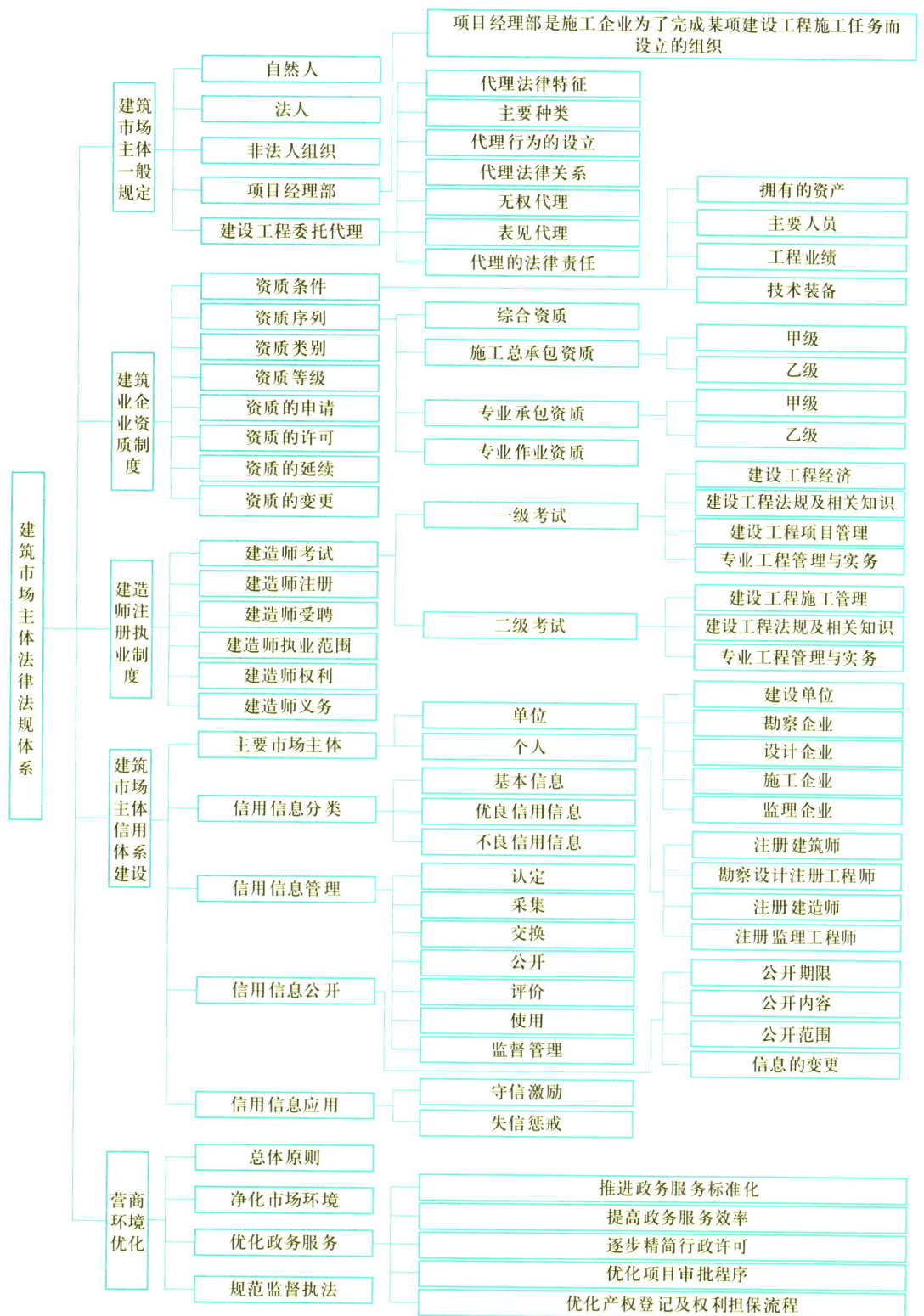

图 5-1 建筑市场主体法律法规体系知识点导图

1. 什么是自然人、法人和非法人组织？
2. 什么是施工企业项目经理部？
3. 什么是建设工程委托代理制度？
4. 施工企业资质分为哪几个序列？
5. 建造师注册执业制度的主要内容有哪些？
6. 建筑市场各方主体信用信息分为哪几类？
7. 信用信息公开的主要内容包括哪些？
8. 《优化营商环境条例》的主要内容有哪些？

第 5 章　案例　　　　第 5 章　测试题及参考答案

第6章　建设工程发包与承包法律制度

本章学习目标

1. 了解建设工程发包与承包法律制度的一般规定,包括建设工程总承包及其具体模式,建设工程共同承包和建设工程分包。
2. 熟练掌握建设工程招标投标制度,包括法定招标的范围和规模标准,招标方式和交易场所及招标、投标、开标、评标和中标的具体内容。
3. 充分了解《中华人民共和国招标投标法》的立法背景与修订过程,正确认识该法实施后取得的成效,理性看待存在的问题并推动改进和完善。

6.1　建设工程发包与承包的一般规定

建设工程发包与承包法律法规知识点导图如图6-1所示,涉及发包与承包的一般规定、招标投标制度以及非招标采购制度。

6.1.1　建设工程总承包

1. 建设工程总承包的模式

《民法典》规定,发包人可以与总承包人订立建设工程合同,也可以分别与勘察人、设计人、施工人订立勘察、设计、施工承包合同。前者是工程总承包模式,后者称为平行发包模式。建设内容明确、技术方案成熟的项目,适宜采用工程总承包方式。

工程总承包是指承包单位按照与建设单位签订的合同,对工程设计、采购、施工或者设计、施工等阶段实行总承包,并对工程的质量、安全、工期和造价等全面负责的工程建设组织实施方式。

具体模式有:① 设计采购施工(EPC)/交钥匙工程总承包。设计采购施工工程总承包是指工程总承包企业按照合同约定,承担工程项目的设计、采购、施工、试运行服务等工作,并对承包工程的质量、安全、工期、造价全面负责。交钥匙工程总承包是设计采购施工总承包业务和责任的延伸,最终是向业主提交一个满足使用功能、具备使用条件的工程项目。② 设计-施工总承包(D-B),即工程总承包企业按照合同约定,承担工程项目设计和施工,并对承包工程的质量、安全、工期、造价全面负责。根据工程项目的不同规模、类型和项目发包人要求,工程总承包还可采用设计-采购总承包(E-P)和采购-施工总承包(P-C)等方式。

2. 建设工程总承包项目的发包

根据《房屋建筑和市政基础设施项目工程总承包管理办法》,建设单位依法采用招标或者直接发包等方式选择工程总承包单位。工程总承包项目范围内的设计、采购或者施工中,有任一项属于依法必须进行招标的项目范围且达到国家规定规模标准的,应当采用招标的方式选择工程总承包单位。

工程总承包单位不得是工程总承包项目的代建单位、项目管理单位、监理单位、造价咨询单位、招标代理单位。政府投资项目的项目建议书、可行性研究报告、初步设计文件编制单位及其评估单位,一般不得成为该项目的工程总承包单位。政府投资项目招标人公开已经完成的项目建议书、可行性研究报告、初步设计文件的,上述单位可以参与该工程总承包项目的投标,经依法评标、定标,成为工程总承包单位。

《建筑工程施工发包与承包违法行为认定查处管理办法》明确,违法发包是指建设单位将工程发包给个人或不具有相应资质的单位、支解发包、违反法定程序发包及其他违反法律法规规定发包的行为。违法发包的具体情形包括:① 建设单位将工程发包给个人的;② 建设单位将工程发包给不具有相应资质的单位的;③ 依法应当招标未招标或未按照法定招标程序发包的;④ 建设单位设置不合理的招标投标条件,限制、排斥潜在投标人或者投标人的;⑤ 建设单位将一个单位工程的施工分解成若干部分发包给不同的施工总承包或专业承包单位的。

3. 总承包项目的风险分担

建设单位和工程总承包单位应当加强风险管理,合理分担风险。工程总承包项目中,由建设单位承担的风险主要包括:① 主要工程材料、设备、人工价格与招标时基期价相比,波动幅度超过合同约定幅度的部分;② 因国家法律法规政策变化引起的合同价格的变化;③ 不可预见的地质条件造成的工程费用和工期的变化;④ 因建设单位原因产生的工程费用和工期的变化;⑤ 不可抗力造成的工程费用和工期的变化。发包与承包双方应当在前述规定确定的原则和范围内,对风险分担的具体内容在合同中约定。

4. 建设工程共同承包

共同承包系由两个或两个以上承包单位临时组成联合体,以同一承包人身份共同承揽项目的行为,在组织上具有合意性和临时性,对外责任上具有连带性。《建筑法》《招标投标法》《中华人民共和国政府采购法》(简称《政府采购法》)中均有关于共同承包的规定。

在工程总承包项目中,工程总承包单位应当同时具有与工程规模相适应的工程设计资质和施工资质,或者由具有相应资质的设计单位和施工单位组成联合体进行承包。

6.1.2　建设工程分包

根据《民法典》规定,总承包人或者勘察、设计、施工承包人经发包人同意,可以将自己承包的部分工作交由第三人完成。

总承包人或者承包人进行分包时应符合以下条件:① 承包人不得将其承包的全部建设工程转包给第三人或者将其承包的全部建设工程支解以后以分包的名义分别转包给第三人。② 禁止承包人将工程分包给不具备相应资质条件的单位。③ 禁止分包单位将其承包的工程再分包。④ 建设工程主体结构的施工必须由承包人自行完成。⑤ 经发包人同意。

关于分包合同的缔结方式,《房屋建筑和市政基础设施项目工程总承包管理办法》规定:"工程总承包单位可以采用直接发包的方式进行分包。但以暂估价形式包括在总承包范围内的工程、货物、服务分包时,属于依法必须进行招标的项目范围且达到国家规定规模标准的,应当依法招标。"

分包人就其完成的工作成果与总承包人或者勘察、设计、施工承包人向发包人承担连带责任。

实践中常有以分包之名行转包之实,或假借他人名义承揽工程的违法情形。转包是指承包单位承包工程后,不履行合同约定的责任和义务,将其承包的全部工程或者将其承包的全部工程支解后以分包的名义分别转包给其他单位或个人施工的行为。挂靠是指单位或个人以其他有资质的施工单位的名义承揽工程,包括参与投标、订立合同、办理有关施工手续、从事施工等活动。转包、挂靠和违法分包,应依法予以行政处罚,这也是建筑市场行政监管的重点。

6.2 建设工程招标投标制度

招标投标是建设工程最主要的竞争性交易方式,全国人大常委会颁布有《招标投标法》,国务院发布了《中华人民共和国招标投标法实施条例》(简称《招标投标法实施条例》)。

6.2.1 建设工程法定招标的范围和规模标准

1. 建设工程法定招标的范围

《招标投标法》规定,在我国境内进行下列工程建设项目,包括项目的勘察、设计、施工、监理以及与工程建设有关的重要设备、材料等的采购,必须进行招标:① 大型基础设施、公用事业等关系社会公共利益、公众安全的项目;② 全部或者部分使用国有资金投资或者国家融资的项目;③ 使用国际组织或者外国政府贷款、援助资金的项目。

项目的具体范围包括:① 煤炭、石油、天然气、电力、新能源等能源基础设施项目;② 铁路、公路、管道、水运,以及公共航空和A1级通用机场等交通运输基础设施项目;③ 电信枢纽、通信信息网络等通信基础设施项目;④ 防洪、灌溉、排涝、引(供)水等水利基础设施项目;⑤ 城市轨道交通等城建项目。

全部或者部分使用国有资金投资或者国家融资的项目包括:① 使用预算资金200万元人民币以上,并且该资金占投资额10%以上的项目。② 使用国有企业事业单位资金,并且该资金占控股或者主导地位的项目。

使用国际组织或者外国政府贷款、援助资金的项目包括:① 使用世界银行、亚洲开发银行等国际组织贷款、援助资金的项目;② 使用外国政府及其机构贷款、援助资金的项目。

2. 必须招标的工程建设项目的规模标准

必须进行招标的工程建设项目,其勘察、设计、施工、监理以及与工程建设有关的重要设备、材料等的采购达到下列标准之一的,必须招标:① 施工单项合同估算价在400万元人民币以上;② 重要设备、材料等货物的采购,单项合同估算价在200万元人民币以上;③ 勘察、设计、监理等服务的采购,单项合同估算价在100万元人民币以上。

3. 可以不招标的特殊情况

对于必须招标的工程建设项目,在特殊情况下可以不招标。《招标投标法》规定,涉及国家安全、国家秘密、抢险救灾或者属于利用扶贫资金实行以工代赈、需要使用农民工等特殊情况,不适宜进行招标的项目,按照国家有关规定可以不进行招标。《招标投标法实施条例》《工程建设项目施工招标投标办法》等在《招标投标法》的基础上对可以不招标的项目进行了补充:① 需要采用不可替代的专利或者专有技术;② 采购人依法能够自行建设、生产或者提供;③ 已通过招标方式选定的特许经营项目投资人依法能够自行建设、生产或者提供;④ 需要向原中标人采购工程、货物或者服务,否则将影响施工或者功能配套要求;⑤ 国家规定的其他特殊情形。

6.2.2 建设工程招标方式和交易场所

1. 建设工程招标方式

建设工程招标方式分为公开招标和邀请招标两种。

公开招标是指招标人以招标公告的方式邀请不特定的法人或者其他组织投标。它是一种由招标人按照法定程序,在公开出版物上发布或者以其他公开方式发布招标公告,所有符合条件的承包商都可以平等参加投标竞争,从中择优选择中标者的招标方式。由于这种招标方式对竞争没有限制,因此,又被称为无限竞争性招标。

邀请招标是指招标人以投标邀请书的方式邀请特定的法人或者其他组织投标。邀请招标是接到投标邀请书的法人或者其他组织才能参加投标的一种招标方式,其他潜在的投标人则被排除在投标竞争之外,因此,也被称为有限竞争性招标。邀请招标必须向三个以上的潜在投标人发出邀请,并且被邀请的法人或者其他组织必须具备以下条件:① 具备承担招标项目的能力,如施工招标,被邀请的施工企业必须具备与招标项目相应的施工资质等级;② 资信良好。

《招标投标法》规定,国务院发展计划部门确定的国家重点项目和省、自治区、直辖市人民政府确定的地方重点项目不适宜公开招标的,经国务院发展计划部门或者省、自治区、直辖市人民政府批准,可以进行邀请招标。《招标投标法实施条例》规定,国有资金占控股或者主导地位的依法必须进行招标的项目,应当公开招标;但有下列情形之一的,可以邀请招标:① 技术复杂、有特殊要求或者受自然环境限制,只有少量潜在投标人可供选择;② 采用公开招标方式的费用占项目合同金额的比例过大。

2. 建设工程交易场所

《招标投标法实施条例》规定,设区的市级以上地方人民政府可以根据实际需要,建立统一规范的招标投标交易场所,为招标投标活动提供服务。招标投标交易场所不得与行政监督部门存在隶属关系,不得以营利为目的。国家鼓励利用信息网络进行电子招标投标。

电子招标投标交易平台应当具备下列主要功能:① 在线完成招标投标全部交易过程;② 编辑、生成、对接、交换和发布有关招标投标数据信息;③ 提供行政监督部门和监察机关依法实施监督和受理投诉所需的监督通道;④ 依法要求的其他功能。电子招标投标交易平台应当按照技术规范规定,执行统一的信息分类和编码标准,为各类电子招标投标信息的互联互通和交换共享开放数据接口、公布接口要求。电子招标投标交易平台接口应当保持技术中立,与各类需要分离开发的工具软件相兼容对接,不得限制或者排斥符合技术规范规定的工具软件与其对接。

6.2.3 建设工程招标

1. 对招标人的要求

招标人是依照规定提出招标项目、进行招标的法人或者其他组织。招标项目按照国家有关规定需要履行项目审批手续的,应当先履行审批手续,取得批准。按照国家有关规定需要履行项目审批、核准手续的依法必须进行招标的项目,其招标范围、招标方式、招标组织形式应当报项目审批、核准部门审批、核准。项目审批、核准部门应当及时将审批、核准确定的招标范围、招标方式、招标组织形式通报有关行政监督部门。

招标人应当有进行招标项目的相应资金或者资金来源已经落实,并应当在招标文件中如实载明。

2. 对投标人的资格审查

招标人对投标人的资格进行审查可以采取资格预审和资格后审两种方式。

招标人采用资格预审办法对潜在投标人进行资格审查的,应当发布资格预审公告、编制资格预审文件。招标人应当按照资格预审公告、招标公告或者投标邀请书规定的时间地点发售资格预审文件或者招标文件。资格预审文件或者招标文件的发售期不得少于5日。招标人应当合理确定提交资格预审申请文件的时间。依法必须进行招标的项目提交资格预审申请文件的时间,自资格预审文件停止发售之日起不得少于5日。资格预审结束后,招标人应当及时向资格预审申请人发出资格预审结果通知书。未通过资格预审的申请人不具有投标资格。通过资格预审的申请人少于3个的,应当重新招标。

招标人采用资格后审办法对投标人进行资格审查的,应当在开标后由评标委员会按照招标文件规定的标准和方法对投标人的资格进行审查。

3. 编制招标文件

招标人应当根据招标项目的特点和需要编制招标文件。

招标文件应当包括招标项目的技术要求、对投标人资格审查的标准、投标报价要求和评标标准等所有实质性要求和条件以及拟签订合同的主要条款。国家对招标项目的技术、标准有规定的,招标人应当按照其规定在招标文件中提出相应要求。招标项目需要划分标段、确定工期的,招标人应当合理划分标段、确定工期,并在招标文件中载明。招标文件不得要求或者标明特定的生产供应者以及含有倾向或者排斥潜在投标人的其他内容。招标人设有最高投标限价的,应当在招标文件中明确最高投标限价或者最高投标限价的计算方法。招标人不得规定最低投标限价。

招标人发售资格预审文件、招标文件收取的费用应当限于补偿印刷、邮寄的成本支出,不得以营利为目的。

招标人应当确定投标人编制投标文件所需要的合理时间。依法必须进行招标的项目,自招标文件开始发出之日起至投标人提交投标文件截止之日止,最短不得少于20日。

招标人应当在招标文件中载明投标有效期。投标有效期从提交投标文件的截止之日起算。招标人在招标文件中要求投标人提交投标保证金的,投标保证金不得超过招标项目估算价的2%。施工、货物招标的,投标保证金最高不得超过80万元人民币;勘察、设计等服务招标的,投标保证金最高不得超过10万元人民币。投标保证金有效期应当与投标有效期一致。

4. 招标活动其他规定

对技术复杂或者无法精确拟定技术规格的项目,招标人可以分两阶段进行招标。第一阶段,投标人按照招标公告或者投标邀请书的要求提交不带报价的技术建议,招标人根据投标人提交的技术建议确定技术标准和要求,编制招标文件。第二阶段,招标人向在第一阶段提交技术建议的投标人提供招标文件,投标人按照招标文件的要求提交包括最终技术方案和投标报价的投标文件。招标人要求投标人提交投标保证金的,应当在第二阶段提出。

招标人可以对已发出的资格预审文件或者招标文件进行必要的澄清或者修改。澄清或者修改的内容可能影响资格预审申请文件或投标文件编制的,招标人应当在提交资格预审申请文件截止时间至少3日前,或者投标截止时间至少15日前,以书面形式通知所有获取资格预审文件或者招标文件的潜在投标人;不足3日或者15日的,招标人应当顺延提交资格预审申请文件或者投标文件的截止时间。招标人不得以不合理的条件限制、排斥潜在投标人或者投标人。

招标人终止招标的,应当及时发布公告,或者以书面形式通知被邀请的或者已经获取资格预审文件、招标文件的潜在投标人。已经发售资格预审文件、招标文件或者已经收取投标保证金的,招标人应当及时退还所收取的资格预审文件、招标文件的费用,以及所收取的投标保证金及银行同期存款利息。

5. 电子招标

招标人或者其委托的招标代理机构应当在其使用的电子招标投标交易平台注册登记,选择使用除招标人或招标代理机构之外第三方运营的电子招标投标交易平台的,还应当与电子招标投标交易平台运营机构签订使用合同,明确服务内容、服务质量、服务费用等权利和义务,并对服务过程中相关信息的产权归属、保密责任、存档等依法作出约定。电子招标投标交易平台运营机构不得以技术和数据接口配套为由,要求潜在投标人购买指定的工具软件。

招标人或者其委托的招标代理机构应当在资格预审公告、招标公告或者投标邀请书中载明潜在投标人访问电子招标投标交易平台的网络地址和方法。依法必须进行公开招标项目的上述相关公告应当在电子招标投标交易平台和国家指定的招标公告媒介同步发布。

6.2.4 建设工程投标

1. 对投标人的要求

投标人是响应招标、参加投标竞争的法人或者其他组织。投标人应当具备承担招标项目的能力;国家有关规定对投标人资格条件或者招标文件对投标人资格条件有规定的,投标人应当具备规定的资格条件。投标人参加依法必须进行招标的项目的投标,不受地区或者部门的限制,任何单位和个人不得非法干涉。与招标人存在利害关系可能影响招标公正性的法人、其他组织或者个人,不得参加投标。单位负责人为同一人或者存在控股、管理关系的不同单位,不得参加同一标段投标或者未划分标段的同一招标项目投标。

2. 对投标文件的要求

投标人应当按照招标文件的要求编制投标文件。投标文件应当对招标文件提出的实质性要求和条件作出响应。招标项目属于建设施工的,投标文件的内容应当包括拟派出的项目负责人与主要技术人员的简历、业绩和拟用于完成招标项目的机械设备等。投标人根据招标文件载明的项目实际情况,拟在中标后将中标项目的部分非主体、非关键性工作进行分包的,应当在投标文件中载明。

3. 投标文件的提交、修改、撤回和撤销

投标人应当在招标文件要求提交投标文件的截止时间前,将投标文件送达投标地点。招标人收到投标文件后,应当签收保存,不得开启。投标人少于三个的,招标人应当重新招标。未通过资格预审的申请人提交的投标文件,以及逾期送达或者不按照招标文件要求密封的投标文件,招标人应当拒收。招标人应当如实记载投标文件的送达时间和密封情况,并存档备查。

投标人在招标文件要求提交投标文件的截止时间前,可以补充、修改或者撤回已提交的投标文件,并书面通知招标人。补充、修改的内容为投标文件的组成部分。

投标人撤回已提交的投标文件,应当在投标截止时间前书面通知招标人。招标人已收取投标保证金的,应当自收到投标人书面撤回通知之日起 5 日内退还。

投标截止后投标人撤销投标文件的,招标人可以不退还投标保证金。

4. 联合体投标

两个以上法人或者其他组织可以组成一个联合体,以一个投标人的身份共同投标。招标人应当在资格预审公告、招标公告或者投标邀请书中载明是否接受联合体投标。招标人接受联合体投标并进行资格预审的,联合体应当在提交资格预审申请文件前组成。资格预审后联合体增减、更换成员的,其投标无效。联合体各方均应当具备承担招标项目的相应能力;国家有关规定或者招标文件对投标人资格条件有规定的,联合体各方均应当具备规定的相应资格条件。由同一专业的单位组成的联合体,按照资质等级较低的单位确定资质等级。

联合体各方应当签订共同投标协议,明确约定各方拟承担的工作和责任,并将共同投标协议连同投标文件一并提交招标人。联合体中标的,联合体各方应当共同与招标人签订合同,就中标项目向招标人承担连带责任。招标人不得强制投标人组成联合体共同投标,不得限制投标人之间的竞争。联合体各方在同一招标项目中以自己名义单独投标或者参加其他联合体投标的,相关投标均无效。

5. 禁止行为

禁止投标人相互串通投标;禁止招标人与投标人串通投标;禁止投标人其他不正当竞争行为:投标人不得以低于成本的报价竞标,也不得以他人名义投标或者以其他方式弄虚作假,骗取中标。

6. 电子投标

电子招标投标交易平台的运营机构,以及与该机构有控股或者管理关系可能影响招标公正性的任何单位和个人,不得在该交易平台进行的招标项目中投标和代理投标。投标人应当在资格预审公告、招标公告或者投标邀请书载明的电子招标投标交易平台注册登记,如实递交有关信息,并经电子招标投标交易平台运营机构验证。投标人应当通过资格预审公告、招标公告或者投标邀请书载明的电子招标投标交易平台递交数据电文形式的资格预审申请文件或者投标文件。

电子招标投标交易平台应当允许投标人离线编制投标文件,并且具备分段或者整体加密、解密功能。投标人应当按照招标文件和电子招标投标交易平台的要求编制并加密投标文件。投标人未按规定加密的投标文件,电子招标投标交易平台应当拒收并提示。

6.2.5 建设工程开标、评标和中标

1. 建设工程开标

开标应当在招标文件确定的提交投标文件截止时间的同一时间公开进行;开标地点应当为招标文件中预先确定的地点。开标由招标人主持,邀请所有投标人参加。

开标时,由投标人或者其推选的代表检查投标文件的密封情况,也可以由招标人委托的公证机构检查并公证;经确认无误后,由工作人员当众拆封,宣读投标人名称、投标价格和投标文件的其他主要内容。招标人在招标文件要求提交投标文件的截止时间前收到的所有投标文件,开标时都应当当众予以拆封、宣读。开标过程应当记录,并存档备查。

2. 评标委员会的组成

评标由招标人依法组建的评标委员会负责,评标委员会成员的名单在中标结果确定前应当保密。

评标委员会由招标人的代表和有关技术、经济等方面的专家组成,成员人数为5人以上单数,其中技术、经济等方面的专家不得少于成员总数的三分之二。专家由招标人从依法组建的专家库内的相关专家名单中确定;一般招标项目可以采取随机抽取方式,特殊招标项目可以由招标人直接确定。

有下列情形之一的,不得担任评标委员会成员:① 投标人或者投标人主要负责人的近亲属;

② 项目主管部门或者行政监督部门的人员；③ 与投标人有经济利益关系，可能影响对投标公正评审的；④ 曾因在招标、评标以及其他与招标投标有关活动中从事违法行为而受过行政处罚或刑事处罚的。

3. 初步评审

评标委员会应当按照投标报价的高低或者招标文件规定的其他方法对投标文件排序。评标委员会应当根据招标文件，审查并逐项列出投标文件的全部投标偏差。投标偏差分为重大偏差和细微偏差。重大偏差为未能对招标文件作出实质性响应，并应当作否决投标处理。细微偏差是指投标文件在实质上响应招标文件要求，但在个别地方存在漏项或者提供了不完整的技术信息和数据等情况，并且补正这些遗漏或者不完整不会对其他投标人造成不公平的结果。细微偏差不影响投标文件的有效性。

评标委员会应当书面要求存在细微偏差的投标人在评标结束前予以补正。拒不补正的，在详细评审时可以对细微偏差作不利于该投标人的量化，量化标准应当在招标文件中规定。

下列情况属于重大偏差：① 没有按照招标文件要求提供投标担保或者所提供的投标担保有瑕疵；② 投标文件没有投标人授权代表签字和加盖公章；③ 投标文件载明的招标项目完成期限超过招标文件规定的期限；④ 明显不符合技术规格、技术标准的要求；⑤ 投标文件载明的货物包装方式、检验标准和方法等不符合招标文件的要求；⑥ 投标文件附有招标人不能接受的条件；⑦ 不符合招标文件中规定的其他实质性要求。招标文件对重大偏差另有规定的，从其规定。

有下列情形之一的，评标委员会应当否决其投标：① 投标文件未经投标单位盖章和单位负责人签字；② 投标联合体没有提交共同投标协议；③ 投标人不符合国家或者招标文件规定的资格条件；④ 同一投标人提交两个以上不同的投标文件或者投标报价，但招标文件要求提交备选投标的除外；⑤ 投标报价低于成本或者高于招标文件设定的最高投标限价；⑥ 投标文件没有对招标文件的实质性要求和条件作出响应；⑦ 投标人有串通投标、弄虚作假、行贿等违法行为。

4. 详细评审

经初步评审合格的投标文件，评标委员会应当根据招标文件确定的评标标准和方法，对其技术部分和商务部分作进一步评审、比较。评标方法包括经评审的最低投标价法、综合评估法或者法律、行政法规允许的其他评标方法。

经评审的最低投标价法一般适用于具有通用技术、性能标准或者招标人对其技术性能没有特殊要求的招标项目。根据经评审的最低投标价法，能够满足招标文件的实质性要求，并且经评审的最低投标价的投标人，应当推荐为中标候选人。采用经评审的最低投标价法的，评标委员会应当根据招标文件中规定的评标价格调整方法，对所有投标人的投标报价以及投标文件的商务部分作必要的价格调整。采用经评审的最低投标价法的，中标人的投标应当符合招标文件规定的技术要求和标准，但评标委员会无须对投标文件的技术部分进行价格折算。根据经评审的最低投标价法完成详细评审后评标委员会应当拟定一份"标价比较表"，连同书面评标报告提交招标人。"标价比较表"应当载明投标人的投标报价、对商务偏差的价格调整和说明以及经评审的最终投标价。

不宜采用经评审的最低投标价法的招标项目，一般应当采取综合评估法进行评审。根据综合评估法，最大限度地满足招标文件中规定的各项综合评价标准的投标人，应当推荐为中标候选人。衡量投标文件是否最大限度地满足招标文件中规定的各项评价标准，可以采取折算为货币的方法、打分的方法或者其他方法。需量化的因素及其权重应当在招标文件中明确规定。评标委员会对各个评审因素进行量化时,应当将量化指标建立在同一基础或者同一标准上,使各投标文件具有可比性。对技术部分和商务部分进行量化后,评标委员会应当对这两部分的量化结果进行加权,计算出每一投标的综合评估价或者综合评估分。根据综合评估法完成评标后,评标委员会应当拟定一份"综合评估比较表",连同书面评标报告提交招标人。"综合评估比较表"应当载明投标人的投标报价、所作的任何修正、对商务偏差的调整、对技术偏差的调整、对各评审因素的评估以及对每一投标的最终评审结果。

5. 建设工程中标

评标委员会应当按照招标文件确定的评标标准和方法,对投标文件进行评审和比较;设有标底的,应当参考标底。评标委员会完成评标后,应当向招标人提出书面评标报告,并推荐合格的中标候选人。评标报告由评标委员会全体成员签字。对评标结论持有异议的评标委员会成员可以书面方式阐述其不同意见和理由。评标委员会成员拒绝在评标报告上签字且不陈述其不同意见和理由的,视为同意评标结论;评标委员会应当对此作出书面说明并记录在案。向招标人提交书面评标报告后,评标过程中使用的文件表格以及其他资料应当即时归还招标人。

招标人根据评标委员会提出的书面评标报告和推荐的中标候选人确定中标。招标人也可以授权评标委员会直接确定中标人。在确定中标人前,招标人不得与投标人就投标价格、投标方案等实质性内容进行谈判。

评标委员会推荐的中标候选人应当限定在1~3人,并标明排列顺序。国有资金占控股或者主导地位的项目,招标人应当确定排名第一的中标候选人为中标人。排名第一的中标候选人放弃中标、因不可抗力提出不能履行合同,或者招标文件规定应当提交履约保证金而在规定的期限内未能提交,或者被查实存在影响中标结果的违法行为等情形,不符合中标条件的,招标人可以按照评标委员会提出的中标候选人名单排序依次确定其他中标候选人为中标人。依次确定的其他中标候选人与招标人预期差距较大,或者对招标人明显不利的,招标人可以重新招标。

中标人确定后,招标人应当向中标人发出中标通知书,同时通知未中标人,并与中标人在投标有效期内以及中标通知书发出之日起30日之内,按照招标文件和中标人的投标文件签订合同。中标通知书对招标人和中标人具有法律约束力。中标通知书发出后,招标人改变中标结果或者中标人放弃中标的,应当承担法律责任。招标人应当与中标人按照招标文件和中标人的投标文件订立书面合同。招标人与中标人不得再行订立背离合同实质性内容的其他协议。招标人与中标人签订合同后5日内,应当向中标人和未中标的投标人退还投标保证金及银行同期存款利息。招标文件要求中标人提交履约保证金的,中标人应当按照招标文件的要求提交。履约保证金不得超过中标合同金额的10%。

投标人和其他利害关系人认为招标投标活动不符合规定的,有权向招标人提出异议;投标人或者其他利害关系人认为招标投标活动不符合法律、行政法规规定的,可以自知道或者应当知道之日起10日内向有关行政监督部门投诉。

6.3 非招标采购制度

政府采购是指各级国家机关、事业单位和团体组织,使用财政性资金采购依法制定的集中采购目录以内的或者采购限额标准以上的货物、工程和服务的行为,除招标方式外,还有非招标采购方式。

6.3.1 竞争性谈判

1. 竞争性谈判的适用范围

竞争性谈判是指谈判小组与符合资格条件的供应商就采购货物、工程和服务事宜进行谈判，供应商按照谈判文件的要求提交响应文件和最后报价，采购人从谈判小组提出的成交候选人中确定成交供应商的采购方式。

公开招标应作为政府采购的主要采购方式，竞争性谈判主要适用于不能或者不宜采用招标方式的采购项目，具体为：① 招标后没有供应商投标或者没有合格标的或者重新招标未能成立的；② 技术复杂或者性质特殊，不能确定详细规格或者具体要求的；③ 采用招标所需时间不能满足用户紧急需要的；④ 不能事先计算出价格总额的。

2. 竞争性谈判的采购程序

（1）成立谈判小组。谈判小组由采购人的代表和有关专家共 3 人以上的单数组成，其中专家的人数不得少于成员总数的三分之二。

（2）制定谈判文件。谈判文件应当明确谈判程序、谈判内容、合同草案的条款以及评定成交的标准等事项。

（3）确定邀请参加谈判的供应商名单。谈判小组从符合相应资格条件的供应商名单中确定不少于 3 家的供应商参加谈判，并向其提供谈判文件。公开招标的货物、服务采购项目，招标过程中提交投标文件或者经评审实质性响应招标文件要求的供应商只有两家时，采购人、采购代理机构依法经本级财政部门批准后可以与该两家供应商进行竞争性谈判采购。

（4）谈判。谈判小组所有成员集中与单一供应商分别进行谈判。在谈判中，谈判的任何一方不得透露与谈判有关的其他供应商的技术资料、价格和其他信息。对谈判文件作出的实质性变动是谈判文件的有效组成部分，谈判小组应当及时以书面形式同时通知所有参加谈判的供应商。供应商应当按照谈判文件的变动情况和谈判小组的要求重新提交响应文件。这一规定体现了竞争性谈判程序的灵活性和适应采购复杂采购标的的重要特点，是有别于其他采购方式的主要特征。

（5）确定成交供应商。谈判结束后，谈判小组应当要求所有参加谈判的供应商在规定时间内进行最后报价，采购人从谈判小组提出的成交候选人中根据符合采购需求、质量和服务相等且报价最低的原则确定成交供应商，并将结果通知所有参加谈判的未成交的供应商。

确定成交供应商之后，采购人与成交供应商应当在成交通知书发出之日起 30 日内，按照采购文件确定的合同文本以及采购标的、规格型号、采购金额、采购数量、技术和服务要求等事项签订政府采购合同。采购人不得向成交供应商提出超出采购文件以外的任何要求作为签订合同的条件，不得与成交供应商订立背离采购文件确定的合同文本以及采购标的、规格型号、采购金额、采购数量、技术和服务要求等实质性内容的协议。

3. 竞争性磋商

《政府采购竞争性磋商采购方式管理暂行办法》规定，符合下列情形的项目，可以采用竞争性磋商方式开展采购：① 政府购买服务项目；② 技术复杂或者性质特殊，不能确定详细规格或者具体要求的；③ 因艺术品采购、专利、专有技术或者服务的时间、数量事先不能确定等原因不能事先计算出价格总额的；④ 市场竞争不充分的科研项目，以及需要扶持的科技成果转化项目；⑤ 按照招标投标法及其实施条例必须进行招标的工程建设项目以外的工程建设项目。

竞争性磋商采购方式,经磋商确定最终采购需求和提交最后报价的供应商后,由磋商小组采用综合评分法对提交最后报价的供应商的响应文件和最后报价进行综合评分。综合评分法评审标准中的分值设置应当与评审因素的量化指标相对应。磋商文件中没有规定的评审标准不得作为评审依据。综合评分法货物项目的价格分值占总分值的比重为30%~60%,服务项目的价格分值占总分值的比重为10%~30%。采购项目中含不同采购对象的,以占项目资金比例最高的采购对象确定其项目属性。

6.3.2　询价

询价是指询价小组向符合资格条件的供应商发出采购货物询价通知书,要求供应商一次报出不得更改的价格,采购人从询价小组提出的成交候选人中确定成交供应商的采购方式。根据《政府采购法》规定,采购的货物规格、标准统一、现货货源充足且价格变化幅度小的政府采购项目,可以采用询价方式采购。

采取询价方式采购的,应当遵循下列程序:

(1) 成立询价小组。询价小组由采购人的代表和有关专家共3人以上的单数组成,其中专家的人数不得少于成员总数的三分之二。询价小组应当对采购项目的价格构成和评定成交的标准等事项作出规定。

(2) 确定被询价的供应商名单。询价小组根据采购需求,从符合相应资格条件的供应商名单中确定不少于3家的供应商,并向其发出询价通知书让其报价。

(3) 询价。询价小组要求被询价的供应商一次报出不得更改的价格。《政府采购非招标采购方式管理办法》规定,询价小组在询价过程中,不得改变询价通知书所确定的技术和服务等要求、评审程序、评定成交的标准和合同文本等事项。

(4) 确定成交供应商。采购人根据符合采购需求、质量和服务相等且报价最低的原则确定成交供应商,并将结果通知所有被询价的未成交的供应商。

6.3.3　单一来源采购

单一来源采购是指采购人从某一特定供应商处采购货物、工程和服务的采购方式。根据《政府采购法》规定,符合下列情形之一的货物或者服务,可以采用单一来源方式采购:① 只能从唯一供应商处采购的;② 发生了不可预见的紧急情况不能从其他供应商处采购的;③ 必须保证原有采购项目一致性或者服务配套的要求,需要继续从原供应商处添购,且添购资金总额不超过原合同采购金额10%的。

为避免单一来源采购方式被滥用,《政府采购非招标采购方式管理办法》设置了公示制度。拟采用单一来源采购方式的,采购人、采购代理机构在报财政部门批准之前,应当在省级以上财政部门指定媒体上公示,并将公示情况一并报财政部门。公示期不得少于5个工作日,公示内容应当包括:① 采购人、采购项目名称和内容;② 拟采购的货物或者服务的说明;③ 采用单一来源采购方式的原因及相关说明;④ 拟定的唯一供应商名称、地址;⑤ 专业人员对相关供应商因专利、专有技术等原因具有唯一性的具体论证意见,以及专业人员的姓名、工作单位和职称;⑥ 公示的期限;⑦ 采购人、采购代理机构、财政部门的联系地址、联系人和联系电话。

任何供应商、单位或者个人对采用单一来源采购方式公示有异议的,可以在公示期内将书面意见反馈给采购人、采购代理机构,并同时抄送相关财政部门。采购人、采购代理机构收到对采用单一来源采购方式公示的异议后,应当在公示期满后5个工作日内,组织补充论证,论证后认为异议成立的,应当依法采取其他采购方式;论证后认为异议不成立的,应当将异议意见、论证意见与公示情况一并报相关财政部门。采购人、采购代理机构应当将补充论证的结论告知提出异议的供应商、单位或者个人。

采取单一来源方式采购的,采购人与供应商应当遵循《政府采购法》规定的原则,在保证采购项目质量和双方商定合理价格的基础上进行采购。《政府采购非招标采购方式管理办法》规定,采用单一来源采购方式采购的,采购人、采购代理机构应当组织具有相关经验的专业人员与供应商商定合理的成交价格并保证采购项目质量。

6.3.4 框架协议采购

框架协议采购是指集中采购机构或者主管预算单位对技术、服务等标准明确、统一,需要多次重复采购的货物和服务,如采购计算机软件、汽车维修和加油等,通过公开征集程序,确定第一阶段入围供应商并订立框架协议,采购人或者服务对象按照框架协议约定规则,在入围供应商范围内确定第二阶段成交供应商并订立采购合同的采购方式。

封闭式框架协议采购是框架协议采购的主要形式。除法律、行政法规或者《政府采购框架协议采购方式管理暂行办法》另有规定外,框架协议采购应当采用封闭式框架协议采购。

集中采购机构或者主管预算单位应当确定框架协议采购需求。确定框架协议采购需求应当开展需求调查,听取采购人、供应商和专家等意见。面向采购人和供应商开展需求调查时,应当选择具有代表性的调查对象,调查对象一般各不少于3个。

封闭式框架协议评审方法包括价格优先法和质量优先法,其中价格优先法是主要方法,质量优先法的适用范围有严格限制。封闭式框架协议确定第二阶段成交供应商的方式包括直接选定、二次竞价和顺序轮候。

订立开放式框架协议的,征集人应当发布征集公告,邀请供应商加入框架协议。征集公告发布后至框架协议期满前,供应商可以按照征集公告要求,随时提交加入框架协议的申请。

封闭式框架协议入围供应商无正当理由,不得主动放弃入围资格或者退出框架协议。开放式框架协议入围供应商可以随时申请退出框架协议。被取消入围资格或者被解除框架协议的供应商不得参加同一封闭式框架协议补充征集,或者重新申请加入同一开放式框架协议。

6.4 实施《招标投标法》取得的成效

6.4.1 立法背景与修订过程

1992年,中国共产党第十四次全国代表大会明确提出我国经济体制改革的目标是建立社会主义市场经济体制。在此后的几年里,通过加强企业改革、加大对外开放等举措,逐步建立了相对完善的市场经济体制。进入21世纪,中国在经济领域实施了一系列重大政策和措施,如加入世界贸易组织、建立自由贸易试验区、推动供给侧结构性改革等,不断发展和完善社会主义市场经济体制。

市场经济体制与招标投标之间存在着密切的联系和相互影响。市场经济体制为招标投标提供了法律制度保障和信息透明度要求,而招标投标则是市场经济体制中一种重要的交易方式,能够促进资源优化配置、提高经济效率、保障公平竞争。《招标投标法》自1999年8月30日由第九届全国人民代表大会常务委员会第十一次会议通过,并自2000年1月1日起施行。经过2017年的修正,该法更加完善,能更好适应我国市场经济的发展需要。

《招标投标法》颁布以来,我国招标投标事业取得了长足发展,招标投标市场不断壮大,行政监督管理体制逐步完善,招标投标制度日趋完备,对规范招标投标活动、优化资源配置、提高采购质量效益以及预防惩治腐败等发挥了重要作用。

6.4.2 主要成效

《招标投标法》的颁布与实施,从以下几个方面系统地解决了招标投标过程中的若干重大问题:

一是规范招标投标活动。《招标投标法》为招标投标活动提供了明确的法律框架,规范了招标、投标、开标、评标和定标等各环节的操作流程,确保了招标投标活动的公开、公平、公正。

二是明确监管责任。法律明确规定了招标投标活动的监管责任,包括行政监督部门的职责、权限和具体操作流程,防止了行政监督的缺失和混乱,提高了监管效率。

三是完善评标机制。《招标投标法》对评标委员会的组建和构成作出了明确规定,要求评标委员会由招标人的代表和有关技术、经济等方面的专家组成,确保了评标过程的公正性和权威性。

四是严格投标人资格审查。法律规定了投标人资格审查的标准和程序,要求招标人严格按照规定进行资格审查,防止了不合格的投标人参与投标,确保了投标活动的公平竞争。

五是强化责任追究。《招标投标法》明确了违反法律规定的行为的法律责任,包括行政责任、民事责任和刑事责任等,加大了对违法行为的惩处力度,提高了违法成本,有效遏制了违法行为的发生。

六是降低交易成本。通过规范的招标投标活动,可以降低交易成本,提高经济效益。多家投标人在同一时间、同一地点竞争报价,由专业人员进行评标定标,降低了交易过程中的成本,提高了资源的配置效率。

七是促进公平竞争。法律的实施促进了市场竞争的公平性,确保了所有潜在投标人在同一规则下参与竞争,防止了不正当竞争和串通投标等行为,维护了市场秩序和公平竞争的环境。

综上所述,《招标投标法》通过明确监管责任、完善评标机制、严格投标人资格审查、强化责任追究等措施,有效地解决了招标投标过程中存在的若干突出问题,促进了市场经济的健康发展。

6.4.3 持续完善

实践证明,招标投标制度是比较成熟且科学合理的工程发包与承包方式,也是保证工程质量、加快工程进度的最佳办法。

但是,近年来工程招标投标领域违法违纪案件时有发生,扰乱了招标投标活动正常秩序,破坏了公平竞争。面对这些新情况和新问题,《招标投标法》的一些规定显得较为原则,难以满足实践需要,具体表现为"四个缺乏":对违法手段日益复杂隐蔽的围标串标、弄虚作假、限制排斥潜在投标人等行为缺乏具体的认定标准;对容易出现违法违规行为的关键环节缺乏更为严密的程序规范;对各种违法违规行为缺乏强有力的监管手段;对新出现的不客观公正履行评标职责、擅自变更合同等违法行为缺乏应有的责任制约。因此,《招标投标法》还需随着社会经济发展不断优化完善,更好地实现其规范经济行为、维护社会经济秩序的功能。

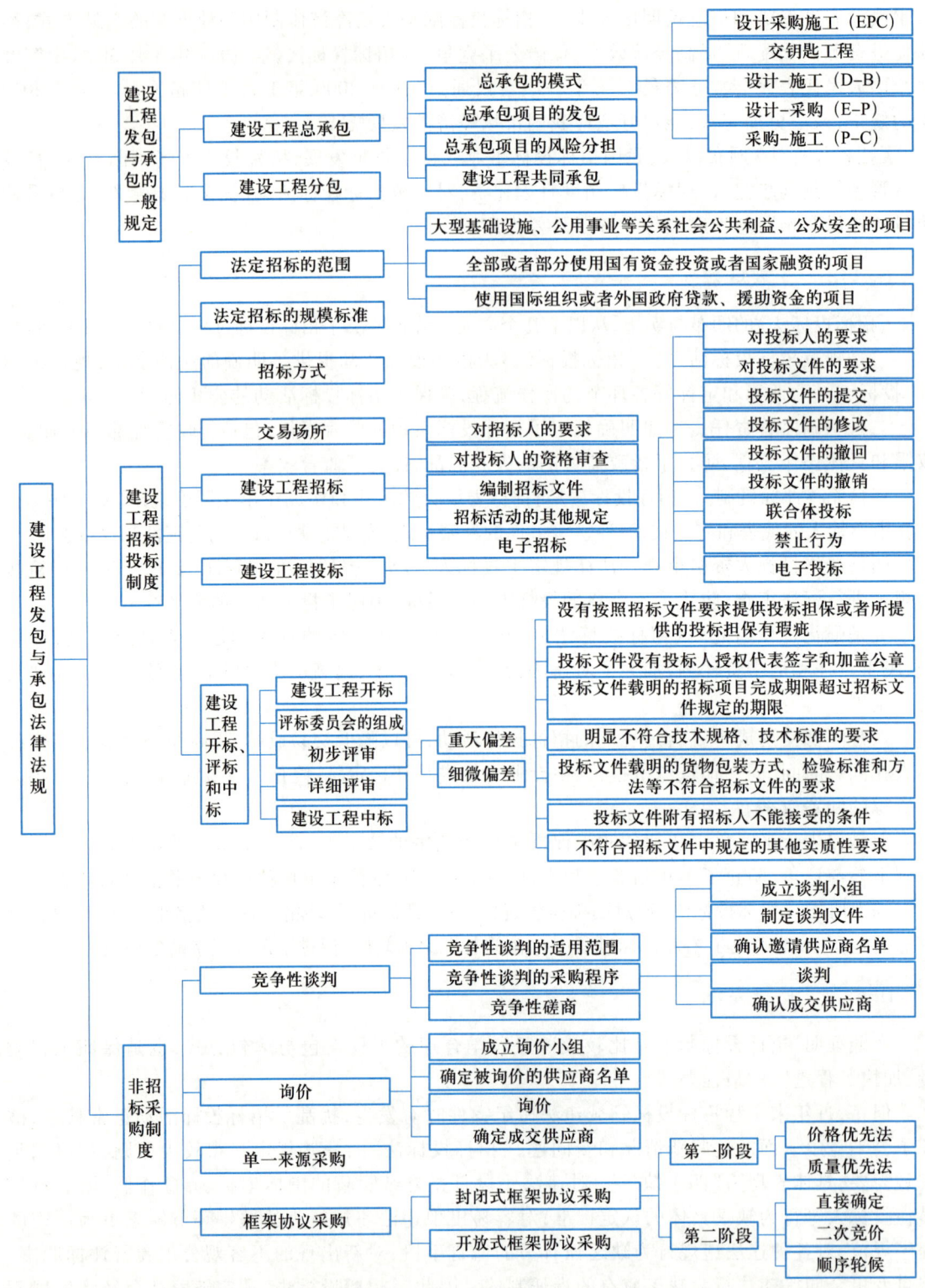

图6-1 建设工程发包与承包法律法规知识点导图

1. 什么是建设工程总承包？具体分为哪几种模式？
2. 什么情况下建设工程允许分包？
3. 建设工程法定招标的范围是什么？
4. 建设工程招标方式分为哪两种？
5. 《招标投标法》对招标人有什么要求？
6. 《招标投标法》对投标人有什么要求？
7. 什么是联合体投标？具体有什么要求？
8. 评标的初步评审和详细评审的内容有哪些？
9. 什么是非招标采购制度？
10. 什么是框架协议采购？

第 6 章 案例　　第 6 章 测试题及参考答案

第7章 建设工程合同法律制度

本章学习目标

1. 了解《民法典》对合同的基本规定,包括合同的订立、效力、履行和违约责任及与建设工程相关的若干典型合同的基本概念。

2. 熟练掌握建设工程施工合同的规定,包括施工合同的效力,建设工程工期、质量和价款,施工合同的变更,施工合同的权利义务终止等。

3. 充分了解合同法的立法背景与修订过程,正确认识合同法解决的重大问题;在实际工作中用好合同相关法律规定,有效维护自身的权益。

7.1 合同的基本规定

《民法典》合同编对合同的订立、效力、履行、违约责任及典型合同等作了基本规定,建设工程合同法律法规知识点导图如图7-1所示。

7.1.1 合同的订立

1. 合同订立的形式和内容

《民法典》规定,合同是平等民事主体之间设立、变更、终止民事法律关系的协议。当事人订立合同,可以采用书面形式、口头形式或者其他形式。书面形式是合同书、信件、电报、电传、传真等可以有形地表现所载内容的形式。以电子数据交换、电子邮件等方式能够有形地表现所载内容,并可以随时调取查用的数据电文,视为书面形式。

合同的内容由当事人约定,一般包括下列条款:当事人的姓名或者名称和住所,标的,数量,质量,价款或者报酬,履行期限、地点和方式,违约责任以及解决争议的方法。

由于民商事活动的多样性,当事人可能缺乏订立相应领域合同的经验,部分行业主管部门或者协会组织制定了各类合同的示范文本,这些示范文本对于提示当事人在订立合同时更好地明确各自的权利义务起到了积极的作用。《民法典》规定,当事人可以参照各类合同的示范文本订立合同。

2. 要约与承诺

当事人订立合同,可以采取要约、承诺方式或者其他方式。

要约是希望与他人订立合同的意思表示,该意思表示应当符合下列条件:① 内容具体确定;② 表明经受要约人承诺,要约人即受该意思表示约束。要约可以撤回。撤回要约的通知应当在要约到达相对人前或者与要约同时到达相对人。要约一旦被撤回,即对要约人失去拘束力。

要约可以撤销,但是有下列情形之一的除外:① 要约人以确定承诺期限或者其他形式明示要约不可撤销;② 受要约人有理由认为要约是不可撤销的,并已经为履行合同做了合理准备工作。《民法典》规定,有下列情形之一的,要约失效:① 要约被拒绝;② 要约被依法撤销;③ 承诺期限届满,受要约人未作出承诺;④ 受要约人对要约的内容作出实质性变更。

承诺是受要约人同意要约的意思表示。一项有效的承诺应具备基本的构成要件:① 承诺须由受领要约的相对人作出;② 承诺的内容须与要约的内容一致,如果承诺对要约内容进行实质性变更的,不构成承诺,而视为一项新要约或反要约;③ 承诺须于承诺期限内作出,否则也应视为新的要约;④ 承诺须向要约人或要约人的代理人作出。

承诺应当以通知的方式作出;但是,根据交易习惯或者要约表明可以通过行为作出承诺的除外。承诺应当在要约确定的期限内到达要约人。要约没有确定承诺期限的,承诺应当依照下列规定到达:① 要约以对话方式作出的,应当即时作出承诺;② 要约以非对话方式作出的,承诺应当在合理期限内到达。

3. 合同的成立

承诺生效时合同成立,但是法律另有规定或者当事人另有约定的除外。

当事人采用合同书形式订立合同的,自当事人均签名、盖章或者按指印时合同成立。在签名、盖章或者按指印之前,当事人一方已经履行主要义务,对方接受时,该合同成立。法律、行政法规规定或者当事人约定合同应当采用书面形式订立,当事人未采用书面形式但是一方已经履行主要义务,对方接受时,该合同成立。当事人采用信件、数据电文等形式订立合同要求签订确认书的,签订确认书时合同成立。

4. 订立合同时的缔约过失责任

当事人在订立合同过程中有不当行为造成对方损失的,应当承担缔约过失责任。《民法典》规定,有下列情形之一,造成对方损失的,应当承担赔偿责任:① 假借订立合同,恶意进行磋商;② 故意隐瞒与订立合同有关的重要事实或者提供虚假情况;③ 有其他违背诚信原则的行为。当事人在订立合同过程中知悉的商业秘密或者其他应当保密的信息,无论合同是否成立,不得泄露或者不正当地使用;泄露、不正当地使用该商业秘密或者信息,造成对方损失的,应当承担赔偿责任。

7.1.2 合同的效力

1. 有效合同

《民法典》规定,依法成立的合同,自成立时生效,但是法律另有规定或者当事人另有约定的除外。合同生效,意味着法律允许合同按照当事人的意思产生其预设的法律后果。

依据《民法典》规定,具备下列条件的合同有效:① 行为人具有相应的民事行为能力;② 意思表示真实;③ 不违反法律、行政法规的强制性规定,不违背公序良俗。

2. 无效合同

无效合同是指合同内容或者形式违反了法律、行政法规的强制性规定和社会公共利益,因而不能产生法律约束力、不受法律保护的合同。

根据《民法典》规定,以下合同为无效合同:① 无民事行为能力人订立的合同;② 行为人与相对人以虚假的意思表示订立的合同;③ 违反法律、行政法规的强制性规定的合同(但是该强制性规定不导致该合同无效的除外);④ 违背公序良俗的合同;⑤ 行为人与相对人恶意串通,损害他人合法权益订立的合同。

3. 可撤销合同

可撤销合同是指因意思表示不真实,通过有撤销权的机构行使撤销权,使已经生效的意思表示归于无效的合同。

根据《民法典》规定,可撤销合同的种类包括:① 基于重大误解订立的合同,行为人有权请求人民法院或者仲裁机构予以撤销;② 一方以欺诈手段,使对方在违背真实意思的情况下订立的合同,受欺诈方有权请求人民法院或者仲裁机构予以撤销;③ 一方或者第三人以胁迫手段,使对方在违背真实意思的情况下订立的合同,受胁迫方有权请求人民法院或者仲裁机构予以撤销;④ 一方利用对方处于危困状态、缺乏判断能力等情形,致使合同成立时显失公平的,受损害方有权请求人民法院或者仲裁机构予以撤销。

撤销权应在行使期间内行使。有下列情形之一的,撤销权消灭:① 当事人自知道或者应当知道撤销事由之日起1年内、重大误解的当事人自知道或者应当知道撤销事由之日起90日内没有行使撤销权;② 当事人受胁迫,自胁迫行为终止之日起1年内没有行使撤销权;③ 当事人知道撤销事由后明确表示或者以自己的行为表明放弃撤销权;④ 当事人自民事法律行为发生之日起5年内没有行使撤销权的。

4. 效力待定合同

效力待定合同是指合同虽然已经成立,但因其不完全符合有关生效要件的规定,其合同效力能否发生尚未确定,须法律规定的条件具备才能生效。

《民法典》规定的效力待定合同包括:

(1) 限制行为能力人订立的纯获利益的合同或者与其年龄、智力、精神健康状况相适应的合同以外的其他合同。《民法典》规定,限制民事行为能力人实施的纯获利益的民事法律行为或者与其年龄、智力、精神健康状况相适应的民事法律行为有效;实施的其他民事法律行为经法定代理人同意或者追认后有效。相对人可以催告法定代理人自收到通知之日起30日内予以追认。法定代理人未作表示的,视为拒绝追认。民事法律行为被追认前,善意相对人有撤销的权利。撤销应当以通知的方式作出。

(2) 无权代理订立的合同。行为人没有代理权、超越代理权或者代理权终止后,仍然实施代理行为,未经被代理人追认的,对被代理人不发生效力。相对人可以催告被代理人自收到通知之日起30日内予以追认。被代理人未作表示的,视为拒绝追认。行为人实施的行为被追认前,善意相对人有撤销的权利。撤销应当以通知的方式作出。行为人实施的行为未被追认的,善意相对人有权请求行为人履行债务或者就其受到的损害请求行为人赔偿。但是,赔偿的范围不得超过被代理人追认时相对人所能获得的利益。

7.1.3 合同的履行

1. 合同履行的基本要求

合同履行是当事人在实施合同过程中,全面、适当地完成合同义务的行为。合同履行是合同关系的核心。

合同履行应遵循三个基本原则。① 全面履行原则,当事人应当按照约定全面履行自己的义务。全面履行原则要求当事人履行合同时,在履行主体、履行标的、履行地点、履行期限、履行方式、履行费用等各方面都要符合合同的约定。② 诚信履行原则,当事人应当根据合同的性质、目的和交易习惯履行通知、协助、保密等义务。③ 绿色履行原则,当事人在履行合同过程中,应当避免浪费资源、污染环境和破坏生态。

合同生效后,当事人就质量、价款或者报酬、履行地点等内容没有约定或者约定不明确的,可以协议补充;不能达成补充协议的,按照合同相关条款或者交易习惯确定。

2. 合同履行中的抗辩权

合同履行中的抗辩权是指在符合法定条件时,债务人可以对抗债权人的履行请求权,暂时拒绝履行其债务的权利。抗辩权主要体现于双务合同中,即合同当事人双方互负履行义务。双务合同履行中的抗辩权发生原因在于出现了法律规定的"抗辩事由",抗辩权人可以暂时不履行自己的义务,但不能消灭对方的债权,在抗辩事由消失后,抗辩权人仍应履行其所负债务。

(1) 同时履行抗辩权。当事人互负债务,没有先后履行顺序的,应当同时履行;一方在对方履行之前有权拒绝其履行请求;一方在对方履行债务不符合约定时,有权拒绝其相应的履行请求。

(2) 先履行抗辩权。当事人互负债务,有先后履行顺序,应当先履行债务一方未履行的,后履行一方有权拒绝其履行请求;先履行一方履行债务不符合约定的,后履行一方有权拒绝其相应的履行请求。

(3) 不安抗辩权。应当先履行债务的当事人,有确切证据证明对方有下列情形之一的,可以中止履行:① 经营状况严重恶化;② 转移财产、抽逃资金,以逃避债务;③ 丧失商业信誉;④ 有丧失或者可能丧失履行债务能力的其他情形。当事人没有确切证据中止履行的,应当承担违约责任。

当事人依据法律规定的抗辩权中止履行的,应当及时通知对方。对方提供适当担保的,应当恢复履行。中止履行后,对方在合理期限内未恢复履行能力且未提供适当担保的,视为以自己的行为表明不履行主要债务,中止履行的一方可以解除合同并可以请求对方承担违约责任。

7.1.4 违约责任

1. 违约责任的特征和种类

违约责任是指合同当事人因违反合同义务所承担的责任。违约责任的特征包括:① 违约责任的产生以合同当事人不履行或者不适当履行合同义务为前提;② 违约责任具有相对性,由违约的当事人一方对非违约的一方承担;③ 违约责任是民事责任的一种,主要具有补偿性,目的在于弥补因违约行为造成的损害后果;④ 违约责任可以由合同当事人约定,但约定不符合法律规定的,会被宣告无效或被撤销。

《民法典》规定,当事人一方不履行合同义务或者履行合同义务不符合约定的,应当承担继续履行、采取补救措施或者赔偿损失等违约责任。根据以上规定,承担违约责任的种类主要有继续履行、采取补救措施或者赔偿损失等方式。

2. 违约金与定金

《民法典》规定,当事人可以约定一方违约时应当根据违约情况向对方支付一定数额的违约金,也可以约定因违约产生的损失赔偿额的计算方法。同时,《民法典》还规定,约定的违约金低于造成的损失的,人民法院或者仲裁机构可以根据当事人的请求予以增加;约定的违约金过分高于造成的损失的,人民法院或者仲裁机构可以根据当事人的请求予以适当减少。当事人就迟延履行约定违约金的,违约方支付违约金后,还应当履行债务。

《民法典》规定,当事人可以约定一方向对方给付定金作为债权的担保。定金合同自实际交付定金时成立。定金的数额由当事人约定;但是,不得超过主合同标的额的20%,超过部分不产生定金的效力。实际交付的定金数额多于或者少于约定数额的,视为变更约定的定金数额。定金约定属于主合同的从属合同,是对于主合同债权的担保,具有从属性。定金合同的有效以主合同的有效成立为前提。定金合同以交付为成立要件,如果仅有约定未实际交付的,定金合同不成立。

债务人履行债务的,定金应当抵作价款或者收回。给付定金的一方不履行债务或者履行债务不符合约定,致使不能实现合同目的的,无权请求返还定金;收受定金的一方不履行债务或者履行债务不符合约定,致使不能实现合同目的的,应当双倍返还定金。

当事人既约定违约金,又约定定金的,一方违约时,对方可以选择适用违约金或者定金条款。定金不足以弥补一方违约造成的损失的,对方可以请求赔偿超过定金数额的损失。适用违约金或者定金条款的选择权归于非违约一方,违约一方不得选择。

3. 违约责任的免责条件

在合同履行过程中,如果违约方的违约行为是由于法定的或者合同约定的免责事由的出现,则违约方免于承担违约责任。《民法典》中规定的法定免责事由主要是不可抗力。当事人一方因不可抗力不能履行合同的,根据不可抗力的影响,部分或者全部免除责任,但是法律另有规定的除外。因不可抗力不能履行合同的,应当及时通知对方,以减轻可能给对方造成的损失,并应当在合理期限内提供证明。当事人迟延履行后发生不可抗力的,不免除其违约责任。

在合同履行过程中,双方都可能遭遇不可抗力,也可能仅是一方遭遇,任何一方当事人遇到不可抗力导致合同不能履行都可以主张该免责事由。但如果仅是发生了不可抗力,并未导致合同不能履行,则不可主张适用该免责事由。

7.2 建设工程施工合同的规定

建设工程合同是《民法典》规定的合同的一种,是承包人进行工程建设,发包人支付价款的合同,包括工程勘察、设计、施工合同。

7.2.1 施工合同的效力

1. 施工合同的订立要求

《民法典》规定,建设工程合同应当采用书面形式。基于工程建设项目的特殊性,部分工程建设项目的施工合同应当在依法招标投标之后订立。国家重大建设工程合同,应当按照国家规定的程序和国家批准的投资计划、可行性研究报告等文件订立。

《民法典》规定,发包人订立建设工程合同可以采用两种发包方式:一是与总承包人订立建设工程合同,将全部工作内容发包给总承包人;二是分别与勘察人、设计人、施工人订立勘察、设计、施工承包合同,将工作内容平行发包给勘察人、设计人、施工人。

2. 施工合同无效的情形

《民法典》规定,禁止违法发包、转包、分包。

《最高人民法院关于审理建设工程施工合同纠纷案件适用法律问题的解释(一)》中对于施工合同无效的情形作出规定,建设工程施工合同具有下列情形之一的,应当依据《民法典》第一百五十三条第 1 款的规定,认定无效:① 承包人未取得建筑业企业资质或者超越资质等级的;② 没有资质的实际施工人借用有资质的建筑施工企业名义的;③ 建设工程必须进行招标而未招标或者中标无效的。承包人因转包、违法分包建设工程与他人签订的建设工程施工合同,应当依据《民法典》第一百五十三条第 1 款及第七百九十一条第 2 款、第 3 款的规定,认定无效。

《最高人民法院关于审理建设工程施工合同纠纷案件适用法律问题的解释(一)》中关于施工合同无效的相关规定还包括:

(1) 招标人和中标人在中标合同之外就明显高于市场价格购买承建房产、无偿建设住房配套设施、让利、向建设单位捐赠财物等另行签订合同,变相降低工程价款,一方当事人以该合同背离中标合同实质性内容为由请求确认无效的,人民法院应予支持。

(2) 当事人以发包人未取得建设工程规划许可证等规划审批手续为由,请求确认建设工程施工合同无效的,人民法院应予支持,但发包人在起诉前取得建设工程规划许可证等规划审批手续的除外。发包人能够办理审批手续而未办理,并以未办理审批手续为由请求确认建设工程施工合同无效的,人民法院不予支持。

(3) 承包人超越资质等级许可的业务范围签订建设工程施工合同,在建设工程竣工前取得相应资质等级,当事人请求按照无效合同处理的,人民法院不予支持。

(4) 具有劳务作业法定资质的承包人与总承包人、分包人签订的劳务分包合同,当事人请求确认无效的,人民法院依法不予支持。

3. 施工合同无效的法律后果

关于建设工程施工合同无效后的工程款结算问题,《民法典》规定,建设工程施工合同无效,但是建设工程经验收合格的,可以参照合同关于工程价款的约定折价补偿承包人。虽然施工合同无效,但只要工程经竣工验收合格,承包人的工作已经物化为已完工的工程,发包人应按照建设工程价值折价补偿承包人。

建设工程施工合同无效,且建设工程经验收不合格的,按照以下情形处理:① 修复后的建设工程经验收合格的,发包人可以请求承包人承担修复费用。此情形下,修复后的建设工程达到法定、约定质量标准,可以参照合同约定支付工程价款,但需由承包人承担修复费用。② 修复后的建设工程经验收不合格的,承包人无权请求参照合同关于工程价款的约定折价补偿。发包人对因建设工程不合格造成的损失有过错的,应当承担相应的责任。

7.2.2 建设工程工期、质量和价款

《民法典》规定,施工合同的内容一般包括工程范围、建设工期、中间交工工程的开工和竣工时间、工程质量、工程造价、技术资料交付时间、材料和设备供应责任、拨款和结算、竣工验收、质量保修范围和质量保证期、相互协作等条款,其中工期、质量和价款是核心内容。

1. 建设工程工期

建设工期是指施工人完成施工任务的时间与期限。为保证工程质量,发包人与承包人应当在施工合同中确定合理的建设工期,承包人根据建设工期编制和实施施工进度计划。

开工日期包括计划开工日期和实际开工日期。开工日期为发包人或者监理人发出的开工通知载明的开工日期;开工通知发出后,尚不具备开工条件的,以开工条件具备的日期为开工日期;因承包人原因导致开工时间推迟的,以开工通知载明的日期为开工日期。

发包人未按照约定的时间和要求提供原材料、设备、场地、资金、技术资料的,承包人可以顺延工程日期,并有权请求赔偿停工、窝工等损失。

建设工程竣工前,当事人对工程质量发生争议,工程质量经鉴定合格的,鉴定期间为顺延工期期间。

隐蔽工程在隐蔽以前,承包人应当通知发包人检查。发包人没有及时检查的,承包人可以顺延工程日期,并有权请求赔偿停工、窝工等损失。

竣工日期包括计划竣工日期和实际竣工日期。通常按下列情况认定:① 建设工程经竣工验收合格的,以竣工验收合格之日为竣工日期;② 承包人已经提交竣工验收报告,发包人拖延验收的,以承包人提交验收报告之日为竣工日期;③ 建设工程未经竣工验收,发包人擅自使用的,以转移占有建设工程之日为竣工日期。

2. 建设工程质量

建设工程质量是当事人依据法律、法规、国家标准、合同约定,对工程的安全、适用、环保、美观等方面的综合要求。

《民法典》规定,发包人在不妨碍承包人正常作业的情况下,可以随时对作业进度、质量进行检查。建设工程竣工后,发包人应当根据施工图纸及说明书、国家颁发的施工验收规范和质量检验标准及时进行验收。验收合格的,发包人应当按照约定支付价款,并接收该建设工程。建设工程竣工经验收合格后,方可交付使用;未经验收或者验收不合格的,不得交付使用。

《民法典》规定,因施工人的原因致使建设工程质量不符合约定的,发包人有权请求施工人在合理期限内无偿修理或者返工、改建。经过修理或者返工、改建后,造成逾期交付的,施工人应当承担违约责任。

因承包人的原因致使建设工程在合理使用期限内造成人身损害和财产损失的,承包人应当承担赔偿责任。承包人应当对建设工程合理使用期间的质量安全承担责任。建设工程的总承包人应对整个工程质量承担保证责任,勘察人、设计人、施工人分别在其法定义务和工作职责范围内承担工程质量保证责任。出现工程质量问题后,应当区分具体原因,确定相应的责任主体。

《民法典》规定,因发包人的原因致使工程中途停建、缓建的,发包人应当采取措施弥补或者减少损失,赔偿承包人因此造成的停工、窝工、倒运、机械设备调迁、材料和构件积压等损失和实际费用。

《建设工程质量管理条例》对发包人和承包人的质量责任作出了具体规定,详见本书第11章相关小节。

3. 建设工程价款

住房城乡建设部发布的《建筑工程施工发包与承包计价管理办法》规定,合同价款的有关事项由发承包双方约定,一般包括合同价款约定方式、预付工程款、工程进度款、工程竣工价款的支付和结算方式,以及合同价款的调整情形等。发承包双方在确定合同价款时,应当考虑市场环境和生产要素价格变化对合同价款的影响。实行工程量清单计价的建筑工程,鼓励发承包双方采用单价方式确定合同价款。建设规模较小、技术难度较低、工期较短的建筑工程,发承包双方可以采用总价方式确定合同价款。紧急抢险、救灾以及施工技术特别复杂的建筑工程,发承包双方可以采用成本加酬金方式确定合同价款。

《民法典》规定,建设工程验收合格的,发包人应当按照约定支付价款,并接收该建设工程。

《建筑工程施工发包与承包计价管理办法》规定,预付工程款按照合同价款或者年度工程计划额度的一定比例确定和支付,并在工程进度款中予以抵扣。承包方应当按照合同约定向发包方提交已完成工程量报告。发包方收到工程量报告后,应当按照合同约定及时核对并确认。发承包双方应当按照合同约定,定期或者按照工程进度分段进行工程款结算和支付。工程完工后,应当按照规定进行竣工结算。

当事人对垫资和垫资利息有约定,承包人请求按照约定返还垫资及其利息的,人民法院应予支持,但是约定的利息计算标准高于垫资时的同类贷款利率或者同期贷款市场报价利率的部分除外。当事人对垫资没有约定的,按照工程欠款处理。当事人对垫资利息没有约定,承包人请求支付利息的,人民法院不予支持。

当事人对欠付工程价款利息计付标准有约定的,按照约定处理。没有约定的,按照同期同类贷款利率或者同期贷款市场报价利率计息。利息从应付工程价款之日开始计付。当事人对付款时间没有约定或者约定不明的,下列时间视为应付款时间:① 建设工程已实际交付的,为交付之日;② 建设工程没有交付的,为提交竣工结算文件之日;③ 建设工程未交付,工程价款也未结算的,为当事人起诉之日。

《民法典》规定,发包人未按照约定支付价款的,承包人可以催告发包人在合理期限内支付价款。发包人逾期不支付的,除根据建设工程的性质不宜折价、拍卖外,承包人可以与发包人协议将该工程折价,也可以请求人民法院将该工程依法拍卖。建设工程的价款就该工程折价或者拍卖的价款优先受偿。

7.2.3 施工合同的变更

施工合同的变更主要有内容变更和主体变更两种情况。

1. 内容变更

施工合同当事人协商一致,可以变更合同。在合同订立之后直至合同履行完毕的整个过程中,合同履行的客观环境、当事人的利益诉求可能会发生一系列的变化,为了充分实现当事人的合法权益,当事人可能需要适时对合同内容进行调整。

如果双方当事人就变更事项达成一致意见,则变更后的内容取代原合同内容,对当事人双方均有约束力,当事人应当按照变更后的内容履行合同。

除了双方当事人协商一致变更合同的情况,《民法典》还专门规定了因"情势变更"而对合同进行变更或解除的情况。合同成立后,合同的基础条件发生了当事人在订立合同时无法预见的、不属于商业风险的重大变化,继续履行合同对于当事人一方明显不公平的,受不利影响的当事人可以与对方重新协商;在合理期限内协商不成的,当事人可以请求人民法院或者仲裁机构变更或者解除合同。人民法院或者仲裁机构应当结合案件的实际情况,根据公平原则变更或者解除合同。

2. 主体变更

合同主体的变更分为债权转让、债务承担、债权债务的概括转让。

债权人可以将债权的全部或者部分转让给第三人。债权人转让债权无须得到债务人同意,但要通知债务人方能对债务人生效。未通知债务人的,该转让对债务人不发生效力。债权转让的通知不得撤销,但是经受让人同意的除外。因债权转让增加的履行费用,由债权人负担。

债务人将债务的全部或者部分转移给第三人的,应当经债权人同意。债务人或者第三人可以催告债权人在合理期限内予以同意,债权人未作表示的,视为不同意。由于债务人的履行行为是合同目的能够得以实现的关键,新债务人是否有清偿能力和信用,对于债权人的债权实现影响很大,因此债务转移必须经债权人同意方可生效。

当事人一方经对方同意,可以将自己在合同中的权利和义务一并转让给第三人。合同的权利和义务一并转让的,适用债权转让、债务转移的有关规定。

7.2.4 施工合同的权利义务终止

1. 合同权利义务终止的情形

根据《民法典》规定,引起合同权利义务终止的情形包括:

(1) 债务已经履行。
(2) 债务相互抵销。
(3) 债务人依法将标的物提存。
(4) 债权人免除债务。
(5) 债权债务同归于一人。
(6) 法律规定或者当事人约定终止的其他情形。

2. 合同的解除

《民法典》第五百六十二条规定了约定解除。当事人协商一致,可以解除合同。当事人可以约定一方解除合同的事由。解除合同的事由发生时,解除权人可以解除合同。

《民法典》第五百六十三条规定了法定解除。有下列情形之一的,当事人可以解除合同:① 因不可抗力致使不能实现合同目的;② 在履行期限届满前,当事人一方明确表示或者以自己的行为表明不履行主要债务;③ 当事人一方迟延履行主要债务,经催告后在合理期限内仍未履行;④ 当事人一方迟延履行债务或者有其他违约行为致使不能实现合同目的;⑤ 法律规定的其他情形。以持续履行的债务为内容的不定期合同,当事人可以随时解除合同,但是应当在合理期限之前通知对方。

合同解除后,尚未履行的,终止履行;已经履行的,根据履行情况和合同性质,当事人可以请求恢复原状或者采取其他补救措施,并有权请求赔偿损失。合同因违约解除的,解除权人可以请求违约方承担违约责任,但是当事人另有约定的除外。主合同解除后,担保人对债务人应当承担的民事责任仍应当承担担保责任,但是担保合同另有约定的除外。

合同的权利义务关系终止,不影响合同中结算和清理条款的效力。

3. 施工合同解除的特别规定

承包人将建设工程转包、违法分包的,发包人可以解除合同。

发包人提供的主要建筑材料、建筑构配件和设备不符合强制性标准或者不履行协助义务,致使承包人无法施工,经催告后在合理期限内仍未履行相应义务的,承包人可以解除合同。

合同解除后,已经完成的建设工程质量合格的,发包人应当按照约定支付相应的工程价款;已经完成的建设工程质量不合格的,参照建设工程施工合同无效的规定处理。

7.3 相关合同制度

本节主要介绍与建设工程相关性较强的买卖、借款、保证、租赁、承揽、运输、仓储、委托、保险等 9 类典型合同的基本概念。

7.3.1 买卖合同

买卖合同是出卖人转移标的物的所有权于买受人，买受人支付价款的合同。出售标的物的一方当事人是出卖人，购买标的物的一方当事人是买受人。买卖合同的内容一般包括标的物的名称、数量、质量、价款、履行期限、履行地点和方式、包装方式、检验标准和方法、结算方式、合同使用的文字及其效力等条款。

出卖人的义务有：① 按照约定向买受人交付标的物或者提取标的物单证的义务。② 转移标的物所有权的义务。③ 按照约定或者交易习惯向买受人交付提取标的物单证以外的有关单证和资料的义务。④ 标的物的质量瑕疵担保义务。⑤ 标的物的权利瑕疵担保义务。

买受人的义务有：① 支付价款的义务。② 受领标的物的义务。③ 检验标的物的义务。

标的物毁损、灭失风险的承担，是指买卖合同订立后，尚未履行或尚未完全履行之前，标的物因不可归责于双方当事人的事由而发生毁损、灭失的损失由出卖人或买受人谁来承担的问题。

风险承担的基本规则为交付原则，即无论是动产还是不动产，标的物毁损、灭失的风险，在标的物交付之前由出卖人承担，交付之后由买受人承担，但法律另有规定或者当事人另有约定的除外。如一批建筑材料，交货前因火灾灭失，风险由出卖人承担，出卖人还负有另行组织货源继续履行合同的义务。但如果是交付后灭失，风险则由买受人承担，买受人负有继续向出卖人支付货款的义务，不得以标的物损毁灭失作为不支付货款的抗辩。

7.3.2 借款合同

借款合同是借款人向贷款人借款，到期返还借款并支付利息的合同。

商业借贷是指由商业银行或者国家认可的其他金融机构作为贷款人的借款合同。民间借贷是指自然人、法人和非法人组织之间进行资金融通的行为。民间借贷又具体分为一般的民间借贷和自然人之间的借贷。在建设工程领域，无论是发包方还是承包方，依法均应是具备相应资质的法人或非法人组织，因此，本节介绍的借款合同仅指商业借款合同和除自然人之间借款合同以外的一般民间借款合同。

借款合同的主要特征包括：① 借款合同的标的是货币，包括可流通的各种货币。② 借款合同一般是要式合同。③ 借款合同多为有偿合同。④ 借款合同一般是诺成合同。

贷款人的义务有：① 按照约定的日期、数额提供借款的义务。未按照约定的日期、数额提供借款，造成借款人损失的，应当赔偿损失。② 不得预先在本金中扣除借款利息的义务。《民法典》规定，借款的利息不得预先在本金中扣除。利息预先在本金中扣除的，应当按照实际借款数额返还借款并计算利息。

借款人的义务有：① 提供真实情况的义务。② 按照约定的日期、数额收取借款的义务。③ 协助贷款人监督的义务。④ 按照约定用途使用借款的义务。⑤ 按期归还本金和利息的义务。

7.3.3 保证合同

保证合同是为保障债权的实现，保证人和债权人约定，当债务人不履行到期债务或者发生当事人约定的情形时，保证人履行债务或者承担责任的合同。

保证合同具有以下特征：① 保证合同是要式合同。② 保证合同是从合同。③ 保证合同是单务、无偿合同。④ 保证合同是诺成合同。

保证合同中有三对法律关系。一是主债权债务关系,如借款合同、买卖合同、承揽合同等,当事人是债权人和债务人;二是债务人与保证人之间的法律关系,当事人是主债务人和保证人,双方之间可以基于委托关系,也可以基于无因管理;三是保证合同的法律关系,当事人是主债权人和保证人。根据《民法典》及《最高人民法院关于适用〈中华人民共和国民法典〉有关担保制度的解释》,以下主体不得作为保证人:

(1) 机关法人不得为保证人,但是经国务院批准为使用外国政府或者国际经济组织贷款进行转贷的除外。

(2) 以公益为目的的非营利法人、非法人组织不得为保证人。登记为营利法人的学校、幼儿园、医疗机构、养老机构等法人可以作为保证人。

(3) 居民委员会、村民委员会不得为保证人,但是依法代行村集体经济组织职能的村民委员会,依照村民委员会组织法规定的讨论决定程序对外提供担保的除外。

保证合同是要式合同,须采用书面形式。根据《民法典》规定,保证合同可表现为下列三种形式:① 保证人与主债权人单独订立的书面合同。② 主债权债务合同中的保证条款。③ 第三人单方以书面形式向债权人作出保证,债权人接受且未提出异议的。

保证合同的内容即保证合同的条款。保证合同一般包括被保证的主债权的种类、数额,债务人履行债务的期限,保证的方式、范围和期间等条款。

7.3.4 租赁合同

租赁合同是出租人将租赁物交付承租人使用、收益,承租人支付租金的合同。租赁合同的内容一般包括租赁物的名称、数量、用途、租赁期限、租金及其支付期限和方式、租赁物维修等条款。

租赁合同具有下列特征:① 租赁合同的标的物是有体物、非消耗物。② 租赁合同是转移财产使用权的合同。③ 租赁合同是标的物的使用收益权与租金对待移转的双务、有偿合同。④ 租赁合同是诺成合同。⑤ 租赁合同具有期限性和持续性。

根据合同中是否明确约定了租赁期限,租赁合同分为定期租赁合同和不定期租赁合同。定期租赁合同是指在租赁合同中明确约定了租赁期限的合同。不定期租赁合同是指双方当事人没有约定租赁期限或者租赁期限约定不明,而且事后也不能确定租赁期限的合同。

出租人的义务如下:① 按约交付租赁物并保持其适租性的义务。② 对租赁物承担权利瑕疵担保责任的义务。③ 及时维修租赁物的义务。

承租人的义务如下:① 按约支付租金的义务。② 按约使用租赁物的义务。③ 妥善保管租赁物的义务。④ 第三人对租赁物主张权利时的通知义务。

承租人的权利如下:① 租赁物的使用收益权。② 减少租金请求权。③ 经出租人同意后对租赁物的改造权。④ 经出租人同意后的转租权。

除双方当事人协商可以解除租赁合同外,《民法典》还规定了特定情形下租赁合同双方当事人的单方合同解除权。

7.3.5 承揽合同

承揽合同是承揽人按照定作人的要求完成工作,交付工作成果,定作人支付报酬的合同。其中,完成工作并将工作成果交付给对方的一方当事人是承揽人;接受工作成果并向对方给付报酬的一方当事人是定作人。承揽合同与买卖合同具有很多共同之处,都是双务、有偿、诺成、不要式合同,交付标的物的一方都负有瑕疵担保责任等。

承揽包括加工、定作、修理、复制、测试、检验等工作。承揽合同的内容一般包括承揽的标的、数量、质量、报酬、承揽方式、材料的提供、履行期限、验收标准和方法等条款。

承揽人的主要义务如下:① 亲自完成合同约定的主要工作的义务。② 按约向定作人交付工作成果的义务。③ 工作成果的瑕疵担保义务。④ 按约提供材料并接受定作人检验的义务。⑤ 对定作人提供材料及时检验并不得擅自更换的义务。⑥ 及时通知的义务。⑦ 接受定作人必要监督检验的义务。⑧ 材料及工作成果的保管义务。⑨ 保密义务。⑩ 共同承揽人的连带责任义务。

定作人的主要义务如下:① 按约支付报酬及材料费等价款的义务。② 受领并验收工作成果的义务。③ 按约提供材料的义务。④ 协助承揽人完成工作的义务。⑤ 及时答复承揽人的义务。⑥ 对中途变更承揽工作要求的损失赔偿义务。⑦ 不得滥用监督检验权利的义务。

7.3.6 运输合同

运输合同分为客运合同和货运合同,此处所介绍内容仅限于货运合同。货运合同是承运人将货物从起运地点运输到约定地点,托运人或者收货人支付运输费用的合同。

货运合同具有以下特征:① 货运合同的当事人具有特殊性。② 货运合同的客体是承运人的运送行为,不是运送的货物本身。③ 货运合同为双务、有偿、诺成合同。④ 货运合同多为定型化合同。

托运人的权利如下:① 任意变更、解除权。② 有条件的拒付运费权。③ 有条件的拒绝支付增加部分运费的权利。

托运人的义务如下:① 支付运费的义务。② 如实告知义务。③ 提交审批文件义务。④ 妥善包装货物义务。⑤ 托运危险物品时的特殊义务。

收货人的权利如下:① 有条件的运输费用支付拒绝权。② 损害赔偿请求权。

收货人的义务如下:① 及时提货义务。② 及时检验义务。③ 合同有约定时的支付运费义务。

承运人的权利如下:① 特定条件下的拒绝运输权。② 运送物的留置权。③ 货物的提存权。

承运人的义务如下:① 从事公共运输的承运人的强制缔约义务。② 及时、安全的送达义务。③ 按照约定或通常运输路线运输的义务。④ 通知义务。

承运人的赔偿责任为:① 承运人对运输过程中货物的毁损、灭失承担赔偿责任,但承运人证明货物的毁损、灭失是因不可抗力、货物本身的自然性质或者合理损耗以及托运人、收货人的过错造成的,不承担赔偿责任。② 货物的毁损、灭失的赔偿额,当事人有约定的,按照其约定;没有约定或者约定不明确,依法仍不能确定的,按照交付或者应当交付时货物到达地的市场价格计算。

托运人的运费风险为:货物在运输过程中因不可抗力灭失,未收取运费的,承运人不得请求支付运费;已经收取运费的,托运人可以请求返还。法律另有规定的,依照其规定。

7.3.7 仓储合同

仓储合同是保管人储存存货人交付的仓储物,存货人支付仓储费的合同。

仓储合同是一种特殊的保管合同,具有下列特征:① 仓储合同是诺成合同。② 仓储合同的保管对象是动产。③ 仓储合同是双务合同、有偿合同。

保管人的义务如下:① 验收的义务。② 出具仓单的义务。③ 允许检查或者提取样品的义务。④ 通知义务。⑤ 催告或作出必要处置的义务。⑥ 损害赔偿的义务。

存货人的义务如下:① 支付仓储费用的义务。② 存储特定物品时的说明义务。③ 按时提取仓储物的义务。

储存期限届满,存货人或者仓单持有人不提取仓储物的,保管人可以催告其在合理期限内提取;逾期不提取的,保管人可以提存仓储物。

当事人对储存期限没有约定或者约定不明确的,存货人或者仓单持有人可以随时提取仓储物,保管人也可以随时请求存货人或者仓单持有人提取仓储物,但是应当给予必要的准备时间。

7.3.8 委托合同

委托合同是委托人和受托人约定,由受托人处理委托人事务的合同。委托人可以特别委托受托人处理一项或者数项事务,也可以概括委托受托人处理一切事务。

委托合同具有下列特征:① 委托合同以为他人处理事务为目的。② 委托合同是一种典型的以提供劳务作为标的的合同。③ 委托合同以当事人之间的互相信任为前提。④ 委托合同是诺成合同、不要式合同、双务合同。⑤ 委托合同原则上是有偿的,但也可以是无偿合同。

委托人的义务如下:① 预付相关费用的义务。② 支付约定报酬的义务。③ 及时接受委托事务结果的义务。④ 赔偿损失的义务。

受托人的义务如下:① 服从指示的义务。② 亲自处理受托事务的义务。③ 报告受托事务处理情况的义务。④ 转移受托事务所得利益的义务。⑤ 赔偿委托人损失的义务。

委托人或者受托人均可以随时解除委托合同。因解除合同造成对方损失的,除不可归责于该当事人的事由外,无偿委托合同的解除方应当赔偿因解除时间不当造成的直接损失,有偿委托合同的解除方应当赔偿对方的直接损失和合同履行后可以获得的利益。

7.3.9 保险合同

保险合同是投保人与保险人约定保险权利义务关系的协议。

保险合同的主要特征如下:① 保险合同的当事人具有特殊性。② 保险合同是有偿合同。③ 保险合同是双务合同。④ 保险合同一般是射幸合同。⑤ 保险合同是要式合同。

投保人、被保险人、受益人的义务如下:① 交付保险费义务。② 如实告知义务。③ 危险增加通知义务。④ 保险事故通知义务。⑤ 防灾防损和施救义务。⑥ 提供有关证明、单证和资料的义务。

保险人的主要义务如下:① 赔付保险金的义务。② 告知义务。③ 及时签发保险单证的义务。④ 降低保费的义务。⑤ 承担必要、合理费用的义务。

7.4 合同法建设取得的成效

7.4.1 立法背景与修订过程

随着我国由计划经济向市场经济的过渡,原有的合同法律制度已无法适应新的经济环境。特别是在改革开放不断深入和扩大的背景下,经济贸易的快速发展和合同纠纷日益增多,急需制定一部统一的合同法来规范市场交易行为,与国际交易规则接轨,促进我国参与国际市场竞争。因此,有必要将原有的三部合同法(《中华人民共和国经济合同法》《中华人民共和国涉外经济合同法》《中华人民共和国技术合同法》)统一起来。在多次审议和修改后,1999年3月15日,第九届全国人民代表大会第二次会议通过了《中华人民共和国合同法》(简称《合同法》),自1999年10月1日起施行,这标志着我国合同法律制度的进一步完善。

2020年5月28日,第十三届全国人民代表大会第三次会议通过了《中华人民共和国民法典》,自2021年1月1日起施行。《民法典》在合同编对《合同法》进行了全面吸收和整合,使得合同法律制度更加完善和系统。《民法典》的施行标志《合同法》的废止,原有的《合同法》内容被纳入《民法典》的合同编。《民法典》合同编对原有的合同法律条款进行了部分修改,新增了合同的保全、保证合同、保理合同、物业服务合同、合伙合同等内容,原居间合同改为中介合同;新增了准合同编,对预约合同、无因管理、不当得利等内容进行了规定;将过去司法解释中关于合同法的部分规定纳入《民法典》的合同编,使合同法律制度更加统一和明确。

7.4.2 合同法解决的若干重大问题

合同法的颁布与实施,系统地解决了合同中的若干重大问题:

一是合同的定义与重大合同。合同法明确了合同的定义,即合同是当事人之间设立、变更、终止民事法律关系的协议。重大合同具有特殊的法律地位,其标的物或目的对合同一方或整个社会具有重大经济或社会影响,因此合同法对重大合同的签订和履行有更加严格和具体的要求,以确保合同的有效性和公平性。

二是合同的签订与履行。合同法规定了合同的签订和履行应当遵循公平、自愿、平等和诚实信用的原则。在签订合同时,双方当事人应当尽到合理注意义务,确保自身权益不受损害,并约定明确的权利和义务。在合同履行过程中,双方当事人应当按照约定的内容和方式履行合同,不得擅自变更或违约。

三是合同的变更与转让。合同法允许合同当事人在协商一致的情况下变更合同内容,但合同变更必须是对合同内容的局部变更,不涉及合同主体的变更。合同转让可以是合同权利的转让,也可以是合同义务的转让,还可以是合同权利和义务的概括转让,但都必须符合法律规定的条件和要求才能生效。

四是合同的解除与终止。合同法规定了合同解除和终止的条件和程序。在特定情况下,如当事人一方未履行合同义务、合同目的无法实现等,另一方有权解除合同。双方当事人也可以协商一致终止合同。合同终止后,当事人应当遵循诚实信用的原则,履行通知、协助、保密等义务。

五是合同纠纷的解决。合同法提供了多种解决合同纠纷的方式,包括和解、调解、仲裁和诉讼等,尤其是具有中国特色的多元化纠纷解决机制。这些方式旨在公正、高效地解决合同纠纷,保护当事人的合法权益。

六是合同的保全与违约责任。合同法规定了合同的保全措施,如代位权、撤销权等,以保护当事人的合法权益。当一方当事人违反合同约定时,应当承担违约责任,包括支付违约金、赔偿损失等。

七是电子合同的认可。电子合同是双方或多方当事人之间通过电子信息网络以电子的形式达成的设立、变更、终止财产性民事权利义务关系的协议。合同法认可了电子合同的有效性,使得电子商务等新型交易形式得以快速发展。

总之,合同法通过明确合同的定义、规范合同的签订与履行、允许合同的变更与转让、规定合同的解除与终止条件、提供多种解决合同纠纷的方式以及认可电子合同的有效性等,解决了合同方面的诸多重大问题,为市场经济的健康发展提供了有力的法律保障。

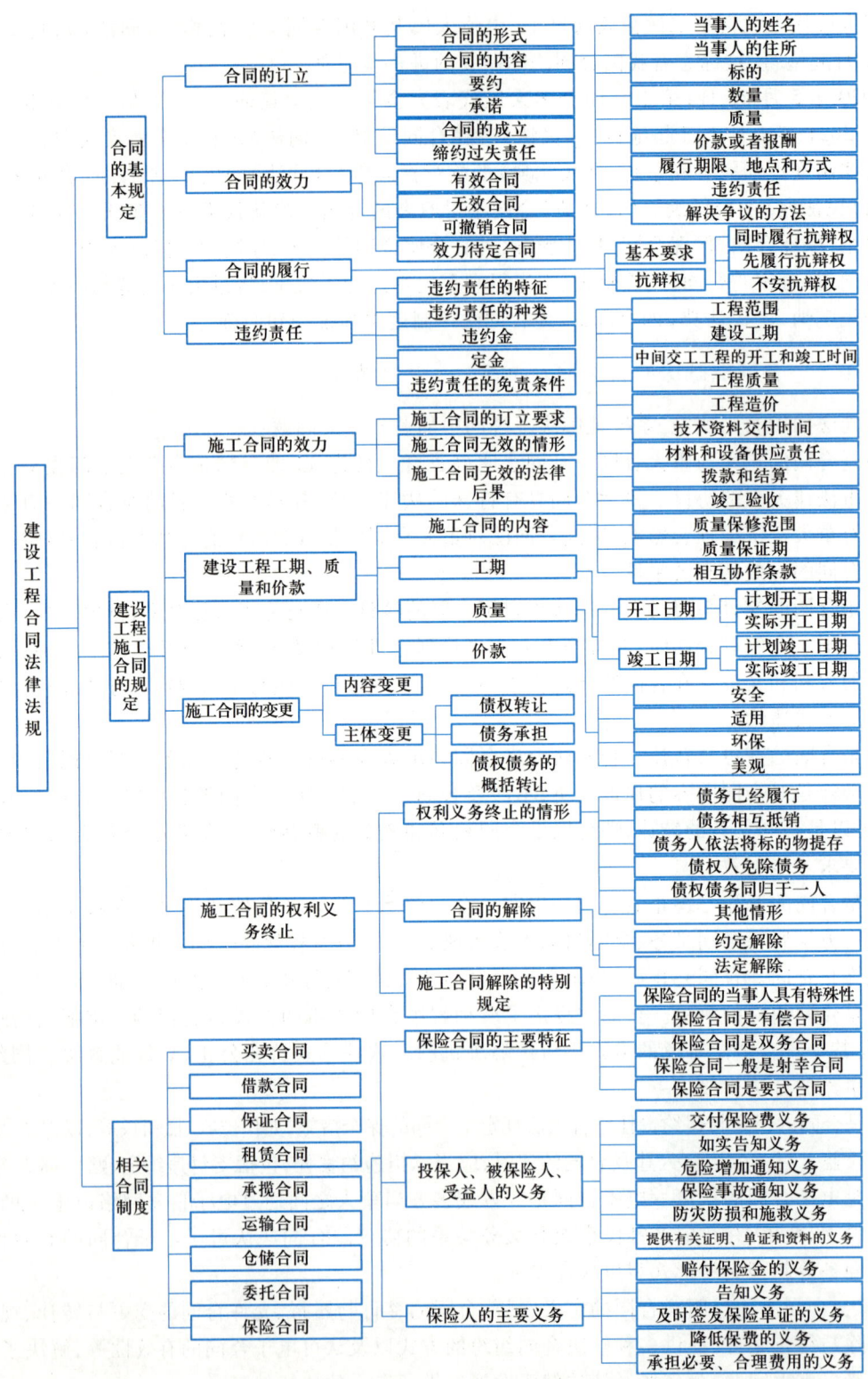

图 7-1 建设工程合同法律法规知识点导图

1. 什么是合同？合同的订立有哪些形式？
2. 合同主要包括哪些内容？
3. 根据合同的效力，合同分为哪几种？
4. 合同违约责任的种类有哪些？
5. 什么是违约金？什么是定金？
6. 建设工程施工合同一般包括哪些内容？
7. 建设工程施工合同对工期、质量和价款有哪些规定？
8. 施工合同变更的情形有哪两种？
9. 什么是施工合同的权利义务终止？
10. 建设工程相关合同制度有哪些？

第7章　案例　　　第7章　测试题及参考答案

第8章 建设工程勘察设计法律制度

>   本章学习目标
>
> 1. 详细了解《建设工程勘察设计管理条例》的主要内容，包括资质资格管理、发包与承包、监督管理及违法处罚等。
> 2. 掌握设计文件的编制和审批办法，包括设计的依据和程序，设计阶段划分及设计文件内容和深度，设计文件的审批权限、修改和审查等。
> 3. 熟悉我国现行的勘察设计法规体系，在实际工作中自觉遵守相关规定。

8.1 建设工程勘察设计管理条例

《建设工程勘察设计管理条例》对建设工程勘察、设计活动的资质资格管理、发包与承包、勘察设计文件的编制与实施、监督管理及违法处罚等作出制度性安排，从事建设工程勘察、设计活动必须遵守。

8.1.1 一般规定

建设工程勘察是指根据建设工程的要求，查明、分析、评价建设场地的地质地理环境特征和岩土工程条件，编制建设工程勘察文件的活动。建设工程设计是指根据建设工程的要求，对建设工程所需的技术、经济、资源、环境等条件进行综合分析、论证，编制建设工程设计文件的活动。

建设工程勘察、设计应当与社会、经济发展水平相适应，做到经济效益、社会效益和环境效益相统一。从事建设工程勘察、设计活动，应当坚持先勘察、后设计、再施工的原则。

建设工程勘察、设计单位必须依法进行建设工程勘察、设计，严格执行工程建设强制性标准，并对建设工程勘察、设计的质量负责。国家鼓励在建设工程勘察、设计活动中采用先进技术、先进工艺、先进设备、新型材料和现代管理方法。

8.1.2 资质资格管理

国家对从事建设工程勘察、设计活动的单位实行资质管理制度，对从事建设工程勘察、设计活动的专业技术人员实行执业资格注册管理制度。

建设工程勘察、设计单位应当在其资质等级许可的范围内承揽建设工程勘察、设计业务。禁止建设工程勘察、设计单位超越其资质等级许可的范围或者以其他建设工程勘察、设计单位的名义承揽建设工程勘察、设计业务。禁止建设工程勘察、设计单位允许其他单位或者个人以本单位的名义承揽建设工程勘察、设计业务。

未经注册的建设工程勘察、设计人员,不得以注册执业人员的名义从事建设工程勘察、设计活动。建设工程勘察、设计注册执业人员和其他专业技术人员只能受聘于一个建设工程勘察、设计单位;未受聘于建设工程勘察、设计单位的,不得从事建设工程的勘察、设计活动。

8.1.3 建设工程勘察设计发包与承包

建设工程勘察、设计应当依照《招标投标法》的规定,实行招标发包。建设工程勘察、设计方案评标,应当以投标人的业绩、信誉和勘察、设计人员的能力及勘察、设计方案的优劣为依据,进行综合评定。建设工程勘察、设计的招标人应当在评标委员会推荐的候选方案中确定中标方案。但是,建设工程勘察、设计的招标人认为评标委员会推荐的候选方案不能最大限度满足招标文件规定的要求的,应当依法重新招标。

下列建设工程的勘察、设计,经有关主管部门批准,可以直接发包:① 采用特定的专利或者专有技术的;② 建筑艺术造型有特殊要求的;③ 国务院规定的其他建设工程的勘察、设计。

发包方不得将建设工程勘察、设计业务发包给不具有相应勘察、设计资质等级的建设工程勘察、设计单位。发包方可以将整个建设工程的勘察、设计发包给一个勘察、设计单位;也可以将建设工程的勘察、设计分别发包给几个勘察、设计单位。

承包方必须在建设工程勘察、设计资质证书规定的资质等级和业务范围内承揽建设工程的勘察、设计业务。建设工程勘察、设计单位不得将所承揽的建设工程勘察、设计转包。除建设工程主体部分的勘察、设计外,经发包方书面同意,承包方可以将建设工程其他部分的勘察、设计再分包给其他具有相应资质等级的建设工程勘察、设计单位。

8.1.4 建设工程勘察设计文件的编制与实施

编制建设工程勘察、设计文件,应当以下列规定为依据:① 项目批准文件;② 城乡规划;③ 工程建设强制性标准;④ 国家规定的建设工程勘察、设计深度要求。

编制建设工程勘察文件,应当真实、准确,满足建设工程规划、选址、设计、岩土治理和施工的需要。编制方案设计文件,应当满足编制初步设计文件和控制概算的需要。编制初步设计文件,应当满足编制施工招标文件、主要设备材料订货和编制施工图设计文件的需要。编制施工图设计文件,应当满足设备材料采购、非标准设备制作和施工的需要,并注明建设工程合理使用年限。

设计文件中选用的材料、构配件、设备,应当注明其规格、型号、性能等技术指标,其质量要求必须符合国家规定的标准。除有特殊要求的建筑材料、专用设备和工艺生产线等外,设计单位不得指定生产厂、供应商。

建设单位、施工单位、监理单位不得修改建设工程勘察、设计文件;确需修改的,应当由原建设工程勘察、设计单位修改。经原建设工程勘察、设计单位书面同意,建设单位也可以委托其他具有相应资质的建设工程勘察、设计单位修改,但修改单位应对修改的勘察、设计文件承担相应责任。

施工单位、监理单位发现建设工程勘察、设计文件不符合工程建设强制性标准、合同约定的质量要求的,应当报告建设单位,建设单位有权要求建设工程勘察、设计单位对建设工程勘察、设计文件进行补充、修改。建设工程勘察、设计文件内容需要作重大修改的,建设单位应当报经原审批机关批准后,方可修改。

建设工程勘察、设计文件中规定采用的新技术、新材料,可能影响建设工程质量和安全,又没有国家技术标准的,应当由国家认可的检测机构进行试验、论证,出具检测报告,并经国务院有关部门或者省、自治区、直辖市人民政府有关部门组织的建设工程技术专家委员会审定后,方可使用。

建设工程勘察、设计单位应当在建设工程施工前,向施工单位和监理单位说明建设工程勘察、设计意图,解释建设工程勘察、设计文件,并及时解决施工中出现的勘察、设计问题。

8.1.5 监督管理

国务院建设行政主管部门对全国的建设工程勘察、设计活动实施统一监督管理。国务院铁路、交通、水利等有关部门按照国务院规定的职责分工,负责对全国的有关专业建设工程勘察、设计活动的监督管理。县级以上地方人民政府建设行政主管部门对本行政区域内的建设工程勘察、设计活动实施监督管理。县级以上地方人民政府交通、水利等有关部门在各自的职责范围内,负责对本行政区域内的有关专业建设工程勘察、设计活动的监督管理。

建设工程勘察、设计单位在建设工程勘察、设计资质证书规定的业务范围内跨部门、跨地区承揽勘察、设计业务的,有关地方人民政府及其所属部门不得设置障碍,不得违反国家规定收取任何费用。

施工图设计文件审查机构应当对房屋建筑工程、市政基础设施工程施工图设计文件中涉及公共利益、公众安全、工程建设强制性标准的内容进行审查。县级以上人民政府交通运输等有关部门应当按照职责对施工图设计文件中涉及公共利益、公众安全、工程建设强制性标准的内容进行审查。施工图设计文件未经审查批准的,不得使用。

8.1.6 违法违规行为的处罚

建设工程勘察、设计单位超越其资质等级许可的范围或者以其他建设工程勘察、设计单位的名义承揽建设工程勘察、设计业务,或者允许其他单位或个人以本单位的名义承揽建设工程勘察、设计业务,责令停止违法行为,处合同约定的勘察费、设计费1倍以上2倍以下的罚款,有违法所得的,予以没收;可以责令停业整顿,降低资质等级;情节严重的,吊销资质证书。未取得资质证书承揽工程的,予以取缔;以欺骗手段取得资质证书承揽工程的,吊销资质证书,并依照上述规定处以罚款;有违法所得的,予以没收。

建设工程勘察、设计单位未依据项目批准文件,城乡规划及专业规划,国家规定的建设工程勘察、设计深度要求编制建设工程勘察、设计文件的,责令限期改正;逾期不改正的,处10万元以上30万元以下的罚款;造成工程质量事故或者环境污染和生态破坏的,责令停业整顿,降低资质等级;情节严重的,吊销资质证书;造成损失的,依法承担赔偿责任。

未经注册,擅自以注册建设工程勘察、设计人员的名义从事建设工程勘察、设计活动的,责令停止违法行为,没收违法所得,处违法所得2倍以上5倍以下罚款;给他人造成损失的,依法承担赔偿责任。

建设工程勘察、设计注册执业人员和其他专业技术人员未受聘于一个建设工程勘察、设计单位或者同时受聘于两个以上建设工程勘察、设计单位,从事建设工程勘察、设计活动的,责令停止违法行为,没收违法所得,处违法所得2倍以上5倍以下的罚款;情节严重的,可以责令停止执行业务或者吊销资格证书;给他人造成损失的,依法承担赔偿责任。

发包方将建设工程勘察、设计业务发包给不具有相应资质等级的建设工程勘察、设计单位的,责令改正,处50万元以上100万元以下的罚款。

建设工程勘察、设计单位将所承揽的建设工程勘察、设计转包的,责令改正,没收违法所得,处合同约定的勘察费、设计费25%以上50%以下的罚款,可以责令停业整顿,降低资质等级;情节严重的,吊销资质证书。

国家机关工作人员在建设工程勘察、设计活动的监督管理工作中玩忽职守、滥用职权、徇私舞弊,构成犯罪的,依法追究刑事责任;尚不构成犯罪的,依法给予行政处分。

8.2 建设工程勘察设计资质管理规定

《建设工程勘察设计资质管理规定》是根据《中华人民共和国行政许可法》《中华人民共和国建筑法》《建设工程质量管理条例》和《建设工程勘察设计管理条例》等法律法规的要求制定的。

8.2.1 资质分类分级和审批

根据 2020 年 11 月国务院常务会议审议通过的《建设工程企业资质管理制度改革方案》,工程勘察资质分为综合资质和专业资质,综合资质不分等级,专业资质等级压减为甲、乙两级,原来 4 类专业资质及劳务资质整合为岩土工程、工程测量、勘探测试等 3 类专业资质。工程设计资质分为综合资质、行业资质、专业和事务所资质,综合资质、事务所资质不分等级;行业资质、专业资质等级原则上压减为甲、乙两级(部分资质只设甲级),行业资质由 21 类行业资质整合为 14 类行业资质,专业资质和事务所资质由 151 类专业资质、8 类专项资质、3 类事务所资质整合为 70 类专业和事务所资质。

文件对资质申请和审批等也作出了相应调整,总体来说,要放宽准入限制,激发企业活力;下放审批权限,方便企业办事;优化审批服务,推行告知承诺制;加强事中事后监管,保障工程质量安全,详见第 9.1 节。

8.2.2 监督与管理

有下列情形之一的,资质许可机关或者其上级机关,根据利害关系人的请求或者依据职权,可以撤销工程勘察、工程设计资质:① 资质许可机关工作人员滥用职权、玩忽职守作出准予工程勘察、工程设计资质许可的;② 超越法定职权作出准予工程勘察、工程设计资质许可的;③ 违反资质审批程序作出准予工程勘察、工程设计资质许可的;④ 对不符合许可条件的申请人作出工程勘察、工程设计资质许可的;⑤ 依法可以撤销资质证书的其他情形。以欺骗、贿赂等不正当手段取得工程勘察、工程设计资质证书的,应当予以撤销。

有下列情形之一的,企业应当及时向资质许可机关提出注销资质的申请,交回资质证书,资质许可机关应当办理注销手续,公告其资质证书作废:① 资质证书有效期届满未依法申请延续的;② 企业依法终止的;③ 资质证书依法被撤销、撤回,或者吊销的;④ 法律、法规规定的应当注销资质的其他情形。

8.2.3 法律责任

企业隐瞒有关情况或者提供虚假材料申请资质的,资质许可机关不予受理或者不予行政许可,并给予警告,该企业在 1 年内不得再次申请该资质。企业以欺骗、贿赂等不正当手段取得资质证书的,由县级以上地方人民政府住房城乡建设主管部门或者有关部门给予警告,并依法处以罚款,该企业在 3 年内不得再次申请该资质。

企业不及时办理资质证书变更手续的,由资质许可机关责令限期办理;逾期不办理的,可处以 1 000 元以上 1 万元以下的罚款。企业未按照规定提供信用档案信息的,由县级以上地方人民政府住房城乡建设主管部门给予警告,责令限期改正;逾期未改正的,可处以 1 000 元以上 1 万元以下的罚款。

涂改、倒卖、出租、出借或者以其他形式非法转让资质证书的,由县级以上地方人民政府住房城乡建设主管部门或者有关部门给予警告,责令改正,并处以 1 万元以上 3 万元以下的罚款;造成损失的,依法承担赔偿责任;构成犯罪的,依法追究刑事责任。

8.3 注册建筑师和结构工程师有关制度规定

《中华人民共和国注册建筑师条例实施细则》和《注册结构工程师执业资格制度暂行规定》是建设工程勘察设计领域注册工程师的两个重要规定。

8.3.1 注册建筑师条例实施细则

注册建筑师是指经考试、特许、考核认定取得中华人民共和国注册建筑师执业资格证书(以下简称执业资格证书),或者经资格互认方式取得建筑师互认资格证书(以下简称互认资格证书),并按照本细则注册,取得中华人民共和国注册建筑师注册证书(以下简称注册证书)和中华人民共和国注册建筑师执业印章(以下简称执业印章),从事建筑设计及相关业务活动的专业技术人员。未取得注册证书和执业印章的人员,不得以注册建筑师的名义从事建筑设计及相关业务活动。

1. 考试

注册建筑师考试分为一级注册建筑师考试和二级注册建筑师考试。注册建筑师考试由全国注册建筑师管理委员会统一部署,省、自治区、直辖市注册建筑师管理委员会组织实施,全国统一考试,每年进行一次。

一级注册建筑师考试内容包括:建筑设计前期工作、场地设计、建筑设计与表达、建筑结构、环境控制、建筑设备、建筑材料与构造、建筑经济、施工与设计业务管理、建筑法规等。二级注册建筑师考试内容包括:场地设计、建筑设计与表达、建筑结构与设备、建筑法规、建筑经济与施工等。上述内容分成若干科目进行考试,科目考试合格有效期分别为八年和四年。

申请参加注册建筑师考试者,可向省、自治区、直辖市注册建筑师管理委员会报名,经省、自治区、直辖市注册建筑师管理委员会审查,符合规定的方可参加考试。经一级注册建筑师考试,在有效期内全部科目考试合格的,由全国注册建筑师管理委员会核发国务院建设主管部门和人事主管部门共同用印的一级注册建筑师执业资格证书。经二级注册建筑师考试,在有效期内全部科目考试合格的,由省、自治区、直辖市注册建筑师管理委员会核发国务院建设主管部门和人事主管部门共同用印的二级注册建筑师执业资格证书。

2. 注册

取得执业资格证书或者互认资格证书的人员,必须经过注册方可以注册建筑师的名义执业。取得一级注册建筑师资格证书并受聘于一个相关单位的人员,由聘用单位向单位工商注册所在地的省、自治区、直辖市注册建筑师管理委员会提出申请;省、自治区、直辖市注册建筑师管理委员会受理后提出初审意见,并将初审意见和申请材料报全国注册建筑师管理委员会审批;符合条件的,由全国注册建筑师管理委员会颁发一级注册建筑师注册证书和执业印章。二级注册建筑师的注册办法由省、自治区、直辖市注册建筑师管理委员会依法制定。

申请人有下列情形之一的,不予注册:① 不具有完全民事行为能力的;② 申请在两个或者两个以上单位注册的;③ 未达到注册建筑师继续教育要求的;④ 因受刑事处罚,自刑事处罚执行完毕之日起至申请注册之日止不满五年的;⑤ 因在建筑设计或者相关业务中犯有错误受行政处罚或者撤职以上行政处分,自处罚、处分决定之日起至申请之日止不满二年的;⑥ 受吊销注册建筑师证书的行政处罚,自处罚决定之日起至申请注册之日止不满五年的;⑦ 申请人的聘用单位不符合注册单位要求的;⑧ 法律、法规规定不予注册的其他情形。

高等学校(院)从事教学、科研并具有注册建筑师资格的人员,只能受聘于本校(院)所属建筑设计单位从事建筑设计,不得受聘于其他建筑设计单位。在受聘于本校(院)所属建筑设计单位工作期间,允许申请注册。获准注册的人员,在本校(院)所属建筑设计单位连续工作不得少于二年。

注册建筑师执业资格证书由国务院人事主管部门统一制作;一级注册建筑师注册证书、执业印章和互认资格证书由全国注册建筑师管理委员会统一制作;二级注册建筑师注册证书和执业印章由省、自治区、直辖市注册建筑师管理委员会统一制作。

3. 执业

注册建筑师的执业范围具体为:① 建筑设计;② 建筑设计技术咨询;③ 建筑物调查与鉴定;④ 对本人主持设计的项目进行施工指导和监督;⑤ 国务院建设主管部门规定的其他业务。所谓建筑设计技术咨询包括建筑工程技术咨询,建筑工程招标、采购咨询,建筑工程项目管理,建筑工程设计文件及施工图审查,工程质量评估,以及国务院建设主管部门规定的其他建筑技术咨询业务。

一级注册建筑师的执业范围不受工程项目规模和工程复杂程度的限制。二级注册建筑师的执业范围只限于承担工程设计资质标准中建设项目设计规模划分表中规定的小型规模的项目。注册建筑师的执业范围不得超越其聘用单位的业务范围。注册建筑师的执业范围与其聘用单位的业务范围不符时,个人执业范围服从聘用单位的业务范围。

4. 继续教育

注册建筑师在每一注册有效期内应当达到全国注册建筑师管理委员会制定的继续教育标准。继续教育作为注册建筑师逾期初始注册、延续注册、重新申请注册的条件之一。继续教育分为必修课和选修课,在每一注册有效期内各为40学时。

5. 法律责任

违反制度细则,未受聘并注册于中华人民共和国境内一个具有工程设计资质的单位,从事建筑工程设计执业活动的,由县级以上人民政府建设主管部门给予警告,责令停止违法活动,并可处以1万元以上3万元以下的罚款。违反本细则,未办理变更注册而继续执业的,由县级以上人民政府建设主管部门责令限期改正;逾期未改正的,可处以5 000元以下的罚款。违反制度细则,涂改、倒卖、出租、出借或者以其他形式非法转让执业资格证书、互认资格证书、注册证书和执业印章的,由县级以上人民政府建设主管部门责令改正,其中没有违法所得的,处以1万元以下罚款;有违法所得的处以违法所得3倍以下且不超过3万元的罚款。

8.3.2 注册结构工程师执业资格制度暂行规定

注册结构工程师是指取得中华人民共和国注册结构工程师执业资格证书和注册证书,从事房屋结构、桥梁结构及塔架结构等工程设计及相关业务的专业技术人员。注册结构工程师资格制度纳入专业技术人员执业资格制度,由国家确认批准。注册结构工程师分为一级注册结构工程师和二级注册结构工程师。

1. 考试与注册

注册结构工程师考试实行全国统一大纲、统一命题、统一组织的办法,原则上每年举行一次。一级注册结构工程师资格考试由基础考试和专业考试两部分组成。通过基础考试的人员,从事结构工程设计或相关业务满规定年限,方可申请参加专业考试。

取得注册结构工程师执业资格证书者,要从事结构工程设计业务的,须申请注册。有下列情形之一的,不予注册:① 不具备完全民事行为能力的;② 因受刑事处罚,自处罚完毕之日起至申请注册之日止不满5年的;③ 因在结构工程设计或相关业务中犯有错误受到行政处罚或者撤职以上行政处分,自处罚、处分决定之日起申请注册之日止不满2年的;④ 受吊销注册结构工程师注册证书处罚,自处罚决定之日起至申请注册之日止不满5年的;⑤ 建设行政主管部门和国务院有关部门规定不予注册的其他情形的。

准予注册的申请人,分别由全国注册结构工程师管理委员会和省、自治区、直辖市注册结构工程师管理委员会核发由建设部门统一制作的注册结构工程师注册证书。

2. 执业

注册结构工程师的执业范围:① 结构工程设计;② 结构工程设计技术咨询;③ 建筑物、构筑物、工程设施等调查和鉴定;④ 对本人主持设计的项目进行施工指导和监督;⑤ 建设行政主管部门和国务院有关部门规定的其他业务。一级注册结构工程师的执业范围不受工程规模及工程复杂程度的限制。

注册结构工程师执行业务,应当加入一个勘察设计单位并由勘察设计单位统一接受委托并统一收费。因结构设计质量造成的经济损失,由勘察设计单位承担赔偿责任;勘察设计单位有权向签字的注册结构工程师追偿。

3. 权利和义务

注册结构工程师有权以注册结构工程师的名义执行注册结构工程师业务。非注册结构工程师不得以注册结构工程师的名义执行注册结构工程师业务。国家规定的一定跨度、高度等以上的结构工程设计,应当由注册结构工程师主持设计。任何单位和个人修改注册结构工程师的设计图纸,应当征得该注册结构工程师同意;但是因特殊情况不能征得该注册结构工程师同意的除外。

注册结构工程师应当履行下列义务:① 遵守法律、法规和职业道德,维护社会公众利益;② 保证工程设计的质量,并在其负责的设计图纸上签字盖章;③ 保守在执业中知悉的单位和个人的秘密;④ 不得同时受聘于二个以上勘察设计单位执行业务;⑤ 不得准许他人以本人名义执行业务。

8.4 工程建设项目勘察设计招标投标

《工程建设项目勘察设计招标投标办法》是根据《招标投标法》《招标投标法实施条例》的有关规定,针对勘察设计领域的特点专门制定的办法。

8.4.1 招标

招标人可以依据工程建设项目的不同特点,实行勘察设计一次性总体招标;也可以在保证项目完整性、连续性的前提下,按照技术要求实行分段或分项招标。

依法必须进行勘察设计招标的工程建设项目,在招标时应当具备下列条件:
(1) 招标人已经依法成立;
(2) 按照国家有关规定需要履行项目审批、核准或者备案手续的,已经审批、核准或者备案;
(3) 勘察设计有相应资金或者资金来源已经落实;
(4) 所必需的勘察设计基础资料已经收集完成;
(5) 法律法规规定的其他条件。

招标人应当按照招标公告或者投标邀请书规定的时间、地点出售招标文件。自招标文件出售之日起至停止出售之日止,最短不得少于五日。

招标人应当根据招标项目的特点和需要编制招标文件。勘察设计招标文件应包括以下内容:① 投标须知;② 投标文件格式及主要合同条款;③ 项目说明书,包括资金来源情况;④ 勘察设计范围,对勘察设计进度、阶段和深度要求;⑤ 勘察设计基础资料;⑥ 勘察设计费用支付方式,对未中标人是否给予补偿及补偿标准;⑦ 投标报价要求;⑧ 对投标人资格审查的标准;⑨ 评标标准和方法;⑩ 投标有效期。

8.4.2 投标

投标人是响应招标、参加投标竞争的法人或者其他组织。在其本国注册登记,从事建筑、工程服务的国外设计企业参加投标的,必须符合中华人民共和国缔结或者参加的国际条约、协定中所作的市场准入承诺以及有关勘察设计市场准入的管理规定。投标人应当符合国家规定的资质条件。《工程建设项目勘察设计招标投标办法》对投标人有以下要求:

(1) 投标人应当按照招标文件或者投标邀请书的要求编制投标文件。投标文件中的勘察设计收费报价,应当符合国务院价格主管部门制定的工程勘察设计收费标准。

(2) 投标人在投标文件有关技术方案和要求中不得指定与工程建设项目有关的重要设备、材料的生产供应者,或者含有倾向或者排斥特定生产供应者的内容。

(3) 投标人在投标截止时间前提交的投标文件,补充、修改或撤回投标文件的通知,备选投标文件等,都必须加盖所在单位公章,并且由其法定代表人或授权代表签字,但招标文件另有规定的除外。

(4) 以联合体形式投标的,联合体各方应签订共同投标协议,连同投标文件一并提交招标人。联合体中标的,应指定牵头人或代表,授权其代表所有联合体成员与招标人签订合同,负责整个合同实施阶段的协调工作,但是,需要向招标人提交由所有联合体成员法定代表人签署的授权委托书。

8.4.3 评标

评标工作由评标委员会负责。评标委员会的组成方式及要求,按《招标投标法》《招标投标法实施条例》及《评标委员会和评标方法暂行规定》的有关规定执行。评标过程应遵守以下规定:

(1) 勘察设计评标一般采取综合评估法进行。评标委员会应当按照招标文件确定的评标标准和方法,结合经批准的项目建议书、可行性研究报告或者上阶段设计批复文件,对投标人的业绩、信誉和勘察设计人员的能力以及勘察设计方案的优劣进行综合评定。

(2) 评标委员会可以要求投标人对其技术文件进行必要的说明或介绍,但不得提出带有暗示性或诱导性的问题,也不得明确指出其投标文件中的遗漏和错误。

(3) 根据招标文件的规定,允许投标人投备选标的,评标委员会可以对中标人所提交的备选标进行评审,以决定是否采纳备选标。不符合中标条件的投标人的备选标不予考虑。

(4)评标委员会完成评标后,应当向招标人提出书面评标报告,推荐合格的中标候选人。评标委员会推荐的中标候选人应当限定在一至三人,并标明排列顺序。评标委员会决定否决所有投标的,应在评标报告中详细说明理由。

8.4.4 定标

招标人应在接到评标委员会的书面评标报告之日起三日内公示中标候选人,公示期不少于三日。根据评标委员会的推荐结果确定中标人,或者授权评标委员会直接确定中标人。招标人应做好以下方面的定标工作:

(1)招标人和中标人应当在投标有效期内并在自中标通知书发出之日起三十日内,按照招标文件和中标人的投标文件订立书面合同。

(2)招标人不得以压低勘察设计费、增加工作量、缩短勘察设计周期等作为发出中标通知书的条件,也不得与中标人再行订立背离合同实质性内容的其他协议。

(3)招标人与中标人签订合同后五日内,应当向中标人和未中标人一次性退还投标保证金及银行同期存款利息。招标文件中规定给予未中标人经济补偿的,也应在此期限内一并给付。

(4)招标人或者中标人采用其他未中标人投标文件中技术方案的,应当征得未中标人的书面同意,并支付合理的使用费。

(5)依法必须进行勘察设计招标的项目,招标人应当在确定中标人之日起十五日内,向有关行政监督部门提交招标投标情况的书面报告。

8.5 设计文件的编制和审批办法

《设计文件的编制和审批办法》是1978年9月15日由国务院批准、国家建委印发的,目前仍在实施。

8.5.1 设计的依据和程序

计划任务书(即设计任务书)是设计的主要依据。计划任务书的编制,要按有关规定执行,其深度应能满足开展设计的要求。设计单位必须积极参加计划任务书的编制、建设地址的选择、建设规划和试验研究等方面的设计前期工作。对有些重点项目,如大型水利枢纽、水电站、大型矿山、大型工厂、跨省区铁路干线和输油、输气管线等,在计划任务书未批准前,可根据长远规划的要求进行必要的资源补查、工程地质、水文勘察、经济调查和多种方案的技术经济比较等方面的准备工作,并从中了解和掌握有关情况,收集必要的设计基础资料,为编制设计文件做好准备。

基建程序是我国多年来基本建设实践的总结,是客观规律的反映,是使基本建设顺利进行的重要保证,设计必须严格执行基建程序。没有批准的计划任务书、资源报告、厂址选择报告,不能提供初步设计文件,更不能进行设计审批。没有批准的初步设计,不能提供设备订货清单和施工图纸。

8.5.2 设计阶段划分及设计文件内容和深度

为了有秩序、有步骤地开展设计工作,一般建设项目按两个阶段进行设计,即初步设计和施工图设计。对于技术上复杂而又缺乏设计经验的项目,经主管部门指定,可增加技术设计阶段。

为解决总体开发方案和建设的总体部署等重大问题,可进行总体规划设计或总体设计。

初步设计的内容,一般应包括以下方面的文字说明和图纸:① 设计依据;② 设计指导思想;③ 建设规模;④ 产品方案;⑤ 原料、燃料、动力的用量和来源;⑥ 工艺流程;⑦ 主要设备选型及配置;⑧ 总图运输;⑨ 主要建筑物、构筑物;⑩ 公用、辅助设施;⑪ 新技术采用情况;⑫ 主要材料用量;⑬ 外部协作条件;⑭ 占地面积和土地利用情况;⑮ 综合利用和"三废"治理;⑯ 生活区建设;⑰ 抗震和人防措施;⑱ 生产组织和劳动定员;⑲ 各项技术经济指标;⑳ 建设顺序和期限;㉑ 总概算等。

初步设计的深度应满足以下要求:① 设计方案的比选和确定;② 主要设备材料定货;③ 土地征用;④ 基建投资的控制;⑤ 施工图设计的编制;⑥ 施工组织设计的编制;⑦ 施工准备和生产准备等。

技术设计的内容,有关部门可根据工程的特点和需要,自行制定。其深度应能满足确定设计方案中重大技术问题和有关试验、设备制造等方面的要求。

施工图的内容,应根据批准的初步设计进行编制。其深度应能满足以下要求:① 设备材料的安排和非标准设备的制作;② 施工图预算的编制;③ 施工要求等。

8.5.3 设计单位的责任

设计单位是设计的主办单位,对设计要全面负责。设计单位要建立健全各级岗位责任制和审查制度,对设计文件、图纸必须逐级审核,分别签字或盖章。初步设计文件,院(所)长、总工程师要签字,并加盖院(所)公章。一个建设项目由几个单位共同设计时,主管部门要指定一个设计单位为主体设计单位。主体设计单位是建设项目的设计总负责单位,对建设项目设计的合理性和整体性负责。

主体设计单位的主要职责是:① 完成本身承担的设计任务;② 组织全厂性总体方案的讨论;③ 协助主管部门综合协调全厂性的工艺、公用设施和设计进度;④ 负责组织各设计单位提交设计资料;⑤ 统一设计标准、规范、深度和要求;⑥ 组织编制和汇总项目的总说明、总图、总定员和总概算等。

其他设计单位的主要职责是:① 按统一要求完成分担的设计任务,并对设计质量负责;② 向主体设计单位及时提供有关情况和资料;③ 主动与主体设计单位搞好协作配合工作。

8.5.4 设计文件的审批权限和修改

设计文件的审批,实行分级管理、分级审批的原则。

大型建设项目的初步设计和总概算,按隶属关系,由国务院主管部门或省、自治区、直辖市组织审查,提出审查意见,报国务院建设主管部门批准;特大、特殊项目,由国务院建设主管部门报请国务院批准。技术设计按隶属关系由国务院主管部门或省、自治区、直辖市审批。

中型建设项目的初步设计和总概算,按隶属关系,由国务院主管部门或省、自治区审查批准,批准文件抄送国务院建设主管部门备案。国家指定的中型项目的初步设计和总概算要报国务院建设主管部门审批。

小型建设项目初步设计的审批权限,由国务院主管部门或省、自治区、直辖市自行规定。总体规划设计(或总体设计)的审批权限,与初步设计的审批权限相同。

各部直供代管的下放项目的初步设计,以国务院主管部门为主,会同有关省、自治区、直辖市审查或批准。施工图设计除国务院主管部门指定要审查者外,一般不再审批,设计单位要对施工图的质量负责,并向生产、施工单位进行技术交底,听取意见。

设计文件是工程建设的主要依据,经批准后不得任意修改。凡涉及计划任务书的主要内容,如建设规模、产品方案、建设地点、主要协作关系等方面的修改,须经原计划任务书审批机关批准。凡涉及初步设计的主要内容,如总平面布置、主要工艺流程、主要设备、建筑面积、建筑标准、总定员、总概算等方面的修改,须经原设计审批机关批准。修改工作须由原设计单位负责进行。施工图的修改,须经原设计单位的同意。

8.5.5　设计文件的审查

设计审查是一项严肃的工作。在初步设计审查时,一定要备有批准的计划任务书、资源报告、厂址选择报告以及气象、水文、工程地质、水文地质等基础资料和有关协议文件,要有全部工程的、经过签署的、完整的设计文件和图纸。

设计单位要在设计审查前,将全套设计文件报送主管部门,主管部门应及时将有关部分送施工、设备成套、建设银行、环境保护等部门,以便准备审查意见。设计审查单位,事先要进行调查研究,了解和掌握情况,做好审查准备。

大中型项目的设计审查,要由主管单位的负责同志亲自主持会议。在介绍设计时,要同时介绍同行业的先进经验和国内、外的先进指标,作为研究问题的参考。审查设计时,对设计文件的主要内容要进行认真的分析、比较;对设计中的主要问题,要认真研究讨论,提出解决问题的意见和措施。对技术复杂的项目,必要时可进行中间审查(方案审查),以提高设计质量,减少返工。

各部门、各地区要有主管设计审查的机构和人员,切实把好设计审查关。对由于不负责任、把关不严等主观原因而发生的重大问题,审批单位要负应有的责任。初步设计文件审查后,审查单位要抓紧落实有关问题,及时上报审查意见,由审批单位办理批准手续。批文应对设计文件的主要内容表示明确意见。

8.6　房屋建筑和市政基础设施工程施工图设计文件审查管理办法

《房屋建筑和市政基础设施工程施工图设计文件审查管理办法》是根据《建设工程质量管理条例》《建设工程勘察设计管理条例》等行政法规制定的。

8.6.1　一般规定

施工图审查是指施工图审查机构按照有关法律、法规,对施工图涉及公共利益、公众安全和工程建设强制性标准的内容进行的审查。国家实施施工图设计文件(含勘察文件,以下简称施工图)审查制度。施工图未经审查合格的,不得使用。

从事房屋建筑工程、市政基础设施工程施工、监理等活动,以及实施对房屋建筑和市政基础设施工程质量安全监督管理,应当以审查合格的施工图为依据。

国务院住房城乡建设主管部门负责对全国的施工图审查工作实施指导、监督。县级以上地方人民政府住房城乡建设主管部门负责对本行政区域内的施工图审查工作实施监督管理。

8.6.2　施工图设计文件审查机构

审查机构是专门从事施工图审查业务、不以营利为目的的独立法人。审查机构按承接业务范围分两类,一类机构承接房屋建筑、市政基础设施工程施工图审查业务范围不受限制;二类机构可以承接中型及以下房屋建筑、市政基础设施工程的施工图审查。

一类审查机构应当具备下列条件：① 有健全的技术管理和质量保证体系。② 审查人员应当有良好的职业道德以及 15 年以上的工作经历等。③ 有足够数量相关规定专业的专职工作人员。④ 60 岁以上审查人员不超过该专业审查人员规定数的 1/2。二类审查机构的条件相应适当降低。

8.6.3　施工图设计文件审查的程序

建设单位应当将施工图送审查机构审查，提供下列资料并对所提供资料的真实性负责：① 作为勘察、设计依据的政府有关部门的批准文件及附件；② 全套施工图；③ 其他应当提交的材料。建设单位不得明示或者暗示审查机构违反法律法规和工程建设强制性标准进行施工图审查，不得压缩合理审查周期、压低合理审查费用。

审查机构应当对施工图审查下列内容：① 是否符合工程建设强制性标准；② 地基基础和主体结构的安全性；③ 消防安全性；④ 人防工程（不含人防指挥工程）防护安全性；⑤ 是否符合民用建筑节能强制性标准，对执行绿色建筑标准的项目，还应当审查是否符合绿色建筑标准；⑥ 勘察设计企业和注册执业人员以及相关人员是否按规定在施工图上加盖相应的图章和签字；⑦ 法律、法规、规章规定必须审查的其他内容。

审查机构对施工图进行审查后，应当根据下列情况分别作出处理：

（1）审查合格的，审查机构应当向建设单位出具审查合格书，并在全套施工图上加盖审查专用章。审查合格书应当有各专业的审查人员签字，经法定代表人签发，并加盖审查机构公章。审查机构应当在出具审查合格书后 5 个工作日内，将审查情况报工程所在地县级以上地方人民政府住房城乡建设主管部门备案。

（2）审查不合格的，审查机构应当将施工图退建设单位并出具审查意见告知书，说明不合格原因。同时，应当将审查意见告知书及审查中发现的建设单位、勘察设计企业和注册执业人员违反法律、法规和工程建设强制性标准的问题，报工程所在地县级以上地方人民政府住房城乡建设主管部门。

施工图退建设单位后，建设单位应当要求原勘察设计企业进行修改，并将修改后的施工图送原审查机构复审。

8.6.4　施工图审查机构的责任

审查机构对施工图审查工作负责，承担审查责任。施工图经审查合格后，仍有违反法律、法规和工程建设强制性标准的问题，给建设单位造成损失的，审查机构依法承担相应的赔偿责任。

县级以上人民政府住房城乡建设主管部门实施监督检查时，有权要求被检查的审查机构提供有关施工图审查的文件和资料，并将监督检查结果向社会公布。涉及消防安全性、人防工程（不含人防指挥工程）防护安全性的，由县级以上人民政府有关部门按照职责分工实施监督检查和行政处罚，并将监督检查结果向社会公布。

审查机构违反本办法规定，有下列行为之一的，由县级以上地方人民政府住房城乡建设主管部门责令改正，处 3 万元罚款，并记入信用档案；情节严重的，省、自治区、直辖市人民政府住房城乡建设主管部门不再将其列入审查机构名录：① 超出范围从事施工图审查的；② 使用不符合条件审查人员的；③ 未按规定的内容进行审查的；④ 未按规定上报审查过程中发现的违法违规行为的；⑤ 未按规定填写审查意见告知书的；⑥ 未按规定在审查合格书和施工图上签字盖章的；⑦ 已出具审查合格书的施工图，仍有违反法律、法规和工程建设强制性标准的。

8.7　建设工程勘察设计法规体系基本完善

8.7.1　勘察设计法规体系

建设工程勘察设计法规是指调整建设工程勘察设计活动中所产生的各种社会关系的法律规范的总称。我国尚无专门的"勘察设计法",目前,建设工程勘察设计法律法规体系是由根据《建筑法》制定的《建设工程勘察设计管理条例》为核心的一系列法规、部门规章等组成,建设工程勘察设计法规知识点导图如图8-1所示。现行的具有代表性的勘察设计法规主要有:

《建设工程勘察设计管理条例》(2017年10月7日)
《建设工程勘察设计资质管理规定》(2018年12月22日)
《建设工程企业资质管理制度改革方案》(2020年11月30日)
《中华人民共和国注册建筑师条例实施细则》(2008年3月15日)
《注册结构工程师执业资格制度暂行规定》(1997年9月1日)
《工程勘察资质标准》(2013年1月21日)
《工程勘察资质标准实施办法》(2013年6月7日)
《工程建设项目勘察设计招标投标办法》(2013年5月1日)
《设计文件的编制和审批办法》(1978年9月15日)
《基本建设设计工作管理暂行办法》(1983年10月4日)
《基本建设勘察工作管理暂行办法》(1983年10月4日)
《房屋建筑和市政基础设施工程施工图设计文件审查管理办法》(2018年12月29日)

8.7.2　勘察设计法规重在落实

在我国工程建设领域,勘察设计作为项目前期的重要环节,其质量直接关系整个工程的成败。勘察设计法规的完善与落实,是确保工程建设安全、高效、可持续的关键所在。

建设工程勘察设计法规体系已经基本完善。近年来,我国工程建设领域出台了一系列法律法规,对勘察设计活动进行了全面规范。这些法规不仅明确了勘察设计的程序、标准和技术要求,还规定了相关责任人的职责和法律责任。这些法规的出台,为勘察设计行业的健康发展提供了有力的制度保障。然而,法规的完善只是第一步,更重要的是要将其落到实处。勘察设计法规的落实,需要各方面共同努力。

首先,勘察设计单位要自觉遵守法规,严格按照法规要求进行勘察设计活动。同时,要加强内部管理,提高勘察设计人员的业务素质和法律意识,确保勘察设计成果的质量和安全。

其次,政府部门要加强监管力度,对勘察设计活动进行全程监督。要加强对勘察设计单位的资质管理和审查,确保勘察设计单位具备相应的资质和能力。同时,要加强对勘察设计成果的质量监督和检查,发现问题及时整改,确保工程建设的质量和安全。

此外,行业协会和中介机构也要发挥积极作用,加强行业自律和诚信建设。建立健全行业信用体系,对违反法规的行为进行惩戒和曝光,维护行业的良好形象和声誉。

总之,勘察设计法规重在落实。只有加强法规的落实与执行,才能确保工程建设的安全、高效、可持续。我们在今后的工作中,一定要知法守法,严格执行相关规定,为推动我国工程建设领域的健康发展贡献自己的力量。

第 8 章 建设工程勘察设计法律制度

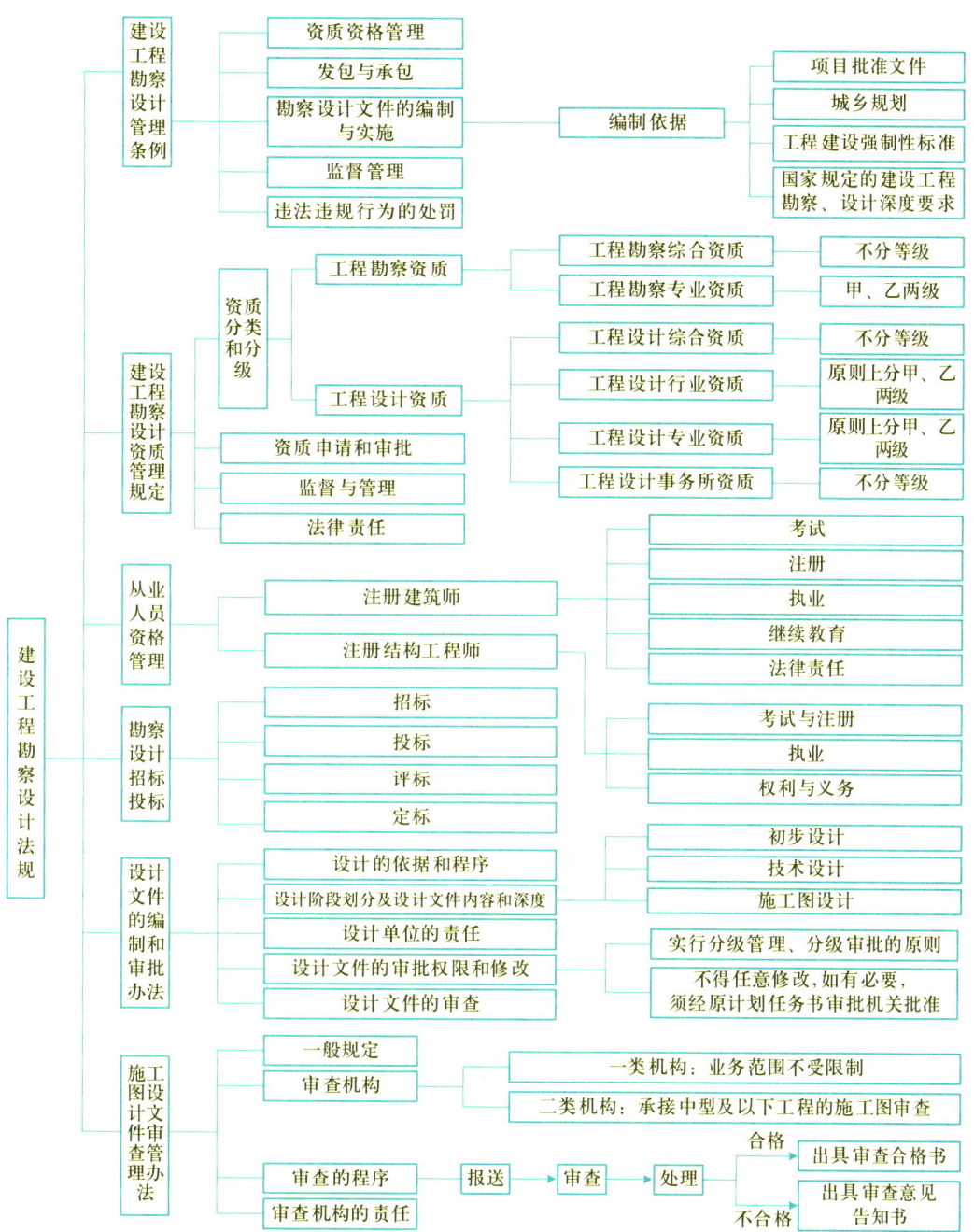

图 8-1 建设工程勘察设计法规知识点导图

1. 《建设工程勘察设计管理条例》的主要内容有哪些?
2. 如何对建设工程勘察设计资质进行等级划分和分类?
3. 注册建筑师考试的内容包括哪些?
4. 出现哪些情形不予注册结构工程师执业资格?
5. 勘察设计招标投标的主要规定有哪些?
6. 初步设计的深度应满足的要求有哪些?
7. 主体设计单位的主要职责有哪些?
8. 设计文件如何进行审批?
9. 施工图审查的主要内容有哪些?
10. 施工图设计文件审查的程序有哪些?

第 8 章 案例

第 8 章 测试题及参考答案

第9章 建设工程监理法律制度

1. 了解建设工程监理制度设立的背景及完善过程,目前监理企业资质、注册监理工程师、必须实行监理的工程范围等的相关规定。
2. 熟悉标准监理招标文件的主要内容,包括招标公告和投标邀请书、投标人须知、评标办法、合同条款及格式、委托人要求、投标文件格式等。
3. 掌握建设工程监理规范的主要内容,包括项目监理机构、监理规划、工程质量、造价、进度控制、安全生产管理、工程变更、索赔及施工合同争议处理、监理文件资料管理、设备采购与设备监造等。

9.1 工程监理企业资质管理规定

《建设工程企业资质管理制度改革方案》对建设工程企业资质(包括工程勘察、设计、施工、监理企业资质等)认定事项作了较大幅度的改革。

9.1.1 资质等级和业务范围

根据2020年11月国务院常务会议审议通过的《建设工程企业资质管理制度改革方案》,工程监理企业资质分为综合资质和专业资质,取消事务所资质。综合资质不分等级,专业资质等级分为甲、乙两级。专业资质设有10个工程类别,包括:建筑工程、铁路工程、市政公用工程、电力工程、矿山工程、冶金工程、石油化工工程、通信工程、机电工程、民航工程,取消了专业资质中的水利水电工程、公路工程、港口与航道工程、农林工程。

住房城乡建设部会同国务院有关主管部门制定统一的企业资质标准,大幅精简审批条件,放宽对企业资金、主要人员、工程业绩和技术装备等的考核要求。适当放宽部分资质承揽业务规模上限,多个资质合并的,新资质承揽业务范围相应扩大至整合前各资质许可范围内的业务,尽量减少政府对建筑市场微观活动的直接干预,充分发挥市场在资源配置中的决定性作用。

9.1.2 资质申请和审批

文件要求进一步加大放权力度,选择工作基础较好的地方和部分资质类别,开展企业资质审批权下放试点,将除综合资质外的其他等级资质,下放至省级及以下有关主管部门审批(其中,涉及公路、水运、水利、通信、铁路、民航等资质的审批权限由国务院住房城乡建设主管部门会同国务院有关部门根据实际情况决定），方便企业就近办理。试点地方要明确专门机构、专业人员负责企业资质审批工作，并制定企业资质审批相关管理规定，确保资质审批权下放后地方能够接得住、管得好。企业资质全国通用，严禁各行业、各地区设置限制性措施，严厉查处变相设置市场准入壁垒，违规限制企业跨地区、跨行业承揽业务等行为，维护统一规范的建筑市场。

文件要求深化"互联网+政务服务"，加快推动企业资质审批事项线上办理，实行全程网上申报和审批，逐步推行电子资质证书，实现企业资质审批"一网通办"，并在全国建筑市场监管公共服务平台公开发布企业资质信息。简化各类证明事项，凡是通过政府部门间信息共享可以获取的证明材料，一律不再要求企业提供。加快推行企业资质审批告知承诺制，进一步扩大告知承诺制使用范围，明确审批标准，逐步提升企业资质审批的规范化和便利化水平。

9.1.3 监督管理

坚持放管结合，加大资质审批后的动态监管力度，创新监管方式和手段，全面推行"双随机、一公开"监管方式和"互联网+监管"模式，强化工程建设各方主体责任落实，加大对转包、违法分包、资质挂靠等违法违规行为查处力度，强化事后责任追究，对负有工程质量安全事故责任的企业、人员依法严厉追究法律责任。

9.2　监理工程师职业资格制度规定

《监理工程师职业资格制度规定》是根据《建筑法》《建设工程质量管理条例》等有关法律法规和国家职业资格制度有关规定制定的。

9.2.1 考试

监理工程师职业资格考试全国统一大纲、统一命题、统一组织。监理工程师职业资格考试设置基础科目和专业科目。住房城乡建设部牵头组织，交通运输部、水利部参与，拟定监理工程师职业资格考试基础科目的考试大纲，组织监理工程师基础科目命审题工作。住房城乡建设部、交通运输部、水利部按照职责分工分别负责拟定监理工程师职业资格考试专业科目的考试大纲，组织监理工程师专业科目命审题工作。人力资源社会保障部负责审定监理工程师职业资格考试科目和考试大纲，负责监理工程师职业资格考试考务工作，并会同住房城乡建设部、交通运输部、水利部对监理工程师职业资格考试工作进行指导、监督、检查。人力资源社会保障部会同住房城乡建设部、交通运输部、水利部确定监理工程师职业资格考试合格标准。

根据《人力资源社会保障部关于降低或取消部分准入类职业资格考试工作年限要求有关事项的通知》（人社部发〔2022〕8号），凡遵守《中华人民共和国宪法》、法律、法规，具有良好的业务素质和道德品行，具备下列条件之一者，可以申请参加监理工程师职业资格考试：

（1）具有各工程大类专业大学专科学历（或高等职业教育），从事工程施工、监理、设计等业务工作满4年；

（2）具有工学、管理科学与工程类专业大学本科学历或学位，从事工程施工、监理、设计等业务工作满3年；

（3）具有工学、管理科学与工程一级学科硕士学位或专业学位，从事工程施工、监理、设计等

业务工作满 2 年;

(4) 具有工学、管理科学与工程一级学科博士学位。

经批准同意开展试点的地区,申请参加监理工程师职业资格考试的,应当具有大学本科及以上学历或学位。

9.2.2 注册

国家对监理工程师职业资格实行执业注册管理制度。取得监理工程师职业资格证书且从事工程监理及相关业务活动的人员,经注册方可以监理工程师名义执业。住房城乡建设部、交通运输部、水利部按照职责分工,制定相应监理工程师注册管理办法并监督执行。住房城乡建设部、交通运输部、水利部按专业类别分别负责监理工程师注册及相关工作。

经批准注册的申请人,由住房城乡建设部、交通运输部、水利部分别核发《中华人民共和国监理工程师注册证》(或电子证书)。监理工程师执业时应持注册证书和执业印章。注册证书、执业印章样式以及注册证书编号规则由住房城乡建设部会同交通运输部、水利部统一制定。执业印章由监理工程师按照统一规定自行制作。注册证书和执业印章由监理工程师本人保管和使用。

住房城乡建设部、交通运输部、水利部按照职责分工建立监理工程师注册管理信息平台,保持通用数据标准统一。住房城乡建设部负责归集全国监理工程师注册信息,促进监理工程师注册、执业和信用信息互通共享。住房城乡建设部、交通运输部、水利部负责建立完善监理工程师的注册和退出机制,对以不正当手段取得注册证书等违法违规行为,依照注册管理的有关规定撤销其注册证书。

9.2.3 执业

监理工程师在工作中,必须遵纪守法,恪守职业道德和从业规范,诚信执业,主动接受有关部门的监督检查,加强行业自律。住房城乡建设部、交通运输部、水利部按照职责分工建立健全监理工程师诚信体系,制定相关规章制度或从业标准规范,并指导监督信用评价工作。

监理工程师不得同时受聘于两个或两个以上单位执业,不得允许他人以本人名义执业,严禁"证书挂靠"。出租出借注册证书的,依据相关法律法规进行处罚;构成犯罪的,依法追究刑事责任。监理工程师依据职责开展工作,在本人执业活动中形成的工程监理文件上签章,并承担相应责任。监理工程师的具体执业范围由住房城乡建设部、交通运输部、水利部按照职责另行制定。监理工程师未执行法律、法规和工程建设强制性标准实施监理,造成质量安全事故的,依据相关法律法规进行处罚;构成犯罪的,依法追究刑事责任。取得监理工程师注册证书的人员,应当按照国家专业技术人员继续教育的有关规定接受继续教育,更新专业知识,提高业务水平。

9.3 建设工程监理范围和规模标准规定

2001 年颁布的《建设工程监理范围和规模标准规定》对必须实行监理的建设工程项目具体范围和规模标准作出规定。

9.3.1 建设工程监理范围

下列建设工程必须实行监理:

(1) 国家重点建设工程;
(2) 大中型公用事业工程;
(3) 成片开发建设的住宅小区工程;
(4) 利用外国政府或者国际组织贷款、援助资金的工程;
(5) 国家规定必须实行监理的其他工程。

9.3.2 建设工程监理规模标准

国家重点建设工程是指依据《国家重点建设项目管理办法》所确定的对国民经济和社会发展有重大影响的骨干项目。

大中型公用事业工程是指项目总投资额在 3 000 万元以上的下列工程项目:① 供水、供电、供气、供热等市政工程项目;② 科技、教育、文化等项目;③ 体育、旅游、商业等项目;④ 卫生、社会福利等项目;⑤ 其他公用事业项目。

成片开发建设的住宅小区工程,建筑面积在 5 万 m^2 以上的住宅建设工程必须实行监理;5 万 m^2 以下住宅建设工程,可以实行监理,具体范围和规模标准,由省、自治区、直辖市人民政府建设行政主管部门规定。为了保证住宅质量,对高层住宅及地基、结构复杂的多层住宅应当实行监理。

利用外国政府或者国际组织贷款、援助资金的工程范围包括:① 使用世界银行、亚洲开发银行等国际组织贷款资金的项目;② 使用国外政府及其机构贷款资金的项目;③ 使用国际组织或者国外政府援助资金的项目。

国家规定必须实行监理的其他工程是指:一是项目总投资额在 3 000 万元以上关系社会公共利益、公众安全的下列基础设施项目:① 煤炭、石油、化工、天然气、电力、新能源等项目;② 铁路、公路、管道、水运、民航以及其他交通运输业等项目;③ 邮政、电信枢纽、通信、信息网络等项目;④ 防洪、灌溉、排涝、发电、引(供)水、滩涂治理、水资源保护、水土保持等水利建设项目;⑤ 道路、桥梁、地铁和轻轨交通、污水排放及处理、垃圾处理、地下管道、公共停车场等城市基础设施项目;⑥ 生态环境保护项目;⑦ 其他基础设施项目。二是学校、影剧院、体育场馆项目。

9.4 标准监理招标文件

《标准监理招标文件》是由国家发展改革委法规司组织编写的、适用于工程监理招标的标准文件。

9.4.1 招标公告和投标邀请书

招标公告适用于公开招标,主要内容包括:招标条件、项目概况与招标范围、投标人资格要求、招标文件的获取、投标文件的递交、发布公告的媒介以及联系方式等。

投标邀请书适用于邀请招标,主要内容包括:招标条件、项目概况与招标范围、投标人资格要求、招标文件的获取、投标文件的递交、确认以及联系方式等。

9.4.2 投标人须知

总则部分包括:招标项目概况、招标项目的资金来源和落实情况、招标范围、监理服务期限和质量标准、投标人资格要求、费用承担、保密、语言文字、计量单位、踏勘现场、投标预备会、分包、响应和偏差等内容。

招标文件部分包括：招标文件的组成、招标文件的澄清、招标文件的修改、招标文件的异议等内容。

投标文件部分包括：投标文件的组成、投标报价、投标有效期、投标保证金、资格审查资料、备选投标方案、投标文件的编制等内容。

投标部分包括：投标文件的密封和标记、投标文件的递交、投标文件的修改与撤回等内容。

开标部分包括：开标时间和地点、开标程序、开标异议等内容。

评标部分包括：评标委员会、评标原则、评标等内容。

合同授予部分包括：中标候选人公示、评标结果异议、中标候选人履约能力审查、定标、中标通知、履约保证金、签订合同等内容。

纪律和监督部分包括：对招标人的纪律要求、对投标人的纪律要求、对评标委员会成员的纪律要求、对与评标活动有关的工作人员的纪律要求、投诉等内容。

此外，还需说明是否采用电子招标投标以及需要补充的其他内容。

9.4.3 评标办法

评标采用综合评估法。评标委员会对满足招标文件实质性要求的投标文件，按照评分标准进行打分，并按得分由高到低顺序推荐中标候选人，或根据招标人授权直接确定中标人，但投标报价低于其成本的除外。综合评分相等时，以投标报价低的优先；投标报价也相等的，以监理大纲得分高的优先；如果监理大纲得分也相等，按照评标办法前附表的规定确定中标候选人顺序。

初步评审标准包括形式评审标准、资格评审标准和响应性评审标准。分值构成包括资信业绩、监理大纲、投标报价及其他因素。

初步评审时，投标人有以下情形之一的，评标委员会应当否决其投标：① 投标文件没有对招标文件的实质性要求和条件作出响应，或者对招标文件的偏差超出招标文件规定的偏差范围或最高项数；② 有串通投标、弄虚作假、行贿等违法行为。

详细评审时，评标委员会发现投标人的报价明显低于其他投标报价，使得其投标报价可能低于其个别成本的，应当要求该投标人作出书面说明并提供相应的证明材料。投标人不能合理说明或者不能提供相应证明材料的，评标委员会应当认定该投标人以低于成本报价竞标，并否决其投标。

评标过程中，评标委员会可以书面形式要求投标人对投标文件中含义不明确、对同类问题表述不一致或者有明显文字和计算错误的内容作必要的澄清、说明或补正。澄清、说明或补正应以书面方式进行。评标委员会不接受投标人主动提出的澄清、说明或补正。

9.4.4 合同条款及格式

此部分包括通用合同条款、专用合同条款及合同附件格式等。通用合同条款部分又包括以下内容。

一般约定，包括：词语定义、语言文字、适用法律、合同文件的优先顺序、合同协议书、文件的提供和照管、联络、转让、严禁贿赂、知识产权、文件及信息的保密、委托人要求等。

委托人义务,包括:遵守法律、发出开始监理通知、办理证件和批件、支付合同价款、提供监理资料、其他义务等。

委托人管理,包括:委托人代表、委托人的指示、决定或答复等。

监理人义务,包括:监理人的一般义务、履约保证金、联合体、总监理工程师、监理人员的管理、撤换总监理工程师和其他人员、保障人员的合法权益、合同价款应专款专用等。

监理要求,包括:监理范围、监理依据、监理内容、监理文件要求等。

开始监理和完成监理,包括:开始监理、监理周期延误、完成监理等。

监理责任与保险,包括:监理责任主体、监理责任保险等。

合同变更,包括:变更情形、合理化建议等。

合同价格与支付,包括:合同价格、预付款、中期支付、费用结算等。

不可抗力,包括:不可抗力的确认、不可抗力的通知、不可抗力后果及其处理等。

违约,包括:监理人违约、委托人违约、第三人造成的违约等。

最后,还有争议的解决等。

9.4.5 委托人要求

委托人要求应尽可能清晰准确,对于可以进行定量评估的工作,委托人要求不仅应明确规定其功能、用途、质量、环境、安全,并且要规定偏差的范围和计算方法,以及检验、试验、试运行的具体要求。对于监理人负责提供的有关服务,在委托人要求中应一并明确规定。

委托人要求通常包括但不限于以下内容:监理要求、适用规范标准、成果文件要求、委托人财产清单(含委托人提供的设备、设施,委托人提供的资料,委托人财产使用要求及退还要求等)、委托人提供的便利条件、监理人需要自备的工作条件、委托人的其他要求等。

9.4.6 投标文件格式

投标文件格式部分包括:投标函及投标函附录、法定代表人身份证明和授权委托书、联合体协议书、投标保证金、监理报酬清单、资格审查资料(含基本情况表、近年财务状况表、近年完成的类似项目情况表、正在监理和新承接的项目情况表、近年发生的诉讼及仲裁情况、拟委任的主要人员汇总表、主要人员简历表、拟投入本项目的主要试验检测仪器设备表等)、监理大纲、其他资料等。

9.5 建设工程监理规范

《建设工程监理规范》(GB/T 50319—2013)由中华人民共和国住房和城乡建设部发布,由中国建设监理协会会同有关单位对原国家标准进行修订而成。

9.5.1 总则与术语

1. 总则

(1)制定目的:规范建设工程监理与相关服务行为,提高建设工程监理与相关服务水平。

(2)适用范围:适用于新建、扩建、改建建设工程监理与相关服务活动。

(3) 监理的主要依据：① 法律法规及工程建设标准；② 建设工程勘察设计文件；③ 建设工程监理合同及其他合同文件。

(4) 关于建设工程监理合同形式和内容、建设工程监理应实行总监理工程师负责制、建设工程监理宜实施信息化管理等规定。

(5) 建设单位向施工单位书面通知工程监理的范围、内容和权限及总监理工程师姓名的规定，建设单位、施工单位及工程监理单位之间涉及施工合同联系活动的工作关系。

(6) 工程监理单位应公平、独立、诚信、科学地开展建设工程监理与相关服务活动，建设工程监理与相关服务活动应符合《建设工程监理规范》(GB/T 50319—2013)和国家现行有关标准的规定。

2. 术语

《建设工程监理规范》(GB/T 50319—2013)解释了工程监理单位、建设工程监理、相关服务、项目监理机构、注册监理工程师、总监理工程师、总监理工程师代表、专业监理工程师、监理员、监理规划、监理实施细则、工程计量、旁站、巡视、平行检验、见证取样、工程延期、工期延误、工程临时延期批准、工程最终延期批准、监理日志、监理月报、设备监造、监理文件资料等 24 个建设工程监理常用术语。

9.5.2 监理机构和监理规划

1. 项目监理机构人员

项目监理机构的监理人员应由总监理工程师、专业监理工程师和监理员组成，且专业配套、数量应满足建设工程监理工作需要，必要时可设总监理工程师代表。

(1) 总监理工程师。总监理工程师是指由工程监理单位法定代表人书面任命，负责履行建设工程监理合同、主持项目监理机构工作的具有注册监理工程师执业资格的人员。一名注册监理工程师可担任一项建设工程监理合同的总监理工程师。当需要同时担任多项建设工程监理合同的总监理工程师时，应经建设单位书面同意，且最多不得超过三项。

(2) 总监理工程师代表。总监理工程师代表是指经工程监理单位法定代表人同意，由总监理工程师书面授权，代表总监理工程师行使其部分职责和权力，具有工程类注册执业资格或具有中级及以上专业技术职称、3 年及以上工程实践经验并经监理业务培训的人员。

(3) 专业监理工程师。专业监理工程师是指由总监理工程师授权，负责实施某一专业或某一岗位的监理工作，有相应监理文件签发权，具有工程类注册执业资格或具有中级及以上专业技术职称、2 年及以上工程实践经验并经监理业务培训的人员。

(4) 监理员。监理员是指从事具体监理工作，具有中专及以上学历并经过监理业务培训的人员。

2. 监理设施

(1) 建设单位应按建设工程监理合同约定，提供监理工作需要的办公、交通、通信、生活等设施。

(2) 项目监理机构宜妥善使用和保管建设单位提供的设施，并应按建设工程监理合同约定的时间移交建设单位。

(3) 工程监理单位宜按建设工程监理合同约定，配备满足监理工作需要的检测设备和工器具。

3. 监理规划

（1）监理规划的主要内容包括：工程概况，监理工作的范围、内容、目标，监理工作依据，监理组织形式、人员配备及进退场计划、监理人员岗位职责，监理工作制度，工程质量控制，工程造价控制，工程进度控制，安全生产管理的监理工作，合同与信息管理，组织协调，监理工作设施。监理规划可在签订建设工程监理合同及收到工程设计文件后由总监理工程师组织编制，并应在召开第一次工地会议前报送建设单位。实施过程中，实际情况或条件发生变化而需要调整监理规划时，应由总监理工程师组织专业监理工程师修改，并应经工程监理单位技术负责人批准后报建设单位。

（2）监理实施细则的主要内容包括：专业工程特点，监理工作流程，监理工作要点以及监理工作方法和措施。监理实施细则可随工程进度编制，但必须在相应工程施工前完成，并经总监理工程师审批后实施。

9.5.3 工程质量、造价、进度控制及安全生产管理

1. 一般规定

（1）项目监理机构监理人员应熟悉工程设计文件，并参加建设单位主持的图纸会审和设计交底会议。工程开工前，项目监理机构监理人员应参加由建设单位主持召开的第一次工地会议。

（2）项目监理机构应定期召开监理例会，并组织有关单位研究解决与监理相关的问题。项目监理机构可根据工程需要，主持或参加专题会议，解决监理工作范围内工程专项问题。

（3）项目监理机构应协调工程建设相关方的关系；审查施工单位报审的施工组织设计并要求施工单位按已批准的施工组织设计组织施工；分包工程开工前，项目监理机构应审核施工单位报送的分包单位资格报审表。

（4）总监理工程师应组织专业监理工程师审查施工单位报送的开工报审表及相关资料，报建设单位批准后，总监理工程师签发工程开工令。

（5）项目监理机构宜根据工程特点、施工合同、工程设计文件及经过批准的施工组织设计对工程风险进行分析，并提出工程质量、造价、进度目标控制及安全生产管理的防范性对策。

2. 工程质量控制

工程质量控制工作包括：审查施工单位现场的质量管理组织机构、管理制度及专职管理人员和特种作业人员的资格；审查施工单位报审的施工方案；审查施工单位报送的新材料、新工艺、新技术、新设备的质量认证材料和相关验收标准的适用性；检查、复核施工单位报送的施工控制测量成果及保护措施；查验施工单位在施工过程中报送的施工测量放线成果；检查施工单位为工程提供服务的试验室；审查施工单位报送的用于工程的材料、构配件、设备的质量证明文件；对用于工程的材料进行见证取样、平行检验；审查施工单位定期提交影响工程质量的计量设备的检查和检定报告；对关键部位、关键工序进行旁站；对工程施工质量进行巡视；对施工质量进行平行检验；验收施工单位报验的隐蔽工程、检验批、分项工程和分部工程；处置施工质量问题、质量缺陷、质量事故；审查施工单位提交的单位工程竣工验收报审表及竣工资料，组织工程竣工预验收；编写工程质量评估报告；参加工程竣工验收；等等。

3. 工程造价控制

工程造价控制工作包括：进行工程计量和付款签证；对实际完成量与计划完成量进行比较分析；审核竣工结算款，签发竣工结算款支付证书等。

4. 工程进度控制

工程进度控制工作包括：审查施工单位报审的施工总进度计划和阶段性施工进度计划；检查施工进度计划的实施情况；比较分析工程施工实际进度与计划进度，预测实际进度对工程总工期的影响等。

5. 安全生产管理

项目监理机构应按照"不回避、不扩大"的原则，代表工程监理单位履行建设工程安全生产管理法定职责，包括：审查施工单位现场安全生产规章制度的建立和实施情况；审查施工单位安全生产许可证及施工单位项目经理、专职安全生产管理人员和特种作业人员的资格；核查施工机械和设施的安全许可验收手续；审查施工单位报审的专项施工方案；处置安全事故隐患等。

9.5.4　工程变更、索赔及施工合同争议处理

《建设工程监理规范》(GB/T 50319—2013)规定，项目监理机构应依据建设工程监理合同约定进行施工合同管理，处理工程暂停及复工、工程变更、索赔及施工合同争议、解除等事宜。施工合同终止时，项目监理机构应协助建设单位按施工合同约定处理施工合同终止的有关事宜。

1. 工程暂停及复工

包括：总监理工程师签发工程暂停令的权力和情形；暂停施工事件发生时的监理职责；工程复工申请的批准或指令。

2. 工程变更

包括：施工单位提出的工程变更处理程序、工程变更价款处理原则；建设单位要求的工程变更的监理职责。

3. 费用索赔

包括：处理费用索赔的依据和程序；批准施工单位费用索赔应满足的条件；施工单位的费用索赔与工程延期要求相关联时的监理职责；建设单位向施工单位提出索赔时的监理职责。

4. 工程延期及工期延误

包括：处理工程延期要求的程序；批准施工单位工程延期要求应满足的条件；施工单位因工程延期提出费用索赔时的监理职责；发生工期延误时的监理职责。

5. 施工合同争议

包括：处理施工合同争议时的监理工作程序、内容和职责。

6. 施工合同解除

包括：因建设单位原因导致施工合同解除时的监理职责；因施工单位原因导致施工合同解除时的监理职责；因非建设单位、施工单位原因导致施工合同解除时的监理职责。

9.5.5　监理文件资料管理

《建设工程监理规范》(GB/T 50319—2013)规定，项目监理机构应建立完善监理文件资料管理制度，宜设专人管理监理文件资料。项目监理机构应及时、准确、完整地收集、整理、编制、传递监理文件资料，并宜采用信息技术进行监理文件资料管理。

1. 监理文件资料内容

规范明确了18项监理文件资料，并规定监理日志、监理月报、监理工作总结应包括的内容。

2. 监理文件资料归档

包括：项目监理机构应及时整理、分类汇总监理文件资料，并应按规定组卷，形成监理档案；工程监理单位应根据工程特点和有关规定，保存监理档案，并应向有关单位、部门移交需要存档的监理文件资料。

9.5.6 设备采购、监造及相关服务

《建设工程监理规范》(GB/T 50319—2013)规定，项目监理机构应根据建设工程监理合同约定的设备采购与设备监造工作内容配备监理人员，明确岗位职责，编制设备采购设备监造工作计划，并应协助建设单位编制设备采购与设备监造方案；工程监理单位应根据建设工程监理合同约定的相关服务范围，开展相关服务工作，并编制相关服务工作计划。

1. 设备采购

包括设备采购招标和合同谈判时的监理职责，设备采购文件资料应包括的内容。

2. 设备监造

项目监理机构应检查设备制造单位的质量管理体系；审查设备制造单位报送的设备制造生产计划和工艺方案，设备制造的检验计划和检验要求，设备制造的原材料、外购配套件、元器件、标准件，以及坯料的质量证明文件及检验报告等；对设备制造过程进行监督和检查，对主要及关键零部件的制造工序进行抽检。

项目监理机构应审核设备制造过程的检验结果，并检查和监督设备的装配过程；项目监理机构应参加设备整机性能检测、调试和出厂验收；专业监理工程师应审查设备制造单位报送的设备制造结算文件。

3. 相关服务

(1) 工程监理单位在勘察阶段可提供的服务工作内容包括：协助建设单位选择勘察单位并签订工程勘察合同；审查勘察单位提交的勘察方案；检查勘察现场及室内试验主要岗位操作人员的资格、所使用设备、仪器计量的检定情况；检查勘察进度计划执行情况；审核勘察单位提交的勘察费用支付申请；审查勘察单位提交的勘察成果报告，参与勘察成果验收；协调处理勘察延期、费用索赔等事宜。

(2) 工程监理单位在设计阶段可提供的服务工作内容包括：协助建设单位选择设计单位并签订工程设计合同；审查各专业、各阶段设计进度计划；检查设计进度计划执行情况；审核设计单位提交的设计费用支付申请；审查设计单位提交的设计成果；审查设计单位提出的新材料、新工艺、新技术、新设备在相关部门的备案情况；审查设计单位提出的设计概算、施工图预算；协助建设单位组织专家评审设计成果；协助建设单位报审有关工程设计文件；协调处理设计延期、费用索赔等事宜。

(3) 工程保修阶段服务：承担工程保修阶段的服务工作时，工程监理单位应定期回访；对建设单位或使用单位提出的工程质量缺陷，工程监理单位应安排监理人员进行检查和记录，并应要求施工单位予以修复，同时应监督实施，合格后应予以签认；工程监理单位应对工程质量缺陷原因进行调查，并应与建设单位、施工单位协商确定责任归属；对非施工单位原因造成的工程质量缺陷，应核实施工单位申报的修复工程费用，并应签认工程款支付证书，同时应报建设单位。

9.6 建设工程监理法规体系基本建成

9.6.1 建设工程监理制度发展历程

1988年,建设部发布《关于开展建设监理工作的通知》,标志着我国建设工程监理制度试点的开始。1997年,《建筑法》首次以法律的形式明确规定了"国家推行建筑工程监理制度"。根据住房城乡建设部数据,截至2021年年底,我国建设工程监理企业已超过12 000个,监理从业人员超过166万人,建设工程监理制度已经成为我国工程建设领域中不可或缺的一部分,为工程项目的质量和安全提供了有力保障。

2017年《国务院办公厅关于促进建筑业持续健康发展的意见》(国办发〔2017〕19号)指出,要完善工程建设组织模式,包括加快推行工程总承包和培育全过程工程咨询。2019年国家发展改革委和住房城乡建设部发布《关于推进全过程工程咨询服务发展的指导意见》,全过程工程咨询服务内容包括投资决策综合性咨询和工程建设全过程咨询,这为工程监理企业转型升级指明了发展方向;随着数字经济的到来,监理企业要融合应用建筑信息模型(BIM)、大数据、云计算、物联网、区块链等新一代信息技术,实现工程监理和全过程工程咨询数字化。

9.6.2 现行建设工程监理法规体系

建设工程监理法规是指调整建设工程监理活动中发生的各种社会关系的法律规范的总称。与建设工程监理密切相关的法律有《建筑法》《招标投标法》《民法典》《中华人民共和国安全生产法》,与建设工程监理密切相关的行政法规有《建设工程质量管理条例》《建设工程安全生产管理条例》《生产安全事故报告和调查处理条例》《招标投标法实施条例》等,建设工程监理法规知识点导图如图9-1所示。现行的建设工程监理专门规章和规范性文件主要有:

《建设工程企业资质管理制度改革方案》(2020年11月30日)
《监理工程师职业资格制度规定》(2020年2月28日)
《监理工程师职业资格考试实施办法》(2020年2月28日)
《人力资源社会保障部关于降低或取消部分准入类职业资格考试工作年限要求有关事项的通知》(人社部发〔2022〕8号,2022年2月21日)
《建设工程监理范围和规模标准规定》(2001年1月17日)
《标准监理招标文件》(2017年版)
《建设工程监理规范》(GB/T 50319—2013)

9.6.3 建设工程监理法规体系有待完善

我国建设工程监理法规体系虽然已经基本建成,但是目前仍然缺少像《建设工程质量管理条例》这样重量级的法规,这导致在监理工作中缺乏系统、具体的指导和管理依据,不利于监理工作的深入开展。期待国家尽快制定并出台专门的建设工程监理条例,明确监理工作的法律地位、职责、权利、义务等方面的问题,为监理工作的深入开展提供具体的法律指导和管理依据。

同时,加强与国际监理组织和先进国家的交流与合作,学习借鉴他们的先进经验和管理模式,推动我国建设工程监理法规体系的不断完善和发展。

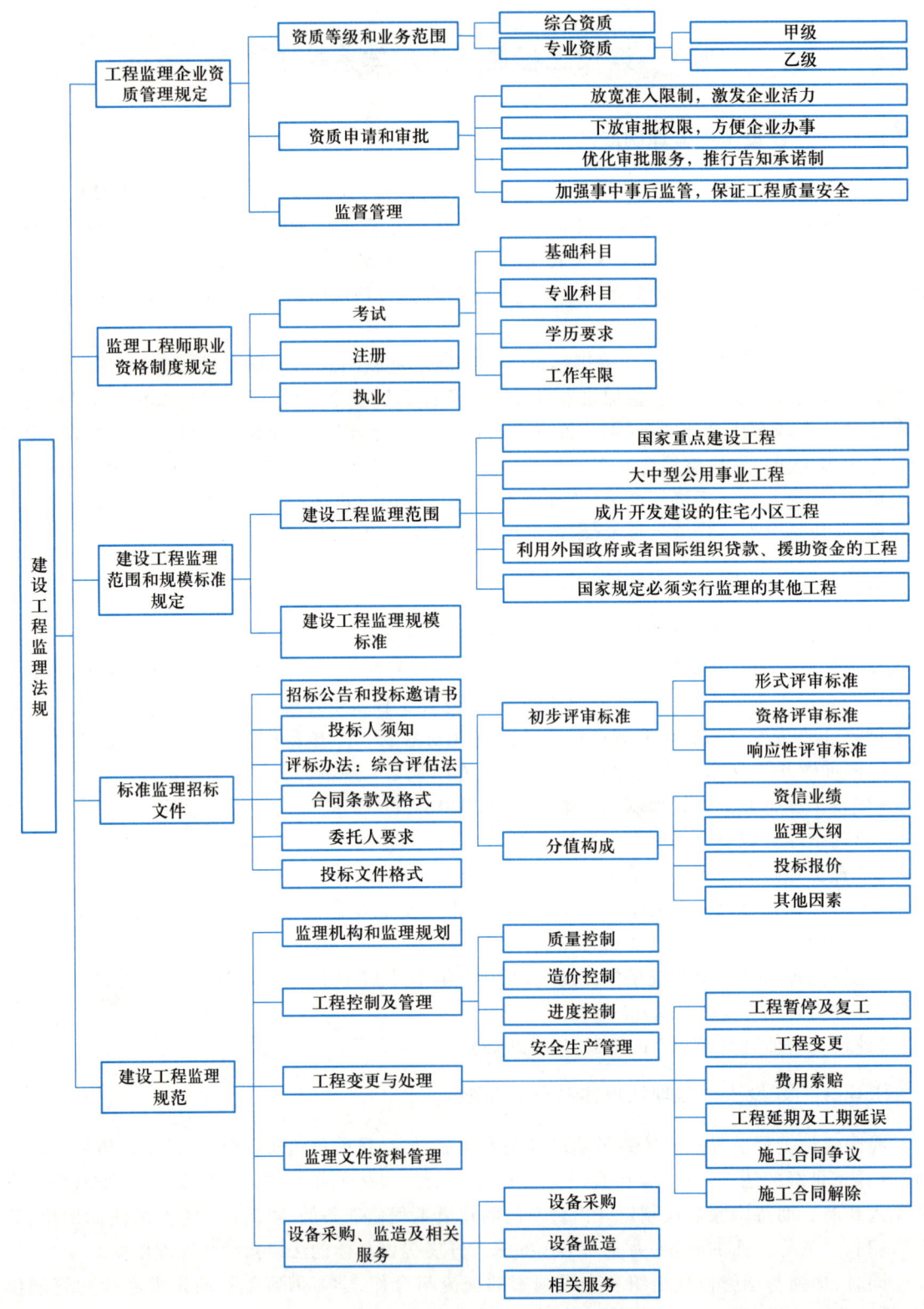

图 9-1 建设工程监理法规知识点导图

1. 工程监理企业资质等级是如何划分的？
2. 注册监理工程师制度的核心内容有哪些？
3. 哪些建设工程必须实行监理？
4. 建设工程监理规模是如何确定的？
5. 建设工程标准监理招标文件的主要内容有哪些？
6. 建设工程监理规范的主要内容有哪些？

第 9 章　案例

第 9 章　测试题及参考答案

第10章　建设工程安全生产法律制度

 本章学习目标

1. 了解《建筑法》《中华人民共和国安全生产法》《建设工程安全生产管理条例》等法律法规对建设工程建设单位和相关单位的安全责任的规定。

2. 掌握施工安全生产许可证制度和施工单位安全生产责任制度,尤其是全员安全生产责任制、安全生产规章制度、风险分级管控制度和事故隐患排查治理制度等。

3. 能够熟练编制安全技术措施和专项施工方案,制定生产安全事故应急救援预案,撰写生产安全事故报告,并参与生产安全事故的调查和处理。

10.1　建设单位和相关单位的安全责任制度

《建筑法》《中华人民共和国安全生产法》(简称《安全生产法》)、《建设工程安全生产管理条例》等法律法规明确规定了建设单位和相关单位的安全责任,相关知识点导图如图10-1所示。

10.1.1　建设单位的安全责任

1. 依法办理有关审批手续

《建筑法》规定,有下列情形之一的,建设单位应当按照国家有关规定办理申请批准手续:① 需要临时占用规划批准范围以外场地的;② 可能损坏道路、管线、电力、邮电通信等公共设施的;③ 需要临时停水、停电、中断道路交通的;④ 需要进行爆破作业的;⑤ 法律、法规规定需要办理报批手续的其他情形。

2. 提供有关安全施工措施的资料

建设单位在领取施工许可证时,应当提供建设工程有关安全施工措施的资料;依法批准开工报告的建设工程,建设单位应当自开工报告批准之日起15日内,将保证安全施工的措施报送建设工程所在地的县级以上地方人民政府建设行政主管部门或者其他有关部门备案。

建设工程有关安全施工措施的资料一般包括:中标通知书,工程施工合同,施工现场总平面布置图,临时设施规划方案和已搭建情况,施工现场安全防护设施搭设(设置)计划、施工进度计划、安全措施费用计划,专项安全施工组织设计(方案、措施),拟进入施工现场使用的施工起重机械设备(塔式起重机、物料提升机、外用电梯)的型号、数量,工程项目负责人、安全管理人员及特种作业人员持证上岗情况,建设单位安全监督人员名册、工程监理单位人员名册,以及其他应提交的材料。

3. 向施工单位提供有关资料

建设单位应当向施工单位提供施工现场及毗邻区域内供水、排水、供电、供气、供热、通信、广播电视等地下管线资料,气象和水文观测资料,相邻建筑物和构筑物、地下工程的有关资料,并保证资料的真实、准确、完整。

上述原始资料是工程勘察、设计、施工、监理等单位赖以进行相关工程建设的基础性资料。建设单位作为建设活动的总负责方,向工程建设的相关主体提供原始资料,以及施工地段地下管线、管廊的现状资料,并保证这些资料的真实、准确、齐全,是其基本的工程安全责任和义务。

4. 确保安全生产所需费用

建设单位在编制工程概算时,应当确定建设工程安全作业环境及安全施工措施所需费用,并依法足额向施工单位提供。

工程概算是在初步设计阶段,根据初步设计的图纸、概算定额或概算指标、费用定额及其他有关文件,概略计算的拟建工程费用。建设单位虽然不是作业人员的用人单位,但是作为项目所有权人,有义务为对方提供满足安全施工的作业环境及安全施工措施所需费用。

5. 若干具体性规定

《建设工程安全生产管理条例》规定,建设单位不得对勘察、设计、施工、监理等单位提出不符合建设工程安全生产法律、法规和强制性标准规定的要求,不得压缩合同约定的工期;建设单位不得明示或者暗示施工单位购买、租赁、使用不符合安全施工要求的安全防护用具、机械设备、施工机具及配件、消防设施和器材。

建设单位应当将拆除工程发包给具有相应资质等级的施工单位。建设单位应当在拆除工程施工 15 日前,将下列资料报送建设工程所在地的县级以上地方人民政府建设行政主管部门或者其他有关部门备案:① 施工单位资质等级证明;② 拟拆除建筑物、构筑物及可能危及毗邻建筑的说明;③ 拆除施工组织方案;④ 堆放、清除废弃物的措施。

显然,建设工程安全生产不仅仅是针对工程现场施工阶段,而是贯穿于工程项目建设的全过程,即勘察、设计、施工、监理、拆除等全寿命周期。

10.1.2 勘察和设计单位的安全责任

1. 勘察单位的安全责任

《建设工程安全生产管理条例》规定,勘察单位应当按照法律、法规和工程建设强制性标准进行勘察,提供的勘察文件应当真实、准确,满足建设工程安全生产的需要。勘察单位在勘察作业时,应当严格执行操作规程,采取措施保证各类管线、设施和周边建筑物、构筑物的安全。

勘察人开展工程勘察活动时应采取安全防护措施,确保人员、设备和设施的安全;在燃气管道、热力管道附近等风险性较大的地点,以及在易燃易爆地段及放射、有毒环境中进行工程勘察作业时,应编制安全防护方案并制定应急预案。

《建设工程勘察质量管理办法》规定,司钻员、描述员、土工试验员等人员应当按照有关规定接受安全生产、职业道德、理论知识和操作技能等方面的专业培训。

2. 设计单位的安全责任

《建设工程安全生产管理条例》规定,设计单位应当按照法律、法规和工程建设强制性标准进行设计,防止因设计不合理导致生产安全事故的发生。

设计单位应当考虑施工安全操作和防护的需要,对涉及施工安全的重点部位和环节在设计文件中注明,并对防范生产安全事故提出指导意见。采用新结构、新材料、新工艺的建设工程和特殊结构的建设工程,设计单位应当在设计中提出保障施工作业人员安全和预防生产安全事故的措施建议。

《安全生产法》规定,建设项目安全设施的设计人、设计单位应当对安全设施设计负责。《建设工程安全生产管理条例》规定,设计单位和注册建筑师等注册执业人员应当对其设计负责。

10.1.3　工程监理单位的安全责任

《建设工程安全生产管理条例》规定,工程监理单位在实施监理的过程中,发现存在安全事故隐患的,应当要求施工单位整改;情况严重的,应当要求施工单位暂时停止施工,并及时报告建设单位。施工单位拒不整改或者不停止施工的,工程监理单位应当及时向有关主管部门报告。

工程监理单位应当审查施工组织设计中的安全技术措施或者专项施工方案是否符合工程建设强制性标准;对于达不到强制性标准的,应当要求施工单位进行补充完善。

《建设工程安全生产管理条例》规定,工程监理单位和监理工程师应当按照法律、法规和工程建设强制性标准实施监理,并对建设工程安全生产承担监理责任。

10.1.4　机械设备和检验检测等单位的安全责任

1. 机械设备相关单位的安全责任

《建设工程安全生产管理条例》规定,为建设工程提供机械设备和配件的单位,应当按照安全施工的要求配备齐全有效的保险、限位等安全设施和装置。出租的机械设备和施工机具及配件,应当具有生产(制造)许可证、产品合格证;出租单位应当对出租的机械设备和施工机具及配件的安全性能进行检测,在签订租赁协议时,应当出具检测合格证明;禁止出租检测不合格的机械设备和施工机具及配件。

在施工现场安装、拆卸施工起重机械和整体提升脚手架、模板等自升式架设设施的单位,应当依法取得建设主管部门颁发的相应资质和建筑施工企业安全生产许可证,并在其资质许可范围内承揽工程;施工前应当编制拆装方案、制定安全施工措施,并由专业技术人员现场监督;安装完毕后,安装单位应当自检,出具自检合格证明,并向施工单位进行安全使用说明,办理验收手续并签字;使用期限达到国家规定的检验检测期限的,必须经具有专业资质的检验检测机构检测。经检测不合格的,不得继续使用。

2. 检验检测机构的安全责任

《安全生产法》规定,承担安全评价、认证、检测、检验职责的机构应当具备国家规定的资质条件,并对其作出的安全评价、认证、检测、检验结果的合法性、真实性负责;应当建立并实施服务公开和报告公开制度,不得租借资质、挂靠、出具虚假报告。

《建设工程安全生产管理条例》规定,检验检测机构对检测合格的施工起重机械和整体提升脚手架、模板等自升式架设设施,应当出具安全合格证明文件,并对检测结果负责。

《中华人民共和国特种设备安全法》规定,特种设备检验、检测机构的检验、检测人员应当经考核,取得检验、检测人员资格,方可从事检验、检测工作;不得同时在两个以上检验、检测机构中执业;变更执业机构的,应当依法办理变更手续;应当客观公正、及时地出具检验、检测报告,并对检验、检测结果和鉴定结论负责;在检验检测中发现特种设备存在严重事故隐患时,应当及时告知相关单位,并立即向负责特种设备安全监督管理的部门报告;特种设备检验、检测机构及其检验、检测人员不得从事有关特种设备的生产、经营活动,不得推荐或者监制、监销特种设备。

10.2　施工安全生产许可证制度

《安全生产许可证条例》和《建筑施工企业安全生产许可证管理规定》规定,国家对建筑施工企业实行安全生产许可制度。2022年起,已在部分省市开展建筑施工企业安全生产许可证电子证照试运行。

10.2.1　申请领取安全生产许可证的程序和条件

1. 申请领取安全生产许可证的程序

建筑施工企业申请安全生产许可证时,应当向住房城乡建设主管部门提供下列材料:① 建筑施工企业安全生产许可证申请表;② 企业法人营业执照;③ 证明企业符合安全生产条件规定的相关文件、材料。

住房城乡建设主管部门应当自受理建筑施工企业的申请之日起45日内审查完毕;经审查符合安全生产条件的,颁发安全生产许可证;不符合安全生产条件的,不予颁发安全生产许可证,书面通知企业并说明理由。企业自接到通知之日起应当进行整改,整改合格后方可再次提出申请。住房城乡建设主管部门审查建筑施工企业安全生产许可证申请,涉及铁路、交通、水利等有关专业工程时,可以征求铁路、交通、水利等有关部门的意见。

2. 申请领取安全生产许可证的条件

建筑施工企业取得安全生产许可证,应当具备下列安全生产条件:① 建立健全安全生产责任制,制定完备的安全生产规章制度和操作规程;② 保证本单位安全生产条件所需资金的投入;③ 设置安全生产管理机构,按照国家有关规定配备专职安全生产管理人员;④ 主要负责人、项目负责人、专职安全生产管理人员经建设主管部门或者其他有关部门考核合格;⑤ 特种作业人员经有关业务主管部门考核合格,取得特种作业操作资格证书;⑥ 管理人员和作业人员每年至少进行1次安全生产教育培训并考核合格;⑦ 依法参加工伤保险,依法为施工现场从事危险作业的人员办理意外伤害保险,为从业人员交纳保险费;⑧ 施工现场的办公、生活区及作业场所和安全防护用具、机械设备、施工机具及配件符合有关安全生产法律、法规、标准和规程的要求;⑨ 有职业危害防治措施,并为作业人员配备符合国家标准或者行业标准的安全防护用具和安全防护服装;⑩ 有对危险性较大的分部分项工程及施工现场易发生重大事故的部位、环节的预防、监控措施和应急预案;⑪ 有生产安全事故应急救援预案、应急救援组织或者应急救援人员,配备必要的应急救援器材、设备;⑫ 法律、法规规定的其他条件。

10.2.2　安全生产许可证的有效期和撤销

1. 安全生产许可证的有效期

《建筑施工企业安全生产许可证管理规定》规定,安全生产许可证的有效期为3年。安全生产许可证有效期满需要延期的,企业应当于期满前3个月向原安全生产许可证颁发管理机关办理延期手续。企业在安全生产许可证有效期内,严格遵守有关安全生产的法律法规,未发生死亡事故的,安全生产许可证有效期届满时,经原安全生产许可证颁发管理机关同意,不再审查,安全生产许可证有效期延期3年。

建筑施工企业变更名称、地址、法定代表人等,应当在变更后10日内,到原安全生产许可证颁发管理机关办理安全生产许可证变更手续。建筑施工企业破产、倒闭、撤销的,应当将安全生产许可证交回原安全生产许可证颁发管理机关予以注销。

2. 安全生产许可证的撤销

《建筑施工企业安全生产许可证管理规定》规定,建筑施工企业取得安全生产许可证后,不得降低安全生产条件,并应当加强日常安全生产管理,接受住房城乡建设主管部门的监督检查。安全生产许可证颁发管理机关发现企业不再具备安全生产条件的,应当暂扣或者吊销安全生产许可证。企业不得转让、冒用安全生产许可证或者使用伪造的安全生产许可证。

安全生产许可证颁发管理机关或者其上级行政机关发现有下列情形之一的,可以撤销已经颁发的安全生产许可证:① 安全生产许可证颁发管理机关工作人员滥用职权、玩忽职守颁发安全生产许可证的;② 超越法定职权颁发安全生产许可证的;③ 违反法定程序颁发安全生产许可证的;④ 对不具备安全生产条件的建筑施工企业颁发安全生产许可证的;⑤ 依法可以撤销已经颁发的安全生产许可证的其他情形。

10.3　施工单位安全生产责任制度

《安全生产法》规定,生产经营单位必须建立健全全员安全生产责任制和安全生产规章制度,构建安全风险分级管控和隐患排查治理双重预防机制,健全风险防范化解机制。

10.3.1　建立健全全员安全生产责任制和安全生产规章制度

1. 施工单位主要负责人对安全生产工作全面负责

《建筑施工企业主要负责人、项目负责人和专职安全生产管理人员安全生产管理规定实施意见》规定,企业主要负责人包括法定代表人、总经理(总裁)、分管安全生产的副总经理(副总裁)、分管生产经营的副总经理(副总裁)、技术负责人、安全总监等。

《安全生产法》规定,生产经营单位的主要负责人是本单位安全生产第一责任人,对本单位的安全生产工作全面负责。其他负责人对职责范围内的安全生产工作负责。主要负责人对安全生产工作负有下列职责:① 建立健全并落实本单位全员安全生产责任制,加强安全生产标准化建设;② 组织制定并实施本单位安全生产规章制度和操作规程;③ 组织制定并实施本单位安全生产教育和培训计划;④ 保证本单位安全生产投入的有效实施;⑤ 组织建立并落实安全风险分级管控和隐患排查治理双重预防工作机制,督促、检查本单位的安全生产工作,及时消除生产安全事故隐患;⑥ 组织制定并实施本单位的生产安全事故应急救援预案;⑦ 及时、如实报告生产安全事故。生产经营单位可以设置专职安全生产分管负责人,协助本单位主要负责人履行安全生产管理职责。

主要负责人应当与项目负责人签订安全生产责任书,确定项目安全生产考核目标、奖惩措施,以及企业为项目提供的安全管理和技术保障措施。工程项目实行总承包的,总承包企业应当与分包企业签订安全生产协议,明确双方安全生产责任。

2. 施工单位安全生产管理机构和专职安全生产管理人员的职责

《建筑施工企业安全生产管理机构设置及专职安全生产管理人员配备办法》规定,建筑施工企业应当依法设置安全生产管理机构,在企业主要负责人的领导下开展本企业的安全生产管理工作;专职安全生产管理人员的配备要符合相关指标要求。

建筑施工企业安全生产管理机构具有以下职责:① 宣传和贯彻国家有关安全生产法律法规和标准;② 编制并适时更新安全生产管理制度并监督实施;③ 组织或参与企业生产安全事故应急救援预案的编制及演练;④ 组织开展安全教育培训与交流;⑤ 协调配备项目专职安全生产管理人员;⑥ 制订企业安全生产检查计划并组织实施;⑦ 监督在建项目安全生产费用的使用;⑧ 参与危险性较大工程安全专项施工方案专家论证会;⑨ 通报在建项目违规违章查处情况;⑩ 组织开展安全生产评优评先表彰工作;⑪ 建立企业在建项目安全生产管理档案;⑫ 考核评价分包企业安全生产业绩及项目安全生产管理情况;⑬ 参加生产安全事故的调查和处理工作;⑭ 企业明确的其他安全生产管理职责。

《建筑施工企业安全生产管理机构设置及专职安全生产管理人员配备办法》同时明确了建筑施工企业安全生产管理机构专职安全生产管理人员在施工现场检查过程中的职责,其核心要义就是确保建筑施工企业安全生产管理机构职责的落实。

3. 建设工程项目安全生产领导小组的职责

建筑施工企业应当在建设工程项目组建安全生产领导小组。建设工程实行施工总承包的,安全生产领导小组由总承包企业、专业承包企业和劳务分包企业项目经理、技术负责人和专职安全生产管理人员组成。

安全生产领导小组的主要职责有:① 贯彻落实国家有关安全生产法律法规和标准;② 组织制定项目安全生产管理制度并监督实施;③ 编制项目生产安全事故应急救援预案并组织演练;④ 保证项目安全生产费用的有效使用;⑤ 组织编制危险性较大工程安全专项施工方案;⑥ 开展项目安全教育培训;⑦ 组织实施项目安全检查和隐患排查;⑧ 建立项目安全生产管理档案;⑨ 及时、如实报告安全生产事故。

10.3.2 风险分级管控与安全事故隐患排查治理制度

根据《安全生产法》规定的"安全第一、预防为主、综合治理的方针",施工企业要建立健全风险分级管控制度与生产安全事故隐患排查治理制度。

1. 安全风险分级管控

生产经营单位应当建立安全风险分级管控制度,按照安全风险分级采取相应的管控措施。企业及工程项目的主要负责人对重大隐患排查治理工作全面负责。建筑施工企业应当定期组织安全生产管理人员、工程技术人员和其他相关人员排查每一个工程项目的重大隐患,特别是对深基坑、高支模、地铁隧道等技术难度大、风险大的重要工程应重点定期排查。对排查出的重大隐患,应及时实施治理消除,并将相关情况进行登记存档。

《房屋市政工程生产安全重大事故隐患判定标准(2022版)》规定,施工安全管理有下列情形之一的,应判定为重大事故隐患:① 建筑施工企业未取得安全生产许可证擅自从事建筑施工活动;② 施工单位的主要负责人、项目负责人、专职安全生产管理人员未取得安全生产考核合格证书从事相关工作;③ 建筑施工特种作业人员未取得特种作业人员操作资格证书上岗作业;④ 危险性较大的分部分项工程未编制、未审核专项施工方案,或未按规定组织专家对"超过一定规模的危险性较大的分部分项工程范围"的专项施工方案进行论证。

2. 生产安全事故隐患排查治理制度

生产经营单位应当建立健全并落实生产安全事故隐患排查治理制度,采取技术、管理措施,及时发现并消除事故隐患。事故隐患排查治理情况应当如实记录,并通过职工大会或者职工代表大会、信息公示栏等方式向从业人员通报。其中,重大事故隐患排查治理情况应当及时向负有安全生产监督管理职责的部门和职工大会或者职工代表大会报告。

10.3.3 施工总承包和分包单位的安全生产责任

《安全生产法》规定,两个以上生产经营单位在同一作业区域内进行生产经营活动,可能危及对方生产安全的,应当签订安全生产管理协议,明确各自的安全生产管理职责和应当采取的安全措施,并指定专职安全生产管理人员进行安全检查与协调。

1. 施工总承包单位的安全生产责任

总承包单位依法将建设工程分包给其他单位的,分包合同中应当明确各自的安全生产方面的权利、义务。总承包单位和分包单位对分包工程的安全生产承担连带责任。

实行施工总承包的,由总承包单位统一组织编制建设工程生产安全事故应急救援预案,工程总承包单位和分包单位按照应急救援预案,各自建立应急救援组织或者配备应急救援人员,配备救援器材、设备,并定期组织演练。

《建设工程安全生产管理条例》规定,实行施工总承包的建设工程,由总承包单位负责上报事故。

2. 分包单位应当承担的安全生产责任

分包单位应当服从总承包单位的安全生产管理,分包单位不服从管理导致生产安全事故的,由分包单位承担主要责任。

分包合同应当明确总分包单位双方的管理服从关系与各自的安全生产责任,分包单位作为工程分包合同的一方主体理应遵守履行,否则导致生产安全事故时就应该承担主要责任。

10.3.4 负责人施工现场带班制度

1. 施工单位负责人施工现场带班制度

企业主要负责人和领导班子成员要轮流现场带班。建筑施工企业负责人要定期带班检查,每月检查时间不少于其工作日的25%。建筑施工企业负责人带班检查时,应认真做好检查记录,并分别在企业和工程项目存档备查。

工程项目进行超过一定规模的危险性较大的分部分项工程施工时,建筑施工企业负责人应到施工现场进行带班检查。工程项目出现险情或发现重大隐患时,建筑施工企业负责人应到施工现场带班检查,督促工程项目进行整改,及时消除险情和隐患。

对于有分公司(非独立法人)的企业集团,集团负责人因故不能到现场的,可书面委托工程所在地的分公司负责人对施工现场进行带班检查。

2. 项目负责人施工现场带班制度

项目负责人是工程项目质量安全管理的第一责任人,应对工程项目落实带班制度负责。项目负责人在同一时期只能承担一个工程项目的管理工作。项目负责人带班生产时,要全面掌握工程项目质量安全生产状况,加强对重点部位、关键环节的控制,及时消除隐患。要认真做好带班生产记录并签字存档备查。项目负责人每月带班生产时间不得少于本月施工时间的80%。因其他事务需离开施工现场时,应向工程项目的建设单位请假,经批准后方可离开。离开期间应委托项目相关负责人负责其外出时的日常工作。

10.3.5 施工项目负责人的安全生产责任

施工单位的项目负责人应当由取得相应执业资格的人员担任,对建设工程项目的安全施工负责,落实安全生产责任制度、安全生产规章制度和操作规程,确保安全生产费用的有效使用,并根据工程的特点组织制定安全施工措施,消除安全事故隐患,及时、如实报告生产安全事故。

项目负责人应当按规定实施项目安全生产管理,监控危险性较大分部分项工程,及时排查处理施工现场安全事故隐患,隐患排查处理情况应当记入项目安全管理档案;发生事故时,应当按规定及时报告并开展现场救援。工程项目实行总承包的,总承包企业项目负责人应当定期考核分包企业安全生产管理情况。

10.3.6 施工作业人员安全生产的权利和义务

1. 施工作业人员的安全生产权利

根据《中华人民共和国劳动法》《建筑法》《安全生产法》《建设工程安全生产管理条例》等法律、行政法规的规定,施工作业人员享有的主要安全生产权利如下:

(1) 施工作业危险的知情权和建议权。
(2) 施工安全防护用品的获得权。
(3) 对危险行为的批评、检举、控告权和拒绝违章指挥权。
(4) 紧急避险权。
(5) 获得救治和请求民事赔偿权。
(6) 获得工伤保险、安全生产责任保险和意外伤害保险赔偿的权利。
(7) 依靠工会维护合法权益。

2. 施工作业人员的安全生产义务

根据《建筑法》《安全生产法》《建设工程安全生产管理条例》等法律、行政法规的规定,施工作业人员应当履行的主要安全生产义务如下:

(1) 遵章守规和正确使用安全防护用具。
(2) 接受安全生产教育培训。
(3) 及时报告安全事故隐患及其他危险。

10.3.7 施工单位安全生产教育培训

《中华人民共和国职业教育法》规定,企业应当根据本单位实际,有计划地对本单位的职工和准备招用的人员实施职业教育,并可以设置专职或者兼职实施职业教育的岗位。

教育培训的内容涉及:① 施工单位的全员安全生产教育培训;② 企业主要负责人、项目负责人和专职安全生产管理人员的安全生产培训考核;③ 施工单位特种作业人员的安全生产培训考核;④ 进入新岗位或者新施工现场前的安全生产教育培训;⑤ 采用新工艺、新技术、新材料或者使用新设备前的安全生产教育培训;⑥ 安全生产教育培训的方式;⑦ 安全生产教育培训经费的保障。

10.4　施工现场安全防护制度

施工现场安全防护制度涉及施工前和施工中在现场要采取的各种各样的安全防护措施,真正体现预防为主的原则。

10.4.1　编制安全技术措施和专项施工方案

《建设工程安全生产管理条例》规定,施工单位应当在施工组织设计中编制安全技术措施和施工现场临时用电方案,对下列达到一定规模的危险性较大的分部分项工程编制专项施工方案,并附具安全验算结果,经施工单位技术负责人、总监理工程师签字后实施,由专职安全生产管理人员进行现场监督:① 基坑支护与降水工程;② 土方开挖工程;③ 模板工程;④ 起重吊装工程;⑤ 脚手架工程;⑥ 拆除、爆破工程;⑦ 国务院建设行政主管部门或者其他有关部门规定的其他危险性较大的工程。上述工程中涉及深基坑、地下暗挖工程、高大模板工程的专项施工方案,施工单位还应当组织专家进行论证、审查。

10.4.2　施工现场安全防范措施

《建设工程安全生产管理条例》规定,施工单位应当在施工现场入口处、施工起重机械、临时用电设施、脚手架、出入通道口、楼梯口、电梯井口、孔洞口、桥梁口、隧道口、基坑边沿、爆破物及有害危险气体和液体存放处等危险部位,设置明显的安全警示标志。

施工单位应当根据不同施工阶段和周围环境及季节、气候的变化,在施工现场采取相应的安全施工措施。施工现场暂时停止施工的,施工单位应当做好现场防护,所需费用由责任方承担,或者按照合同约定执行。一些有较大危险的工程,在施工时更应注意。如土方工程在雨季施工时,应全面检查原有排水系统,进行疏浚或加固,必要时要增加排水措施,保证水流畅通,傍山沿河地区应制定防汛措施;在开挖基坑(槽)或管沟时,应四周垒填土埂,防止雨水流入,并要特别注意边坡和直立壁的稳定;必要时可放缓边坡或增设支撑,并加强对边坡和支撑的检查;雨期施工不宜靠房屋墙壁和围墙堆土,防止倒塌事故。大风、大雨期间应暂停施工。

施工单位对因建设工程施工可能造成损害的毗邻建筑物、构筑物和地下管线等,应当采取专项防护措施。施工单位应当遵守有关环境保护法律、法规的规定,在施工现场采取措施,防止或者减少粉尘、废气、废水、固体废物、噪声、振动和施工照明对人和环境的危害和污染。在城市市区内的建设工程施工单位应当对施工现场实行封闭围挡。

生产经营单位进行爆破、吊装、动火、临时用电以及国务院应急管理部门会同国务院有关部门规定的其他危险作业,应当安排专门人员进行现场安全管理,确保操作规程的遵守和安全措施的落实。进行危险作业时,作业人员必须严格按照操作规程进行操作,同时生产经营单位应当采取必要的事故防范措施,以防止生产安全事故的发生。

安全设备的设计、制造、安装、使用、检测、维修、改造和报废,应当符合国家标准或者行业标准。生产经营单位必须对安全设备进行经常性维护、保养,并定期检测,保证正常运转。维护、保养、检测应当做好记录,并由有关人员签字。生产经营单位不得关闭、破坏直接关系生产安全的监控、报警、防护、救生设备、设施,或者篡改、隐瞒、销毁其相关数据、信息。

《食品安全法实施条例》规定,建筑工地等集中用餐单位的食堂应当执行原料控制、餐具饮具清洗消毒、食品留样等制度,并依照食品安全法的规定定期开展食堂食品安全自查。

10.4.3 特种设备安全管理

《建设工程安全生产管理条例》规定,施工单位在使用施工起重机械和整体提升脚手架、模板等自升式架设设施前,应当组织有关单位进行验收,也可以委托具有相应资质的检验检测机构进行验收;使用承租的机械设备和施工机具及配件的,由施工总承包单位、分包单位、出租单位和安装单位共同进行验收。验收合格的方可使用。

《特种设备安全监察条例》规定的施工起重机械,在验收前应当经有相应资质的检验检测机构监督检验合格。施工单位应当自施工起重机械和整体提升脚手架、模板等自升式架设设施验收合格之日起30日内,向建设行政主管部门或者其他有关部门登记。登记标志应当置于或者附着于该设备的显著位置。

负责办理备案或者登记的建设主管部门应当建立本行政区域内的建筑起重机械档案,按照有关规定对建筑起重机械进行统一编号,并定期向社会公布建筑起重机械的安全状况。

《建筑起重机械安全监督管理规定》指出,监理单位应当履行下列安全职责:① 审核建筑起重机械特种设备制造许可证、产品合格证、制造监督检验证明、备案证明等文件;② 审核建筑起重机械安装单位、使用单位的资质证书、安全生产许可证和特种作业人员的特种作业操作资格证书;③ 审核建筑起重机械安装、拆卸工程专项施工方案;④ 监督安装单位执行建筑起重机械安装、拆卸工程专项施工方案情况;⑤ 监督检查建筑起重机械的使用情况;⑥ 发现存在生产安全事故隐患的,应当要求安装单位、使用单位限期整改,对安装单位、使用单位拒不整改的,及时向建设单位报告。该规定还对使用单位、施工总承包等单位的安全职责作出了规定。

10.4.4 施工现场消防安全责任

《建设工程安全生产管理条例》规定,施工单位应当在施工现场建立消防安全责任制度,确定消防安全责任人,制定用火、用电、使用易燃易爆材料等各项消防安全管理制度和操作规程,设置消防通道、消防水源,配备消防设施和灭火器材,并在施工现场入口处设置明显标志。同时,要结合本企业的实际,制定生产、经营、储运、科研过程中预防火灾的操作规程,确保消防安全。此外,施工单位还应当结合本单位防火工作的特点,有重点地进行消防安全知识的宣传教育,增强作业人员的消防安全意识,使作业人员了解本岗位的火灾特点,会使用灭火器材扑救初期火灾,会报火警,会自救逃生。

10.5 施工生产安全事故的应急救援和调查处理

《安全生产法》规定,生产安全事故分为一般事故、较大事故、重大事故和特别重大事故,具体划分标准由国务院规定。

10.5.1 生产安全事故的等级划分标准

《生产安全事故报告和调查处理条例》规定,根据生产安全事故造成的人员伤亡或者直接经济损失,事故一般分为以下等级:① 特别重大事故,是指造成30人以上死亡,或者100人以上重伤(包括急性工业中毒,下同),或者1亿元以上直接经济损失的事故;② 重大事故,是指造成10人以上30人以下死亡,或者50人以上100人以下重伤或者5 000万元以上1亿元以下直接经济损失的事故;③ 较大事故,是指造成3人以上10人以下死亡,或者10人以上50人以下重伤,或者1 000万元以上5 000万元以下直接经济损失的事故;④ 一般事故,是指造成3人以下死亡,或者10人以下重伤,或者1 000万元以下直接经济损失的事故。上述所称的"以上"包括本数,所称的"以下"不包括本数。

10.5.2 生产安全事故应急救援预案

《建设工程安全生产管理条例》规定,施工单位应当制定本单位生产安全事故应急救援预案,建立应急救援组织或者配备应急救援人员,配备必要的应急救援器材、设备,并定期组织演练。施工单位应当根据建设工程施工的特点、范围,对施工现场易发生重大事故的部位、环节进行监控,制定施工现场生产安全事故应急救援预案。

《生产安全事故应急预案管理办法》规定,编制应急预案前,编制单位应当进行事故风险辨识、评估和应急资源调查。生产经营单位组织应急预案编制过程中,应当根据法律、法规、规章的规定或者实际需要,征求相关应急救援队伍、公民、法人或其他组织的意见。生产经营单位编制的各类应急预案之间应当相互衔接,并与相关人民政府及其部门、应急救援队伍和涉及的其他单位的应急预案相衔接。

生产安全事故应急预案重在实施,主要包括以下内容:① 生产安全事故应急预案的宣传教育;② 施工生产安全事故应急人员培训;③ 生产安全事故应急救援预案演练;④ 施工生产安全事故应急救援;⑤ 施工生产安全事故应急救援记录;⑥ 生产安全事故应急预案实施情况总结评估;⑦ 施工生产安全事故应急救援终止;⑧ 施工生产安全事故应急救援救助、补偿;⑨ 生产安全事故应急预案修订与归档。

10.5.3 生产安全事故报告、调查和处理

1. 生产安全事故报告制度

《建设工程安全生产管理条例》规定,施工单位发生生产安全事故,应当按照国家有关伤亡事故报告和调查处理的规定,及时、如实地向负责安全生产监督管理的部门、建设行政主管部门或者其他有关部门报告;特种设备发生事故的,还应当同时向特种设备安全监督管理部门报告。

事故报告主要应当包括以下内容:① 事故的发生时间、地点和工程项目名称;② 事故已经造成或者可能造成的伤亡人数(包括下落不明人数);③ 事故工程项目的建设单位及项目负责人、施工单位及其法定代表人和项目经理、监理单位及其法定代表人和项目总监;④ 事故的简要经过和初步原因;⑤ 其他应当报告的情况。事故报告后出现新情况,以及事故发生之日起30日内伤亡人数发生变化的,应当及时补报。

2. 生产安全事故调查制度

《安全生产法》规定,事故调查处理应当按照科学严谨、依法依规、实事求是、注重实效的原则,及时、准确地查清事故原因,查明事故性质和责任,评估应急处置工作,总结事故教训,提出整改措施,并对事故责任单位和人员提出处理建议。事故调查报告应当依法及时向社会公布。

住房城乡建设主管部门应当按照有关人民政府的授权或委托,组织或参与事故调查组对事

故进行调查,并履行下列职责:① 核实事故基本情况,包括事故发生的经过、人员伤亡情况及直接经济损失;② 核查事故项目基本情况,包括项目履行法定建设程序情况、工程各参建单位履行职责的情况;③ 依据国家有关法律法规和工程建设标准分析事故的直接原因和间接原因,必要时组织对事故项目进行检测鉴定和专家技术论证;④ 认定事故的性质和事故责任;⑤ 依照国家有关法律法规提出对事故责任单位和责任人员的处理建议;⑥ 总结事故教训,提出防范和整改措施;⑦ 提交事故调查报告。

3. 生产安全事故处理

重大事故、较大事故、一般事故,负责事故调查的人民政府应当自收到事故调查报告之日起 15 日内作出批复;特别重大事故,30 日内作出批复;特殊情况下,批复时间可以适当延长,但延长的时间最长不超过 30 日。

有关机关应当按照人民政府的批复,依照法律、行政法规规定的权限和程序,对事故发生单位和有关人员进行行政处罚,对负有事故责任的国家工作人员进行处分。事故发生单位应当按照负责事故调查的人民政府的批复,对本单位负有事故责任的人员进行处理。负有事故责任的人员涉嫌犯罪的,依法追究刑事责任。

10.6 建设工程施工安全监督管理体制

县级以上地方人民政府住房城乡建设主管部门可以将施工安全监督工作委托所属的施工安全监督机构具体实施。

10.6.1 建筑施工安全监督机构及人员条件

根据《房屋建筑和市政基础设施工程施工安全监督规定》,施工安全监督机构应当具备以下条件:① 具有完整的组织体系,岗位职责明确;② 具有符合规定的施工安全监督人员,人员数量满足监督工作需要且专业结构合理,其中监督人员应当占监督机构总人数的 75% 以上;③ 具有固定的工作场所,配备满足监督工作需要的仪器、设备、工具及安全防护用品;④ 有健全的施工安全监督工作制度,具备与监督工作相适应的信息化管理条件。

施工安全监督人员应当具备下列条件:① 具有工程类相关专业大专及以上学历或初级及以上专业技术职称;② 具有两年及以上施工安全管理经验;③ 熟悉掌握相关法律法规和工程建设标准规范;④ 经业务培训考核合格,取得相关执法证书;⑤ 具有良好的职业道德。

10.6.2 建筑施工安全监督内容与程序

施工安全监督主要包括以下内容:① 抽查工程建设责任主体履行安全生产职责情况;② 抽查工程建设责任主体执行法律、法规、规章、制度及工程建设强制性标准情况;③ 抽查建筑施工安全生产标准化开展情况;④ 组织或参与工程项目施工安全事故的调查处理;⑤ 依法对工程建设责任主体违法违规行为实施行政处罚;⑥ 依法处理与工程项目施工安全相关的投诉、举报。

监督机构实施工程项目的施工安全监督,应当依照下列程序进行:① 受理建设单位申请并办理工程项目安全监督手续;② 制定工程项目施工安全监督工作计划并组织实施;③ 实施工程项目施工安全监督抽查并形成监督记录;④ 评定工程项目安全生产标准化工作并办理终止施工安全监督手续;⑤ 整理工程项目施工安全监督资料并立卷归档。

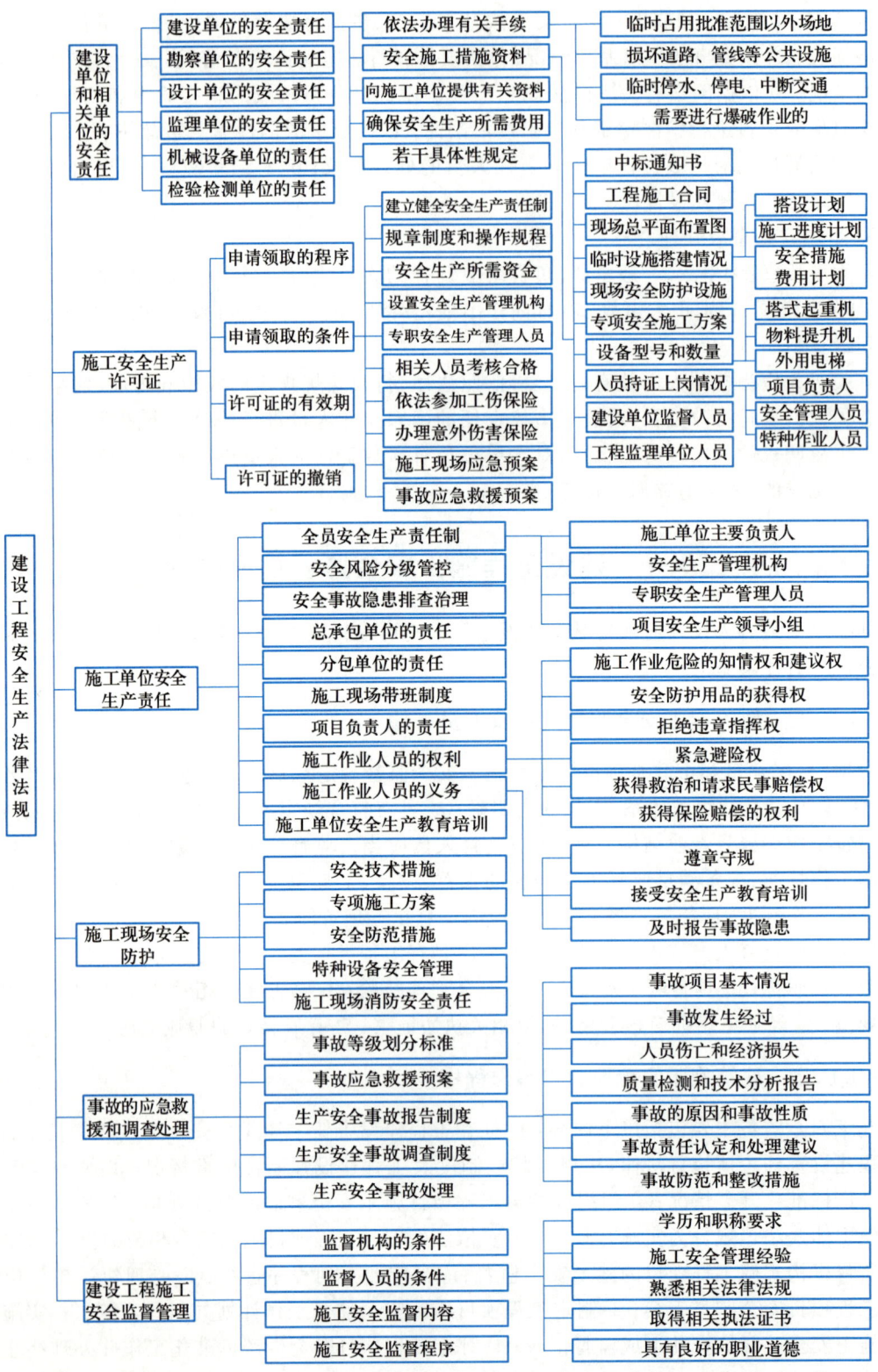

图 10-1 建设工程安全生产法律法规知识点导图

1. 建设单位应该依法办理哪些审批手续?
2. 有关安全施工措施的资料包括哪些内容?
3. 勘察单位的安全责任有哪些?
4. 设计单位的安全责任有哪些?
5. 工程监理单位的安全责任有哪些?
6. 什么是施工安全生产许可证制度?
7. 施工单位的安全生产责任制度有哪些?
8. 施工项目负责人的安全生产责任有哪些具体规定?
9. 施工现场安全防护制度有哪些具体内容?
10. 生产安全事故分为哪几类?其标准是如何划分的?
11. 生产安全事故应急救援预案的编制要求是什么?
12. 生产安全事故调查报告包括哪些内容?

第10章 案例　　　第10章 测试题及参考答案

第11章 建设工程质量法律制度

本章学习目标

1. 了解《建筑法》《民法典》《中华人民共和国标准化法》《建设工程质量管理条例》等法律法规中建设工程建设单位和相关单位的质量责任和义务。

2. 熟练掌握施工单位的质量责任和义务,尤其是按照设计图纸和施工技术标准施工、建筑材料和设备等的检验检测、施工质量检验和返修等规定。

3. 正确理解工程建设强制性标准的实施制度、建设工程质量体系认证制度、建设工程竣工验收制度及建设工程质量保修制度。

11.1 建设单位和相关单位的质量责任和义务

由《建筑法》《民法典》《中华人民共和国标准化法》(简称《标准化法》)、《产品质量法》《建设工程质量管理条例》《建设工程质量检测管理办法》等共同组成的建设工程质量法律法规体系对各自的质量责任和义务作了明确规定,其相关知识点导图如图11-1所示。

11.1.1 建设单位的质量责任和义务

建设单位是工程质量第一责任人,依法对工程质量承担全面责任。建设单位有权选择承包单位,有权对建设过程进行检查、控制,对建设工程进行验收,在整个建设活动中居于主导地位。

1. 依法发包工程

《建设工程质量管理条例》规定,建设单位应当将工程发包给具有相应资质等级的单位;建设单位不得将建设工程支解发包;建设单位应当依法对工程建设项目的勘察、设计、施工、监理以及与工程建设有关的重要设备、材料等的采购进行招标。

《建设工程质量管理条例》规定,实行监理的建设工程,建设单位应当委托具有相应资质等级的工程监理单位进行监理,也可以委托具有工程监理相应资质等级并与被监理工程的施工承包单位没有隶属关系或者其他利害关系的该工程的设计单位进行监理。

2. 依法办理相关手续

《房屋建筑和市政基础设施工程施工图设计文件审查管理办法》规定,国家实施施工图设计文件审查制度,建设单位应当依法报审施工图设计文件。施工图设计文件未经审查批准的,不得使用。

《建设工程质量管理条例》规定,建设单位在开工前,应当按照国家有关规定办理工程质量监督手续,工程质量监督手续可以与施工许可证或者开工报告合并办理。

《建设工程质量管理条例》规定,建设单位收到建设工程竣工报告后,应当组织设计、施工、工程监理等有关单位进行竣工验收。建设单位应当严格按照国家有关档案管理的规定,及时收集、整理建设项目各环节的文件资料,建立、健全建设项目档案,并在建设工程竣工验收后,及时向建设行政主管部门或者其他有关部门移交建设项目档案。

3. 建设单位的禁止性行为

《建设工程质量管理条例》规定,建设工程发包单位,不得迫使承包方以低于成本的价格竞标,不得任意压缩合理工期。建设单位不得明示或者暗示设计单位或者施工单位违反工程建设强制性标准,降低建设工程质量。

《建设工程抗震管理条例》规定,建设单位应当对建设工程勘察、设计和施工全过程负责,在勘察、设计和施工合同中明确拟采用的抗震设防强制性标准,按照合同要求对勘察设计成果文件进行核验,组织工程验收,确保建设工程符合抗震设防强制性标准。建设单位不得明示或者暗示勘察、设计、施工等单位和从业人员违反抗震设防强制性标准,降低工程抗震性能。

4. 其他相关责任和义务

《建设工程质量管理条例》规定,建设单位必须向有关的勘察、设计、施工、工程监理等单位提供与建设工程有关的原始资料。原始资料必须真实、准确、齐全。

《建设工程质量管理条例》规定,按照合同约定,由建设单位采购建筑材料、建筑构配件和设备的,建设单位应当保证建筑材料、建筑构配件和设备符合设计文件和合同要求。建设单位不得明示或者暗示施工单位使用不合格的建筑材料、建筑构配件和设备。

《建设工程质量管理条例》规定,涉及建筑主体和承重结构变动的装修工程,建设单位应当在施工前委托原设计单位或者具有相应资质等级的设计单位提出设计方案;没有设计方案的,不得施工。

《建设工程消防设计审查验收管理暂行规定》规定,建设单位应当履行消防设计、施工质量责任和义务。

11.1.2 勘察、设计单位的质量责任和义务

《建设工程质量管理条例》规定,从事建设工程勘察、设计的单位应当依法取得相应等级的资质证书,并在其资质等级许可的范围内承揽工程。禁止勘察、设计单位超越其资质等级许可的范围或者以其他勘察、设计单位的名义承揽工程。禁止勘察、设计单位允许其他单位或者个人以本单位的名义承揽工程。勘察、设计单位不得转包或者违法分包所承揽的工程。

《建设工程质量管理条例》规定,勘察、设计单位必须按照工程建设强制性标准进行勘察、设计,并对其勘察、设计的质量负责。注册建筑师、注册结构工程师等注册执业人员应当在设计文件上签字,对设计文件负责。《建筑工程五方责任主体项目负责人质量终身责任追究暂行办法》进一步规定,勘察、设计单位项目负责人应当保证勘察设计文件符合法律法规和工程建设强制性标准的要求,对因勘察、设计导致的工程质量事故或质量问题承担责任。

《建设工程质量管理条例》规定,勘察单位提供的地质、测量、水文等勘察成果必须真实、准确。《建设工程勘察设计管理条例》规定,编制建设工程勘察文件,应当真实、准确,满足建设工

程规划、选址、设计、岩土治理和施工的需要。

《建设工程质量管理条例》规定,设计单位应当根据勘察成果文件进行建设工程设计。设计文件应当符合国家规定的设计深度要求,注明工程合理使用年限。《建设工程勘察设计管理条例》规定,编制方案设计文件,应当满足编制初步设计文件和控制概算的需要。编制初步设计文件,应当满足编制施工招标文件、主要设备材料订货和编制施工图设计文件的需要。编制施工图设计文件,应当满足设备材料采购、非标准设备制作和施工的需要,并注明建设工程合理使用年限。

《建设工程质量管理条例》规定,设计单位在设计文件中选用的建筑材料、建筑构配件和设备,应当注明规格、型号、性能等技术指标,其质量要求必须符合国家规定的标准。除有特殊要求的建筑材料、专用设备、工艺生产线等外,设计单位不得指定生产厂、供应商。

《建设工程勘察设计管理条例》规定,建设工程勘察、设计单位应当在建设工程施工前,向施工单位和监理单位说明建设工程勘察、设计意图,解释建设工程勘察、设计文件。建设工程勘察、设计单位应当及时解决施工中出现的勘察、设计问题。

《建设工程质量管理条例》规定,设计单位应当参与建设工程质量事故分析,并对因设计造成的质量事故,提出相应的技术处理方案。

《建设工程消防设计审查验收管理暂行规定》规定,设计单位应当履行消防设计、施工质量责任和义务。

11.1.3　工程监理单位的质量责任和义务

《建设工程质量管理条例》规定,工程监理单位应当依法取得相应等级的资质证书,并在其资质等级许可的范围内承担工程监理业务。禁止工程监理单位超越本单位资质等级许可的范围或者以其他工程监理单位的名义承担工程监理业务。禁止工程监理单位允许其他单位或者个人以本单位的名义承担工程监理业务。

《建设工程质量管理条例》规定,工程监理单位与被监理工程的施工承包单位以及建筑材料、建筑构配件和设备供应单位有隶属关系或者其他利害关系的,不得承担该项建设工程的监理业务。

《建设工程质量管理条例》规定,工程监理单位应当依照法律、法规以及有关技术标准、设计文件和建设工程承包合同,代表建设单位对施工质量实施监理,并对施工质量承担监理责任。

《建设工程质量管理条例》规定,工程监理单位应当选派具备相应资格的总监理工程师和监理工程师进驻施工现场。未经监理工程师签字,建筑材料、建筑构配件和设备不得在工程上使用或者安装,施工单位不得进行下一道工序的施工。未经总监理工程师签字,建设单位不拨付工程款,不进行竣工验收。

《建设工程质量管理条例》规定,监理工程师应当按照工程监理规范的要求,采取旁站、巡视和平行检验等形式,对建设工程实施监理。旁站是指监理人员在建设工程施工阶段,对关键部位和关键工序的施工质量进行现场旁站的全过程监督活动。

《建设工程消防设计审查验收管理暂行规定》规定,工程监理单位应当履行消防设计、施工质量责任和义务。

11.2 工程建设标准和质量体系认证

工程建设标准是对工程建设活动及其结果提出的最低限度技术要求,是建设工程质量法律体系中的重要组成部分。

11.2.1 工程建设标准的制定

工程建设标准分为工程建设国家标准、工程建设行业标准、工程建设地方标准、工程建设团体标准和工程建设企业标准。

1. 工程建设国家标准的制定

工程建设国家标准分为强制性标准和推荐性标准。《标准化法》规定,对保障人身健康和生命财产安全、国家安全、生态环境安全以及满足经济社会管理基本需要的技术要求,应当制定强制性国家标准。对满足基础通用、与强制性国家标准配套、对各有关行业起引领作用等需要的技术要求,可以制定推荐性国家标准。

下列标准属于强制性标准:① 工程建设勘察、规划、设计、施工(包括安装)及验收等通用的综合标准和重要的通用的质量标准;② 工程建设通用的有关安全、卫生和环境保护的标准;③ 工程建设重要的通用的术语、符号、代号、量与单位、建筑模数和制图方法标准;④ 工程建设重要的通用的试验、检验和评定方法等标准;⑤ 工程建设重要的通用的信息技术标准;⑥ 国家需要控制的其他工程建设通用的标准。

《国家标准管理办法》规定,强制性国家标准由国务院批准发布或者授权批准发布。推荐性国家标准由国务院标准化行政主管部门统一批准、编号,以公告形式发布。

《国家标准管理办法》规定,国家标准的代号由大写汉语拼音字母构成。强制性国家标准的代号为"GB",推荐性国家标准的代号为"GB/T",国家标准样品的代号为"GSB",指导性技术文件的代号为"GB/Z"。国家标准的编号由国家标准的代号、国家标准发布的顺序号和国家标准发布的年份号构成。例如:《建筑防火通用规范》(GB 55037—2022),其中 GB 表示该标准为强制性国家标准,55037 表示发布该标准的顺序号,2022 表示该标准于 2022 年批准发布;《装配式混凝土建筑技术标准》(GB/T 51231—2016),其中 GB/T 表示该标准为推荐性国家标准,51231 表示发布该标准的顺序号,2016 表示该标准于 2016 年批准发布。

2. 工程建设行业标准的制定

《标准化法》规定,对没有推荐性国家标准、需要在全国某个行业范围内统一的技术要求,可以制定行业标准。行业标准由国务院有关行政主管部门制定,报国务院标准化行政主管部门备案。

《工程建设行业标准管理办法》规定,下列技术要求,可以制定行业标准:① 工程建设勘察、规划、设计、施工(包括安装)及验收等行业专用的质量要求;② 工程建设行业专用的有关安全、卫生和环境保护的技术要求;③ 工程建设行业专用的术语、符号、代号、量与单位和制图方法;④ 工程建设行业专用的试验、检验和评定等方法;⑤ 工程建设行业专用的信息技术要求;⑥ 其他工程建设行业专用的技术要求。

行业标准不得与国家标准相抵触。行业标准的某些规定与国家标准不一致时,必须有充分的科学依据和理由,并经国家标准的审批部门批准。行业标准在相应的国家标准实施后,应当及时修订或废止。

工程建设行业标准的制定、修订程序,可以按准备、征求意见、送审和报批四个阶段进行。工程建设行业标准实施后,根据科学技术的发展和工程建设的实际需要,该标准的批准部门应当适时进行复审,确认其继续有效或予以修订、废止。一般5年复审1次,复审结果报国务院建设行政主管部门备案。

3. 工程建设地方标准的制定

《标准化法》规定,为满足地方自然条件、风俗习惯等特殊技术要求,可以制定地方标准。

地方标准由省、自治区、直辖市人民政府标准化行政主管部门制定;设区的市级人民政府标准化行政主管部门根据本行政区域的特殊需要,经所在地省、自治区、直辖市人民政府标准化行政主管部门批准,可以制定本行政区域的地方标准。

4. 工程建设团体标准的制定

《标准化法》规定,国家鼓励学会、协会、商会、联合会、产业技术联盟等社会团体协调相关市场主体共同制定满足市场和创新需要的团体标准,由本团体成员约定采用或者按照本团体的规定供社会自愿采用。

制定团体标准,应当遵循开放、透明、公平的原则,保证各参与主体获取相关信息,反映各参与主体的共同需求,并应当组织对标准相关事项进行调查分析、实验、论证。

5. 工程建设企业标准的制定

《标准化法》规定,企业可以根据需要自行制定企业标准,或者与其他企业联合制定企业标准。

国家支持在重要行业、战略性新兴产业、关键共性技术等领域利用自主创新技术制定团体标准、企业标准。国家鼓励社会团体、企业制定高于推荐性标准相关技术要求的团体标准、企业标准。

国家实行团体标准、企业标准自我声明公开和监督制度。企业应当公开其执行的强制性标准、推荐性标准、团体标准或者企业标准的编号和名称;企业执行自行制定的企业标准的,还应当公开产品、服务的功能指标和产品的性能指标。国家鼓励团体标准、企业标准通过标准信息公共服务平台向社会公开。

推荐性国家标准、行业标准、地方标准、团体标准、企业标准的技术要求不得低于强制性国家标准的相关技术要求。

11.2.2 工程建设强制性标准的实施

《实施工程建设强制性标准监督规定》规定,在中华人民共和国境内从事新建、扩建、改建等工程建设活动,必须执行工程建设强制性标准。

建设单位不得明示或者暗示设计单位或者施工单位违反工程建设强制性标准,降低建设工程质量。建筑设计单位和建筑施工企业对建设单位违反规定提出的降低工程质量的要求,应当予以拒绝。

勘察、设计单位必须按照工程建设强制性标准进行勘察、设计,并对其勘察、设计的质量负责。勘察、设计文件应当符合有关法律、行政法规的规定和建筑工程质量、安全标准、建筑工程勘察、设计技术规范以及合同的约定。设计文件选用的建筑材料、建筑构配件和设备,应当注明其规格、型号、性能等技术指标,其质量要求必须符合国家规定的标准。

建筑工程监理应当依照法律、行政法规及有关的技术标准、设计文件和建筑工程承包合同,对承包单位在施工质量、建设工期和建设资金使用等方面,代表建设单位实施监督。工程监理人员认为工程施工不符合工程设计要求、施工技术标准和合同约定的,有权要求建筑施工企业改正。工程监理人员发现工程设计不符合建筑工程质量标准或者合同约定的质量要求的,应当报告建设单位要求设计单位改正。

施工单位必须按照工程设计图纸和施工技术标准施工,不得擅自修改工程设计,不得偷工减料。施工单位必须按照工程设计要求、施工技术标准和合同约定,对建筑材料、建筑构配件、设备和商品混凝土进行检验,检验应当有书面记录和专人签字;未经检验或者检验不合格的,不得使用。

建设项目规划审查机构应当对工程建设规划阶段执行强制性标准的情况实施监督。施工图设计文件审查单位应当对工程建设勘察、设计阶段执行强制性标准的情况实施监督。建筑安全监督管理机构应当对工程建设施工阶段执行施工安全强制性标准的情况实施监督。工程质量监督机构应当对工程建设施工、监理、验收等阶段执行强制性标准的情况实施监督。

建设项目规划审查机关、施工图设计文件审查单位、建筑安全监督管理机构、工程质量监督机构的技术人员必须熟悉、掌握工程建设强制性标准。

建设行政主管部门或者有关行政主管部门在处理重大工程事故时,应当有工程建设标准方面的专家参加;工程事故报告应当包括是否符合工程建设强制性标准的意见。

11.2.3 质量体系认证制度

《建筑法》规定,国家对从事建筑活动的单位推行质量体系认证制度。从事建筑活动的单位根据自愿原则可以向国务院产品质量监督管理部门或其授权的部门认可的认证机构申请质量体系认证。经认证合格的,由认证机构颁发质量体系认证证书。

1987年3月,国际标准化组织(ISO)正式发布ISO 9000质量管理和质量保证系列标准,受到世界各国欢迎,被各国广泛采用。为了与国际接轨,国家技术监督局1992年10月决定等同采用质量管理和质量保证标准,颁布了质量管理和质量保证系列标准(GB/T 19000/ISO 9000)。这些标准既可作为生产企业质量保证工作的依据,也是企业申请质量体系认证的标准。

质量管理和质量保证系列标准(GB/T 19000/ISO 9000)在总结国际成功经验的基础上,从质量管理的共性出发,阐述了质量管理工作的基本原则、基本规律和质量体系要素的基本构成,它适用于不同体制、不同行业的生产、服务企业开展质量管理工作,同样也适用于建筑业企事业单位的质量管理工作。

设计、施工、服务等技术规范都是明确产品和服务的质量标准,是对最终结果质量的认定。质量管理和质量保证系列标准明确了企业质量管理工作的体系和工作程序,用于控制产品形成过程,从而保证稳定的产品质量。因此,这一系列标准是技术规范的补充,是保证技术规范全面稳定得以实现的另一标准。认真贯彻这一标准可以帮助企业建立和完善质量体系,增强质量意识,提高质量保证能力,从而提高企业的管理素质和在市场经济中的竞争能力。为此,住房城乡建设主管部门要求各建筑业企业从建立现代企业制度和促进企业发展的高度做好贯彻这一系列标准的工作,积极申请质量体系认证,并将贯彻标准工作纳入企业质量方针目标管理考核指标之内,使企业的质量体系逐步进入国际标准化的轨道。

GB/T 19000系列标准只是一套推荐性标准,但其一旦被法规或合同确定采用后就是强制性标准。如果供需双方或第三方选择某一质量保证模式作为产品认证标准,那么,该质量保证模式在合同约定范围内就具有法律效力。

11.3 施工单位的质量责任和义务

施工单位是工程建设质量的重要责任主体之一。《建筑法》规定,建筑施工企业对工程的施工质量负责。

11.3.1 对施工质量负责和总分包单位的质量责任

《建设工程质量管理条例》规定,施工单位应当依法取得相应等级的资质证书,并在其资质等级许可的范围内承揽工程。禁止施工单位超越本单位资质等级许可的业务范围或者以其他施工单位的名义承揽工程。禁止施工单位允许其他单位或者个人以本单位的名义承揽工程。施工单位不得转包或者违法分包工程。

《建设工程质量管理条例》规定,施工单位对建设工程的施工质量负责;施工单位应当建立质量责任制,确定工程项目的项目经理、技术负责人和施工管理负责人。

《建筑工程五方责任主体项目负责人质量终身责任追究暂行办法》规定,施工单位项目经理应当按照经审查合格的施工图设计文件和施工技术标准进行施工,对因施工导致的工程质量事故或质量问题承担责任。

《建设工程质量管理条例》规定,建设工程实行总承包的,总承包单位应当对全部建设工程质量负责;建设工程勘察、设计、施工、设备采购的一项或者多项实行总承包的,总承包单位应当对其承包的建设工程或者采购的设备的质量负责。总承包单位依法将建设工程分包给其他单位的,分包单位应当按照分包合同的约定对其分包工程的质量向总承包单位负责,总承包单位与分包单位对分包工程的质量承担连带责任。

11.3.2 按照工程设计图纸和施工技术标准施工

《建筑法》规定,建筑施工企业必须按照工程设计图纸和施工技术标准施工,不得偷工减料。建筑施工企业不得擅自修改工程设计。

《建设工程勘察设计管理条例》规定,建设单位、施工单位、监理单位不得修改建设工程勘察、设计文件;确需修改建设工程勘察、设计文件的,应当由原建设工程勘察、设计单位修改。经原建设工程勘察、设计单位书面同意,建设单位也可以委托其他具有相应资质的建设工程勘察、设计单位修改。修改单位对修改的勘察、设计文件承担相应责任。

施工单位、监理单位发现建设工程勘察、设计文件不符合工程建设强制性标准、合同约定的质量要求的,应当报告建设单位,建设单位有权要求建设工程勘察、设计单位对建设工程勘察、设计文件进行补充、修改。

建设工程勘察、设计单位应当在建设工程施工前,向施工单位和监理单位说明建设工程勘察、设计意图,解释建设工程勘察、设计文件。建设工程勘察、设计单位应当及时解决施工中出现的勘察、设计问题。

11.3.3 建筑材料和设备等的检验检测

《建设工程质量管理条例》规定,施工单位必须按照工程设计要求、施工技术标准和合同约定,对建筑材料、建筑构配件、设备和商品混凝土进行检验,检验应当有书面记录和专人签字;未经检验或者检验不合格的,不得使用。施工人员对涉及结构安全的试块、试件以及有关材料,应当在建设单位或者工程监理单位监督下现场取样,并送具有相应资质等级的质量检测单位进行检测。

《建设工程质量检测管理办法》规定,检测机构资质分为综合类资质、专项类资质。申请检测机构资质的单位应当是具有独立法人资格的企业、事业单位,或者依法设立的合伙企业,并具备相应的人员、仪器设备、检测场所、质量保证体系等条件。检测机构应当按照规定取得建设工程质量检测机构资质,并在资质许可的范围内从事建设工程质量检测活动。未取得相应资质证书的,不得承担规定的建设工程质量检测业务。

《建设工程质量检测管理办法》规定,检测机构应当按照法律、法规和标准进行建设工程质量检测,并出具检测报告;相关人员应当具备相应的建设工程质量检测知识和专业能力。检测机构与所检测建设工程相关的建设、施工、监理单位,以及建筑材料、建筑构配件和设备供应单位不得有隶属关系或者其他利害关系。检测机构及其工作人员不得推荐或者监制建筑材料、建筑构配件和设备。

《房屋建筑工程和市政基础设施工程实行见证取样和送检的规定》规定,涉及结构安全的试块、试件和材料见证取样和送检的比例不得低于有关技术标准中规定应取样数量的30%。下列试块、试件和材料必须实施见证取样和送检:① 用于承重结构的混凝土试块;② 用于承重墙体的砌筑砂浆试块;③ 用于承重结构的钢筋及连接接头试件;④ 用于承重墙的砖和混凝土小型砌块;⑤ 用于拌制混凝土和砌筑砂浆的水泥;⑥ 用于承重结构的混凝土中使用的掺加剂;⑦ 地下、屋面、厕浴间使用的防水材料;⑧ 国家规定必须实行见证取样和送检的其他试块、试件和材料。

11.3.4 施工质量检验和返修

《建设工程质量管理条例》规定,施工单位必须建立、健全施工质量的检验制度,严格工序管理,做好隐蔽工程的质量检查和记录。隐蔽工程在隐蔽前,施工单位应当通知建设单位和建设工程质量监督机构。

施工质量检验通常是指工程施工过程中工序质量检验(或称为过程检验),包括预检、自检、交接检、专职检、分部工程中间检验以及隐蔽工程检验等。隐蔽工程是指在施工过程中某一道工序所完成的工程实物,被后一工序形成的工程实物所隐蔽,而且不可以逆向作业的那部分工程。隐蔽工程在隐蔽前,施工单位除了要做好检查、检验并做好记录之外,还要及时通知建设单位(实施监理的工程为监理单位)和建设工程质量监督机构,以接受政府监督和向建设单位提供质量保证。

《建设工程质量管理条例》规定,施工单位对施工中出现质量问题的建设工程或者竣工验收不合格的建设工程,应当负责返修。

保障建设工程质量,是建筑施工企业的法定义务。如果系因施工人原因导致建设工程质量不符合约定,施工人应当承担违约责任。施工人承担责任的方式主要包括两个方面:一是施工人接到发包人的通知后在合理期限内无偿修理或者返工、改建。施工人不仅应当自行承担修理或者返工、改建的费用,还应当确保建设工程质量在其修理或者返工、改建后符合合同约定。二是如果在施工人修理或者返工、改建后,导致建设工程迟延交付,施工人还应当承担迟延交付的违约责任。

11.4 建设工程竣工验收制度

《民法典》规定,建设工程竣工后,发包人应当根据施工图纸及说明书、国家颁发的施工验收规范和质量检验标准及时进行验收。

11.4.1 竣工验收的主体和条件

《建设工程质量管理条例》规定,建设单位收到建设工程竣工报告后,应当组织设计、施工、工程监理等有关单位进行竣工验收。

对工程进行竣工检查和验收是建设单位法定的权利和义务。在建设工程完工后,承包单位应当向建设单位提供完整的竣工资料和竣工验收报告,提请建设单位组织竣工验收。建设单位收到竣工验收报告后,应及时组织有设计、施工、监理等有关单位参加的竣工验收,检查整个工程项目是否已按照设计要求和合同约定全部建设完成,并符合竣工验收条件。

《建设工程质量管理条例》规定,建设工程竣工验收应当具备下列条件:① 完成建设工程设计和合同约定的各项内容;② 有完整的技术档案和施工管理资料;③ 有工程使用的主要建筑材料、建筑构配件和设备的进场试验报告;④ 有勘察、设计、施工、工程监理等单位分别签署的质量合格文件;⑤ 有施工单位签署的工程保修书。建设工程经验收合格的,方可交付使用。

11.4.2 规划、消防、环保和节能验收

《城乡规划法》规定,县级以上地方人民政府城乡规划主管部门按照国务院规定对建设工程是否符合规划条件予以核实。未经核实或者经核实不符合规划条件的,建设单位不得组织竣工验收。

建设工程竣工后,建设单位应当依法向城乡规划行政主管部门提出竣工规划验收申请,由城乡规划行政主管部门按照选址意见书、建设用地规划许可证、建设工程规划许可证、乡村建设规划许可证及其有关规划的要求,对建设工程进行规划验收,包括对建设用地范围内的各项工程建设情况,建筑物的使用性质、位置、间距、层数、标高、平面、立面、外墙装饰材料和色彩,各类配套服务设施、临时施工用房、施工场地等进行全面核查,并作出验收记录。对于验收合格的,由城乡规划行政主管部门出具规划认可文件或核发建设工程竣工规划验收合格证。

《中华人民共和国消防法》规定,国务院住房城乡建设主管部门规定应当申请消防验收的建设工程竣工,建设单位应当向住房城乡建设主管部门申请消防验收。

上述规定以外的其他建设工程,建设单位在验收后应当报住房城乡建设主管部门备案,住房城乡建设主管部门应当进行抽查。依法应当进行消防验收的建设工程,未经消防验收或者消防验收不合格的,禁止投入使用;其他建设工程经依法抽查不合格的,应当停止使用。

《建设项目环境保护管理条例》规定,编制环境影响报告书、环境影响报告表的建设项目竣工后,建设单位应当按照国务院环境保护行政主管部门规定的标准和程序,对配套建设的环境保护设施进行验收,编制验收报告。建设单位在环境保护设施验收过程中,应当如实查验、监测、记载建设项目环境保护设施的建设和调试情况,不得弄虚作假。除按照国家规定需要保密的情形外,建设单位应当依法向社会公开验收报告。

分期建设、分期投入生产或者使用的建设项目,其相应的环境保护设施应当分期验收。编制环境影响报告书、环境影响报告表的建设项目,其配套建设的环境保护设施经验收合格,方可投入生产或者使用;未经验收或者验收不合格的,不得投入生产或者使用。

《中华人民共和国节约能源法》规定,国家实行固定资产投资项目节能评估和审查制度。不符合强制性节能标准的项目,建设单位不得开工建设;已经建成的,不得投入生产、使用。政府投资项目不符合强制性节能标准的,依法负责项目审批的机关不得批准建设。

《民用建筑节能条例》进一步规定,建设单位组织竣工验收,应当对民用建筑是否符合民用建筑节能强制性标准进行查验;对不符合民用建筑节能强制性标准的,不得出具竣工验收合格报告。

11.4.3 竣工验收备案

《建设工程质量管理条例》规定,建设单位应当自建设工程竣工验收合格之日起15日内,将建设工程竣工验收报告和规划、消防、环保等部门出具的认可文件或者准许使用文件报建设行政主管部门或者其他有关部门备案。建设行政主管部门或者其他有关部门发现建设单位在竣工验收过程中有违反国家有关建设工程质量管理规定行为的,责令停止使用,重新组织竣工验收。

根据《房屋建筑和市政基础设施工程竣工验收备案管理办法》《住房和城乡建设部关于取消部分部门规章规范性文件设定的证明事项(第二批)的决定》(建法规〔2020〕2号)的规定,建设单位办理工程竣工验收备案应当提交下列文件:① 工程竣工验收备案表;② 工程竣工验收报告。竣工验收报告应当包括工程报建日期,施工许可证号,施工图设计文件审查意见,勘察、设计、施工、工程监理等单位分别签署的质量合格文件及验收人员签署的竣工验收原始文件,市政基础设施的有关质量检测和功能性试验资料以及备案机关认为需要提供的有关资料;③ 法律、行政法规规定应当由规划、环保等部门出具的认可文件或者准许使用文件;④ 法律规定应当由公安消防部门出具的对大型的人员密集场所和其他特殊建设工程验收合格的证明文件;⑤ 施工单位签署的工程质量保修书;⑥ 法规、规章规定必须提供的其他文件。住宅工程还应当提交《住宅质量保证书》《住宅使用说明书》。

《城市地下管线工程档案管理办法》还规定,建设单位在地下管线工程竣工验收备案前,应当向城建档案管理机构移交下列档案资料：① 地下管线工程项目准备阶段文件、监理文件、施工文件、竣工验收文件和竣工图；② 地下管线竣工测量成果；③ 其他应当归档的文件资料（电子文件、工程照片、录像等）。

《房屋建筑和市政基础设施工程竣工验收备案管理办法》规定，备案机关收到建设单位报送的竣工验收备案文件，验证文件齐全后，应当在工程竣工验收备案表上签署文件收讫。工程竣工验收备案表一式两份，一份由建设单位保存，一份留备案机关存档。

工程质量监督机构应当在工程竣工验收之日起 5 日内，向备案机关提交工程质量监督报告。

11.4.4　应提交的档案资料

《建设工程质量管理条例》规定，建设单位应当严格按照国家有关档案管理的规定，及时收集、整理建设项目各环节的文件资料，建立、健全建设项目档案，并在建设工程竣工验收后，及时向建设行政主管部门或者其他有关部门移交建设项目档案。

《城市建设档案管理规定》规定，建设单位应当在工程竣工验收后 3 个月内，向城建档案馆报送一套符合规定的建设工程档案。凡建设工程档案不齐全的，应当限期补充。

对改建、扩建和重要部位维修的工程，建设单位应当组织设计、施工单位据实修改、补充和完善原建设工程档案。凡结构和平面布置等改变的，应当重新编制建设工程档案，并在工程竣工后 3 个月内向城建档案馆报送。建设单位在组织工程竣工验收前，应按要求将全部文件材料收集齐全并完成工程档案的立卷；在组织竣工验收时，应组织对工程档案进行验收，验收结论应在工程竣工验收报告、专家组竣工验收意见中明确。

对列入城建档案管理机构接收范围的工程，工程竣工验收备案前，应向当地城建档案管理机构移交一套符合规定的工程档案。

勘察、设计、施工、监理等单位应将本单位形成的工程文件立卷后向建设单位移交。建设工程项目实行总承包管理的，总承包单位应负责收集、汇总各分包单位形成的工程档案，并应及时向建设单位移交；各分包单位应将本单位形成的工程文件整理立卷后及时移交总承包单位。建设工程项目由几个单位承包的，各承包单位应负责收集、整理立卷其承包项目的工程文件，并应及时向建设单位移交。

每项建设工程应编制一套电子档案，随纸质档案一并移交城建档案管理机构。电子档案签署了具有法律效力的电子印章或电子签名的，可不移交相应纸质档案。

11.5　建设工程质量保修制度

建设工程质量保修制度是指建设工程竣工经验收合格后，在规定的保修期限内，因勘察、设计、施工、材料等原因造成的质量缺陷，应当由施工承包单位负责维修、返工或更换，由责任单位负责赔偿损失的法律制度。

11.5.1　质量保修书和最低保修期限

《建设工程质量管理条例》规定，建设工程承包单位在向建设单位提交工程竣工验收报告时，应当向建设单位出具质量保修书。质量保修书中应当明确建设工程的保修范围、保修期限和保修责任等。

《建筑法》规定，建筑工程的保修范围应当包括地基基础工程、主体结构工程、屋面防水工程和其他土建工程，以及电气管线、上下水管线的安装工程，供热、供冷系统工程等项目。需要注意的是，不同类型的建设工程，其保修范围有所不同。

《建设工程质量管理条例》规定，在正常使用条件下，建设工程的最低保修期限为：基础设施工程、房屋建筑的地基基础工程和主体结构工程，为设计文件规定的该工程的合理使用年限；屋面防水工程、有防水要求的卫生间、房间和外墙面的防渗漏，为5年；供热与供冷系统，为2个采暖期、供冷期；电气管线、给排水管道、设备安装和装修工程，为2年。其他项目的保修期限由发包方与承包方约定。

《建设工程质量管理条例》规定，建设工程在保修范围和保修期限内发生质量问题的，施工单位应当履行保修义务，并对造成的损失承担赔偿责任。

11.5.2 工程质量保证金

《建设工程质量保证金管理办法》规定，建设工程质量保证金是指发包人与承包人在建设工程承包合同中约定，从应付的工程款中预留，用以保证承包人在缺陷责任期内对建设工程出现的缺陷进行维修的资金。

《建设工程质量保证金管理办法》规定，缺陷是指建设工程质量不符合工程建设强制性标准、设计文件，以及承包合同的约定。缺陷责任期一般为1年，最长不超过2年，由发、承包双方在合同中约定。

缺陷责任期从工程通过竣工验收之日起计。由于承包人原因导致工程无法按规定期限进行竣工验收的，缺陷责任期从实际通过竣工验收之日起计。由于发包人原因导致工程无法按规定期限进行竣工验收的，在承包人提交竣工验收报告90天后，工程自动进入缺陷责任期。

发包人应按照合同约定方式预留保证金，保证金总预留比例不得高于工程价款结算总额的3%。合同约定由承包人以银行保函替代预留保证金的，保函金额不得高于工程价款结算总额的3%。

推行银行保函制度，承包人可以银行保函替代预留保证金。在工程项目竣工前已经缴纳履约保证金的，发包人不得同时预留工程质量保证金。采用工程质量保证担保、工程质量保险等其他保证方式的，发包人不得再预留保证金。

缺陷责任期内，由承包人原因造成的缺陷，承包人应负责维修，并承担鉴定及维修费用。如承包人不维修也不承担费用，发包人可按合同约定从保证金或银行保函中扣除。费用超出保证金额的，发包人可按合同约定向承包人进行索赔。承包人维修并承担相应费用后，不免除对工程的损失赔偿责任。由他人原因造成的缺陷，发包人负责组织维修，承包人不承担费用，且发包人不得从保证金中扣除费用。

《建设工程质量保证金管理办法》规定，缺陷责任期内，承包人认真履行合同约定的责任，到期后，承包人向发包人申请返还保证金。

发包人返还工程质量保证金后，不影响承包人根据合同约定或者法律规定履行工程保修义务。

11.6　建设工程的高质量发展

11.6.1　高质量发展理念的提出

2015年10月,习近平总书记在党的十八届五中全会上提出创新、协调、绿色、开放、共享的新发展理念。2017年10月,党的十九大报告明确提出,我国经济已由高速增长阶段转向高质量发展阶段。2017年12月,习近平总书记在中央经济工作会议上指出,高质量发展是创新成为第一动力、协调成为内生特点、绿色成为普遍形态、开放成为必由之路、共享成为根本目的的发展。高质量发展成为全面建设社会主义现代化国家的首要任务。

高质量发展的内涵十分丰富,从宏观层面来看,高质量发展主要体现在增长的稳定性、发展的均衡性、环境的可持续性和社会的公平性;从产业层面来看,高质量发展是指产业规模继续壮大、结构布局更加优化、创新驱动转型升级和质量效益不断提升;从企业经营层面来看,高质量发展包括具有全球一流竞争力、保持产品质量的可靠性与持续创新、形成具有全球影响力的知名品牌和拥有先进的质量管理方法和技术基础。

高质量发展的最终目标是推动我国经济发展方式的转变,建立现代化经济体系,为实现"两个一百年"奋斗目标、实现中华民族伟大复兴的中国梦构筑雄厚的经济基础。

11.6.2　建设工程高质量发展的路径

发展新质生产力是推动高质量发展的内在要求和重要着力点,必须抢抓新一轮科技革命和产业变革机遇,加大科技创新力度,培育壮大新兴产业,超前布局建设未来产业,推动传统产业改造升级,不断完善现代化产业体系,积极培育和发展新质生产力,推动经济高质量发展。

建设工程在经济社会发展中占据着举足轻重的地位,建设工程的高质量发展是推动经济社会全面高质量发展的重要支撑。当前,建设工程面临如下挑战:资源与环境约束加剧,传统建设模式难以为继;工程质量问题频发,影响工程安全和使用寿命;技术创新能力不足,缺乏核心竞争力;管理体系有待健全,导致资源配置效率低下。

建设工程高质量发展的可能路径有:一是加强技术创新,推广新材料、新技术、新工艺的应用,提高工程建设的科技含量;加大研发投入,鼓励企业与科研机构合作,形成产学研一体化的创新体系。二是优化管理体系,建立健全质量管理体系,确保工程质量符合国家标准和行业规范;采用先进管理理念和方法,如BIM(建筑信息模型)、物联网等信息技术手段,提高工程精细化管理水平。三是推进绿色建筑,倡导绿色设计理念,减少能源消耗和环境污染;采用节能材料和可再生能源,提高建筑的能效性能;实施绿色施工,减少施工过程中的废弃物和污染排放。四是完善政策与法规,制定和完善相关政策法规,引导和规范建设工程高质量发展;加大对违法违规行为的惩处力度,营造公平竞争的市场环境;提供政策支持,鼓励企业进行技术创新和管理升级。

总之,实现建设工程高质量发展需要通过创新驱动、质量优先、绿色发展、安全生产和政策引导等多方面综合施策,确保建设工程持续健康发展并为经济社会全面高质量发展作出更大贡献。

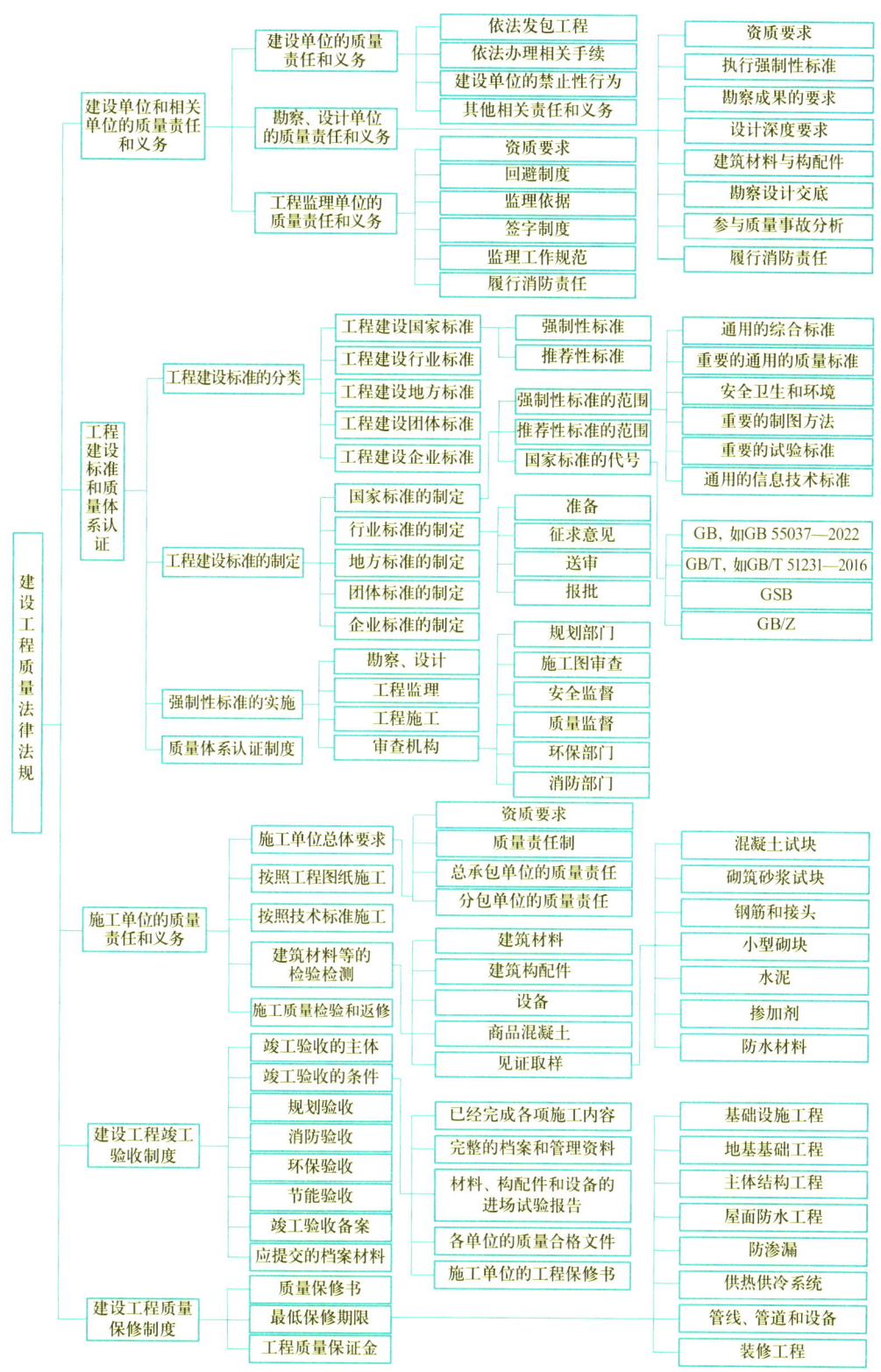

图 11-1 建设工程质量法律法规知识点导图

1. 建设单位的质量责任和义务有哪些?
2. 勘察和设计单位的质量责任和义务有哪些?
3. 工程监理单位的质量责任和义务有哪些?
4. 什么是工程建设强制性标准?如何实施?
5. 什么是质量体系认证制度?
6. 施工单位的质量责任和义务有哪些?
7. 什么是工程竣工验收制度?其具体内容有哪些?
8. 什么是建设工程质量保修制度?保修范围和期限如何确定?

第 11 章　案例　　　　第 11 章　测试题及参考答案

第 12 章　建设工程劳动保障法律制度

> **本章学习目标**

1. 了解《中华人民共和国劳动法》《中华人民共和国职业病防治法》《中华人民共和国劳动争议调解仲裁法》《保障农民工工资支付条例》等法律法规对建设工程劳动保障的相关规定。
2. 熟练掌握劳动合同的订立、履行、解除和终止的具体内容,以及工伤认定标准、属于工伤和视同工伤的条件、工伤认定程序和工伤保险待遇。
3. 了解国家解决农民工工资问题的政策措施,充分理解以人为本理念在我国的贯彻和落实。

12.1　劳动合同制度

《中华人民共和国劳动法》(简称《劳动法》)规定,建立劳动关系应当订立劳动合同;《中华人民共和国劳动合同法》(简称《劳动合同法》)规定了劳动合同的订立、履行和变更、解除和终止、特别规定及监督检查等内容。

12.1.1　劳动合同的订立

劳动合同订立是指用人单位和劳动者经过相互选择、平等协商,就劳动合同条款达成协议,从而确立劳动关系和明确双方权利义务的法律行为。《劳动合同法》规定,订立劳动合同,应当遵循合法、公平、平等自愿、协商一致、诚实信用的原则。

1. 劳动合同的分类

按照就业方式的不同,劳动合同可以分为全日制劳动合同和非全日制劳动合同。全日制劳动合同是劳动者依照国家法定工作时间,从事全日制劳动而订立的劳动合同,是传统就业的主要方式。现行《劳动合同法》的一般规定主要是以全日制劳动合同为对象。非全日制劳动合同是基于非全日制用工而订立的劳动合同。《劳动合同法》规定,非全日制用工是指以小时计酬为主,劳动者在同一用人单位一般平均每日工作时间不超过 4 小时,每周工作时间累计不超过 24 小时的用工形式。

按照劳动合同的期限不同,劳动合同分为固定期限劳动合同、无固定期限劳动合同和以完成一定工作任务为期限的劳动合同。

固定期限劳动合同是指用人单位与劳动者约定合同终止时间的劳动合同。固定期限短期劳动合同适用于临时性、替代性或者季节性等短期存在的工作岗位。

无固定期限劳动合同是指用人单位与劳动者约定无确定终止时间的劳动合同。《劳动合同法》规定，具有下列情形之一，劳动者提出或者同意续订、订立劳动合同的，除劳动者提出订立固定期限劳动合同外，应当订立无固定期限劳动合同：① 劳动者在该用人单位连续工作满10年的；② 用人单位初次实行劳动合同制度或者国有企业改制重新订立劳动合同时，劳动者在该用人单位连续工作满10年且距法定退休年龄不足10年的；③ 连续订立2次固定期限劳动合同，且劳动者没有《劳动合同法》中规定的情形，续订劳动合同的。用人单位自用工之日起满1年不与劳动者订立书面劳动合同的，视为用人单位与劳动者已订立无固定期限劳动合同。

以完成一定工作任务为期限的劳动合同是指用人单位与劳动者约定以某项工作的完成为合同期限的劳动合同。此类劳动合同主要适用于完成单项工作任务、季节性等原因的临时用工等不特定情形。

按照劳动合同主体的数量，劳动合同可以分为个人劳动合同和集体劳动合同两类。个人劳动合同是指由单个的劳动者本人与用人单位依法订立的劳动合同，合同主体一方为单一或者唯一劳动主体，是劳动合同的主流形态。集体劳动合同的主体一方为多个劳动者。《劳动合同法》规定，企业职工一方与用人单位通过平等协商，可以就劳动报酬、工作时间、休息休假、劳动安全卫生、保险福利等事项订立集体合同。

2. 劳动合同的形式和内容

劳动合同订立的形式是指劳动合同依法成立的外在表现方式。《劳动法》《劳动合同法》明确规定，劳动合同应当以书面形式订立。《劳动合同法》规定，非全日制用工双方当事人可以订立口头协议。如果条件允许，应当鼓励用人单位订立书面劳动合同。

劳动合同的内容是指劳动合同所包含的所有条款，也就是双方当事人之间的所有的权利义务，是双方当事人之间劳动法律关系的具体体现。《劳动法》《劳动合同法》先后分别规定了劳动合同的内容，总体来看，都由必备条款和约定条款两部分组成，这两部分也被称为法定内容和约定内容。

《劳动合同法》规定，劳动合同应当具备以下条款：① 用人单位的名称、住所和法定代表人或者主要负责人；② 劳动者的姓名、住址和居民身份证或者其他有效身份证件号码；③ 劳动合同期限；④ 工作内容和工作地点；⑤ 工作时间和休息休假；⑥ 劳动报酬；⑦ 社会保险；⑧ 劳动保护、劳动条件和职业危害防护；⑨ 法律、法规规定应当纳入劳动合同的其他事项。

《劳动合同法》规定，劳动合同除上述规定的必备条款外，用人单位与劳动者可以约定试用期、培训、保守秘密、补充保险和福利待遇等其他事项。

3. 劳动合同的效力

《劳动合同法》规定，劳动合同由用人单位与劳动者协商一致，并经用人单位与劳动者在劳动合同文本上签字或者盖章生效。劳动合同文本由用人单位和劳动者各执一份。

《劳动合同法》规定，下列劳动合同无效或者部分无效：① 以欺诈、胁迫的手段或者乘人之危，使对方在违背真实意思的情况下订立或者变更劳动合同的；② 用人单位免除自己的法定责任、排除劳动者权利的；③ 违反法律、行政法规强制性规定的。

《劳动合同法》规定,对劳动合同的无效或者部分无效有争议的,由劳动争议仲裁机构或者人民法院确认。劳动合同部分无效,不影响其他部分效力的,其他部分仍然有效。

12.1.2 劳动合同的履行和变更

1. 劳动合同的履行

劳动合同的履行是劳动合同的双方当事人依照劳动合同的约定,完成各自所应承担的义务,实现劳动合同约定的各自权利的行为。

《劳动法》规定,劳动合同依法订立即具有法律约束力,当事人必须履行劳动合同规定的义务。用人单位与劳动者应当按照劳动合同的约定,全面履行各自的义务。亲自履行原则是劳动合同的双方当事人必须亲自完成合同约定的义务,未经对方同意,一方当事人不得让他人代替履行义务。劳动自愿是劳动的基本原则,也是劳动者的基本权利。禁止强迫劳动是保护劳动者人权的体现。用人单位以暴力胁迫或者非法限制人身自由的手段,强迫劳动者劳动的,或者用人单位违章指挥强令冒险作业危及劳动者人身安全的,劳动者可以立即解除劳动合同,不需要事先告知用人单位。

《劳动合同法》规定,用人单位应当按照劳动合同约定和国家规定,向劳动者及时足额支付劳动报酬。用人单位拖欠或者未足额支付劳动报酬的,劳动者可以依法向当地人民法院申请支付令,人民法院应当依法发出支付令。用人单位应当严格执行劳动定额标准,不得强迫或者变相强迫劳动者加班。用人单位安排加班的,应当按照国家有关规定向劳动者支付加班费。

2. 劳动合同的变更

劳动合同的变更是指劳动合同依法签订后,在合同尚未履行或者尚未履行完毕以前,因订立劳动合同的主客观条件发生变化,劳动关系双方当事人协商一致,对原劳动合同内容作部分修改、补充或者删减的法律行为。劳动合同的变更既包括主体的变更,也包括合同内容的变更。

《劳动合同法》规定,用人单位变更名称、法定代表人、主要负责人或者投资人等事项,不影响劳动合同的履行;用人单位发生合并或者分立等情况,原劳动合同继续有效,劳动合同由承继其权利和义务的用人单位继续履行;用人单位与劳动者协商一致,可以变更劳动合同约定的内容;变更劳动合同,应当采用书面形式;变更后的劳动合同文本由用人单位和劳动者各执一份。

12.1.3 劳动合同的解除和终止

1. 劳动合同的解除

劳动合同解除是指在劳动合同履行中,由于双方或单方的法律行为,在合同的有效期限届满或者履行完毕之前结束劳动合同效力的法律行为。劳动合同解除一般可以分为双方协商解除与单方法定解除两大类。

双方协商解除是劳动合同解除的常态。《劳动合同法》规定,用人单位与劳动者协商一致,可以解除劳动合同。根据《劳动合同法》,用人单位向劳动者提出解除劳动合同并与劳动者协商一致解除劳动合同的,用人单位应当向劳动者支付经济补偿。

用人单位单方法定解除具体分为以下三种情形：① 即时解除合同；② 预告解除合同；③ 经济性裁员。劳动者单方法定解除合同分为两种情形：① 即时解除合同；② 预告解除合同。具体内涵详见法律条文。

2. 劳动合同的终止

劳动合同终止是指劳动合同因履行期限届满，或者合同主体消失等其他法律规定的终止情形，合同约定的权利义务不再履行，从而导致劳动合同法律关系的消灭。

《劳动合同法》规定，有下列情形之一的，劳动合同终止：① 劳动合同期满的；② 劳动者开始依法享受基本养老保险待遇的；③ 劳动者死亡，或者被人民法院宣告死亡或者宣告失踪的；④ 用人单位被依法宣告破产的；⑤ 用人单位被吊销营业执照、责令关闭、撤销或者用人单位决定提前解散的；⑥ 法律、行政法规规定的其他情形。

根据《劳动合同法》，上述④、⑤ 两种情形导致劳动合同终止的，用人单位要向劳动者支付经济补偿金。在劳动合同期限届满时，如果同时出现法律规定的用人单位不得解除劳动合同的情形，则劳动合同应当延续至相应的情形消失时终止。比如，如果女职工的劳动合同期满，发生在孕期、产期、哺乳期，则劳动合同应当延长至哺乳期结束。

12.2　劳动用工和工资支付保障

为了维护劳动者（尤其是农民工）的权益，国家专门出台了《劳务派遣暂行规定》《保障农民工工资支付条例》等。

12.2.1　劳动用工管理

1. 劳务派遣

劳务派遣是指依法设立的劳务派遣机构（派遣单位）与接受派遣的单位（用工单位）订立劳务派遣协议，约定由派遣单位根据用工单位的用工需求招聘劳动者，并把劳动者派到用工单位去劳动的一种用工方式。劳务派遣关系的特殊性在于其包含了两种合同关系。

《劳动合同法》规定，劳务派遣单位应当与被派遣劳动者订立 2 年以上的固定期限劳动合同，按月支付劳动报酬；被派遣劳动者在无工作期间，劳务派遣单位应当按照所在地人民政府规定的最低工资标准，向其按月支付报酬。劳务派遣单位与被派遣劳动者订立的劳动合同，除应当载明一般劳动合同应当具备的条款外，还应当载明被派遣劳动者的用工单位以及派遣期限、工作岗位等情况。

《劳动合同法》规定，劳务派遣单位派遣劳动者应当与接受以劳务派遣形式用工的单位订立劳务派遣协议。劳务派遣协议应当载明下列内容：派遣的工作岗位名称和岗位性质；工作地点；派遣人员数量和派遣期限；按照同工同酬原则确定的劳动报酬数额和支付方式；社会保险费的数额和支付方式；工作时间和休息休假事项；被派遣劳动者工伤、生育或者患病期间的相关待遇；劳动安全卫生以及培训事项；经济补偿等费用；劳务派遣协议期限；劳务派遣服务费的支付方式和标准；违反劳务派遣协议的责任；法律、法规、规章规定应当纳入劳务派遣协议的其他事项。

《劳动合同法》规定，劳务派遣单位应当将劳务派遣协议的内容告知被派遣劳动者；劳务派遣单位不得克扣用工单位按照劳务派遣协议支付给被派遣劳动者的劳动报酬;劳务派遣单位和用工单位不得向被派遣劳动者收取费用。被派遣劳动者享有与用工单位的劳动者同工同酬的权利;被派遣劳动者有权在劳务派遣单位或者用工单位依法参加或者组织工会,维护自身的合法权益;被派遣劳动者可以依照《劳动合同法》的规定与劳务派遣单位解除劳动合同。

《劳动合同法》规定,用工单位应当履行下列义务:① 执行国家劳动标准,提供相应的劳动条件和劳动保护;② 告知被派遣劳动者的工作要求和劳动报酬;③ 支付加班费、绩效奖金,提供与工作岗位相关的福利待遇;④ 对在岗被派遣劳动者进行工作岗位所必需的培训;⑤ 连续用工的,实行正常的工资调整机制。用工单位不得将被派遣劳动者再派遣到其他用人单位。

2. 建筑业劳动用工规范管理

《国务院办公厅关于促进建筑业持续健康发展的意见》(国办发〔2017〕19号)规定,改革建筑用工制度。推动建筑业劳务企业转型,大力发展木工、电工、砌筑、钢筋制作等以作业为主的专业企业。以专业企业为建筑工人的主要载体,逐步实现建筑工人公司化、专业化管理。促进建筑业农民工向技术工人转型,着力稳定和扩大建筑业农民工就业创业。

《住房城乡建设部关于进一步加强和完善建筑劳务管理工作的指导意见》(建市〔2014〕112号)从建筑用工方式多元化、推行劳务人员实名制管理、企业用工主体责任、劳务用工管理责任和教育培训责任等五个方面对建筑劳务用工管理提出若干具体意见。

《关于全面治理拖欠农民工工资问题的意见》规定,加快培育建筑产业工人队伍,推进农民工组织化进程。鼓励施工企业将一部分技能水平高的农民工招用为自有工人,不断扩大自有工人队伍。引导具备条件的劳务作业班组向专业企业发展。

《关于在重点工程项目中大力实施以工代赈促进当地群众就业增收的工作方案》(国办函〔2022〕58号)中提出,重点工程项目业主单位、施工单位要根据能够实施以工代赈建设任务和用工环节的劳务需求,明确项目所在县域内可提供的就业岗位、数量、时间及劳动技能要求,并向相关县级人民政府告知用工计划。

12.2.2 工资支付保障

1. 最低工资保障制度

《劳动法》规定,国家实行最低工资保障制度。最低工资的具体标准由省、自治区、直辖市人民政府规定,报国务院备案。用人单位支付劳动者的工资不得低于当地最低工资标准。

根据《最低工资规定》,在劳动者提供正常劳动的情况下,用人单位应支付给劳动者的工资在剔除下列各项以后,不得低于当地最低工资标准:① 延长工作时间工资;② 中班、夜班、高温、低温、井下、有毒有害等特殊工作环境、条件下的津贴;③ 法律、法规和国家规定的劳动者福利待遇等。

2. 工资支付保障制度

根据《工资支付暂行规定》,工资必须在用人单位与劳动者约定的日期支付。如遇节假日或休息日,则应提前在最近的工作日支付。工资至少每月支付一次,实行周、日、小时工资制的可按周、日、小时支付工资。

根据《工资支付暂行规定》，不同情况的工资保障如下：

（1）假期工资保障。劳动者依法享受年休假、探亲假、婚假、丧假期间，用人单位应按劳动合同规定的标准支付劳动者工资。

（2）合同解除工资保障。劳动关系双方依法解除或终止劳动合同时，用人单位应在解除或终止劳动合同时一次付清劳动者工资。

（3）非因劳动者原因工资保障。非因劳动者原因造成单位停工、停产在一个工资支付周期内的，用人单位应按劳动合同规定的标准支付劳动者工资。

（4）参加社会活动工资保障。劳动者在法定工作时间内依法参加社会活动期间，用人单位应视同其提供了正常劳动而支付工资。

根据《工资支付暂行规定》，用人单位在劳动者完成劳动定额或规定的工作任务后，根据实际需要安排劳动者在法定标准工作时间以外工作的，应按150%~300%标准支付工资。

3. 农民工工资支付保障制度

《保障农民工工资支付条例》规定，用人单位应当按照与农民工书面约定或者依法制定的规章制度规定的工资支付周期和具体支付日期足额支付工资。实行月、周、日、小时工资制的，按照月、周、日、小时为周期支付工资；实行计件工资制的，工资支付周期由双方依法约定。

根据《工程建设领域农民工工资保证金规定》，工资保证金是指工程建设领域施工总承包单位（包括直接承包建设单位发包工程的专业承包企业）在银行设立账户并按照工程施工合同额的一定比例存储，专项用于支付为所承包工程提供劳动的农民工被拖欠工资的专项资金。行业工程建设主管部门对未按规定执行工资保证金制度的施工单位，除依法给予行政处罚（处理）外，应按照有关规定计入其信用记录，依法实施信用惩戒。

《工程建设领域农民工工资专用账户管理暂行办法》规定，农民工工资专用账户是指施工总承包单位在工程建设项目所在地银行业金融机构开立的，专项用于支付农民工工资的专用存款账户。人工费用是指建设单位向总包单位专用账户拨付的专项用于支付农民工工资的工程款。农民工工资卡实行一人一卡、本人持卡，用人单位或者其他人员不得以任何理由扣押或者变相扣押。

12.3 劳动安全卫生和保护

《劳动法》规定，用人单位必须建立、健全劳动安全卫生制度，严格执行国家劳动安全卫生规程和标准，对劳动者进行劳动安全卫生教育，防止劳动过程中的事故，减少职业危害。

12.3.1 劳动安全卫生

国家为保护劳动者在生产过程中的安全和健康所制定的各种法律规范统称为劳动安全卫生制度，该制度包括劳动安全技术规程、劳动卫生规程、劳动安全卫生管理制度及国家安全监察等方面的法律规定。有关劳动卫生方面的相关规定和标准主要有：《中华人民共和国职业病防治法》（简称《职业病防治法》）、《关于防止厂、矿企业中矽尘危害的决定》《关于加强防尘防毒工作的决定》《尘肺病防治条例》《工业企业设计卫生标准》等。

职业病是指企业、事业单位和个体经济组织等用人单位的劳动者在职业活动中，因接触粉尘、放射性物质和其他有毒、有害因素而引起的疾病。职业病主要包括尘肺、职业性放射性疾病等列入《职业病分类和目录》的疾病,职业病的危害因素也在《职业病危害因素分类目录》中列明。《职业病防治法》规定,我国职业病防治工作应坚持预防为主、防治结合的方针,建立用人单位负责、行政机关监管、行业自律、职工参与和社会监督的机制,实行分类管理、综合治理。

用人单位应当保障劳动者行使职业卫生保护权利。因劳动者依法行使正当权利而降低其工资、福利等待遇或者解除、终止与其订立的劳动合同的,其行为无效。

12.3.2 劳动保护

1. 劳动安全卫生监察制度

劳动安全卫生监察制度是指对厂矿企业贯彻执行各项劳动安全卫生法规进行监督检查的制度。我国监察制度采取以国家监察机构为主体、专业监督与群众监督相结合的体系。我国有关劳动安全卫生监察法律法规主要有《安全生产法》《劳动保障监察条例》《特种设备安全监察条例》《劳动安全卫生监察员管理办法》等。

劳动安全卫生监察制度还包括劳动保护监察员资格的认定、劳动保护监察机构的职权及对安全监察机构及监察人员执行职务的奖惩规定。

2. 女职工的特殊保护

为了减少和解决女职工在劳动中因生理特点造成的特殊困难,保护女职工健康及其子女的健康发育和成长,提高民族素质,国家对女职工进行劳动作出了系列保护性规定,相关规定主要有《劳动法》《中华人民共和国妇女权益保障法》《女职工劳动保护特别规定》等,例如:

(1)《中华人民共和国妇女权益保障法》规定,国家保障妇女享有与男子平等的劳动权利和社会保障权利。

(2)《劳动法》规定,妇女享有与男子平等的就业权利。在录用职工时,除国家规定的不适合妇女的工种或者岗位外,不得以性别为由拒绝录用妇女或者提高对妇女的录用标准。工资分配应当遵循按劳分配原则,实行同工同酬。

(3)《女职工劳动保护特别规定》规定,用人单位不得因女职工怀孕、生育、哺乳降低其工资、予以辞退、与其解除劳动或者聘用合同。

3. 未成年工的特殊保护

为保护未成年工,国家制定了系列法律法规,主要有《中华人民共和国未成年人保护法》《劳动法》《禁止使用童工规定》等。

《中华人民共和国未成年人保护法》规定,任何组织或者个人不得招用未满16周岁未成年人,国家另有规定的除外。根据《禁止使用童工规定》,国家机关、社会团体、企业事业单位、民办非企业单位或者个体工商户均不得招用不满16周岁的未成年人,禁止任何单位或者个人为不满16周岁的未成年人介绍就业。禁止不满16周岁的未成年人开业从事个体经营活动。用人单位招用人员时,必须核查被招用人员的身份证;对不满16周岁的未成年人一律不得录用。用人单位录用人员的录用登记、核查材料应当妥善保管。

《劳动法》规定,未成年工是指年满16周岁未满18周岁的劳动者。招用已满16周岁未成年人的单位和个人应当执行国家在工种、劳动时间、劳动强度和保护措施等方面的规定,不得安排其从事矿山井下、有毒有害、国家规定的等四级体力劳动强度的劳动和其他禁忌从事的劳动。

12.4　工伤保险制度

为了保障因工作遭受事故伤害或者患职业病的职工获得医疗救治和经济补偿，促进工伤预防和职业康复，分散用人单位的工伤风险，国家实行工伤保险制度。

12.4.1　工伤认定

1. 工伤认定标准

工伤认定是指社会保险行政部门依据法定的标准和程序，确认劳动者的伤害或者疾病是否属于工伤保险事故的活动。被认定为工伤是职工能够享受工伤保险待遇的前提和基础。

我国工伤认定标准包括两个方面：① 受到伤害或者患病的主体是职工。② 职工所受的伤害或者罹患的疾病属于工伤保险事故的范围。我国的工伤保险制度根据事故伤害的性质和发生情形，将工伤保险事故分为"工伤"和"视同工伤"两类。

属于工伤的情形，主要是指职工的事故伤害是在工作时间和工作场所内因为工作导致的，即所谓具备"三工"要素的事故。《工伤保险条例》规定，职工有下列情形之一的，应当认定为工伤：① 在工作时间和工作场所内，因工作原因受到事故伤害的；② 工作时间前后在工作场所内，从事与工作有关的预备性或者收尾性工作受到事故伤害的；③ 在工作时间和工作场所内，因履行工作职责受到暴力等意外伤害的；④ 患职业病的；⑤ 因工外出期间，由于工作原因受到伤害或者发生事故下落不明的；⑥ 在上下班途中，受到非本人主要责任的交通事故或者城市轨道交通、客运轮渡、火车事故伤害的；⑦ 法律、行政法规规定应当认定为工伤的其他情形。

视同工伤的情形，主要是指欠缺工作原因要素的特殊疾病和其他虽与职业活动无关但需要纳入工伤风险分摊体系加以补偿的事故伤害。《工伤保险条例》规定，职工有下列情形之一的，视同工伤：① 在工作时间和工作岗位，突发疾病死亡或者在 48 小时之内经抢救无效死亡的；② 在抢险救灾等维护国家利益、公共利益活动中受到伤害的；③ 职工原在军队服役，因战、因公负伤致残，已取得革命伤残军人证，到用人单位后旧伤复发的。

职工有上述第①、② 项情形的，按照《工伤保险条例》的有关规定享受工伤保险待遇；职工有上述第③ 项情形的，按照规定享受除一次性伤残补助金以外的工伤保险待遇。

职工出现按照《工伤保险条例》规定应当认定为工伤或者视同工伤的情形，但是该情形是由于下列原因造成的，不得认定为工伤或者视同工伤：① 故意犯罪的；② 醉酒或者吸毒的；③ 自残或者自杀的。

2. 工伤认定申请期限

《工伤保险条例》规定，职工发生事故伤害或者按照职业病防治法规定被诊断、鉴定为职业病，所在单位应当自事故伤害发生之日或者被诊断、鉴定为职业病之日起 30 日内，向统筹地区社会保险行政部门提出工伤认定申请。遇有特殊情况，经报社会保险行政部门同意，申请时限可以适当延长。如果单位没有在上述 30 日内提交工伤认定申请的，在此期间发生的符合《工伤保险条例》规定的工伤待遇等有关费用由该用人单位负担。

根据《工伤保险条例》和《工伤认定办法》的相关规定,用人单位未在规定的时限内提出工伤认定申请的,受伤害职工或者其近亲属、工会组织在事故伤害发生之日或者被诊断、鉴定为职业病之日起1年内,可以向用人单位所在地统筹地区社会保险行政部门提出工伤认定申请。

3. 工伤认定程序

《工伤保险条例》规定,申请人提出工伤认定申请时,应当提交下列材料:① 工伤认定申请表;② 与用人单位存在劳动关系(包括事实劳动关系)的证明材料;③ 医疗诊断证明或者职业病诊断证明书(或者职业病诊断鉴定书)。

社会保险行政部门受理工伤认定申请后,根据审核需要可以对事故伤害进行调查核实,用人单位、职工、工会组织、医疗机构以及有关部门应当予以协助。对依法取得职业病诊断证明书或者职业病诊断鉴定书的,社会保险行政部门不再进行调查核实。

《工伤认定办法》规定,社会保险行政部门收到工伤认定申请后,应当在15日内对申请人提交的材料进行审核,材料完整的,作出受理或者不予受理的决定。材料不完整的,应当以书面形式一次性告知申请人需要补正的全部材料。社会保险行政部门收到申请人提交的全部补正材料后,应当在15日内作出受理或者不予受理的决定。社会保险行政部门决定受理的,应当出具《工伤认定申请受理决定书》;决定不予受理的,应当出具《工伤认定申请不予受理决定书》。

社会保险行政部门应当自受理工伤认定申请之日起60日内作出工伤认定的决定,并书面通知申请工伤认定的职工或者其近亲属和该职工所在单位;对受理的事实清楚、权利义务明确的工伤认定申请,应当在15日内作出工伤认定的决定。

《工伤认定办法》规定,社会保险行政部门应当自工伤认定决定作出之日起20日内,将《认定工伤决定书》或者《不予认定工伤决定书》送达受伤害职工(或者其近亲属)和用人单位,并抄送社会保险经办机构;职工或者其近亲属、用人单位对不予受理决定不服或者对工伤认定决定不服的,可以依法申请行政复议或者提起行政诉讼。

12.4.2 工伤保险待遇

工伤保险指劳动者在工作中因遭受事故伤害或者患职业病而致伤、致病、致死时依法所享受的一种社会保险。工伤保险待遇包括工伤医疗待遇、工伤致残待遇和因工死亡待遇。

《工伤保险条例》规定,职工因工作遭受事故伤害或者患职业病进行治疗,享受工伤医疗待遇:① 工伤治疗过程中的医疗待遇;② 工伤康复过程中的医疗待遇;③ 工伤纠纷过程中的医疗待遇;④ 获得辅助器具的待遇;⑤ 因工伤停工留薪期内的医疗待遇。

《工伤保险条例》规定,工伤职工已经评定伤残等级并经劳动能力鉴定委员会确认需要生活护理的,从工伤保险基金按月支付生活护理费。生活护理费按照生活完全不能自理、生活大部分不能自理或者生活部分不能自理3个不同等级支付,其标准分别为统筹地区上年度职工月平均工资的50%、40%或者30%。

《工伤保险条例》规定,职工因工死亡,其近亲属按照下列规定从工伤保险基金领取丧葬补助金、供养亲属抚恤金和一次性工亡补助金:① 丧葬补助金为6个月的统筹地区上年度职工月平均工资。② 供养亲属抚恤金按照职工本人工资的一定比例发给由因工死亡职工生前提供主要生活来源、无劳动能力的亲属。标准为：配偶每月 40%，其他亲属每人每月 30%，孤寡老人或者孤儿每人每月在上述标准的基础上增加 10%。核定的各供养亲属的抚恤金之和不应高于因工死亡职工生前的工资。供养亲属的具体范围由国务院社会保险行政部门规定。③ 一次性工亡补助金标准为上一年度全国城镇居民人均可支配收入的 20 倍。

12.5　劳动争议的解决

劳动争议是指劳动关系双方当事人之间因实现劳动权利、履行劳动义务而发生的纠纷或争议。

12.5.1　劳动争议调解

我国境内的用人单位与劳动者发生的下列劳动争议，适用《中华人民共和国劳动争议调解仲裁法》（简称《劳动争议调解仲裁法》）：① 因确认劳动关系发生的争议；② 因订立、履行、变更、解除和终止劳动合同发生的争议；③ 因除名、辞退和辞职、离职发生的争议；④ 因工作时间、休息休假、社会保险、福利、培训以及劳动保护发生的争议；⑤ 因劳动报酬、工伤医疗费、经济补偿或者赔偿金等发生的争议；⑥ 法律、法规规定的其他劳动争议。

《劳动争议调解仲裁法》规定，解决劳动争议，应当根据事实，遵循合法、公正、及时、着重调解的原则，依法保护当事人的合法权益。劳动争议调解组织包括：① 企业劳动争议调解委员会；② 依法设立的基层人民调解组织；③ 在乡镇、街道设立的具有劳动争议调解职能的组织。

企业劳动争议调解委员会由职工代表和企业代表组成。职工代表由工会成员担任或者由全体职工推举产生，企业代表由企业负责人指定。企业劳动争议调解委员会主任由工会成员或者双方推举的人员担任。

劳动争议调解程序的启动有两种方式：一是当事人申请；二是调解委员会主动调解。当发生劳动争议且当事人没有提出调解申请时，调解委员会可以在征得双方当事人同意后主动调解。

在当事人申请调解时，调解委员会接到调解申请后，对属于劳动争议受理范围且双方当事人同意调解的，应当在 3 个工作日内受理。对不属于劳动争议受理范围或者一方当事人不同意调解的，应当做好记录，并书面通知申请人。

经调解达成调解协议的，由调解委员会制作调解协议书。调解协议书应写明双方当事人基本情况、调解请求事项、调解的结果和协议履行期限、履行方式等。调解协议书由双方当事人签名或者盖章，经调解员签名并加盖调解委员会印章后生效。调解协议书一式三份，双方当事人和调解委员会各执一份。

《劳动争议调解仲裁法》规定，调解协议生效后，对双方当事人具有约束力，当事人应当履行。达成调解协议后，如果一方当事人在协议约定期限内不履行调解协议，一方当事人一般不能请求人民法院强制对方执行，而只能依法申请仲裁。

12.5.2 劳动争议仲裁

劳动争议仲裁委员会由劳动行政部门代表、工会代表和企业方面代表组成。劳动争议仲裁委员会组成人员应当是单数。劳动争议仲裁委员会依法履行下列职责：① 聘任、解聘专职或者兼职仲裁员；② 受理劳动争议案件；③ 讨论重大或者疑难的劳动争议案件；④ 对仲裁活动进行监督。劳动争议仲裁委员会下设办事机构，负责办理劳动争议仲裁委员会的日常工作。

《劳动争议调解仲裁法》规定，申请人申请仲裁应当提交书面仲裁申请，并按照被申请人人数提交副本。仲裁申请书应当载明下列事项：① 劳动者的姓名、性别、年龄、职业、工作单位和住所，用人单位的名称、住所和法定代表人或者主要负责人的姓名、职务；② 仲裁请求和所根据的事实、理由；③ 证据和证据来源、证人姓名和住所。书写仲裁申请确有困难的，可以口头申请，由劳动争议仲裁委员会记入笔录，并告知对方当事人。

《劳动争议调解仲裁法》规定，劳动争议仲裁委员会收到仲裁申请之日起5日内认为符合受理条件的，应当受理，并通知申请人；认为不符合受理条件的，应当书面通知申请人不予受理，并说明理由。对劳动争议仲裁委员会不予受理或者逾期未作出决定的，申请人可以就该劳动争议事项向人民法院提起诉讼。

仲裁庭在作出裁决前，应当先行调解。调解达成协议的，仲裁庭应当制作调解书。调解书应当写明仲裁请求和当事人协议的结果。调解书由仲裁员签名，加盖劳动争议仲裁委员会印章，送达双方当事人。调解书经双方当事人签收后，发生法律效力。调解不成或者调解书送达前，一方当事人反悔的，仲裁庭应当及时作出裁决。

裁决应当按照多数仲裁员的意见作出，少数仲裁员的不同意见应当记入笔录。仲裁庭不能形成多数意见时，裁决应当按照首席仲裁员的意见作出。裁决书应当载明仲裁请求、争议事实、裁决理由、裁决结果和裁决日期。裁决书由仲裁员签名，加盖劳动争议仲裁委员会印章。对裁决持不同意见的仲裁员，可以签名，也可以不签名。

下列劳动争议，除法律另有规定的外，仲裁裁决为终局裁决，裁决书自作出之日起发生法律效力：① 追索劳动报酬、工伤医疗费、经济补偿或者赔偿金，不超过当地月最低工资标准12个月金额的争议；② 因执行国家的劳动标准在工作时间、休息休假、社会保险等方面发生的争议。

《劳动争议调解仲裁法》规定，劳动争议申请仲裁的时效期间为1年。仲裁时效期间从当事人知道或者应当知道其权利被侵害之日起计算。上述仲裁时效，因当事人一方向对方当事人主张权利，或者向有关部门请求权利救济，或者对方当事人同意履行义务而中断，从中断时起，仲裁时效期间重新计算。

因不可抗力或者有其他正当理由，当事人不能在规定的仲裁时效期间申请仲裁的，仲裁时效中止。从中止时效的原因消除之日起，仲裁时效期间继续计算。劳动关系存续期间因拖欠劳动报酬发生争议的，劳动者申请仲裁不受仲裁时效期间的限制；但是，劳动关系终止的，应当自劳动关系终止之日起1年内提出。

建设工程劳动保障法律法规知识点导图如图12-1所示。

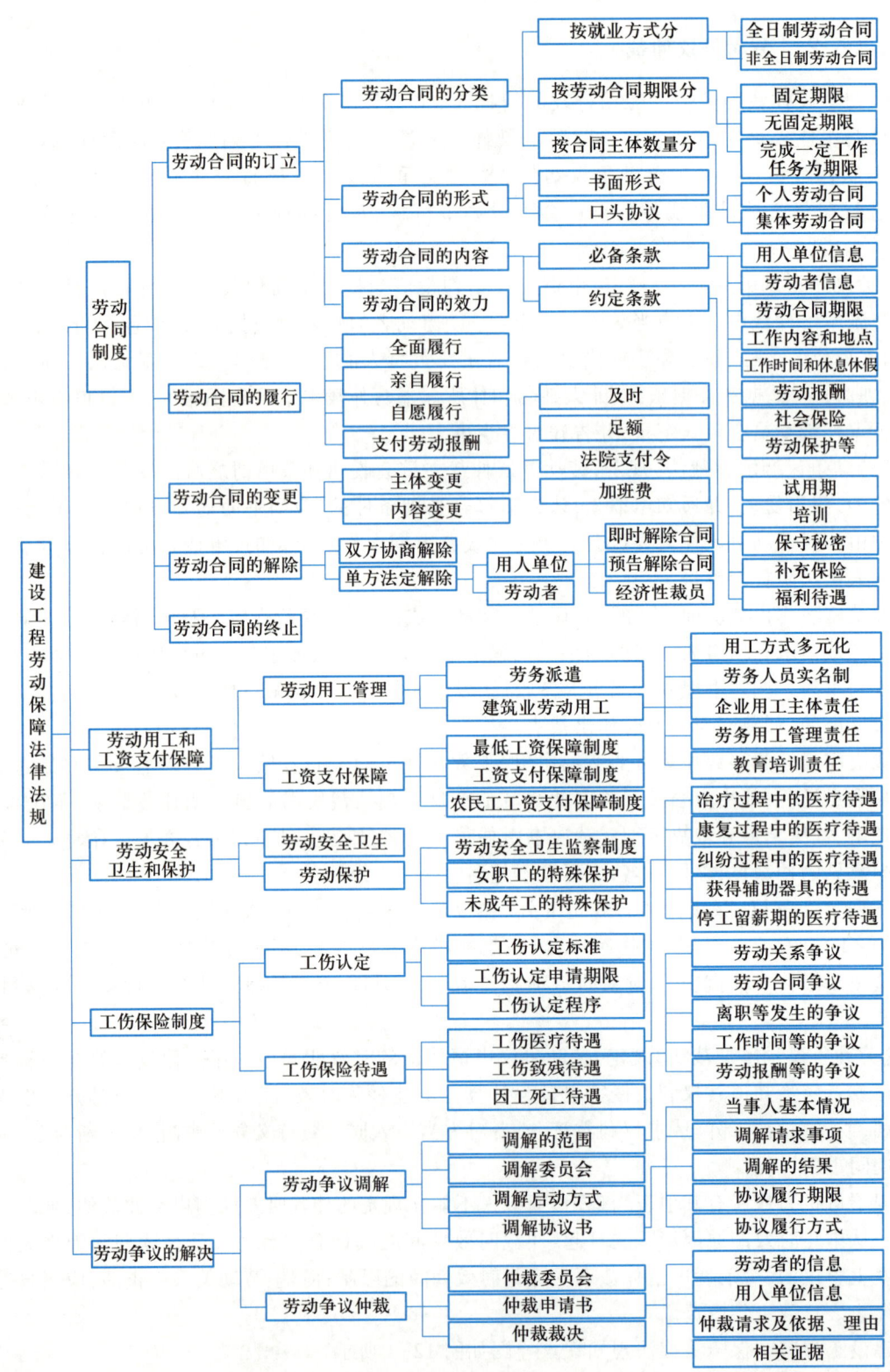

图 12-1 建设工程劳动保障法律法规知识点导图

1. 劳动合同是如何分类的？各自适用的范围是什么？
2. 劳动合同的具体内容包括哪些？
3. 劳动合同的履行有哪些要求？
4. 什么是劳务派遣制度？其主要特征是什么？
5. 建筑业劳动用工规范管理的主要内容有哪些？
6. 农民工工资支付保障制度的核心是什么？
7. 劳动安全卫生和保护的主要内容有哪些？
8. 工伤认定的标准是什么？工伤认定的程序是什么？
9. 工伤保险待遇的主要内容包括哪些？
10. 劳动争议如何解决？

第12章 案例

第12章 测试题及参考答案

第 13 章　建设工程相关的其他法律制度

本章学习目标

1. 了解《中华人民共和国土地管理法》《中华人民共和国防震减灾法》《中华人民共和国文物保护法》《中华人民共和国水法》《中华人民共和国防洪法》《中华人民共和国无障碍环境建设法》等法律对建设工程所作的相关规定。

2. 熟悉《中华人民共和国环境保护法》，尤其是大气污染防治、水污染防治、固体废物污染环境防治及噪声污染防治等法律中与建设工程有关的规定。

13.1　建设工程相关的环境法

国家倡导保护环境，制定了《中华人民共和国环境保护法》等多部环境污染防治法律，本节主要介绍此类法律中与建设工程相关的内容。

13.1.1　环境保护法

《中华人民共和国环境保护法》（简称《环境保护法》）于 1989 年 12 月 26 日第七届全国人民代表大会常务委员会第十一次会议通过，2014 年 4 月 24 日第十二届全国人民代表大会常务委员会第八次会议修订，自 2015 年 1 月 1 日起施行。现行《环境保护法》共七章七十条，主要涉及环境的监督管理、保护和改善环境、防治污染和其他公害、信息公开和公众参与以及法律责任等。

环境保护坚持保护优先、预防为主、综合治理、公众参与、损害担责的原则。每年 6 月 5 日为环境日。国务院环境保护主管部门制定国家环境质量标准，并根据国家环境质量标准和国家经济、技术条件，制定国家污染物排放标准，建立、健全环境监测制度。国家建立跨行政区域的重点区域、流域环境污染和生态破坏联合防治协调机制，实行统一规划、统一标准、统一监测、统一的防治措施。国家在重点生态功能区、生态环境敏感区和脆弱区等区域划定生态保护红线，实行严格保护。国家实行环境保护目标责任制和考核评价制度，建立、健全生态保护补偿制度，加强对大气、水、土壤等的保护，建立和完善相应的调查、监测、评估和修复制度。国家实行重点污染物排放总量控制制度，国家依照法律规定实行排污许可管理制度。

城乡建设应当结合当地自然环境的特点，保护植被、水域和自然景观，加强城市园林、绿地和风景名胜区的建设与管理。编制有关开发利用规划，建设对环境有影响的项目，应当依法进行环境影响评价。未依法进行环境影响评价的开发利用规划，不得组织实施；未依法进行环境影响评价的建设项目,不得开工建设。建设项目中防治污染的设施,应当与主体工程同时设计、同时施工、同时投产使用。

对依法应当编制环境影响报告书的建设项目,建设单位应当在编制时向可能受影响的公众说明情况,充分征求意见。负责审批建设项目环境影响评价文件的部门在收到建设项目环境影响报告书后,除涉及国家秘密和商业秘密的事项外,应当全文公开;发现建设项目未充分征求公众意见的,应当责成建设单位征求公众意见。

13.1.2 大气污染防治法

《中华人民共和国大气污染防治法》(简称《大气污染防治法》)于1987年9月5日第六届全国人民代表大会常务委员会第二十二次会议通过,根据1995年8月29日第八届全国人民代表大会常务委员会第十五次会议《关于修改〈中华人民共和国大气污染防治法〉的决定》第一次修正,2000年4月29日第九届全国人民代表大会常务委员会第十五次会议第一次修订,2015年8月29日第十二届全国人民代表大会常务委员会第十六次会议第二次修订,根据2018年10月26日第十三届全国人民代表大会常务委员会第六次会议《关于修改〈中华人民共和国野生动物保护法〉等十五部法律的决定》第二次修正。现行《大气污染防治法》共八章一百二十九条,主要涉及大气污染防治标准和限期达标规划、大气污染防治的监督管理、大气污染防治措施、燃煤等污染防治、重点区域大气污染联合防治、重污染天气应对以及法律责任等。

防治大气污染,应当以改善大气环境质量为目标,坚持源头治理,规划先行,转变经济发展方式,优化产业结构和布局,调整能源结构。防治大气污染,应当加强对燃煤、工业、机动车船、扬尘、农业等大气污染的综合防治,推行区域大气污染联合防治,对颗粒物、二氧化硫、氮氧化物、挥发性有机物、氨等大气污染物和温室气体实施协同控制。

国务院生态环境主管部门或者省、自治区、直辖市人民政府制定大气环境质量标准、大气污染物排放标准,并对执行情况定期进行评估,根据评估结果对标准适时进行修订。未达到国家大气环境质量标准城市的人民政府应当及时编制大气环境质量限期达标规划,采取措施,按照国务院或者省级人民政府规定的期限达到大气环境质量标准。

国家实行排污许可证制度,相关单位应当依法申领排污许可证。国家对重点大气污染物排放实行总量控制。国家建立重点区域大气污染联防联控机制,统筹协调重点区域内大气污染防治工作。国家建立重污染天气监测预警体系。

企业事业单位和其他生产经营者建设对大气环境有影响的项目,应当依法进行环境影响评价、公开环境影响评价文件;向大气排放污染物的,应当符合大气污染物排放标准,遵守重点大气污染物排放总量控制要求。

建设单位应当将防治扬尘污染的费用列入工程造价,并在施工承包合同中明确施工单位扬尘污染防治责任。施工单位应当制定具体的施工扬尘污染防治实施方案。从事房屋建筑、市政基础设施建设、河道整治以及建筑物拆除等施工单位,应当向负责监督管理扬尘污染防治的主管部门备案。

施工单位应当在施工工地设置硬质围挡,并采取覆盖、分段作业、择时施工、洒水抑尘、冲洗地面和车辆等有效防尘降尘措施。建筑土方、工程渣土、建筑垃圾应当及时清运;在场地内堆存的,应当采用密闭式防尘网遮盖。工程渣土、建筑垃圾应当进行资源化处理。施工单位应当在施工工地公示扬尘污染防治措施、负责人、扬尘监督管理主管部门等信息。暂时不能开工的建设用地,建设单位应当对裸露地面进行覆盖;超过三个月的,应当进行绿化、铺装或者遮盖。

13.1.3 水污染防治法

《中华人民共和国水污染防治法》(简称《水污染防治法》)于 1984 年 5 月 11 日第六届全国人民代表大会常务委员会第五次会议通过,根据 1996 年 5 月 15 日第八届全国人民代表大会常务委员会第十九次会议《关于修改〈中华人民共和国水污染防治法〉的决定》第一次修正,2008 年 2 月 28 日第十届全国人民代表大会常务委员会第三十二次会议修订,根据 2017 年 6 月 27 日第十二届全国人民代表大会常务委员会第二十八次会议《关于修改〈中华人民共和国水污染防治法〉的决定》第二次修正。现行《水污染防治法》共八章一百零三条,主要涉及水污染防治的标准和规划、监督管理、防治措施、饮用水水源和其他特殊水体保护、水污染事故处置以及法律责任等。

水污染防治应当坚持预防为主、防治结合、综合治理的原则,优先保护饮用水水源,严格控制工业污染、城镇生活污染,防治农业面源污染,积极推进生态治理工程建设,预防、控制和减少水环境污染和生态破坏。省、市、县、乡建立河长制,分级分段组织领导本行政区域内江河、湖泊的水资源保护、水域岸线管理、水污染防治、水环境治理等工作。

国务院环境保护主管部门制定国家水环境质量标准,并根据国家水环境质量标准和国家经济、技术条件,制定国家水污染物排放标准,适时修订水环境质量标准和水污染物排放标准。国家对重点水污染物排放实施总量控制制度。国家建立水环境质量监测和水污染物排放监测制度。国家对严重污染水环境的落后工艺和设备实行淘汰制度。城镇污水应当集中处理。国家建立饮用水水源保护区制度。国家实行水环境保护目标责任制和考核评价制度,将水环境保护目标完成情况作为对地方人民政府及其负责人考核评价的内容。国家鼓励、支持水污染防治的科学技术研究和先进适用技术的推广应用,加强水环境保护的宣传教育。国家通过财政转移支付等方式,建立健全对位于饮用水水源保护区区域和江河、湖泊、水库上游地区的水环境生态保护补偿机制。

新建、改建、扩建直接或者间接向水体排放污染物的建设项目和其他水上设施,应当依法进行环境影响评价。建设单位在江河、湖泊新建、改建、扩建排污口的,应当取得水行政主管部门或者流域管理机构同意;涉及通航、渔业水域的,环境保护主管部门在审批环境影响评价文件时,应当征求交通、渔业主管部门的意见。建设项目的水污染防治设施,应当与主体工程同时设计、同时施工、同时投入使用。水污染防治设施应当符合经批准或者备案的环境影响评价文件的要求。

禁止在饮用水水源一级保护区内新建、改建、扩建与供水设施和保护水源无关的建设项目;已建成的与供水设施和保护水源无关的建设项目,由县级以上人民政府责令拆除或者关闭。禁止在饮用水水源二级保护区内新建、改建、扩建排放污染物的建设项目;已建成的排放污染物的建设项目,由县级以上人民政府责令拆除或者关闭。禁止在饮用水水源准保护区内新建、扩建对水体污染严重的建设项目;改建建设项目,不得增加排污量。

13.1.4 固体废物污染环境防治法

《中华人民共和国固体废物污染环境防治法》(简称《固体废物污染环境防治法》)于 1995 年

10月30日第八届全国人民代表大会常务委员会第十六次会议通过,2004年12月29日第十届全国人民代表大会常务委员会第十三次会议第一次修订,根据2013年6月29日第十二届全国人民代表大会常务委员会第三次会议《关于修改〈中华人民共和国文物保护法〉等十二部法律的决定》第一次修正,根据2015年4月24日第十二届全国人民代表大会常务委员会第十四次会议《关于修改〈中华人民共和国港口法〉等七部法律的决定》第二次修正,根据2016年11月7日第十二届全国人民代表大会常务委员会第二十四次会议《关于修改〈中华人民共和国对外贸易法〉等十二部法律的决定》第三次修正,2020年4月29日第十三届全国人民代表大会常务委员会第十七次会议第二次修订。现行《固体废物污染环境防治法》共九章一百二十六条,主要涉及固体废物污染环境防治的监督管理、工业固体废物、生活垃圾、建筑垃圾、农业固体废物、危险废物防治以及保障措施和法律责任等。

固体废物污染环境防治坚持减量化、资源化和无害化的原则。任何单位和个人都应当采取措施,减少固体废物的产生量,促进固体废物的综合利用,降低固体废物的危害性。国家推行生活垃圾分类制度。生活垃圾分类坚持政府推动、全民参与、城乡统筹、因地制宜、简便易行的原则。

建设生活垃圾处理设施、场所,应当符合国务院生态环境主管部门和国务院住房城乡建设主管部门规定的环境保护和环境卫生标准。鼓励相邻地区统筹生活垃圾处理设施建设,促进生活垃圾处理设施跨行政区域共建共享。禁止擅自关闭、闲置或者拆除生活垃圾处理设施、场所;确有必要关闭、闲置或者拆除的,应当经所在地的市、县级人民政府环境卫生主管部门商所在地生态环境主管部门同意后核准,并采取防止污染环境的措施。

国家鼓励采用先进技术、工艺、设备和管理措施,推进建筑垃圾源头减量,建立建筑垃圾回收利用体系。工程施工单位应当编制建筑垃圾处理方案,采取污染防治措施,并报县级以上地方人民政府环境卫生主管部门备案。工程施工单位应当及时清运工程施工过程中产生的建筑垃圾等固体废物,并按照环境卫生主管部门的规定进行利用或者处置。工程施工单位不得擅自倾倒、抛撒或者堆放工程施工过程中产生的建筑垃圾。

国务院生态环境主管部门应当会同国务院有关部门制定国家危险废物名录,规定统一的危险废物鉴别标准、鉴别方法、识别标志和鉴别单位管理要求。国家危险废物名录应当动态调整。国务院生态环境主管部门根据危险废物的危害特性和产生数量,科学评估其环境风险,实施分级分类管理,建立信息化监管体系,并通过信息化手段管理、共享危险废物转移数据和信息。

建设产生、贮存、利用、处置固体废物的项目,应当依法进行环境影响评价,并遵守国家有关建设项目环境保护管理的规定。建设项目的环境影响评价文件确定需要配套建设的固体废物污染环境防治设施,应当与主体工程同时设计、同时施工、同时投入使用。建设项目的初步设计,应当按照环境保护设计规范的要求,将固体废物污染环境防治内容纳入环境影响评价文件,落实防治固体废物污染环境和破坏生态的措施以及固体废物污染环境防治设施投资概算。建设单位应当依照有关法律法规的规定,对配套建设的固体废物污染环境防治设施进行验收,编制验收报告,并向社会公开。

13.1.5 噪声污染防治法

《中华人民共和国噪声污染防治法》(简称《噪声污染防治法》)于2021年12月24日第十三

届全国人民代表大会常务委员会第三十二次会议通过。现行《噪声污染防治法》共九章九十条，主要涉及噪声污染防治的标准和规划，监督管理，工业、建筑施工、交通运输、社会生活噪声污染防治，以及法律责任等。

噪声污染防治应当坚持统筹规划、源头防控、分类管理、社会共治、损害担责的原则。县级以上人民政府应当将噪声污染防治工作纳入国民经济和社会发展规划、生态环境保护规划，将噪声污染防治工作经费纳入本级政府预算。生态环境保护规划应当明确噪声污染防治目标、任务、保障措施等内容。国家实行噪声污染防治目标责任制和考核评价制度，将噪声污染防治目标完成情况纳入考核评价内容。国家推进噪声污染防治标准体系建设。

建筑施工噪声，是指在建筑施工过程中产生的干扰周围生活环境的声音。建设单位应当按照规定将噪声污染防治费用列入工程造价，在施工合同中明确施工单位的噪声污染防治责任。施工单位应当按照规定制定噪声污染防治实施方案，采取有效措施，减少振动、降低噪声。建设单位应当监督施工单位落实噪声污染防治实施方案。

新建、改建、扩建可能产生噪声污染的建设项目，应当依法进行环境影响评价。建设项目的噪声污染防治设施应当与主体工程同时设计、同时施工、同时投产使用。建设项目在投入生产或者使用之前，建设单位应当依照有关法律法规的规定，对配套建设的噪声污染防治设施进行验收，编制验收报告，并向社会公开。未经验收或者验收不合格的，该建设项目不得投入生产或者使用。

在噪声敏感建筑物集中区域施工作业，建设单位应当按照国家规定，设置噪声自动监测系统，与监督管理部门联网，保存原始监测记录，对监测数据的真实性和准确性负责。在噪声敏感建筑物集中区域，禁止夜间进行产生噪声的建筑施工作业，但抢修、抢险施工作业，因生产工艺要求或者其他特殊需要必须连续施工作业的除外。因特殊需要必须连续施工作业的，应当取得地方人民政府住房和城乡建设、生态环境主管部门或者地方人民政府指定的部门的证明，并在施工现场显著位置公示或者以其他方式公告附近居民。

新建、改建、扩建经过噪声敏感建筑物集中区域的高速公路、城市高架、铁路和城市轨道交通线路等的，建设单位应当在可能造成噪声污染的重点路段设置声屏障或者采取其他减少振动、降低噪声的措施，符合有关交通基础设施工程技术规范以及标准要求。建设单位违反规定的，由县级以上人民政府指定的部门责令制定、实施治理方案。

对已竣工交付使用的住宅楼、商铺、办公楼等建筑物进行室内装修活动，应当按照规定限定作业时间，采取有效措施，防止、减轻噪声污染。居民住宅区安装电梯、水泵、变压器等共用设施设备的，建设单位应当合理设置，采取减少振动、降低噪声的措施，符合民用建筑隔声设计相关标准要求。

13.1.6 清洁生产促进法

《中华人民共和国清洁生产促进法》（简称《清洁生产促进法》）于2002年6月29日第九届全国人民代表大会常务委员会第二十八次会议通过，自2003年1月1日起施行，根据2012年2月29日第十一届全国人民代表大会常务委员会第二十五次会议《关于修改〈中华人民共和国清洁生产促进法〉的决定》修正。现行《清洁生产促进法》共六章四十条，主要涉及清洁生产的推行、清洁生产的实施、鼓励措施以及法律责任等。

本法所称清洁生产,是指不断采取改进设计、使用清洁的能源和原料、采用先进的工艺技术与设备、改善管理、综合利用等措施,从源头削减污染,提高资源利用效率,减少或者避免生产、服务和产品使用过程中污染物的产生和排放,以减轻或者消除对人类健康和环境的危害。

国务院清洁生产综合协调部门会同国务院环境保护、工业、科学技术部门和其他有关部门,根据国民经济和社会发展规划及国家节约资源、降低能源消耗、减少重点污染物排放的要求,编制国家清洁生产推行规划,报经国务院批准后及时公布,并督促各地认真实施。国家鼓励开展有关清洁生产的科学研究、技术开发和国际合作,组织宣传、普及清洁生产知识,推广清洁生产技术。国家鼓励社会团体和公众参与清洁生产的宣传、教育、推广、实施及监督。

新建、改建和扩建项目应当进行环境影响评价,对原料使用、资源消耗、资源综合利用以及污染物产生与处置等进行分析论证,优先采用资源利用率高以及污染物产生量少的清洁生产技术、工艺和设备。建筑工程应当采用节能、节水等有利于环境与资源保护的建筑设计方案、建筑和装修材料、建筑构配件及设备。禁止生产、销售和使用有毒、有害物质超过国家标准的建筑和装修材料。

13.1.7 节约能源法

《中华人民共和国节约能源法》(简称《节约能源法》)于 1997 年 11 月 1 日第八届全国人民代表大会常务委员会第二十八次会议通过,2007 年 10 月 28 日第十届全国人民代表大会常务委员会第三十次会议修订,根据 2016 年 7 月 2 日第十二届全国人民代表大会常务委员会第二十一次会议《关于修改〈中华人民共和国节约能源法〉等六部法律的决定》第一次修正,根据 2018 年 10 月 26 日第十三届全国人民代表大会常务委员会第六次会议《关于修改〈中华人民共和国野生动物保护法〉等十五部法律的决定》第二次修正。现行《节约能源法》共七章八十七条,主要涉及节能管理、合理使用与节约能源、节能技术进步、激励措施以及法律责任等。

国家实施节约与开发并举、把节约放在首位的能源发展战略。国家实行节能目标责任制和节能考核评价制度,将节能目标完成情况作为对地方人民政府及其负责人考核评价的内容。国家实行固定资产投资项目节能评估和审查制度。不符合强制性节能标准的项目,建设单位不得开工建设;已经建成的,不得投入生产、使用。国家实行有利于节能和环境保护的产业政策,限制发展高耗能、高污染行业,发展节能环保型产业。国家鼓励、支持开发和利用新能源、可再生能源。国家鼓励、支持节能科学技术的研究、开发、示范和推广,促进节能技术创新与进步。

建筑工程的建设、设计、施工和监理单位应当遵守建筑节能标准。不符合建筑节能标准的建筑工程,建设主管部门不得批准开工建设;已经开工建设的,应当责令停止施工、限期改正;已经建成的,不得销售或者使用。房地产开发企业在销售房屋时,应当向购买人明示所售房屋的节能措施、保温工程保修期等信息,在房屋买卖合同、质量保证书和使用说明书中载明,并对其真实性、准确性负责。国家鼓励在新建建筑和既有建筑节能改造中使用新型墙体材料等节能建筑材料和节能设备,安装和使用太阳能等可再生能源利用系统。

13.1.8 水土保持法

《中华人民共和国水土保持法》(简称《水土保持法》)于 1991 年 6 月 29 日第七届全国人民代表大会常务委员会第二十次会议通过,2010 年 12 月 25 日第十一届全国人民代表大会常务委员会第十八次会议修订，自 2011 年 3 月 1 日起施行。现行《水土保持法》共七章六十条，主要涉及水土保持的规划、预防、治理、监测和监督以及法律责任等。

水土保持工作实行预防为主、保护优先、全面规划、综合治理、因地制宜、突出重点、科学管理、注重效益的方针。国家在水土流失重点预防区和重点治理区，实行地方各级人民政府水土保持目标责任制和考核奖惩制度。国家鼓励和支持水土保持科学技术研究，提高水土保持科学技术水平，推广先进的水土保持技术，培养水土保持科学技术人才。

有关基础设施建设、矿产资源开发、城镇建设、公共服务设施建设等方面的规划，在实施过程中可能造成水土流失的，规划的组织编制机关应当在规划中提出水土流失预防和治理的对策和措施，并在规划报请审批前征求本级人民政府水行政主管部门的意见。

生产建设项目选址、选线应当避让水土流失重点预防区和重点治理区；无法避让的，应当提高防治标准，优化施工工艺，减少地表扰动和植被损坏范围，有效控制可能造成的水土流失。在山区、丘陵区、风沙区以及水土保持规划确定的容易发生水土流失的其他区域开办可能造成水土流失的生产建设项目，生产建设单位应当编制水土保持方案，报县级以上人民政府水行政主管部门审批，并按照经批准的水土保持方案，采取水土流失预防和治理措施。

依法应当编制水土保持方案的生产建设项目，生产建设单位未编制水土保持方案或者水土保持方案未经水行政主管部门批准的，生产建设项目不得开工建设。依法应当编制水土保持方案的生产建设项目中的水土保持设施，应当与主体工程同时设计、同时施工、同时投产使用；生产建设项目竣工验收，应当验收水土保持设施；水土保持设施未经验收或者验收不合格的，生产建设项目不得投产使用。

对可能造成严重水土流失的大中型生产建设项目，生产建设单位应当自行或者委托具备水土保持监测资质的机构，对生产建设活动造成的水土流失进行监测，并将监测情况定期上报当地水行政主管部门。从事水土保持监测活动应当遵守国家有关技术标准、规范和规程，保证监测质量。

13.2 建设工程相关的其他法律

随着全面依法治国战略的深入推进，全国人大及其常委会颁布了大量的法律，本节主要介绍与建设工程相关的其他法律中部分相关内容。

13.2.1 土地管理法

《中华人民共和国土地管理法》（简称《土地管理法》）于 1986 年 6 月 25 日第六届全国人民代表大会常务委员会第十六次会议通过，根据 1988 年 12 月 29 日第七届全国人民代表大会常务委员会第五次会议《关于修改〈中华人民共和国土地管理法〉的决定》第一次修正，1998 年 8 月 29 日第九届全国人民代表大会常务委员会第四次会议修订，根据 2004 年 8 月 28 日第十届全国人民代表大会常务委员会第十一次会议《关于修改〈中华人民共和国土地管理法〉的决定》第二次修正，根据 2019 年 8 月 26 日第十三届全国人民代表大会常务委员会第十二次会议《关于修改〈中华人民共和国土地管理法〉、中华人民共和国城市房地产管理法〉的决定》第三次修正。现行《土地管理法》共八章八十七条，主要涉及土地的所有权和使用权、土地利用总体规划、耕地保护、建设用地、监督检查以及法律责任等。

中华人民共和国实行土地的社会主义公有制,即全民所有制和劳动群众集体所有制。城市市区的土地属于国家所有。农村和城市郊区的土地,除由法律规定属于国家所有的以外,属于农民集体所有;宅基地和自留地、自留山,属于农民集体所有。全民所有,即国家所有土地的所有权由国务院代表国家行使。国家为了公共利益的需要,可以依法对土地实行征收或者征用并给予补偿。国家依法实行国有土地有偿使用制度,但是,国家在法律规定的范围内划拨国有土地使用权的除外。

国家实行土地用途管制制度。国家编制土地利用总体规划,规定土地用途,将土地分为农用地、建设用地和未利用地。严格限制农用地转为建设用地,控制建设用地总量,对耕地实行特殊保护。国家建立土地调查制度。国家建立土地统计制度。国家建立全国土地管理信息系统,对土地利用状况进行动态监测。国家实行占用耕地补偿制度。

建设占用土地,涉及农用地转为建设用地的,应当办理农用地转用审批手续。永久基本农田转为建设用地的,由国务院批准。在土地利用总体规划确定的城市和村庄、集镇建设用地规模范围内,为实施该规划而将永久基本农田以外的农用地转为建设用地的,按土地利用年度计划分批次按照国务院规定由原批准土地利用总体规划的机关或者其授权的机关批准。在已批准的农用地转用范围内,具体建设项目用地可以由市、县人民政府批准。在土地利用总体规划确定的城市和村庄、集镇建设用地规模范围外,将永久基本农田以外的农用地转为建设用地的,由国务院或者国务院授权的省、自治区、直辖市人民政府批准。

为了公共利益的需要,有下列情形之一,确需征收农民集体所有的土地的,可以依法实施征收:① 军事和外交需要用地的;② 由政府组织实施的能源、交通、水利、通信、邮政等基础设施建设需要用地的;③ 由政府组织实施的科技、教育、文化、卫生、体育、生态环境和资源保护、防灾减灾、文物保护、社区综合服务、社会福利、市政公用、优抚安置、英烈保护等公共事业需要用地的;④ 由政府组织实施的扶贫搬迁、保障性安居工程建设需要用地的;⑤ 在土地利用总体规划确定的城镇建设用地范围内,经省级以上人民政府批准由县级以上地方人民政府组织实施的成片开发建设需要用地的;⑥ 法律规定为公共利益需要可以征收农民集体所有的土地的其他情形。

建设项目可行性研究论证时,自然资源主管部门可以根据土地利用总体规划、土地利用年度计划和建设用地标准,对建设用地有关事项进行审查,并提出意见。

经批准的建设项目需要使用国有建设用地的,建设单位应当持法律、行政法规规定的有关文件,向有批准权的县级以上人民政府自然资源主管部门提出建设用地申请,经自然资源主管部门审查,报本级人民政府批准。

建设单位使用国有土地,应当以出让等有偿使用方式取得;但是,下列建设用地,经县级以上人民政府依法批准,可以以划拨方式取得:① 国家机关用地和军事用地;② 城市基础设施用地和公益事业用地;③ 国家重点扶持的能源、交通、水利等基础设施用地;④ 法律、行政法规规定的其他用地。

以出让等有偿使用方式取得国有土地使用权的建设单位,按照国务院规定的标准和办法,缴纳土地使用权出让金等土地有偿使用费和其他费用后,方可使用土地。自本法施行之日起,新增建设用地的土地有偿使用费,百分之三十上缴中央财政,百分之七十留给有关地方人民政府。具体使用管理办法由国务院财政部门会同有关部门制定,并报国务院批准。

建设单位使用国有土地的,应当按照土地使用权出让等有偿使用合同的约定或者土地使用权划拨批准文件的规定使用土地;确需改变该幅土地建设用途的,应当经有关人民政府自然资源主管部门同意,报原批准用地的人民政府批准。其中,在城市规划区内改变土地用途的,在报批前,应当先经有关城市规划行政主管部门同意。

乡镇企业、乡(镇)村公共设施、公益事业、农村村民住宅等乡(镇)村建设,应当按照村庄和集镇规划,合理布局,综合开发,配套建设;建设用地,应当符合乡(镇)土地利用总体规划和土地利用年度计划,并依照本法相关规定办理审批手续。

集体建设用地的使用者应当严格按照土地利用总体规划、城乡规划确定的用途使用土地。在土地利用总体规划制定前已建的不符合土地利用总体规划确定的用途的建筑物、构筑物,不得重建、扩建。

13.2.2 防震减灾法

《中华人民共和国防震减灾法》(简称《防震减灾法》)于1997年12月29日第八届全国人民代表大会常务委员会第二十九次会议通过,2008年12月27日第十一届全国人民代表大会常务委员会第六次会议修订,自2009年5月1日起施行。现行《防震减灾法》共九章九十三条,主要涉及防震减灾规划、地震监测预报、地震灾害预防、地震应急救援、地震灾后过渡性安置和恢复重建、监督管理以及法律责任等。

防震减灾工作,实行预防为主、防御与救助相结合的方针。编制防震减灾规划,应当遵循统筹安排、突出重点、合理布局、全面预防的原则,以震情和震害预测结果为依据,并充分考虑人民生命和财产安全及经济社会发展、资源环境保护等需要。

国家加强地震监测预报工作,建立多学科地震监测系统,逐步提高地震监测预报水平。国家对地震监测台网实行统一规划,分级、分类管理。全国地震监测台网由国家级地震监测台网、省级地震监测台网和市、县级地震监测台网组成,其建设资金和运行经费列入财政预算。国家对地震预报意见实行统一发布制度。

新建、扩建、改建建设工程,应当避免对地震监测设施和地震观测环境造成危害。建设国家重点工程,确实无法避免对地震监测设施和地震观测环境造成危害的,建设单位应当按照县级以上地方人民政府负责管理地震工作的部门或者机构的要求,增建抗干扰设施;不能增建抗干扰设施的,应当新建地震监测设施。对地震观测环境保护范围内的建设工程项目,城乡规划主管部门在依法核发选址意见书时,应当征求负责管理地震工作的部门或者机构的意见;不需要核发选址意见书的,城乡规划主管部门在依法核发建设用地规划许可证或者乡村建设规划许可证时,应当征求负责管理地震工作的部门或者机构的意见。

新建、扩建、改建建设工程,应当达到抗震设防要求。重大建设工程和可能发生严重次生灾害的建设工程,应当按照国务院有关规定进行地震安全性评价,并按照经审定的地震安全性评价报告所确定的抗震设防要求进行抗震设防。建设工程的地震安全性评价单位应当按照国家有关标准进行地震安全性评价,并对地震安全性评价报告的质量负责。此规定以外的建设工程,应当按照地震烈度区划图或者地震动参数区划图所确定的抗震设防要求进行抗震设防;对学校、医院等人员密集场所的建设工程,应当按照高于当地房屋建筑的抗震设防要求进行设计和施工,采取有效措施,增强抗震设防能力。

建设单位对建设工程的抗震设计、施工的全过程负责。设计单位应当按照抗震设防要求和工程建设强制性标准进行抗震设计,并对抗震设计的质量以及出具的施工图设计文件的准确性负责。施工单位应当按照施工图设计文件和工程建设强制性标准进行施工,并对施工质量负责。建设单位、施工单位应当选用符合施工图设计文件和国家有关标准规定的材料、构配件和设备。工程监理单位应当按照施工图设计文件和工程建设强制性标准实施监理,并对施工质量承担监理责任。

已经建成的下列建设工程,未采取抗震设防措施或者抗震设防措施未达到抗震设防要求的,应当按照国家有关规定进行抗震性能鉴定,并采取必要的抗震加固措施:① 重大建设工程;② 可能发生严重次生灾害的建设工程;③ 具有重大历史、科学、艺术价值或者重要纪念意义的建设工程;④ 学校、医院等人员密集场所的建设工程;⑤ 地震重点监视防御区内的建设工程。

城乡规划应当根据地震应急避难的需要,合理确定应急疏散通道和应急避难场所,统筹安排地震应急避难所必需的交通、供水、供电、排污等基础设施建设。对地震灾后恢复重建中需要办理行政审批手续的事项,有审批权的人民政府及有关部门应当按照方便群众、简化手续、提高效率的原则,依法及时予以办理。

13.2.3 文物保护法

《中华人民共和国文物保护法》(简称《文物保护法》)于1982年11月19日第五届全国人民代表大会常务委员会第二十五次会议通过,根据1991年6月29日第七届全国人民代表大会常务委员会第二十次会议《关于修改〈中华人民共和国文物保护法〉第三十条、第三十一条的决定》第一次修正,2002年10月28日第九届全国人民代表大会常务委员会第三十次会议修订,根据2007年12月29日第十届全国人民代表大会常务委员会第三十一次会议《关于修改〈中华人民共和国文物保护法〉的决定》第二次修正,根据2013年6月29日第十二届全国人民代表大会常务委员会第三次会议《关于修改〈中华人民共和国文物保护法〉等十二部法律的决定》第三次修正,根据2015年4月24日第十二届全国人民代表大会常务委员会第十四次会议《关于修改〈中华人民共和国文物保护法〉的决定》第四次修正,根据2017年11月4日第十二届全国人民代表大会常务委员会第三十次会议《关于修改〈中华人民共和国会计法〉等十一部法律的决定》第五次修正。现行《文物保护法》共八章八十条,主要涉及不可移动文物、考古发掘、馆藏文物、民间收藏文物、文物出境进境以及法律责任等。

文物工作贯彻保护为主、抢救第一、合理利用、加强管理的方针。一切机关、组织和个人都有依法保护文物的义务。各级人民政府应当重视文物保护,正确处理经济建设、社会发展与文物保护的关系,确保文物安全。基本建设、旅游发展必须遵守文物保护工作的方针,其活动不得对文物造成损害。

在中华人民共和国境内,下列文物受国家保护:① 具有历史、艺术、科学价值的古文化遗址、古墓葬、古建筑、石窟寺和石刻、壁画;② 与重大历史事件、革命运动或者著名人物有关的以及具有重要纪念意义、教育意义或者史料价值的近代现代重要史迹、实物、代表性建筑;③ 历史上各时代珍贵的艺术品、工艺美术品;④ 历史上各时代重要的文献资料以及具有历史、艺术、科学价值的手稿和图书资料等;⑤ 反映历史上各时代、各民族社会制度、社会生产、社会生活的代表性实物。具有科学价值的古脊椎动物化石和古人类化石同文物一样受国家保护。

古文化遗址、古墓葬、古建筑、石窟寺、石刻、壁画、近代现代重要史迹和代表性建筑等不可移动文物,根据它们的历史、艺术、科学价值,可以分别确定为全国重点文物保护单位,省级文物保护单位,市、县级文物保护单位。历史上各时代重要实物、艺术品、文献、手稿、图书资料、代表性实物等可移动文物,分为珍贵文物和一般文物;珍贵文物分为一级文物、二级文物、三级文物。

各级人民政府制定城乡建设规划,应当根据文物保护的需要,事先由城乡建设规划部门会同文物行政部门商定对本行政区域内各级文物保护单位的保护措施,并纳入规划。

建设工程选址,应当尽可能避开不可移动文物;因特殊情况不能避开的,对文物保护单位应当尽可能实施原址保护。实施原址保护的,建设单位应当事先确定保护措施,根据文物保护单位的级别报相应的文物行政部门批准;未经批准的,不得开工建设。无法实施原址保护,必须迁移异地保护或者拆除的,应当报省、自治区、直辖市人民政府批准;迁移或者拆除省级文物保护单位的,批准前须征得国务院文物行政部门同意。全国重点文物保护单位不得拆除;需要迁移的,须由省、自治区、直辖市人民政府报国务院批准。

进行大型基本建设工程,建设单位应当事先报请省、自治区、直辖市人民政府文物行政部门组织从事考古发掘的单位在工程范围内有可能埋藏文物的地方进行考古调查、勘探。需要配合建设工程进行的考古发掘工作,应当由省、自治区、直辖市文物行政部门在勘探工作的基础上提出发掘计划,报国务院文物行政部门批准。凡因进行基本建设和生产建设需要的考古调查、勘探、发掘,所需费用由建设单位列入建设工程预算。

在进行建设工程或者在农业生产中,任何单位或者个人发现文物,应当保护现场,立即报告当地文物行政部门,文物行政部门接到报告后,如无特殊情况,应当在二十四小时内赶赴现场,并在七日内提出处理意见。文物行政部门可以报请当地人民政府通知公安机关协助保护现场;发现重要文物的,应当立即上报国务院文物行政部门,国务院文物行政部门应当在接到报告后十五日内提出处理意见。依照上述规定发现的文物属于国家所有,任何单位或者个人不得哄抢、私分、藏匿。

13.2.4 水法

《中华人民共和国水法》(简称《水法》)于 1988 年 1 月 21 日第六届全国人民代表大会常务委员会第二十四次会议通过,2002 年 8 月 29 日第九届全国人民代表大会常务委员会第二十九次会议修订,根据 2009 年 8 月 27 日第十一届全国人民代表大会常务委员会第十次会议《关于修改部分法律的决定》第一次修正,根据 2016 年 7 月 2 日第十二届全国人民代表大会常务委员会第二十一次会议《关于修改〈中华人民共和国节约能源法〉等六部法律的决定》第二次修正。现行《水法》共八章八十二条,主要涉及水资源规划、开发利用、保护、配置和节约使用、水事纠纷处理与执法监督检查以及法律责任等。

开发、利用、节约、保护水资源和防治水害,应当全面规划、统筹兼顾、标本兼治、综合利用、讲求效益,发挥水资源的多种功能,协调好生活、生产经营和生态环境用水。水资源属于国家所有。国家对水资源依法实行取水许可制度和有偿使用制度。国家制定全国水资源战略规划。国家鼓励开发、利用水能资源和水运资源。国家建立饮用水水源保护区制度。国家实行河道采砂许可制度。国家对水工程实施保护。国家对用水实行总量控制和定额管理相结合的制度。国家厉行节约用水,大力推行节约用水措施,推广节约用水新技术、新工艺,发展节水型工业、农业和服务业，建立节水型社会。各级人民政府应当采取措施，加强对节约用水的管理，建立节约用水技术开发推广体系，培育和发展节约用水产业。单位和个人有节约用水的义务。

禁止在河道管理范围内建设妨碍行洪的建筑物、构筑物以及从事影响河势稳定、危害河岸堤防安全和其他妨碍河道行洪的活动。河道管理范围内建设桥梁、码头和其他拦河、跨河、临河建筑物、构筑物，铺设跨河管道、电缆，应当符合国家规定的防洪标准和其他有关的技术要求，工程建设方案应当依照防洪法的有关规定报经有关水行政主管部门审查同意。

新建、扩建、改建建设项目，应当制订节水措施方案，配套建设节水设施。节水设施应当与主体工程同时设计、同时施工、同时投产。供水企业和自建供水设施的单位应当加强供水设施的维护管理，减少水的漏失。

13.2.5 防洪法

《中华人民共和国防洪法》（简称《防洪法》）于1997年8月29日第八届全国人民代表大会常务委员会第二十七次会议通过，根据2009年8月27日第十一届全国人民代表大会常务委员会第十次会议《关于修改部分法律的决定》第一次修正，根据2015年4月24日第十二届全国人民代表大会常务委员会第十四次会议《关于修改〈中华人民共和国港口法〉等七部法律的决定》第二次修正，根据2016年7月2日第十二届全国人民代表大会常务委员会第二十一次会议《关于修改〈中华人民共和国节约能源法〉等六部法律的决定》第三次修正。现行《防洪法》共八章六十五条，主要涉及防洪规划、治理与防护、防洪区和防洪工程设施的管理、防汛抗洪、保障措施以及法律责任等。

防洪工作实行全面规划、统筹兼顾、预防为主、综合治理、局部利益服从全局利益的原则。防洪规划是指为防治某一流域、河段或者区域的洪涝灾害而制定的总体部署，包括国家确定的重要江河、湖泊的流域防洪规划，其他江河、河段、湖泊的防洪规划以及区域防洪规划。

防洪区是指洪水泛滥可能淹及的地区，分为洪泛区、蓄滞洪区和防洪保护区。洪泛区是指尚无工程设施保护的洪水泛滥所及的地区。蓄滞洪区是指包括分洪口在内的河堤背水面以外临时贮存洪水的低洼地区及湖泊等。防洪保护区是指在防洪标准内受防洪工程设施保护的地区。防汛抗洪工作实行各级人民政府行政首长负责制，统一指挥、分级分部门负责。国务院设立国家防汛指挥机构，负责领导、组织全国的防汛抗洪工作，其办事机构设在国务院水行政主管部门。

建设跨河、穿河、穿堤、临河的桥梁、码头、道路、渡口、管道、缆线、取水、排水等工程设施，应当符合防洪标准、岸线规划、航运要求和其他技术要求，不得危害堤防安全，影响河势稳定、妨碍行洪畅通；其工程建设方案未经有关水行政主管部门根据前述防洪要求审查同意的，建设单位不得开工建设。上述工程设施需要占用河道、湖泊管理范围内土地，跨越河道、湖泊空间或者穿越河床的，建设单位应当经有关水行政主管部门对该工程设施建设的位置和界限审查批准后，方可依法办理开工手续；安排施工时，应当按照水行政主管部门审查批准的位置和界限进行。

对于河道、湖泊管理范围内依照本法规定建设的工程设施，水行政主管部门有权依法检查；水行政主管部门检查时，被检查者应当如实提供有关的情况和资料。上述规定的工程设施竣工验收时，应当有水行政主管部门参加。

在洪泛区、蓄滞洪区内建设非防洪建设项目，应当就洪水对建设项目可能产生的影响和建设项目对防洪可能产生的影响作出评价，编制洪水影响评价报告，提出防御措施。洪水影响评价报告未经水行政主管部门审查批准的,建设单位不得开工建设。在蓄滞洪区内建设的油田、铁路、公路、矿山、电厂、电信设施和管道,其洪水影响评价报告应当包括建设单位自行安排的防洪避洪方案。建设项目投入生产或者使用时,其防洪工程设施应当经水行政主管部门验收。在蓄滞洪区内建造房屋应当采用平顶式结构。

13.2.6 无障碍环境建设法

《中华人民共和国无障碍环境建设法》(简称《无障碍环境建设法》)于2023年6月28日第十四届全国人民代表大会常务委员会第三次会议通过,自2023年9月1日起施行。《无障碍环境建设法》共八章七十二条,主要涉及无障碍设施建设、信息交流、社会服务、保障措施、监督管理和法律责任等。

国家采取措施推进无障碍环境建设、为残疾人、老年人自主安全地通行道路、出入建筑物以及使用其附属设施、搭乘公共交通运输工具,获取、使用和交流信息,获得社会服务等提供便利。无障碍环境建设应当坚持中国共产党的领导,发挥政府主导作用,调动市场主体积极性,引导社会组织和公众广泛参与,推动全社会共建共治共享。无障碍环境建设应当与适老化改造相结合,遵循安全便利、实用易行、广泛受益的原则。无障碍环境建设应当与经济社会发展水平相适应,统筹城镇和农村发展,逐步缩小城乡无障碍环境建设的差距。

新建、改建、扩建的居住建筑、居住区、公共建筑、公共场所、交通运输设施、城乡道路等,应当符合无障碍设施工程建设标准。无障碍设施应当与主体工程同步规划、同步设计、同步施工、同步验收、同步交付使用,并与周边的无障碍设施有效衔接、实现贯通。国家鼓励工程建设、设计、施工等单位采用先进的理念和技术,建设人性化、系统化、智能化并与周边环境相协调的无障碍设施。

工程建设单位应当将无障碍设施建设经费纳入工程建设项目概预算。工程建设单位不得明示或者暗示设计、施工单位违反无障碍设施工程建设标准;不得擅自将未经验收或者验收不合格的无障碍设施交付使用。

工程设计单位应当按照无障碍设施工程建设标准进行设计。依法需要进行施工图设计文件审查的,施工图审查机构应当按照法律、法规和无障碍设施工程建设标准,对无障碍设施设计内容进行审查;不符合有关规定的,不予审查通过。

工程施工、监理单位应当按照施工图设计文件以及相关标准进行无障碍设施施工和监理。住房和城乡建设等主管部门对未按照法律、法规和无障碍设施工程建设标准开展无障碍设施验收或者验收不合格的,不予办理竣工验收备案手续。

对既有的不符合无障碍设施工程建设标准的居住建筑、居住区、公共建筑、公共场所、交通运输设施、城乡道路等,县级以上人民政府应当根据实际情况,制定有针对性的无障碍设施改造计划并组织实施。国家支持城镇老旧小区既有多层住宅加装电梯或者其他无障碍设施,为残疾人、老年人提供便利。

新建、改建、扩建和具备改造条件的城市主干路、主要商业区和大型居住区的人行天桥和人行地下通道,应当按照无障碍设施工程建设标准,建设或者改造无障碍设施。城市主干路、主要商业区等无障碍需求比较集中的区域的人行道,应当按照标准设置盲道;城市中心区、残疾人集中就业单位和集中就读学校周边的人行横道的交通信号设施,应当按照标准安装过街音响提示装置。

建设工程相关的其他法律知识点导图如图13-1所示。

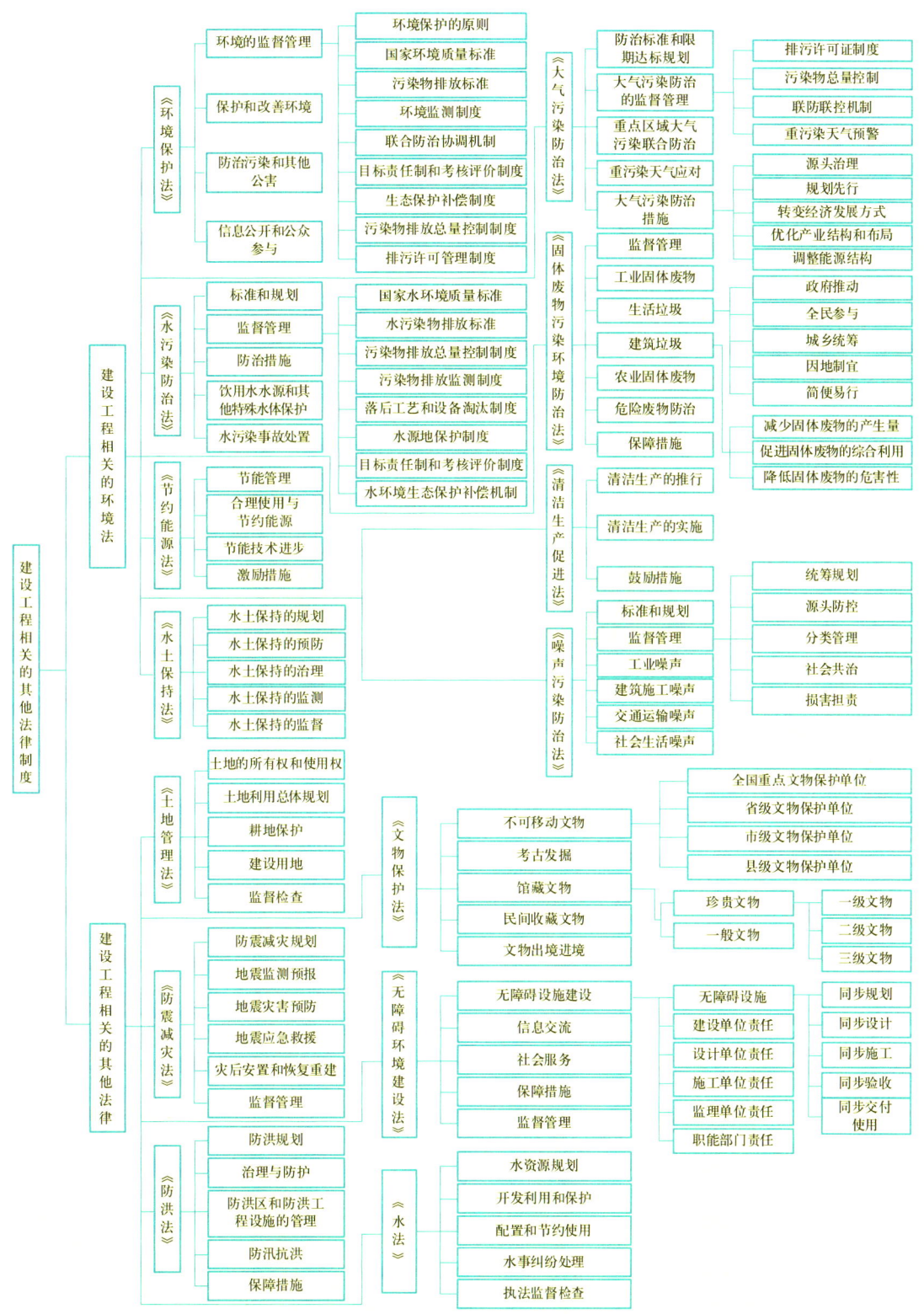

图 13-1　建设工程相关的其他法律知识点导图

思考题

1. 环境保护的基本原则是什么？国家实施哪些环境保护相关法律制度？
2. 《大气污染防治法》的主要内容有哪些？
3. 与工程建设相关的大气污染防治规定有哪些？
4. 《水污染防治法》的主要内容有哪些？
5. 《固体废物污染环境防治法》的主要内容有哪些？
6. 与工程建设相关的固体废物污染环境防治规定有哪些？
7. 《噪声污染防治法》的主要内容有哪些？
8. 与工程建设相关的噪声污染防治规定有哪些？
9. 《土地管理法》的主要内容有哪些？
10. 《防震减灾法》的主要内容有哪些？
11. 《文物保护法》的主要内容有哪些？

第 13 章　案例　　　　第 13 章　测试题及参考答案

第 14 章　建设工程争议解决法律制度

1. 熟练运用和解、调解、仲裁、诉讼等途径来解决建设工程各方主体之间因人身、财产利益产生的民事争议。
2. 正确理解行政复议、行政诉讼的立法目的及主要内容,掌握在实际工程中合理运用法律手段维护合法权益的途径。

14.1　建设工程争议和解与调解制度

建设工程各方主体之间因人身、财产利益产生的民事争议应尽量通过和解与调解的方式解决,成本低、效率高,是自愿原则在民事纠纷解决中的体现。

14.1.1　和解

和解是当事人就关系自身财产、人身利益的事项作出让步、妥协,达成纠纷解决的一种方式。

民事诉讼的当事人可以在民事诉讼的任何阶段达成和解。《中华人民共和国民事诉讼法》(简称《民事诉讼法》)规定,双方当事人可以自行和解;在执行中,双方当事人可以自行和解达成协议,如义务人不履行和解协议的,人民法院可以根据当事人的申请,恢复对原生效法律文书的执行。

仲裁案件当事人可以在仲裁中达成和解。《中华人民共和国仲裁法》规定,当事人达成和解协议的,可以请求仲裁庭根据和解协议作出裁决书,也可以撤回仲裁申请。当事人达成和解协议,撤回仲裁申请后反悔的,可以根据仲裁协议申请仲裁。

14.1.2　调解

1. 人民调解

《中华人民共和国人民调解法》以法律的形式确立了人民调解制度。人民调解委员会是依法设立的调解民间纠纷的群众性组织,调解民间纠纷时不收取任何费用。

人民调解是指人民调解委员会通过说服、疏导等方法,促使当事人在平等协商基础上自愿达成调解协议,解决民间纠纷的活动。人民调解应在当事人自愿、平等的基础上进行,不得违背法律、法规和国家政策;应当尊重当事人的权利,不得因调解而阻止当事人依法通过仲裁、行政、司法等途径维护自己的权利。

经人民调解委员会调解达成调解协议的,可以制作调解协议书。当事人认为无须制作调解协议书的,可以采取口头协议方式,人民调解员应当记录协议内容。

经人民调解委员会调解达成的调解协议,具有法律约束力,当事人应当按照约定履行。经人民调解委员会调解达成调解协议后,当事人之间就调解协议的履行或者调解协议的内容发生争议的,一方当事人可以向人民法院提起诉讼。

2. 法院调解

法院调解是指审判人员依据自愿、合法原则,在事实清楚的基础上,分清是非进行调解,促使双方当事人就诉争事项达成一致、解决纠纷的诉讼活动和结案方式。《民事诉讼法》第8章专章规定了调解制度。

调解达成协议,人民法院应当制作调解书。调解书经双方当事人签收后,即具有法律效力,最后收到调解书的当事人签收的日期为调解书生效日期。

人民法院调解案件,应当遵循自愿原则,当事人一方或者双方坚持不愿调解、调解未达成协议或者调解书送达前一方反悔的,人民法院应当及时判决。

3. 仲裁调解

根据《中华人民共和国仲裁法》,仲裁庭在作出裁决前,可以先行调解。当事人自愿调解的,仲裁庭应当调解。调解不成的,应当及时作出裁决。

调解达成协议的,仲裁庭应当制作调解书或者根据协议的结果制作裁决书。调解书与裁决书具有同等法律效力。调解书经双方当事人签收后,即发生法律效力。在调解书签收前当事人反悔的,仲裁庭应当及时作出裁决。

14.1.3 多元化纠纷解决机制

多元化纠纷解决机制是指多种途径多个主体协同构建源头防控、排查梳理、纠纷化解、应急处置的社会矛盾综合治理机制。

《最高人民法院关于深化人民法院一站式多元解纷机制建设推动矛盾纠纷源头化解的实施意见》(法发〔2021〕25号)提出,要主动适应社会主要矛盾新变化,紧盯矛盾纠纷产生、发展、演变三个阶段,突出源头预防、前端化解、关口把控重点环节,加强部门联动和统筹协调,促进人民法院工作重心前移、力量下沉、内外衔接,从源头上减少矛盾纠纷产生,减少衍生诉讼案件发生,切实维护社会稳定和安全。

完善人民法院源头化解矛盾纠纷的工作格局具体包括以下几个方面:

(1)建立分类分级预防化解矛盾纠纷路径。
(2)强化人民法院分流对接功能。
(3)建立健全基层解纷服务体系。
(4)推动重点行业领域矛盾纠纷预防化解工作。
(5)发挥社会各方力量协同作用。

14.2 仲 裁 制 度

仲裁制度是指民(商)事争议的双方当事人达成协议,自愿将争议提交给选定的第三者根据一定的程序规则和公正原则作出裁决,并且双方当事人都有义务履行这个裁决的一种法律制度。

14.2.1 仲裁协议

仲裁协议是当事人之间达成的,旨在将已发生或将来产生于特定法律关系的争议提交仲裁裁决的书面协议。

仲裁协议包括合同中订立的仲裁条款和以其他书面方式在纠纷发生前或者纠纷发生后达成的请求仲裁的协议。仲裁协议应当具有下列内容:① 请求仲裁的意思表示;② 仲裁事项;③ 选定的仲裁委员会。

14.2.2 仲裁的申请和受理

1. 仲裁的申请

仲裁申请是启动仲裁程序的第一步。当事人申请仲裁应当符合下列条件:① 有仲裁协议;② 有具体的仲裁请求和事实、理由;③ 属于仲裁委员会的受理范围。

当事人申请仲裁,应当向仲裁委员会递交仲裁协议、仲裁申请书及副本。仲裁申请书应当载明下列事项:① 当事人的姓名、性别、年龄、职业、工作单位和住所,法人或者其他组织的名称、住所和法定代表人或者主要负责人的姓名、职务;② 仲裁请求和所根据的事实、理由;③ 证据和证据来源、证人姓名和住所。

2. 仲裁的受理

仲裁委员会收到仲裁申请书之日起5日内,认为符合受理条件的,应当受理,并通知当事人;认为不符合受理条件的,应当书面通知当事人不予受理,并说明理由。

仲裁委员会受理仲裁申请后,应当在仲裁规则规定的期限内将仲裁规则和仲裁员名册送达申请人,并将仲裁申请书副本和仲裁规则、仲裁员名册送达被申请人。被申请人收到仲裁申请书副本后,应当在仲裁规则规定的期限内向仲裁委员会提交答辩书。仲裁委员会收到答辩书后,应当在仲裁规则规定的期限内将答辩书副本送达申请人。被申请人未提交答辩书的,不影响仲裁程序的进行。

14.2.3 仲裁庭的组成、开庭和裁决

1. 仲裁庭的组成

仲裁机构受理仲裁申请后,应当按照程序组成仲裁庭对案件进行审理和裁决。在我国,仲裁庭有合议仲裁庭和独任仲裁庭两种形式。

合议仲裁庭是指由3名仲裁员组成的仲裁庭,设首席仲裁员。当事人约定由3名仲裁员组成仲裁庭的,应当各自选定或者各自委托仲裁委员会主任指定1名仲裁员,第3名仲裁员由当事人共同选定或者共同委托仲裁委员会主任指定。第3名仲裁员是首席仲裁员。

独任仲裁庭是指由1名仲裁员组成的仲裁庭。当事人约定由1名仲裁员成立仲裁庭的,应当由当事人共同选定或者共同委托仲裁委员会主任指定仲裁员。

2. 开庭

仲裁应当开庭进行。仲裁委员会应当在仲裁规则规定的期限内将开庭日期通知双方当事人。当事人有正当理由的,可以在仲裁规则规定的期限内请求延期开庭。是否延期,由仲裁庭决

定。申请人经书面通知,无正当理由不到庭或者未经仲裁庭许可中途退庭的,可以视为撤回仲裁申请。被申请人经书面通知,无正当理由不到庭或者未经仲裁庭许可中途退庭的可以缺席裁决。

当事人在仲裁过程中有权进行辩论。辩论终结时,首席仲裁员或者独任仲裁员应当征询当事人的最后意见。仲裁庭应当将开庭情况记入笔录。当事人和其他仲裁参与人认为对自己陈述的记录有遗漏或者差错的,有权申请补正。如果不予补正,应当记录该申请。笔录由仲裁员、记录人员、当事人和其他仲裁参与人签名或者盖章。

3. 裁决

仲裁庭在作出裁决前,可以先行调解。调解不成的,应当及时作出裁决。

调解达成协议的,仲裁庭应当制作调解书或者根据协议的结果制作裁决书。调解书与裁决书具有同等法律效力。调解书经双方当事人签收后,即发生法律效力。在调解书签收前当事人反悔的,仲裁庭应当及时作出裁决。

裁决应当按照多数仲裁员的意见作出,少数仲裁员的不同意见可以记入笔录。仲裁庭不能形成多数意见时,裁决应当按照首席仲裁员的意见作出。裁决书应当写明仲裁请求、争议事实、裁决理由、裁决结果、仲裁费用的负担和裁决日期。

14.3 民事诉讼制度

平等主体的公民之间、法人之间、其他组织之间以及他们相互之间因财产关系和人身关系提起的诉讼为民事诉讼,适用《民事诉讼法》的规定。

14.3.1 民事诉讼的法院管辖

1. 级别管辖

级别管辖是确定各级人民法院之间审理第一审民事案件的分工和权限的管辖制度。

基层人民法院数量多,分布广,贴近人民群众,除法律另有规定外,第一审民事案件由基层人民法院管辖。基层人民法院根据地区、人口和案件情况,可以设立若干人民法庭;人民法庭的判决和裁定即基层人民法院的判决和裁定。

中级人民法院管辖下列第一审民事案件:① 重大涉外案件;② 在本辖区有重大影响的案件;③ 最高人民法院确定由中级人民法院管辖的案件。

高级人民法院管辖在辖区有重大影响的第一审民事案件。

最高人民法院管辖下列第一审民事案件:① 在全国有重大影响的案件;② 认为应当由本院审理的案件。

2. 地域管辖

地域管辖是按照法院辖区来确定同级法院之间受理第一审民事案件的分工和权限的一种管辖制度。

一般地域管辖是以当事人所在地确定管辖的制度,其基本原则为"原告就被告"。对被告住所地不易确定或不宜进行管辖的案件,作为一般地域管辖的例外情形,可由原告住所地法院管辖。

因合同纠纷提起的诉讼,由被告住所地或合同履行地人民法院管辖。因人身保险合同纠纷提起的诉讼,可以由被保险人住所地人民法院管辖。

根据《民事诉讼法》及其司法解释,有些情况应由指定的人民法院专属管辖,详见相关法律条文。

因侵权行为提起的诉讼,由侵权行为地或者被告住所地人民法院管辖。

3. 协议管辖

根据《民事诉讼法》,合同或者其他财产权益纠纷的当事人可以书面协议选择被告住所地、合同履行地、合同签订地、原告住所地、标的物所在地等与争议有实际联系的地点的人民法院管辖,但不得违反《民事诉讼法》对级别管辖和专属管辖的规定。协议管辖应采用书面形式,仅适用于第一审程序。

4. 其他管辖制度

根据《民事诉讼法》,两个以上人民法院都有管辖权的诉讼,原告可以向其中一个人民法院起诉;原告向两个以上有管辖权的人民法院起诉的,由最先立案的人民法院管辖。

根据《民事诉讼法》,人民法院发现受理的案件不属于本院管辖的,应当移送有管辖权的人民法院,受移送的人民法院应当受理。受移送的人民法院认为受移送的案件依照规定不属于本院管辖的,应当报请上级人民法院指定管辖,不得再自行移送。

《民事诉讼法》规定,有管辖权的人民法院由于特殊原因,不能行使管辖权的,由上级人民法院指定管辖;上级人民法院有权审理下级人民法院管辖的第一审民事案件。

根据《民事诉讼法》,人民法院受理案件后,当事人对管辖权有异议的,应当在提交答辩状期间提出。人民法院对当事人提出的异议,应当审查。异议成立的,裁定将案件移送有管辖权的人民法院;异议不成立的,裁定驳回。

14.3.2 民事审判组织与诉讼参加人

1. 民事审判组织

《民事诉讼法》规定,人民法院审理民事案件,依照法律规定实行合议、回避、公开审判和两审终审制度。

合议制是由审判员、人民陪审员共同组成合议庭或者由审判员组成合议庭进行审理的审判组织形式。独任制是由审判员一人独任审理的审判组织形式。合议制是人民法院审理案件的基本组织形式,除了法律规定应当适用或可以适用独任制审判案件的特定情形外,均应组成合议庭对案件进行审判。

回避制度是指在民事诉讼活动中,审判人员及其他有关人员与正在审理的案件有利害关系时,应当依法退出案件审理的制度。《民事诉讼法》及其司法解释对依法应当回避的人员、情形和程序作了规定。

公开审判是指人民法院审理民事案件的过程和结果依法向社会公开。公开审判有助于提高司法水平,树立司法权威,增强司法公信力,发挥法治宣传和教育作用,是人民群众行使监督权的重要途径。

我国民事诉讼实行两审终审制度。当事人不服地方人民法院第一审判决的,有权在判决书送达之日起15日内向上一级人民法院提起上诉。第二审人民法院的判决、裁定是终审的判决、裁定。

2. 诉讼参加人

诉讼参加人包括当事人和诉讼代理人。

《民事诉讼法》规定,公民、法人和其他组织可以作为民事诉讼的当事人。法人由其法定代表人进行诉讼。其他组织由其主要负责人进行诉讼。当事人一方或者双方为二人以上,其诉讼标的是共同的,或者诉讼标的是同一种类、人民法院认为可以合并审理并经当事人同意的,为共同诉讼。当事人一方人数众多的共同诉讼,可以由当事人推选代表人进行诉讼。对污染环境、侵害众多消费者合法权益等损害社会公共利益的行为,法律规定的机关和有关组织可以向人民法院提起诉讼。

《民事诉讼法》规定,对当事人双方的诉讼标的,第三人认为有独立请求权的,有权提起诉讼。如第三人认为原被告之间正在进行的返还原物诉讼中的标的物归其所有,有权要求参加诉讼。对当事人双方的诉讼标的,第三人虽然没有独立请求权,但案件处理结果同他有法律上的利害关系的,可以申请参加诉讼,或者由人民法院通知他参加诉讼。

诉讼代理人是在依照法律规定或者当事人委托,代当事人进行诉讼活动的人。《民事诉讼法》规定,无诉讼行为能力人由他的监护人作为法定代理人代为诉讼。法定代理人之间互相推诿代理责任的,由人民法院指定其中一人代为诉讼。

14.3.3 民事诉讼证据的种类、保全、调查与审查

1. 证据的种类

根据《民事诉讼法》,证据包括:① 当事人的陈述;② 书证;③ 物证;④ 视听资料;⑤ 电子数据;⑥ 证人证言;⑦ 鉴定意见;⑧ 勘验笔录。证据必须查证属实,才能作为认定事实的根据。

2. 证据的保全

《民事诉讼法》规定,在证据可能灭失或者以后难以取得的情况下,当事人可以在诉讼过程中向人民法院申请保全证据,人民法院也可以主动采取保全措施。因情况紧急,在证据可能灭失或者以后难以取得的情况下,利害关系人可以在提起诉讼或者申请仲裁前向证据所在地、被申请人住所地或者对案件有管辖权的人民法院申请保全证据。

3. 证据的调查与审查

当事人对自己提出的主张,有责任提供证据。人民法院认为审理案件需要的证据,应当主动调查收集。

人民法院应当按照法定程序,全面、客观地审查核实证据。证据应当在法庭上出示,并由当事人互相质证。对涉及国家秘密、商业秘密和个人隐私的证据应当保密,需要在法庭出示的,不得在公开开庭时出示。

根据《最高人民法院关于民事诉讼证据的若干规定》,下列证据不能单独作为认定案件事实的根据:① 当事人的陈述;② 无民事行为能力人或者限制民事行为能力人所作的与其年龄、智力状况或者精神健康状况不相当的证言;③ 与一方当事人或者其代理人有利害关系的证人陈述的证言;④ 存有疑点的视听资料、电子数据;⑤ 无法与原件、原物核对的复制件、复制品。

14.3.4 民事诉讼时效

诉讼时效是指权利人在一定期间内不行使权利,则义务人有权提出拒绝履行的抗辩的制度。

《民法典》规定,诉讼时效期间届满的,义务人可以提出不履行义务的抗辩,但下列请求权不适用诉讼时效的规定:① 请求停止侵害、排除妨碍、消除危险;② 不动产物权和登记的动产物权的权利人请求返还财产;③ 请求支付抚养费、赡养费或者扶养费;④ 依法不适用诉讼时效的其他请求权。

《民法典》规定,向人民法院请求保护民事权利的诉讼时效期间为3年。法律另有规定的,依照其规定,如《民法典》规定,因国际货物买卖合同和技术进出口合同争议提起诉讼或者申请仲裁的时效期间为4年。

14.3.5 民事诉讼的审判程序

1. 起诉和受理

起诉必须符合下列条件:① 原告是与本案有直接利害关系的公民、法人和其他组织;② 有明确的被告;③ 有具体的诉讼请求和事实、理由;④ 属于人民法院受理民事诉讼的范围和受诉人民法院管辖。

人民法院应当保障当事人依照法律规定享有的起诉权利。对符合起诉条件的,必须受理。符合起诉条件的,应当在7日内立案,并通知当事人;不符合起诉条件的,应当在7日内作出裁定书,不予受理;原告对裁定不服的,可以提起上诉。

2. 开庭审理

开庭审理时,由审判长或者独任审判员核对当事人,宣布案由,宣布审判人员、法官助理、书记员等的名单,告知当事人有关的诉讼权利义务,询问当事人是否提出回避申请。

法庭调查按照下列顺序进行:① 当事人陈述;② 告知证人的权利义务,证人作证,宣读未到庭的证人证言;③ 出示书证、物证、视听资料和电子数据;④ 宣读鉴定意见;⑤ 宣读勘验笔录。当事人在法庭上可以提出新的证据。

当事人经法庭许可,可以向证人、鉴定人、勘验人发问。原告增加诉讼请求,被告提出反诉,第三人提出与本案有关的诉讼请求,可以合并审理。

3. 诉讼中止和终结

诉讼中止是指诉讼过程中发生法定情形,暂停诉讼程序,待中止情形消失后恢复审理的制度。

诉讼终结是指诉讼中发生法定情形,导致诉讼已无必要或者无可能性,故而结束审理的制度。

4. 判决

法庭辩论终结,应当依法作出判决。判决前能够调解的,还可以进行调解,调解不成的,应当及时判决。

根据《民事诉讼法》,判决书应当写明判决结果和作出该判决的理由。判决书内容包括:① 案由、诉讼请求、争议的事实和理由;② 判决认定的事实和理由、适用的法律和理由;③ 判决结果和诉讼费用的负担;④ 上诉期间和上诉的法院。判决书由审判人员、书记员署名,加盖人民法院印章。

5. 简易程序和小额诉讼

第一审程序中,基层人民法院和它派出的法庭审理事实清楚、权利义务关系明确、争议不大的简单的民事案件,可以适用简易程序;当事人双方也可以约定适用简易程序。简易程序在起诉方式、传唤方式、审判组织、庭审阶段等方面均较为简便、灵活,如原告可以口头起诉,由审判员一人独任审理。

根据《民事诉讼法》,基层人民法院和它派出的法庭审理事实清楚、权利义务关系明确、争议不大的简单金钱给付民事案件,标的额为各省、自治区、直辖市上年度就业人员年平均工资50%以下的,适用小额诉讼的程序审理,实行一审终审。

6. 第二审程序

当事人不服地方人民法院第一审判决的,有权在判决书送达之日起15日内向上一级人民法院提起上诉。当事人不服地方人民法院第一审裁定的,有权在裁定书送达之日起10日内向上一级人民法院提起上诉。

上诉状应当通过原审人民法院提出,并按照对方当事人或者代表人的人数提出副本。当事人直接向第二审人民法院上诉的,第二审人民法院应当在5日内将上诉状移交原审人民法院。

第二审人民法院对上诉案件,经过审理,按照下列情形分别处理:① 原判决、裁定认定事实清楚,适用法律正确的,以判决、裁定方式驳回上诉,维持原判决、裁定;② 原判决、裁定认定事实错误或者适用法律错误的,以判决、裁定方式依法改判、撤销或者变更;③ 原判决认定基本事实不清的,裁定撤销原判决,发回原审人民法院重审,或者查清事实后改判;④ 原判决遗漏当事人或者违法缺席判决等严重违反法定程序的,裁定撤销原判决,发回原审人民法院重审。

原审人民法院对发回重审的案件作出判决后,当事人提起上诉的,第二审人民法院不得再次发回重审。

7. 审判监督程序

审判监督程序是对已经生效的判决、裁定、调解书中存在的错误予以纠正的程序。从审判监督程序的启动主体看,包括当事人申请再审、人民法院决定再审和人民检察院提起抗诉。当事人申请再审应当在判决、裁定、调解书生效后的6个月内提出,法院和检察院提起审判监督程序不受时间限制。

14.4 行政复议制度

行政复议是行政复议机关对公民、法人或者其他组织认为侵犯其合法权益的行政行为,基于申请而予以受理、审理并作出决定的制度。

14.4.1 行政复议范围

1. 可申请复议的范围

《中华人民共和国行政复议法》(简称《行政复议法》)规定,有下列情形之一的,公民、法人或者其他组织可以依法申请行政复议:① 对行政机关作出的行政处罚决定不服;② 对行政机关作出的行政强制措施、行政强制执行决定不服;③ 申请行政许可,行政机关拒绝或者在法定期限内不予答复,或者对行政机关作出的有关行政许可的其他决定不服;④ 对行政机关作出的确认自然资源的所有权或者使用权的决定不服;⑤ 对行政机关作出的征收征用决定及其补偿决定不服;⑥ 对行政机关作出的赔偿决定或者不予赔偿决定不服;⑦ 对行政机关作出的不予受理工伤认定申请的决定或者工伤认定结论不服;⑧ 认为行政机关侵犯其经营自主权或者农村土地承包经营权、农村土地经营权;⑨ 认为行政机关滥用行政权力排除或者限制竞争;⑩ 认为行政机关违法集资、摊派费用或者违法要求履行其他义务;⑪ 申请行政机关履行保护人身权利、财产权利、受教育权利等合法权益的法定职责,行政机关拒绝履行、未依法履行或者不予答复;⑫ 申请行政机关依法给付抚恤金、社会保险待遇或者最低生活保障等社会保障,行政机关没有依法给付;⑬ 认为行政机关不依法订立、不依法履行、未按照约定履行或者违法变更解除政府特许经营协议、土地房屋征收补偿协议等行政协议;⑭ 认为行政机关在政府信息公开工作中侵犯其合法权益;⑮ 认为行政机关的其他行政行为侵犯其合法权益。

2. 请求审查行政规范性文件

公民、法人或者其他组织认为行政机关的行政行为所依据的下列规范性文件不合法,在对行政行为申请行政复议时,可以一并向行政复议机关提出对该规范性文件的附带审查申请:① 国务院部门的规范性文件;② 县级以上地方各级人民政府及其工作部门的规范性文件;③ 乡、镇人民政府的规范性文件;④ 法律、法规、规章授权的组织的规范性文件。

3. 不能申请复议的范围

《行政复议法》规定,下列事项不属于行政复议范围:① 国防、外交等国家行为;② 行政法规、规章或者行政机关制定、发布的具有普遍约束力的决定、命令等规范性文件;③ 行政机关对行政机关工作人员的奖惩、任免等决定;④ 行政机关对民事纠纷作出的调解。

14.4.2　行政复议的申请

依法申请行政复议的公民、法人或者其他组织是申请人;作出行政行为的行政机关或者法律、法规、规章授权的组织是被申请人。

公民、法人或者其他组织认为行政行为侵犯其合法权益的,可以自知道或者应当知道该行政行为之日起60日内提出行政复议申请;但是法律规定的申请期限超过60日的除外。因不可抗力或者其他正当理由耽误法定申请期限的,申请期限自障碍消除之日起继续计算。申请人申请行政复议,可以书面申请;书面申请有困难的,也可以口头申请。

14.4.3　行政复议的管辖

《行政复议法》规定,县级以上地方各级人民政府管辖下列行政复议案件:① 对本级人民政府工作部门作出的行政行为不服的;② 对下一级人民政府作出的行政行为不服的;③ 对本级人民政府依法设立的派出机关作出的行政行为不服的;④ 对本级人民政府或者其工作部门管理的法律、法规、规章授权的组织作出的行政行为不服的。除上述规定外,省、自治区、直辖市人民政府同时管辖对本机关作出的行政行为不服的行政复议案件。

《行政复议法》规定,国务院部门管辖下列行政复议案件:① 对本部门作出的行政行为不服的;② 对本部门依法设立的派出机构依照法律、行政法规、部门规章规定,以派出机构的名义作出的行政行为不服的;③ 对本部门管理的法律、行政法规、部门规章授权的组织作出的行政行为不服的。

14.4.4 行政复议的受理

行政复议机关收到行政复议申请后,应当在5日内进行审查。对符合下列规定的,行政复议机关应当予以受理:① 有明确的申请人和符合规定的被申请人;② 申请人与被申请行政复议的行政行为有利害关系;③ 有具体的行政复议请求和理由;④ 在法定申请期限内提出;⑤ 属于《行政复议法》规定的行政复议范围;⑥ 属于本机关的管辖范围;⑦ 行政复议机关未受理过该申请人就同一行政行为提出的行政复议申请,并且人民法院未受理过该申请人就同一行政行为提起的行政诉讼。

对不符合上述规定的行政复议申请,行政复议机关应当在审查期限内决定不予受理并说明理由;不属于本机关管辖的,还应当在不予受理决定中告知申请人有管辖权的行政复议机关。

公民、法人或者其他组织依法提出行政复议申请,行政复议机关无正当理由不予受理、驳回申请或者受理后超过行政复议期限不作答复的,申请人有权向上级行政机关反映,上级行政机关应当责令其纠正;必要时,上级行政复议机关可以直接受理。

14.4.5 行政复议的决定

行政复议机关受理行政复议申请后,依法适用普通程序或者简易程序进行审理。行政复议机关依法对行政行为进行审查,提出意见,经行政复议机关的负责人同意或者集体讨论通过后,以行政复议机关的名义作出行政复议决定。经过听证的行政复议案件,行政复议机关应当根据听证笔录、审查认定的事实和证据,依照本法作出行政复议决定。提请行政复议委员会提出咨询意见的行政复议案件,行政复议机关应当将咨询意见作为作出行政复议决定的重要参考依据。

行政行为有下列情形之一的,行政复议机关决定变更该行政行为:① 事实清楚,证据确凿,适用依据正确,程序合法,但是内容不适当;② 事实清楚,证据确凿,程序合法,但是未正确适用依据;③ 事实不清、证据不足,经行政复议机关查清事实和证据。

行政行为有下列情形之一的,行政复议机关决定撤销或者部分撤销该行政行为,并可以责令被申请人在一定期限内重新作出行政行为:① 主要事实不清、证据不足;② 违反法定程序;③ 适用的依据不合法;④ 超越职权或者滥用职权。

行政行为有下列情形之一的,行政复议机关不撤销该行政行为,但是确认该行政行为违法:① 依法应予撤销,但是撤销会给国家利益、社会公共利益造成重大损害;② 程序轻微违法,但是对申请人权利不产生实际影响。

行政行为有下列情形之一,不需要撤销或者责令履行的,行政复议机关确认该行政行为违法:① 行政行为违法,但是不具有可撤销内容;② 被申请人改变原违法行政行为,申请人仍要求撤销或者确认该行政行为违法;③ 被申请人不履行或者拖延履行法定职责,责令履行没有意义。

当事人经调解达成协议的,行政复议机关应当制作行政复议调解书,经各方当事人签字或者签章,并加盖行政复议机关印章,即具有法律效力。调解未达成协议或者调解书生效前一方反悔的,行政复议机关应当依法审查或者及时作出行政复议决定。

14.5 行政诉讼制度

行政诉讼是指公民、法人或者其他组织认为行政行为侵犯其合法权益,依法向人民法院提起诉讼,由人民法院主持审理行政争议并作出裁判的诉讼制度。

14.5.1 行政诉讼的受案范围

《中华人民共和国行政诉讼法》(简称《行政诉讼法》)规定,人民法院受理公民、法人或者其他组织提起的下列诉讼:① 对行政拘留、暂扣或者吊销许可证和执照、责令停产停业、没收违法所得、没收非法财物、罚款、警告等行政处罚不服的;② 对限制人身自由或者对财产的查封、扣押、冻结等行政强制措施和行政强制执行不服的;③ 申请行政许可,行政机关拒绝或者在法定期限内不予答复,或者对行政机关作出的有关行政许可的其他决定不服的;④ 对行政机关作出的关于确认土地、矿藏、水流、森林、山岭、草原、荒地、滩涂、海域等自然资源的所有权或者使用权的决定不服的;⑤ 对征收、征用决定及其补偿决定不服的;⑥ 申请行政机关履行保护人身权、财产权等合法权益的法定职责,行政机关拒绝履行或者不予答复的;⑦ 认为行政机关侵犯其经营自主权或者农村土地承包经营权、农村土地经营权的;⑧ 认为行政机关滥用行政权力排除或者限制竞争的;⑨ 认为行政机关违法集资、摊派费用或者违法要求履行其他义务的;⑩ 认为行政机关没有依法支付抚恤金、最低生活保障待遇或者社会保险待遇的;⑪ 认为行政机关不依法履行、未按照约定履行或者违法变更、解除政府特许经营协议、土地房屋征收补偿协议等协议的;⑫ 认为行政机关侵犯其他人身权、财产权等合法权益的。除上述规定外,人民法院受理法律、法规规定可以提起诉讼的其他行政案件。

《行政诉讼法》规定,人民法院不受理公民、法人或者其他组织对下列事项提起的诉讼:① 国防、外交等国家行为;② 行政法规、规章或者行政机关制定、发布的具有普遍约束力的决定、命令;③ 行政机关对行政机关工作人员的奖惩、任免等决定;④ 法律规定由行政机关最终裁决的行政行为。

14.5.2 行政诉讼的起诉和受理

1. 起诉

对属于人民法院受案范围的行政案件,公民、法人或者其他组织可以先向行政机关申请复议,对复议决定不服的,再向人民法院提起诉讼;也可以直接向人民法院提起诉讼。

提起诉讼应当符合下列条件:① 原告是符合规定的公民、法人或者其他组织;② 有明确的被告;③ 有具体的诉讼请求和事实根据;④ 属于人民法院受案范围和受诉人民法院管辖。

起诉应当向人民法院递交起诉状,并按照被告人数提出副本。书写起诉状确有困难的,可以口头起诉,由人民法院记入笔录,出具注明日期的书面凭证,并告知对方当事人。

2. 受理

人民法院在接到起诉状时对符合规定的起诉条件的,应当登记立案。对当场不能判定是否符合规定的起诉条件的,应当接收起诉状,出具注明收到日期的书面凭证,并在 7 日内决定是否立案。不符合起诉条件的,作出不予立案的裁定。裁定书应当载明不予立案的理由。

14.5.3 行政诉讼的法院管辖

1. 级别管辖

级别管辖是上下级人民法院之间受理第一审行政案件的分工和权限。基层人民法院管辖第一审行政案件。中级人民法院管辖下列第一审行政案件：① 对国务院部门或者县级以上地方人民政府所作的行政行为提起诉讼的案件；② 海关处理的案件；③ 本辖区内重大、复杂的案件；④ 其他法律规定由中级人民法院管辖的案件。高级人民法院管辖本辖区内重大、复杂的第一审行政案件。最高人民法院管辖全国范围内重大、复杂的第一审行政案件。

2. 地域管辖

地域管辖是同级人民法院之间受理第一审行政案件的分工和权限。行政案件由最初作出行政行为的行政机关所在地人民法院管辖。经复议的案件，也可以由复议机关所在地人民法院管辖。经最高人民法院批准，高级人民法院可以根据审判工作的实际情况，确定若干人民法院跨行政区域管辖行政案件。

3. 移送管辖与指定管辖

人民法院发现受理的案件不属于本院管辖的，应当移送有管辖权的人民法院，受移送的人民法院应当受理。受移送的人民法院认为受移送的案件按照规定不属于本院管辖的，应当报请上级人民法院指定管辖，不得再自行移送。

有管辖权的人民法院由于特殊原因不能行使管辖权的，由上级人民法院指定管辖。人民法院对管辖权发生争议，由争议双方协商解决；协商不成的，报它们的共同上级人民法院指定管辖。

4. 管辖转移

上级人民法院有权审理下级人民法院管辖的第一审行政案件。下级人民法院对其管辖的第一审行政案件，认为需要由上级人民法院审理或者指定管辖的，可以报请上级人民法院决定。

14.5.4 行政诉讼参加人

诉讼当事人包括原告、公益诉讼起诉人、被告、第三人。诉讼当事人与诉讼代理人共同构成诉讼参加人。

行政诉讼的原告是指认为自己的合法权益受到行政主体的行政行为侵犯或者实质影响而向人民法院提起诉讼的人，包括公民、法人或者其他组织。

人民检察院在履行职责中发现生态环境和资源保护、食品药品安全、国有财产保护、国有土地使用权出让等领域负有监督管理职责的行政机关违法行使职权或者不作为，致使国家利益或者社会公共利益受到侵害的，应当向行政机关提出检察建议，督促其依法履行职责。行政机关不依法履行职责的，人民检察院依法向人民法院提起公益诉讼。

行政诉讼被告是指原告指控其行政行为违法，侵犯原告合法权益，并经人民法院通知应诉的具有国家行政职权的机关和组织。

《行政诉讼法》规定，公民、法人或者其他组织同被诉行政行为有利害关系但没有提起诉讼，或者同案件处理结果有利害关系的，可以作为第三人申请参加诉讼，或者由人民法院通知参加诉讼。

当事人一方或者双方为二人以上，因同一行政行为发生的行政案件，或者因同类行政行为发生的行政案件,人民法院认为可以合并审理并经当事人同意的,为共同诉讼。当事人一方人数众多的共同诉讼,可以由当事人推选代表人进行诉讼。

没有诉讼行为能力的公民,由其法定代理人代为诉讼。法定代理人互相推诿代理责任的,由人民法院指定其中一人代为诉讼。当事人、法定代理人,可以委托一至二人作为诉讼代理人。

14.5.5 行政诉讼证据的种类、举证责任和保全

1. 行政诉讼证据的种类

证据包括:① 书证;② 物证;③ 视听资料;④ 电子数据;⑤ 证人证言;⑥ 当事人的陈述;⑦ 鉴定意见;⑧ 勘验笔录、现场笔录。以上证据经法庭审查属实,才能作为认定案件事实的根据。

2. 举证责任

被告对作出的行政行为负有举证责任,应当提供作出该行政行为的证据和所依据的规范性文件。

在起诉被告不履行法定职责的案件中,原告应当提供其向被告提出申请的证据。在行政赔偿、补偿的案件中,原告应当对行政行为造成的损害提供证据。因被告的原因导致原告无法举证的,由被告承担举证责任。

当事人的损失因客观原因无法鉴定的,人民法院应当结合当事人的主张和在案证据,遵循法官职业道德,运用逻辑推理和生活经验、生活常识等,酌情确定赔偿数额。

人民法院有权要求当事人提供或者补充证据,有权向有关行政机关及其他组织、公民调取证据。

3. 证据保全

在证据可能灭失或者以后难以取得的情况下,诉讼参加人可以向人民法院申请保全证据,人民法院也可以主动采取保全措施。

14.5.6 行政诉讼的审理、判决和执行

1. 行政诉讼的审理和判决

诉讼期间,不停止行政行为的执行。但有下列情形之一的,裁定停止执行:① 被告认为需要停止执行的;② 原告或者利害关系人申请停止执行,人民法院认为该行政行为的执行会造成难以弥补的损失,并且停止执行不损害国家利益、社会公共利益的;③ 人民法院认为该行政行为的执行会给国家利益、社会公共利益造成重大损害的;④ 法律、法规规定停止执行的。

行政诉讼案件的审理程序也分第一审普通程序、简易程序以及第二审程序,与民事诉讼程序大体相仿,详见相关法律条文。

行政案件的判决可以分为以下几种类型:驳回诉讼请求判决、撤销判决、履行判决、变更判决、确认判决。

人民法院对公开审理和不公开审理的案件,一律公开宣告判决。当庭宣判的,应当在 10 日内发送判决书;定期宣判的,宣判后立即发给判决书。宣告判决时,必须告知当事人上诉权利、上诉期限和上诉的人民法院。

2. 行政诉讼的执行

行政诉讼的执行是指人民法院和其他国家机关及其工作人员依照法定的程序运用法定的强制手段,迫使行政诉讼当事人履行人民法院已经发生法律效力的裁判的活动。

当事人必须履行人民法院发生法律效力的判决、裁定、调解书。对发生法律效力的行政判决书、行政裁定书、行政赔偿判决书和行政调解书，负有义务的一方当事人拒绝履行的，对方当事人可以依法申请人民法院强制执行。人民法院判决行政机关履行行政赔偿、行政补偿或者其他行政给付义务，行政机关拒不履行的，对方当事人可以依法向法院申请强制执行。

14.6 建设工程争议解决法律制度的特点和保障

14.6.1 建设工程争议解决法律制度的特点

建设工程争议解决法律制度蕴含的广泛性、包容性、一致性原则为建设工程争议提供了公平、高效、可持续的解决路径，其知识点导图如图 14-1 所示。

广泛性原则确保建设工程争议解决透明公正。在建设工程争议中，涉及的利益相关方包括业主、承包商、分包商、设计单位、监理单位等，各方可以共同探讨争议的解决方案，使争议解决过程更加透明，防止暗箱操作和不公正行为发生，从而确保各方的利益和诉求得到充分考虑和尊重。

包容性原则适用于建设工程争议解决的全过程。建设工程出现争议有其独特的背景和特点，要允许各方灵活地根据具体情况设计解决方案，不拘泥于固定的法律程序和规则。通过协商和对话，有利于各方真实意愿的表达，从而增强各方对争议解决结果的信任和接受度，适用于争议解决的全过程。

一致性原则降低建设工程争议解决的社会成本。解决建设工程争议，必须允许各方为了共同利益贡献智慧，在互信和合作的氛围中达成各方都能接受的解决方案。在协商过程中，业主、承包商、监理单位等不同利益相关方可以整合各方智慧，共同寻找最优解决方案，降低对抗造成的社会成本。

14.6.2 行政部门的保障作用

行政部门根据相关法律规定，及时介入建设工程争议并为争议解决提供依据、路径和平台，是建设工程市场健康发展的重要保障。

一是提供政策支持。行政部门通过制定和实施相关政策，为建设工程争议解决提供了制度保障。通过出台相关的政策指导文件，明确了解决争议的程序、标准和责任，确保解决过程有章可循、有法可依。同时，行政部门还可以通过制定和推广行业标准与规范，提高建设工程的整体质量和管理水平，从源头上减少争议发生的可能性。

二是提供调解平台。由行政部门设立的专门的调解机构或平台，如建设工程质量监督站、建筑市场管理办公室等，为争议各方提供了一个权威、公正的调解渠道。这些平台能够增加调解的权威性和公信力，还能有效整合社会资源，提供专业的调解服务。在解决争议过程中，行政部门还可以介入监督，确保公正。

三是促进多元化争议解决机制的发展。一方面，行政部门在职责范围内积极推动多元化的争议解决机制，包括调解、仲裁、行政复议等多种途径，并鼓励各方通过协商、调解等非诉讼方式解决争议。另一方面，行政部门可以提供如工程质量检测报告、施工许可证等关键信息，帮助争议各方明确事实，作出合理判断和决策。

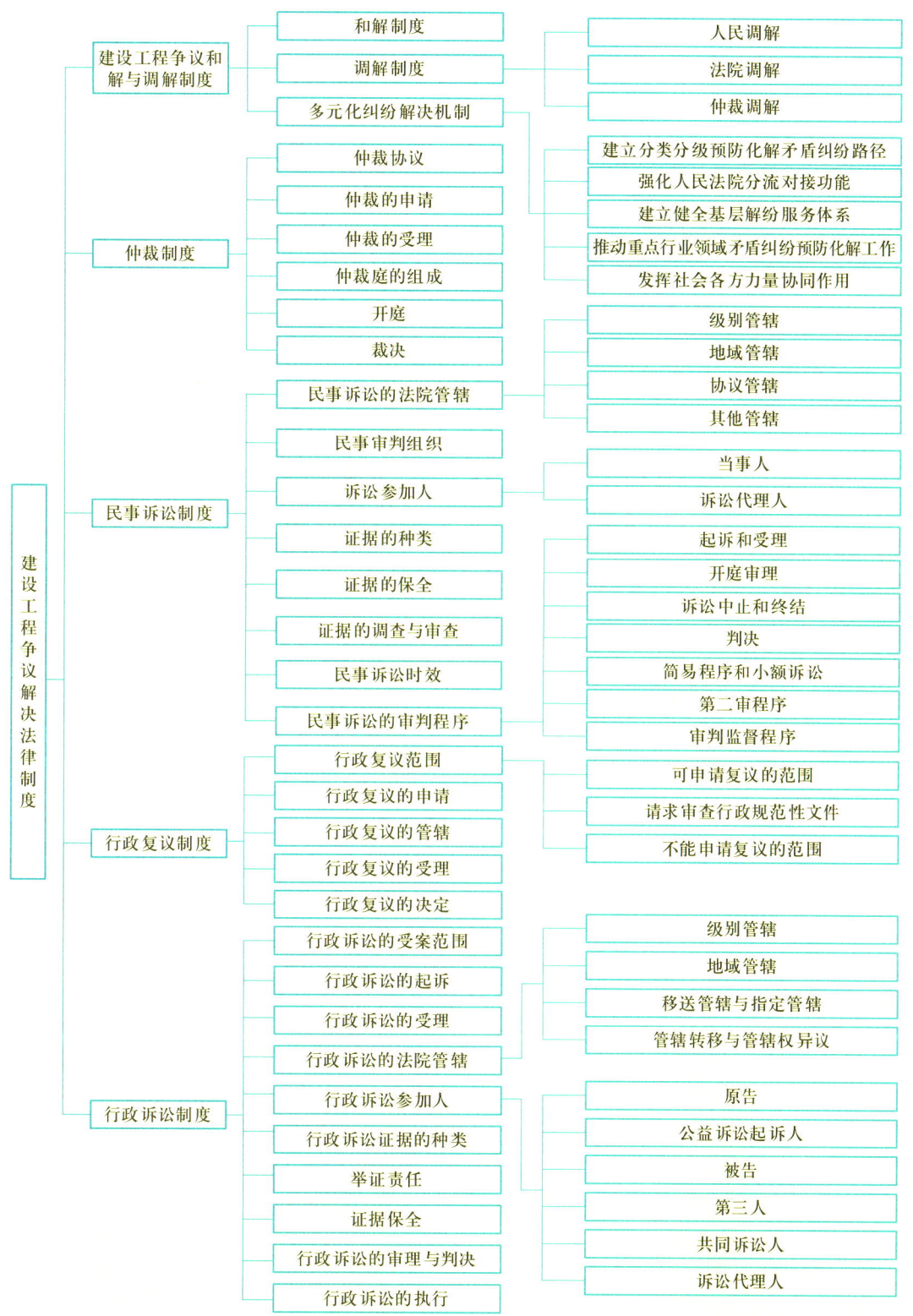

图 14-1　建设工程争议解决法律制度知识点导图

思考题

1. 我国民事争议解决的方式有哪几种?
2. 和解的本质是什么?
3. 调解的种类有哪几种?
4. 仲裁制度的具体内容包括哪些?
5. 民事诉讼制度的具体内容包括哪些?
6. 行政争议解决的方式有哪几种?
7. 行政复议制度的具体内容包括哪些?
8. 行政诉讼制度的具体内容包括哪些?

第14章　案例

第14章　测试题及参考答案

第3篇

涉外法律法规

第15章　外商投资中国市场相关法律法规

> **本章学习目标**
>
> 1. 了解新中国对外开放的历史进程及改革开放,尤其是2001年12月11日正式加入世界贸易组织以来取得的巨大成就。
> 2. 熟悉《中华人民共和国外商投资法》《中华人民共和国外商投资法实施条例》、外商投资准入的负面清单和鼓励外商投资产业目录的主要内容。
> 3. 通过对中国高铁、大型桥隧等工程技术由"跟跑"到"领跑"的典型案例的学习,激发爱国热情和民族自信心。

15.1　外商投资法

15.1.1　概述

为了进一步扩大对外开放,积极促进外商投资,保护外商投资合法权益,规范外商投资管理,推动形成全面开放新格局,促进社会主义市场经济健康发展,《中华人民共和国外商投资法》(简称《外商投资法》)于2019年3月15日由中华人民共和国第十三届全国人民代表大会第二次会议通过,自2020年1月1日起施行。《中华人民共和国中外合资经营企业法》《中华人民共和国外资企业法》《中华人民共和国中外合作经营企业法》同时废止。

本法所称外商投资,是指外国的自然人、企业或者其他组织(以下称外国投资者)直接或者间接在中国境内进行的投资活动,包括下列情形:① 外国投资者单独或者与其他投资者共同在中国境内设立外商投资企业;② 外国投资者取得中国境内企业的股份、股权、财产份额或者其他类似权益;③ 外国投资者单独或者与其他投资者共同在中国境内投资新建项目;④ 法律、行政法规或者国务院规定的其他方式的投资。本法所称外商投资企业,是指全部或者部分由外国投资者投资,依照中国法律在中国境内经登记注册设立的企业。

本法施行前依照《中华人民共和国中外合资经营企业法》《中华人民共和国外资企业法》《中华人民共和国中外合作经营企业法》设立的外商投资企业,在本法施行后五年内可以继续保留原企业组织形式等。具体实施办法由国务院规定。

15.1.2　主要内容

国家坚持对外开放的基本国策,鼓励外国投资者依法在中国境内投资。国家实行高水平投资自由化便利化政策,建立和完善外商投资促进机制,营造稳定、透明、可预期和公平竞争的市场环境。国家对外商投资实行准入前国民待遇加负面清单管理制度。国家对负面清单之外的外商投资,给予国民待遇。国家依法保护外国投资者在中国境内的投资、收益和其他合法权益。在中国境内进行投资活动的外国投资者、外商投资企业,应当遵守中国法律法规,不得危害中国国家安全、损害社会公共利益。

上述所称准入前国民待遇,是指在投资准入阶段给予外国投资者及其投资不低于本国投资者及其投资的待遇;所称负面清单,是指国家规定在特定领域对外商投资实施的准入特别管理措施。负面清单由国务院发布或者批准发布。

国务院商务主管部门、投资主管部门按照职责分工,开展外商投资促进、保护和管理工作;国务院其他有关部门在各自职责范围内,负责外商投资促进、保护和管理的相关工作。县级以上地方人民政府有关部门依照法律法规和本级人民政府确定的职责分工,开展外商投资促进、保护和管理工作。

县级以上地方人民政府可以根据法律、行政法规、地方性法规的规定,在法定权限内制定外商投资促进和便利化政策措施。各级人民政府及其有关部门应当按照便利、高效、透明的原则,简化办事程序,提高办事效率,优化政务服务,进一步提高外商投资服务水平。有关主管部门应当编制和公布外商投资指引,为外国投资者和外商投资企业提供服务和便利。

国家对外国投资者的投资不实行征收。在特殊情况下,国家为了公共利益的需要,可以依照法律规定对外国投资者的投资实行征收或者征用。征收、征用应当依照法定程序进行,并及时给予公平、合理的补偿。外国投资者在中国境内的出资、利润、资本收益、资产处置所得、知识产权许可使用费、依法获得的补偿或者赔偿、清算所得等,可以依法以人民币或者外汇自由汇入、汇出。

国家保护外国投资者和外商投资企业的知识产权,保护知识产权权利人和相关权利人的合法权益;对知识产权侵权行为,严格依法追究法律责任。国家鼓励在外商投资过程中基于自愿原则和商业规则开展技术合作。技术合作的条件由投资各方遵循公平原则平等协商确定。行政机关及其工作人员不得利用行政手段强制转让技术。

外商投资准入负面清单规定禁止投资的领域,外国投资者不得投资。外商投资准入负面清单规定限制投资的领域,外国投资者进行投资应当符合负面清单规定的条件。外商投资准入负面清单以外的领域,按照内外资一致的原则实施管理。

外商投资需要办理投资项目核准、备案的,按照国家有关规定执行。外国投资者在依法需要取得许可的行业、领域进行投资的,应当依法办理相关许可手续。有关主管部门应当按照与内资一致的条件和程序,审核外国投资者的许可申请,法律、行政法规另有规定的除外。

国家建立外商投资信息报告制度。外国投资者或者外商投资企业应当通过企业登记系统以及企业信用信息公示系统向商务主管部门报送投资信息。外商投资信息报告的内容和范围按照确有必要的原则确定;通过部门信息共享能够获得的投资信息,不得再行要求报送。

国家建立外商投资安全审查制度,对影响或者可能影响国家安全的外商投资进行安全审查。依法作出的安全审查决定为最终决定。

15.2 外商投资法实施条例

15.2.1 概述

国家鼓励和促进外商投资,保护外商投资合法权益,规范外商投资管理,持续优化外商投资环境,推进更高水平对外开放。根据《外商投资法》制定的《中华人民共和国外商投资法实施条例》(简称《外商投资法实施条例》)于 2019 年 12 月 12 日由国务院常务会议通过,自 2020 年 1 月 1 日起施行。《中华人民共和国中外合资经营企业法实施条例》《中外合资经营企业合营期限暂行规定》《中华人民共和国外资企业法实施细则》《中华人民共和国中外合作经营企业法实施细则》同时废止。

《外商投资法》中所称"外国投资者单独或者与其他投资者共同……"中的"其他投资者",包括中国的自然人在内。

《外商投资法》施行前设立的现有外商投资企业,在外商投资法施行后 5 年内,可以依照《中华人民共和国公司法》《中华人民共和国合伙企业法》等法律的规定调整其组织形式、组织机构等,并依法办理变更登记,也可以继续保留原企业组织形式、组织机构等。自 2025 年 1 月 1 日起,对未依法调整组织形式、组织机构等并办理变更登记的现有外商投资企业,市场监督管理部门不予办理其申请的其他登记事项,并将相关情形予以公示。

15.2.2 主要内容

外商投资准入负面清单(以下简称负面清单)由国务院投资主管部门会同国务院商务主管部门等有关部门提出,报国务院发布或者报国务院批准后由国务院投资主管部门、商务主管部门发布。国家根据进一步扩大对外开放和经济社会发展需要,适时调整负面清单。

国务院商务主管部门、投资主管部门以及其他有关部门按照职责分工,密切配合、相互协作,共同做好外商投资促进、保护和管理工作。县级以上地方人民政府应当加强对外商投资促进、保护和管理工作的组织领导,支持、督促有关部门依照法律法规和职责分工开展外商投资促进、保护和管理工作,及时协调、解决外商投资促进、保护和管理工作中的重大问题。

县级以上地方人民政府可以根据法律、行政法规、地方性法规的规定,在法定权限内制定费用减免、用地指标保障、公共服务提供等方面的外商投资促进和便利化政策措施。县级以上地方人民政府制定外商投资促进和便利化政策措施,应当以推动高质量发展为导向,有利于提高经济效益、社会效益、生态效益,有利于持续优化外商投资环境。有关主管部门应当编制和公布外商投资指引,为外国投资者和外商投资企业提供服务和便利。外商投资指引应当包括投资环境介绍、外商投资办事指南、投资项目信息以及相关数据信息等内容,并及时更新。

国家对外国投资者的投资不实行征收。在特殊情况下,国家为了公共利益的需要依照法律规定对外国投资者的投资实行征收的,应当依照法定程序、以非歧视性的方式进行,并按照被征收投资的市场价值及时给予补偿。外国投资者对征收决定不服的,可以依法申请行政复议或者提起行政诉讼。外国投资者在中国境内的出资、利润、资本收益、资产处置所得、取得的知识产权许可使用费、依法获得的补偿或者赔偿、清算所得等,可以依法以人民币或者外汇自由汇入、汇出,任何单位和个人不得违法对币种、数额以及汇入、汇出的频次等进行限制。外商投资企业的外籍职工和中国香港、澳门、台湾职工的工资收入和其他合法收入,可以依法自由汇出。

国家加大对知识产权侵权行为的惩处力度,持续强化知识产权执法,推动建立知识产权快速协同保护机制,健全知识产权纠纷多元化解决机制,平等保护外国投资者和外商投资企业的知识产权。标准制定中涉及外国投资者和外商投资企业专利的,应当按照标准涉及专利的有关管理规定办理。行政机关(包括法律、法规授权的具有管理公共事务职能的组织)及其工作人员不得利用实施行政许可、行政检查、行政处罚、行政强制以及其他行政手段,强制或者变相强制外国投资者、外商投资企业转让技术。

负面清单规定禁止投资的领域,外国投资者不得投资。负面清单规定限制投资的领域,外国投资者进行投资应当符合负面清单规定的股权要求、高级管理人员要求等限制性准入特别管理措施。有关主管部门在依法履行职责过程中,对外国投资者拟投资负面清单内领域,但不符合负面清单规定的,不予办理许可、企业登记注册等相关事项;涉及固定资产投资项目核准的,不予办理相关核准事项。外国投资者在依法需要取得许可的行业、领域进行投资的,除法律、行政法规另有规定外,负责实施许可的有关主管部门应当按照与内资一致的条件和程序,审核外国投资者的许可申请,不得在许可条件、申请材料、审核环节、审核时限等方面对外国投资者设置歧视性要求。负责实施许可的有关主管部门应当通过多种方式,优化审批服务,提高审批效率。对符合相关条件和要求的许可事项,可以按照有关规定采取告知承诺的方式办理。

外商投资企业的登记注册,由国务院市场监督管理部门或者其授权的地方人民政府市场监督管理部门依法办理。国务院市场监督管理部门应当公布其授权的市场监督管理部门名单。外商投资企业的注册资本可以用人民币表示,也可以用可自由兑换货币表示。外国投资者或者外商投资企业应当通过企业登记系统以及企业信用信息公示系统向商务主管部门报送投资信息。国务院商务主管部门、市场监督管理部门应当做好相关业务系统的对接和工作衔接,并为外国投资者或者外商投资企业报送投资信息提供指导。外商投资信息报告的内容、范围、频次和具体流程,由国务院商务主管部门会同国务院市场监督管理部门等有关部门按照确有必要、高效便利的原则确定并公布。商务主管部门、其他有关部门应当加强信息共享,通过部门信息共享能够获得的投资信息,不得再行要求外国投资者或者外商投资企业报送。外国投资者或者外商投资企业报送的投资信息应当真实、准确、完整。

15.3　外国(地区)企业在中国境内从事生产经营活动登记管理办法

15.3.1　概述

《外国(地区)企业在中国境内从事生产经营活动登记管理办法》于1992年8月15日由国家工商行政管理局令第10号公布,根据2016年4月29日国家工商行政管理总局令第86号第一次修订,根据2017年10月27日国家工商行政管理总局令第92号第二次修订,根据2020年10月23日国家市场监督管理总局令第31号第三次修订。

根据国家有关法律、法规的规定,经国务院及国务院授权的主管机关(以下简称审批机关)批准,在中国境内从事生产经营活动的外国(地区)企业(以下简称外国企业),应向省级市场监督管理部门(以下简称登记主管机关)申请登记注册。外国企业经登记主管机关核准登记注册,领取营业执照后,方可开展生产经营活动。未经审批机关批准和登记主管机关核准登记注册,外国企业不得在中国境内从事生产经营活动。

15.3.2　外国企业登记的范围及所需材料

根据国家现行法律、法规的规定,外国企业从事下列生产经营活动应办理登记注册:

(1)陆上、海洋的石油及其他矿产资源勘探开发；
(2)房屋、土木工程的建造、装饰或线路、管道、设备的安装等工程承包；
(3)承包或接受委托经营管理外商投资企业；
(4)外国银行在中国设立分行；
(5)国家允许从事的其他生产经营活动。

外国企业从事生产经营的项目经审批机关批准后，应在批准之日起三十日内向登记主管机关申请办理登记注册。

外国企业申请办理登记注册时应提交下列文件或证件：
(1)外国企业董事长或总经理签署的申请书。
(2)审批机关的批准文件或证件。
(3)从事生产经营活动所签订的合同(外国银行在中国设立分行不适用此项)。
(4)外国企业所属国(地区)政府有关部门出具的企业合法开业证明。
(5)外国企业的资金信用证明。
(6)外国企业董事长或总经理委派的中国项目负责人的授权书、简历及身份证明。
(7)其他有关文件。

15.3.3 外国企业登记的主要事项

外国企业登记注册的主要事项有：企业名称、企业类型、地址、负责人、资金数额、经营范围、经营期限。

企业名称是指外国企业在国外合法开业证明载明的名称，应与所签订生产经营合同的外国企业名称一致。外国银行在中国设立分行，应冠以总行的名称，标明所在地地名，并缀以分行。

企业类型是指按外国企业从事生产经营活动的不同内容划分的类型，其类型分别为：矿产资源勘探开发、承包工程、外资银行、承包经营管理等。

企业地址是指外国企业在中国境内从事生产经营活动的场所。外国企业在中国境内的住址与经营场所不在一处的，需同时申报。

企业负责人是指外国企业董事长或总经理委派的项目负责人。

资金数额是指外国企业用以从事生产经营活动的总费用，如承包工程的承包合同额，承包或受委托经营管理外商投资企业的外国企业在管理期限内的累计管理费用，从事合作开发石油所需的勘探、开发和生产费，外国银行分行的营运资金等。

经营范围是指外国企业在中国境内从事生产经营活动的范围。

经营期限是指外国企业在中国境内从事生产经营活动的期限。

15.3.4 外国企业的运营管理

登记主管机关受理外国企业的申请后，应在三十日内作出核准登记注册或不予核准登记注册的决定。登记主管机关核准外国企业登记注册后，向其核发《营业执照》。

根据外国企业从事生产经营活动的不同类型，《营业执照》的有效期分别按以下期限核定：
(1)从事矿产资源勘探开发的外国企业，其《营业执照》有效期根据勘探(查)、开发和生产三个阶段的期限核定。

(2) 外国银行设立的分行,其《营业执照》有效期为三十年,每三十年换发一次《营业执照》。

(3) 从事其他生产经营活动的外国企业,其《营业执照》有效期按合同规定的经营期限核定。

外国企业应在登记主管机关核准的生产经营范围内开展经营活动,其合法权益和经营活动受中国法律保护。外国企业不得超越登记主管机关核准的生产经营范围从事生产经营活动。

外国企业登记注册事项发生变化的,应在三十日内向原登记主管机关申请办理变更登记。外国企业《营业执照》有效期届满不再申请延期登记或提前中止合同、协议的,应向原登记主管机关申请注销登记。

外国企业申请注销登记应提交以下文件或证件:

(1) 外国企业董事长或总经理签署的注销登记申请书;

(2)《营业执照》及其副本、印章;

(3) 海关、税务部门出具的完税证明;

(4) 项目主管部门对外国企业申请注销登记的批准文件。

登记主管机关在核准外国企业的注销登记时,应收缴《营业执照》及其副本、印章,撤销注册号,并通知银行、税务、海关等部门。

与外国企业签订生产经营合同的中国企业,应及时将合作的项目、内容和时间通知登记主管机关并协助外国企业办理营业登记、变更登记、注销登记。如中国企业未尽责任的,要负相应的责任。

15.4 外商投资负面清单与鼓励目录

15.4.1 概述

国家发展和改革委员会、商务部第 47 号令发布的《外商投资准入特别管理措施(负面清单)(2021 年版)》经 2021 年 9 月 18 日国家发展和改革委员会第 18 次委务会议审议通过和商务部审签,并经党中央、国务院同意,自 2022 年 1 月 1 日起施行;第 48 号令发布的《自由贸易试验区外商投资准入特别管理措施(负面清单)(2021 年版)》经 2021 年 9 月 18 日国家发展和改革委员会第 18 次委务会议审议通过和商务部审签,并经党中央、国务院同意,自 2022 年 1 月 1 日起施行;第 52 号令发布的《鼓励外商投资产业目录(2022 年版)》经 2022 年 7 月 29 日国家发展和改革委员会第 22 次委务会议通过和商务部审签,自 2023 年 1 月 1 日起施行。

15.4.2 外商投资准入特别管理措施

《外商投资准入特别管理措施(负面清单)(2021 年版)》(简称《外商投资准入负面清单》)统一列出股权要求、高管要求等外商投资准入方面的特别管理措施。《外商投资准入负面清单》之外的领域,按照内外资一致原则实施管理。境内外投资者统一适用《市场准入负面清单》的有关规定。

境外投资者不得作为个体工商户、个人独资企业投资人、农民专业合作社成员,从事投资经营活动。外商投资企业在中国境内投资,应符合《外商投资准入负面清单》的有关规定。

有关主管部门在依法履行职责过程中,对境外投资者拟投资《外商投资准入负面清单》内领域,但不符合《外商投资准入负面清单》规定的,不予办理许可、企业登记注册等相关事项;涉及固定资产投资项目核准的,不予办理相关核准事项。投资有股权要求的领域,不得设立外商投资合伙企业。经国务院有关主管部门审核并报国务院批准,特定外商投资可以不适用《外商投资准入负面清单》中相关领域的规定。

从事《外商投资准入负面清单》禁止投资领域业务的境内企业到境外发行股份并上市交易的,应当经国家有关主管部门审核同意,境外投资者不得参与企业经营管理,其持股比例参照境外投资者境内证券投资管理有关规定执行。

境内公司、企业或自然人以其在境外合法设立或控制的公司并购与其有关联关系的境内公司,按照外商投资、境外投资、外汇管理等有关规定办理。《外商投资准入负面清单》中未列出的文化、金融等领域与行政审批、资质条件、国家安全等相关措施,按照现行规定执行。

《内地与香港关于建立更紧密经贸关系的安排》及其后续协议、《内地与澳门关于建立更紧密经贸关系的安排》及其后续协议、《海峡两岸经济合作框架协议》及其后续协议、我国缔结或者参加的国际条约、协定对境外投资者准入待遇有更优惠规定的,可以按照相关规定执行。在自由贸易试验区等特殊经济区域对符合条件的投资者实施更优惠开放措施的,按照相关规定执行。

15.4.3 自由贸易试验区外商投资准入特别管理措施

《自由贸易试验区外商投资准入特别管理措施(负面清单)(2021年版)》(简称《自贸试验区负面清单》)统一列出股权要求、高管要求等外商投资准入方面的特别管理措施,适用于自由贸易试验区。《自贸试验区负面清单》之外的领域,按照内外资一致原则实施管理。境内外投资者统一适用《市场准入负面清单》的有关规定。

境外投资者不得作为个体工商户、个人独资企业投资人、农民专业合作社成员,从事投资经营活动。外商投资企业在自由贸易试验区内投资,应符合《自贸试验区负面清单》的有关规定。

有关主管部门在依法履行职责过程中,对境外投资者拟投资《自贸试验区负面清单》内领域,但不符合《自贸试验区负面清单》规定的,不予办理许可、企业登记注册等相关事项;涉及固定资产投资项目核准的,不予办理相关核准事项。投资有股权要求的领域,不得设立外商投资合伙企业。经国务院有关主管部门审核并报国务院批准,特定外商投资可以不适用《自贸试验区负面清单》中相关领域的规定。

从事《自贸试验区负面清单》禁止投资领域业务的境内企业到境外发行股份并上市交易的,应当经国家有关主管部门审核同意,境外投资者不得参与企业经营管理,其持股比例参照境外投资者境内证券投资管理有关规定执行。

境内公司、企业或自然人以其在境外合法设立或控制的公司并购与其有关联关系的境内公司,按照外商投资、境外投资、外汇管理等有关规定办理。《自贸试验区负面清单》中未列出的文化、金融等领域与行政审批、资质条件、国家安全等相关措施,按照现行规定执行。

《内地与香港关于建立更紧密经贸关系的安排》及其后续协议、《内地与澳门关于建立更紧密经贸关系的安排》及其后续协议、《海峡两岸经济合作框架协议》及其后续协议、我国缔结或者参加的国际条约、协定对境外投资者准入待遇有更优惠规定的,可以按照相关规定执行。

15.4.4 鼓励外商投资产业目录

为落实外商投资法及其实施条例,根据国民经济和社会发展需要,鼓励和引导外国投资者在特定行业、领域、地区投资,特制定《鼓励外商投资产业目录(2022年版)》,2020年12月27日国家发展改革委、商务部发布的《鼓励外商投资产业目录(2020年版)》自2023年1月1日起废止。本目录共包括两部分,一是全国鼓励外商投资产业目录,共519条,二是中西部地区外商投资优势产业目录,共955条。

本次修订总体考虑是条目上"总量增加、结构优化"。主要修订内容:一是持续鼓励外资投向制造业。全国目录新增或扩展元器件、零部件、装备制造等条目。二是持续鼓励外资投向生产性服务业。全国目录新增或扩展专业设计、技术服务与开发等条目。三是持续鼓励外资投向中西部和东北地区。中西部目录根据各地劳动力、特色资源等优势和招商引资需要,新增或扩展了有关条目。

《鼓励外商投资产业目录(2022年版)》是我国重要的外商投资促进政策。属于《鼓励外商投资产业目录(2022年版)》的外商投资项目,可以依照法律、行政法规或者国务院的规定享受税收、土地等优惠待遇。

15.5 WTO与我国建筑业

15.5.1 我国加入WTO的承诺

对于国外建筑企业进入我国建筑市场的问题,在加入WTO(世界贸易组织,World Trade Organization)有关建筑业的谈判中,基于我国国情,我方坚持"互惠互利、争取双赢"的原则,既承诺我方应当履行的义务,同时又最大限度地保护我国建筑业的发展。谈判结果是:我国建筑业实行逐步的、有限制的开放。

1. 关于建筑施工的承诺

关于市场准入的限制:仅限于合资企业形式,允许外资拥有多数股权。中国加入WTO后3年内,允许设立外商独资企业。

关于国民待遇的限制:对现行合资建筑企业注册资本要求与国内企业的要求略有不同。中国加入WTO后3年内,取消以上限制。

2. 关于建设工程服务业(勘察、设计、咨询业)的承诺

关于市场准入的限制:① 除设计外,其他所有工程服务业的跨境交付,要求与中国专业设计机构合作的方式进行。② 允许设立合营企业,允许外资拥有多数股权。中国加入WTO后5年内,允许设立外商独资企业。

国民待遇的限制:外国服务提供者必须是专业从事工程服务的专业人员或企业。

15.5.2 WTO与我国规范

为加强我国建设工程的质量管理、保证工程质量,建设部集中我国有关重要强制性标准的主要负责专家,从各自管理的强制性标准规范的技术规定中,经反复筛选比较,挑选出重要的,对建筑工程的安全、环保、健康、公益有重大影响的条款编制成了《工程建设标准强制性条文》。加入WTO后,外商投资建筑企业同我国国内建筑企业一样必须遵循我国工程建设强制性条文。如《工程建设标准强制性条文》房屋建筑部分中有关混凝土结构就有以下强制性条文。

1. 混凝土结构设计

规定了混凝土轴心抗压、轴心抗拉强度标准值;热轧钢筋的强度标准值,预应力钢绞线、钢丝

和热处理钢筋的强度标准值;普通钢筋的抗拉强度设计值及抗压强度设计值;预应力钢筋的抗拉强度设计值及抗压强度设计值;未经技术鉴定或设计许可,不得改变结构的用途和使用环境;钢筋的强度标准值应具有不小于95%的保证率;预应力分项系数;混凝土最小保护层厚度;最小配筋率;钢筋锚固长度;结构抗震设计要求;等等。

2. 混凝土结构施工质量

规定水泥进场时,应对其品种、级别、包装或散装仓号、出厂日期等进行检查,并应对其强度、安定性及其他必要的性能指标进行复验,其质量必须符合现行国家标准《硅酸盐水泥、普通硅酸盐水泥》(GB 175)等的规定;钢筋安装时,受力钢筋的品种、级别、规格和数量必须符合设计要求;当钢筋的品种、级别或规格需作变更时,应办理设计变更文件;钢筋进场时,应按现行国家标准的规定抽取试件作力学性能检验,其质量必须符合有关标准的规定;对有抗震设防要求的框架结构,其纵向受力钢筋的强度应满足设计要求;混凝土添加剂必须遵循规范;模板要满足安装和施工要求;现浇结构的外观质量不应有严重缺陷;进行抗渗、抗冻混凝土配合比设计时,尚应增加抗渗及抗冻融性能试验;对重要工程混凝土使用的砂,应采用化学法和砂浆长度法进行集料的碱活性检验;含有六价铬盐、亚硝酸盐等有害成分的防冻剂,严禁用于饮水工程及与食品接触的部位;等等。

15.6 我国工程技术的迅猛发展

改革开放为我国打开了对外学习的窗口。从学习国外先进工程技术,到自主掌握各项关键技术,再到独立取得尖端突破和创新,我国已站在了全球科技领域最前列。得益于技术进步,我国在工程建设领域取得了举世瞩目的成就,这些成就不仅改变了国家和社会的面貌,也在世界范围内产生了广泛的影响。

我国高速铁路网络迅猛发展,已经成为世界上最大、最为先进的高铁网络之一,自主研发的高铁技术得到全球认可,成为建设"世界高铁"的重要力量。桥梁建设方面取得突破性进展,港珠澳大桥、杭州湾跨海大桥、北盘江大桥等大型桥梁,不仅成为我国交通基础设施的重要组成部分,也是中国建筑工程技术水平的具体体现。在隧道工程建设领域,我国的盾构技术在过去几十年中取得了显著进展,成为世界盾构技术领军者,并以此为依托,建成了北京地铁、上海地铁等众多世界级隧道工程。水利工程方面,三峡工程、南水北调等一系列大型水利枢纽建设,不仅为我国水资源管理和防洪减灾作出了重要贡献,也为国家经济社会发展提供了坚实基础。在航空航天、深海探测、新能源、电动汽车等领域,我国也取得了众多科研创新成果。这些成就展现了我国科学技术的雄厚实力,极大提升了我国在国际上的影响力和竞争力。

自改革开放以来,我国在工程建设领域积极学习国外先进技术和经验,结合国内社会经济情况和自身国土工程建设条件,加强工程建设技术研究,实现了从"跟跑""并跑"到"领跑"的跨越式发展。目前,中国工程建设技术享誉全球,中国工程建设企业进入了众多国家特别是发展中国家的海外市场,中国工程建设为全球经济社会发展、发展中国家经济起飞作出了巨大贡献。

外商投资中国市场相关法律法规知识点导图如图15-1所示。

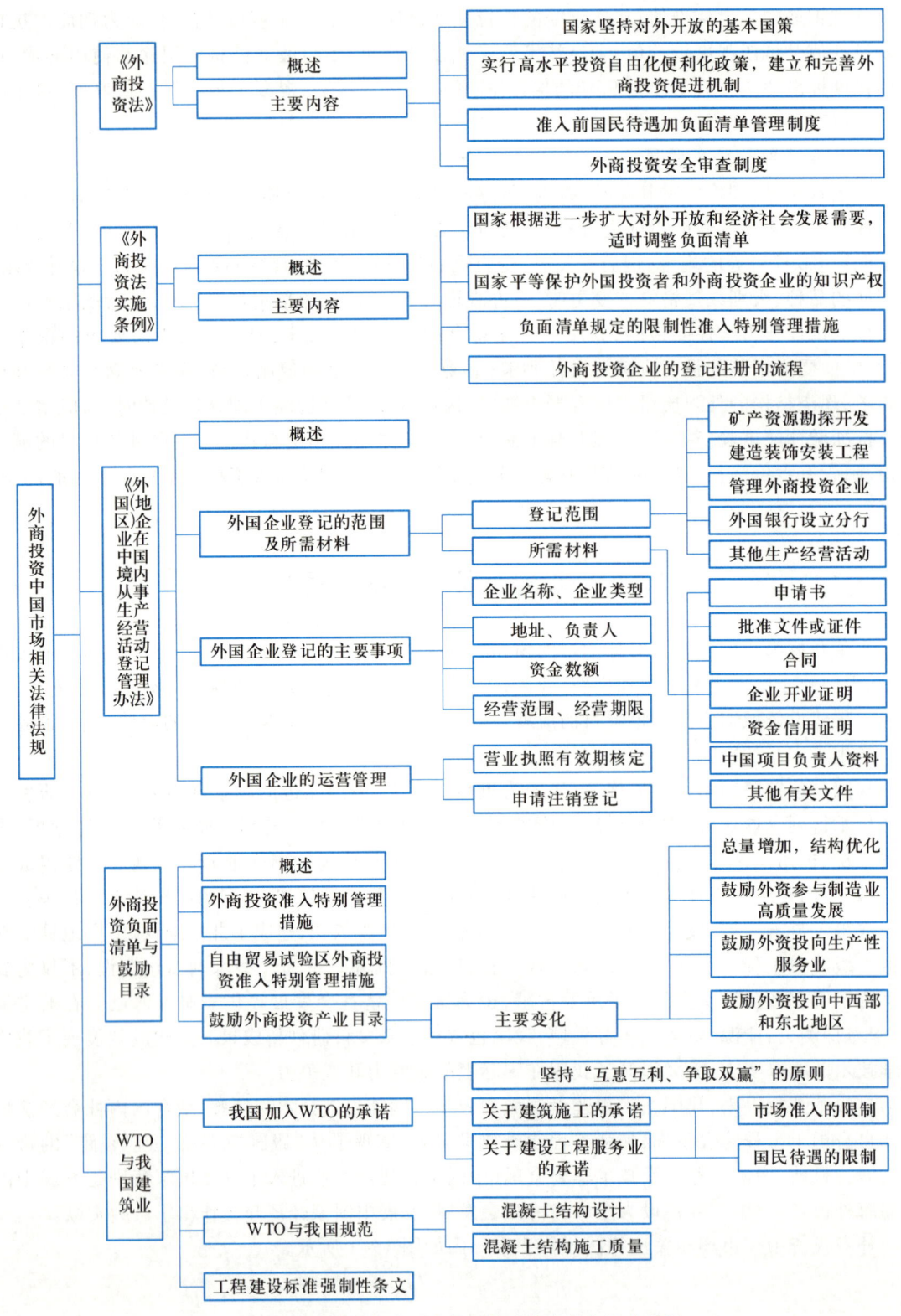

图 15-1 外商投资中国市场相关法律法规知识点导图

思考题

1. 外商投资法的主要内容有哪些?
2. 外商投资法实施条例的主要内容有哪些?
3. 什么是准入前国民待遇?
4. 什么是负面清单?
5. 外国企业在中国境内如何登记注册?
6. 外商投资负面清单的主要内容有哪些?
7. 外商投资鼓励性目录的主要内容有哪些?
8. 我国加入 WTO 坚持的原则是什么?
9. 编制工程建设标准强制性条文的意义是什么?

第 15 章　案例　　第 15 章　测试题及参考答案

第 16 章　中国企业境外投资法律法规

本章学习目标

1. 熟悉《中华人民共和国对外贸易法》《企业境外投资管理办法》等主要内容，尤其是境外投资项目核准和备案的范围和程序。
2. 了解美国和欧盟等主要国家建筑法律法规体系，尤其是建筑许可制度、招标投标制度、建筑质量管理等方面的内容。
3. 了解"一带一路"倡议的背景和该倡议提出十余年来取得的主要成效，树立人类命运共同体意识。

16.1　对外贸易法

16.1.1　概述

为了扩大对外开放，发展对外贸易，维护对外贸易秩序，保护对外贸易经营者的合法权益，促进社会主义市场经济的健康发展，《中华人民共和国对外贸易法》（简称《对外贸易法》）于 1994 年 5 月 12 日由第八届全国人民代表大会常务委员会第七次会议通过，2004 年 4 月 6 日第十届全国人民代表大会常务委员会第八次会议修订，根据 2016 年 11 月 7 日第十二届全国人民代表大会常务委员会第二十四次会议《关于修改〈中华人民共和国对外贸易法〉等十二部法律的决定》第一次修正，根据 2022 年 12 月 30 日第十三届全国人民代表大会常务委员会第三十八次会议《关于修改〈中华人民共和国对外贸易法〉的决定》第二次修正。

《对外贸易法》所称对外贸易，是指货物进出口、技术进出口和国际服务贸易；所称对外贸易经营者，是指依法办理工商登记或者其他执业手续，依照本法和其他有关法律、行政法规的规定从事对外贸易经营活动的法人、其他组织或者个人。

16.1.2　主要内容

国家实行统一的对外贸易制度，鼓励发展对外贸易，维护公平、自由的对外贸易秩序。中华人民共和国根据平等互利的原则，促进和发展同其他国家和地区的贸易关系，缔结或者参加关税同盟协定、自由贸易区协定等区域经济贸易协定，参加区域经济组织。中华人民共和国在对外贸易方面根据所缔结或者参加的国际条约、协定，给予其他缔约方、参加方最惠国待遇、国民待遇等待遇，或者根据互惠、对等原则给予对方最惠国待遇、国民待遇等待遇。任何国家或者地区在贸易方面对中华人民共和国采取歧视性的禁止、限制或者其他类似措施的,中华人民共和国可以根据实际情况对该国家或者该地区采取相应的措施。

对外贸易经营者应当按照国务院对外贸易主管部门或者国务院其他有关部门依法作出的规定,向有关部门提交与其对外贸易经营活动有关的文件及资料。有关部门应当为提供者保守商业秘密。

国家基于安全等原因,可以限制或者禁止有关货物、技术的进口或者出口。国家对限制进口或者出口的货物,实行配额、许可证等方式管理;对限制进口或者出口的技术,实行许可证管理。国家基于安全等原因,可以限制或者禁止有关的国际服务贸易。国家依照有关知识产权的法律、行政法规,保护与对外贸易有关的知识产权。

在对外贸易活动中,不得有下列行为:① 伪造、变造进出口货物原产地标记,伪造、变造或者买卖进出口货物原产地证书、进出口许可证、进出口配额证明或者其他进出口证明文件;② 骗取出口退税;③ 走私;④ 逃避法律、行政法规规定的认证、检验、检疫;⑤ 违反法律、行政法规规定的其他行为。

为了维护对外贸易秩序,国务院对外贸易主管部门可以自行或者会同国务院其他有关部门,依照法律、行政法规的规定对相关事项进行调查;调查可以采取书面问卷、召开听证会、实地调查、委托调查等方式进行;国务院对外贸易主管部门根据调查结果,提出调查报告或者作出处理裁定,并发布公告;国家根据对外贸易调查结果,可以采取适当的对外贸易救济措施。

国家制定对外贸易发展战略,建立和完善对外贸易促进机制;国家通过进出口信贷、出口信用保险、出口退税及其他促进对外贸易的方式,发展对外贸易;对外贸易经营者可以依法成立和参加有关协会、商会。

16.2 企业境外投资管理办法

16.2.1 概述

《企业境外投资管理办法》于2017年12月26日由中华人民共和国国家发展和改革委员会令第11号公布,自2018年3月1日起施行。

本办法所称境外投资,是指中华人民共和国境内企业(简称投资主体)直接或通过其控制的境外企业,以投入资产、权益或提供融资、担保等方式,获得境外所有权、控制权、经营管理权及其他相关权益的投资活动。

本办法所称投资活动,主要包括但不限于下列情形:① 获得境外土地所有权、使用权等权益;② 获得境外自然资源勘探、开发特许权等权益;③ 获得境外基础设施所有权、经营管理权等权益;④ 获得境外企业或资产所有权、经营管理权等权益;⑤ 新建或改扩建境外固定资产;⑥ 新建境外企业或向既有境外企业增加投资;⑦ 新设或参股境外股权投资基金;⑧ 通过协议、信托等方式控制境外企业或资产。

投资主体直接或通过其控制的企业对中国香港、澳门、台湾地区开展投资的,参照本办法执行。投资主体通过其控制的中国香港、澳门、台湾地区企业对境外开展投资的,参照本办法执行。境内自然人通过其控制的境外企业或中国香港、澳门、台湾地区企业对境外开展投资的,参照本办法执行。境内自然人直接对境外开展投资不适用本办法。境内自然人直接对中国香港、澳门、台湾地区开展投资不适用本办法。

16.2.2 境外投资项目核准和备案

1. 核准、备案的范围

实行核准管理的范围是投资主体直接或通过其控制的境外企业开展的敏感类项目。核准机关是国家发展改革委,敏感行业目录由国家发展改革委发布。

实行备案管理的范围是投资主体直接开展的非敏感类项目,即涉及投资主体直接投入资产、权益或提供融资、担保的非敏感类项目。

投资主体可以向核准、备案机关咨询拟开展的项目是否属于核准、备案范围,核准、备案机关应当及时予以告知。

2. 核准的程序和时限

实行核准管理的项目,投资主体应当通过网络系统向核准机关提交项目申请报告并附具有关文件。其中,投资主体是中央管理企业的,由其集团公司或总公司向核准机关提交;投资主体是地方企业的,由其直接向核准机关提交。

项目申请报告应当包括以下内容:① 投资主体情况;② 项目情况,包括项目名称、投资目的地、主要内容和规模、中方投资额等;③ 项目对我国国家利益和国家安全的影响分析;④ 投资主体关于项目真实性的声明。

核准机关应当在受理项目申请报告后 20 个工作日内作出是否予以核准的决定。项目情况复杂或需要征求有关单位意见的,经核准机关负责人批准,可以延长核准时限,但延长的核准时限不得超过 10 个工作日,并应当将延长时限的理由告知投资主体。前款规定的核准时限,包括征求有关单位意见的时间,不包括咨询机构评估的时间。

对符合核准条件的项目,核准机关应当予以核准,并向投资主体出具书面核准文件。对不符合核准条件的项目,核准机关应当出具不予核准书面通知,并说明不予核准的理由。

3. 备案的程序和时限

实行备案管理的项目,投资主体应当通过网络系统向备案机关提交项目备案表并附具有关文件。其中,投资主体是中央管理企业的,由其集团公司或总公司向备案机关提交;投资主体是地方企业的,由其直接向备案机关提交。

备案机关在受理项目备案表之日起 7 个工作日内向投资主体出具备案通知书。备案机关发现项目违反有关法律法规、违反有关规划或政策、违反有关国际条约或协定、威胁或损害我国国家利益和国家安全的,应当在受理项目备案表之日起 7 个工作日内向投资主体出具不予备案书面通知,并说明不予备案的理由。

16.2.3 境外投资监管

国家发展改革委和省级政府发展改革部门根据境外投资有关法律法规和政策,按照本办法规定的分工,联合同级政府有关部门建立协同监管机制,通过在线监测、约谈函询、抽查核实等方式对境外投资进行监督检查,对违法违规行为予以处理。

境外投资过程中发生外派人员重大伤亡、境外资产重大损失、损害我国与有关国家外交关系等重大不利情况的,投资主体应当在有关情况发生之日起 5 个工作日内通过网络系统提交重大不利情况报告表。重大不利情况报告表格式文本由国家发展改革委发布。属于核准、备案管理范围的项目,投资主体应当在项目完成之日起 20 个工作日内通过网络系统提交项目完成情况报告表。

国家发展改革委、省级政府发展改革部门可以就境外投资过程中的重大事项向投资主体发出重大事项问询函。国家发展改革委建立境外投资违法违规行为记录,公布并更新企业违反本办法规定的行为及相应的处罚措施,将有关信息纳入全国信用信息共享平台、国家企业信用信息公示系统、"信用中国"网站等进行公示,会同有关部门和单位实施联合惩戒。

16.3 美国工程建设相关法规

16.3.1 美国建筑法律体系

美国是联邦制国家,其法律体系也很有特点。其专门针对某一行业某一市场领域的法规很少,企业行为的基本规则一般都受综合性的经济法规制约。在建设领域它只有一部《美国统一建筑条例》(Uniform Building Code,UBC)对其管辖范围内的建筑物的施工、改建、迁移、拆毁、维修、保护使用以及建筑行政管理、建筑许可制度进行规范。此外,美国没有专门的管理建筑业的政府部门,其行业管理主要由行业协会和学会进行,它们制定、发布的技术规范和标准对建筑业的管理起着十分重要的作用。

与建筑有关的美国民商法有《统一商务法规》(Unified Business Rules)、《合同重述法》(Restatement of the Law of Contracts)、《公司法》(Company Law)、《合伙法》(Partnership Act)、《破产法》(Insolvency Law)及《商业职业法》(Vocational Law)等。

与建筑有关的美国经济法有《税法》(Tax Law)、《银行法》(Banking Law)、《会计法》(Accounting Law)、《劳动法》(Labor Law)、《保险法》(Insurance Law)、《金融法》(Financial Law)、《贸易法》(Trade Law)、《联邦财产与行政服务法》(Federal Property and Administrative Services Act)、《联邦采购法》(Federal Procurement Law)、《联邦贸易委员会法》(Federal Trade Commission Act)等。

与建筑有关的美国行政法表现为行政规章,行政规章一般分为程序规章、实体性规章、解释性规章三类。除此之外,还有《住宅法》(Housing Act)、《统一管理法》(Uniform Management Law)、《土地政策管理法》(The Federal Land Policy and Management Act)、《土壤保护法》(The Soil Conservation Act)、《联邦测量法》(Federal Survey Law)、《联邦电器法》(Federal Electric Method)、《联邦管道法》(Federal Pipeline Law)、《联邦防火法》(Federal Fire Safety Law)、《环境保护法》(The Environmental Protection Law)、《职业安全与健康条例》(Occupational Safety and Health Ordinance)等法律法规来调整建筑业以及与其相关的活动。

建筑法规是地方自治的项目,并非中央政府所管辖,其制定方式是由民间自发性制定,再通过各州政府的立法程序,例如,听证、投票或经议会通过等,才能成为州强制性法规。

现行《国际建筑规范》(International Building Code,IBC)是由 1994 年成立的国际规范委员会 ICC(International Code Council Inc)制定的,各州或地方政府通常会以此为基础,直接采用作为该管辖区内的法律,或者对其进行修订或修改以适应其特定的需求。因此,尽管 IBC 是美国建筑法规的基础文件,但具体要求可能因司法管辖区而异。

16.3.2 美国建筑许可制度

1. 从业资格许可

（1）建筑从业者的资格许可。从业者的资格许可主要是对建筑从业者资格进行控制，因此，对建筑从业者的资格要求较严。一般是由州的相关法规规定，有的采用专用证书制，有的采用单纯注册制，有的则完全由行政机关统一管理。建筑资格证书包括建筑设计师、专业工程师、造价工程师、监理工程师等，相关从业人员都必须具有当地的注册职业资格证书。

（2）建筑企业的资格许可。建筑企业的资格许可的实质是建筑市场准入制度。美国政府对建筑企业资质标准并无具体的统一要求，联邦政府主要通过《公司法》和《合伙法》等相关经济法规进行管理，各州有独自的企业注册的相关规定。各州对公司注册的程序基本一致，只要通过律师向州政府递交成立公司申请、公司章程、董事会任命的公司管理人员名单等文件，在一段时间内即可获得营业执照。美国从事建筑活动的企业主要包括工程咨询公司（包含设计企业）、承包商、分包商等。多数州对承包商不实行分级自治管理，一般靠保险公司对不同档次的承包商提供保险金额的不同进行市场调节。但有些州也有资质管理规定，主要表现为对承包商净资产的要求，有些州则要求承包商有一位主要职员通过该州的资格考试，该人作为该公司的"资质员"，该公司才能取得营业执照。

2. 建筑活动许可

（1）设计许可。《美国统一建筑条例》明确规定，施工许可证申请文件中必须包括设计图纸和设计计算书，设计技术审核的通过是建筑主管官员颁发设计许可证的必备条件之一。一般是业主向建筑主管官员缴纳施工许可证的费用（其中包括设计技术审核费用）后，由政府主管官员委托的专业工程师进行技术审核。

（2）施工许可。申请经建筑主管官员审查合格，在按规定缴纳各种费用后，即可获得房屋建筑执照。每份执照规定有效期限，届满后自动作废，工程逾期没有完工或中途停建未满一年重新开工，皆可重新领取执照。当主管官员发现执照是错发的或是根据不正确的资料发出的，或当违反任何法令、条例或法规时，它可以书面通知吊销颁发的执照。

16.3.3 美国招标投标制度

1. 招标投标方式

在美国，招标投标方式一般以公开招标的方式为主，但允许在一定条件下采用竞争性谈判和单一来源采购方式。

对于政府开支投资的公共工程的采购则要求非常严格。政府投资的公共工程的项目的开支主要来自公民的纳税，必须严格采购管理，实现最大限度的透明开支，以期节省投资、提高效率、保证质量。美国与政府投资公共工程采购有关的法规已经相当成熟，其中包括《联邦采购法》《合同争议法》《联邦国防采购补充规则》等，政府投资的公共工程的监管部门为联邦采购规则委员会。美国法律规定，政府投资公共工程必须采用竞争性的公开采购方式，即按照一定的程序进行公开招标，对诸如军事设施的特殊项目，可以采用邀请招标或议标方式。对于私人工程的采购，采取不干涉的态度，只要在法律允许的范围内运作，工程项目招标方式和程序由业主自行决定。

2. 招标投标程序

（1）招标，资格预审。各州对工程资格预审的规定差距很大。总体来说，各州的规定中，须资格预审的项目较少,因为美国的保证担保制度下的高额保函提供了对承包商的资格预审功能。标准招标文件一般包括投标人须知、投标书格式、协议书格式、通用合同文件、专用合同文件、工程量清单、履约保证书格式等。

(2) 投标,承包商资质审查。美国对承包商的资质标准并无具体要求。但是,美国的工程保证担保制度实际上已经对承包商的资质进行了筛选,如果承包商没有良好的历史记录、信用和财务状况,保险公司自然不会开出保单,当然也不可能承接项目。

在投标阶段,对承包商的资质审查内容主要有已完工程的详细情况;准备配备的工程队伍,包括分包商名单及其业绩;工程施工方案和进度计划及企业的财务状况等。对于承包商的资质审查,美国联邦政府机关在授予合同时要检查承包商按照项目的要求执行合同能力,其中,不仅要考察承包商目前的技术和财务能力,还要考察承包商的以往业绩和信誉。

(3) 评标,定标。政府投标的项目,在选择承包商时必须采取公开招标的形式,由政府中的专业人员进行评标。他们秉承的原则是完全与公开竞争原则;公共利益和承包商利益的平衡原则;保证程序的完全性原则;政府要认真考虑所有的标书和投标文件的原则。在评标过程中,原则上实行最低价格中标原则,但合同官员要确认承包商的责任的可靠性。特殊工程或大型工程,也可选前几名投标人进行再一轮的竞争,主要是综合评估。

16.3.4 美国建筑质量管理

美国法律规定,对所有建筑,包括政府投资和私人投资的工程,凡需领取执照都必须接受建筑主管官员的监督和检查。所有工程都要报建,获得施工许可。获得施工许可后,政府有关部门将工程质量监督业务委托给相应的监督代理单位,其中一小部分工程由政府直接监督,其余委托设计单位或工程监理咨询单位进行监督。质量检查员按专业设置,每个专业的检查员只能检查本专业的工程。

所有的房屋工程至少检查三次,地基、主体封顶和竣工检查,在此基础上,检查人员可以随机抽查,主要针对结构安全和防火。质量检查员每次检查后都会签发一个检查结论,通过工程竣工检查后,检查委员会签发竣工声明,之后由政府有关部门根据此竣工验收证明颁发使用许可。未经质量检查的工程,政府部门不颁发使用许可,保险公司不受理保险业务,房屋不能投入使用。

16.4 欧盟工程建设相关法规

16.4.1 欧盟建筑法规体系

目前欧盟并没有严格统一的建筑法律法规体系,欧盟各国的建筑法律法规在欧盟建筑法律法规体系领导下自成体系。规范欧盟建筑市场的法律法规包括技术法规和技术标准。

欧盟区分技术法规和技术标准的原则是:① 对涉及公众利益的安全、卫生健康、环保等要求和涉及国家长远利益的节能以及管理性规定等基本要求,制定成强制执行的技术法规;② 为达到法规规定的基本要求而采用的途径和方法,包括技术要求、检测等具体的措施,制定成技术标准。

1. 技术法规

欧洲的技术法规性文件主要有以下三种形式:条约(treaty)、指令(directives)和决定(decision),其中建筑产品指令如下。

(1)《建筑产品指令》(Construction Products Regulation, CPR)。为了消除欧盟成员国之间建筑工程产品自由流通的壁垒和障碍,并保证满足在各成员国进行工程建设的六项基本技术要求(结构抗力和稳定性,火灾安全,卫生、健康与环境,使用安全,噪声防护,节能和保温),欧盟于2011年发布《建筑产品指令》。该指令是专门针对建筑工程的新方法指令,强制要求并监督各成员国通过各自的立法程序转化为各国的法规。

(2)《建筑产品指令》的解释性文件。它是对《建筑产品指令》中的六项基本要求作具体解释的文件,在编制欧盟协调标准和技术认可指南时强制执行。

(3)委托指令。委托指令是对产品性能的统一要求,是指导某一类产品在制定技术标准和技术认可指南时的基础性依据。虽然委托指令本身不具有法律属性,但因为它的内容是依据各成员国的法律规定而确定的,因此,委托指令实际上是有法律效果的。但因其本身不具法律属性,因此,可不按立法程序审批。

欧盟各成员国都有自己的建筑技术法规,按照其与欧盟技术协调指令的关系分为两类:① 各国自己制定的建筑技术法规。这些技术法规与各国的政治经济技术状况密切相关,但对于欧盟建立统一大市场的目标的实现是一个严重障碍,也是有待欧盟进行进一步协调的技术法规。由于目前欧盟各成员国仍在不断地制定这种有差别的技术法规,这种技术法规的数量还相当可观。② 由欧盟指令转化而来的建筑技术法规。欧盟指令的效力是以成员国的执行为条件,在欧盟公布指令后,成员国必须在指令规定的期限内以指令为基础,将指令内容转化为国内法律。这种由欧盟指令转化而来的欧盟成员国的技术法规,在欧盟的技术法规体系中占有十分重要的位置,它以指令为共同基础,在各成员国具有统一的协调一致性,并且对进入欧盟市场的建筑产品具有直接的约束力。

2. 技术标准

欧盟理事会授权欧洲标准化委员会(CEN)组织制定欧洲的建筑协调标准(EN),其本身属推荐性,自愿采用。其内容给出了实现技术法规中所规定基本目标和性能要求的方法和途径。制定者认为,由于各国情况不完全一样,有关工程建设方面的标准注重强调各国的具体情况,因此制定这方面的协调标准较难。

16.4.2 欧盟建筑许可制度

1. 从业人员资格许可

从业资格许可。欧盟成员国并没有统一的从业资格许可制度,为了建立一个相互承认的资格标准,欧洲工程师协会(FEANI)设计并颁发欧洲工程师头衔。该头衔代表欧洲职业工程师统一的专业水平和能力,提供一个证明工程师能力的证书。同时,该头衔提供了个体工程师的相关信息,保障了预期雇主的利益,并通过在欧盟范围内相对统一的标准来鼓励持续提高工程师的质量,因此,欧洲工程师头衔日益得到重视。

教育要求:① 最少三年成功完成一个学科或课程的工程学教育并取得一个正式的学位,这个学位要在一个大学或者是FEANI承认的与大学同一水平的教育体中取得。② 至少两年的有效的专业经验。③ 如果教育和经验不满七年的要求,为平衡七年的规定,应该用教育、经验或培训来弥补,这需要通过工程学院的核准或者通过初步的工程学专业经验来弥补。

专业经验要求:① 在研究、发展、设计、产品、建筑、装置、维护、销售和市场等工程学科领域的经验;② 管理或技术导向的经验;③ 金融、经济、法律法令方面的工程任务经验,或是解决工程或环境问题的经验。

2. 建筑产品企业资格许可

为消除欧洲统一市场内部商品贸易和交流服务中的技术壁垒,使建筑产品满足协调标准的要求,更好地促进贸易发展和技术进步,保证消费者利益,产品必须取得欧洲统一的产品认证标记(CE),方可在欧洲市场自由流通。

《建筑产品指令》中规定了由欧洲标准化委员会负责管理和组织制定欧盟的协调标准,由欧洲技术认可组织(EOTA)负责管理和组织制定欧洲的统一技术认可指南(ETAG 和 CUAP)。

(1)欧洲标准化委员会的技术认证工作。根据《建筑产品指令》的规定,建筑产品需要制定欧盟标准的,由欧盟理事会征求建筑委员会的意见后,下达"委托指令"。欧洲标准化委员会根据"委托指令"组织制定、发布和实施欧盟标准。欧盟标准将作为该产品取得 CE 认证标记的技术依据。建筑产品企业自愿申请认证工作,由欧洲标准化委员会的认证委员会按国际惯例组织制定认证程序并协调各国被认可的认证机构实施。

(2)欧洲技术认可组织的技术认可工作。欧洲技术认可是适用于无标产品的技术评定体系。工程建设领域的特殊性决定了大量的建筑产品和材料设备,在确定其满足工程建设要求的条件下才能进入建筑市场,因而也就更多地需要通过这一渠道取得 CE 标记,或取得标记后仍需进行适用性评估。根据《建筑产品指令》的要求,属于下列情况的产品应进行技术认可:① 无欧洲统一标准或无"委托指令"授权编制 EN 标准的产品;② 无公认的成员国标准或现行标准尚不完善的产品;③ 与欧洲协调标准或公认的国家标准有很大差别的产品,主要针对新产品。根据《建筑产品指令》的规定,欧盟理事会责成欧洲技术认可组织组织制定相关的欧洲技术认可程序及技术认可指南。企业自愿申请认可,欧洲技术认可组织根据下达的"委托指令"组织编制和颁布技术认可指南,经测试、评估、认可后,最终授予 CE 标记。

综上所述,凡符合建筑技术标准的产品、技术,就认为符合建筑技术法规要求,允许进入建筑市场。对无技术标准可依的新产品和新技术,经认可、评定符合建筑技术法规要求的,也允许进入建筑市场。同样,当有更先进的符合建筑技术法规要求的新产品、新技术可以替代时,允许生产者不按建筑技术标准生产,但需经过认可,这样可鼓励企业按市场需求积极发挥创造性,有力地促进建筑技术进步。

16.4.3 欧盟建筑招标投标制度

欧盟 2004 年 3 月 31 日通过了《政府工程、货物、服务项目承包条令》,条令规定工程项目承包必须遵守以下原则:

(1)超过一定规模(6 242 000 欧元)的公共项目的采购应当在欧盟官方媒体上进行公开招标,并且面向所有成员国的投标人;

(2)招投标体系必须是开放且透明的;

(3)在技术规范方面不得排斥潜在投标人;

(4)选择合格投标人的标准应当是公平、客观的;

(5)对存在的违法违规行为必须设置有效的补救措施。

这一法规提供了一个基本框架,欧盟所有公共项目都必须在这个框架下进行操作,各个成员国可以依据这个框架制定更为详细的管理规则。

在法国的建筑市场中，项目的招标投标也是通常的发包方式。在设计招标中，设计单位先去投标，再和企业一起将投标具体化，中标后，帮助客户进行施工招标，确定施工单位后，与施工单位一起完善设计并监督项目实施。在整个招标投标活动中，建筑协会也起到了相当大的作用，特别是技术支持。投标过程是技术部门先预选一遍，交专家评选、投票，最后由相应的主管部门确定，且一般以专家的意见为准。投标报价通常有一个合理低价，且结合方案水平，综合考虑中标单位。

16.4.4 欧盟建筑质量管理

欧盟向来重视工程质量管理，欧盟建筑工程质量管理统一于欧盟质量管理体系之中，并设有质量奖。但质量管理属于技术标准范畴，各国并不统一。下面以法国为例介绍法国的建筑工程管理。

法国的建筑企业为了保证建筑工程和建筑产品的质量，在企业内部建立起一套完整的自检体系。质量检查机构除了直接检查施工质量和产品质量之外，往往重点检查企业的质量保证体系是否健全。规模较大的企业均配有质检机构和检测设备，每道工序都有质量检查记录。如果发现质量问题，可以及时找出原因，落实责任。大型建筑公司不仅设有施工质量检查机构，还有设计质量检查机构，旨在把设计错误消除在施工阶段之前。施工单位对进场的商品混凝土留有试块进行检查，构件生产厂对出厂产品抽样检查，只有符合标准的产品，打上合格标志后方能出厂使用。

政府主管部门不直接参与工程项目的质量监督检查，而是主要运用法律和经济手段，促使建筑企业提高工程质量。法国实行强制性的工程保险制度。法国的建筑法规《建筑职责与保险》规定："凡涉及工程建设活动的所有单位，包括业主、总承包商、设计、施工、质检等单位，均必须向保险公司投保，而保险公司则要求该项工程在建设过程中，必须委托一个质量检查公司进行质量检查，并给予投保单位可少付保险费的优惠。"法国的质量检查公司在营业前必须取得由政府有关部门组成的委员会审批颁发的证书，并每年须经发证机构复审一次。为了保证质量，质量检查公司能保持其第三方的客观公正地位，质量检查公司不得在国内参与质检以外的任何商业活动。质量检查公司在接受工程项目的质量检查任务后，从工程的设计、施工招标到工程竣工各环节，均提交工程质量评价报告送与工程建设的有关各方。为了有效提高工程质量的可靠程度，保险公司要求每项工程在建设过程中，必须委托一个质量检查公司进行质量检查，这样在收取保险费时可以给予优惠（一般少收取工程总造价的 1%～1.5%）。因此，法国模式的工程质量检查又包含了特定的鼓励性。

16.5 国际咨询工程师联合会

16.5.1 国际咨询工程师联合会简介

国际咨询工程师联合会（法文缩写 FIDIC，中文音译为"菲迪克"）是国际上最有权威的、被世界银行认可的咨询工程师组织，于 1913 年由欧洲 3 国（比利时、法国和瑞士）独立的咨询工程师协会在比利时根特成立，现有成员来自全球一百多个国家和地区，代表着全世界大多数私营的咨询工程师。

FIDIC 举办各类研讨会、会议及其他活动，目的在于实现其行业目标：坚持高水平的道德和职业标准；交流观点和信息；讨论成员协会和国际金融机构代表共同关心的问题；以及促进发展中国家工程咨询业的发展。

FIDIC 的出版物包括：各类会议和研讨会的论文集，为咨询工程师、项目业主和国际发展机构提供的信息,资格预审标准格式,合同文件以及客户与咨询单位协议书。

FIDIC 下设的专业委员会制订的建设项目管理规范与合同文本,已为联合国有关组织和世界银行、亚洲开发银行等国际金融组织以及许多国家普遍承认和广泛采用。

16.5.2 FIDIC 施工合同条件

通常所说的 FIDIC 条款是指 FIDIC 施工合同条件。条款以业主和承包商签订的承包合同作为基础,以独立、公正的第三方(施工监理)为核心,从而形成业主、监理、承包商三者之间互相联系、互相制约、互相监督的合同管理模式。FIDIC 条款是集工业发达国家土木建筑业上百年的经验,把工程技术、法律、经济和管理等有机结合起来的一个合同条件。

FIDIC 条款虽然不是法律,也不是法规,但是全世界公认的国际惯例。FIDIC 合同条件第 1 版于 1957 年发布,第 2 版于 1963 年发布,第 3 版于 1977 年发布,1988 年及 1992 年经过两次修改。习惯上将 1988 年版称为第 4 版。1999 年国际工程师联合会根据多年来在实践中取得的经验以及专家、学者的建议与意见,在继承前四版优点的基础上进行重新编写(即新编 FIDC 合同条件)。新编 FIDIC 合同条件一套四本:《施工合同条件》《生产设备和设计-施工合同条件》《设计采购施工(EPC)/交钥匙工程合同条件》与《简明合同格式》。此外,FIDIC 组织为了便于雇主选择投标人、招标、评标,出版了《招标程序》,由此形成一个完整的体系。

16.6 国际工程纠纷处理

16.6.1 国际工程争端裁决机制

国际工程影响因素众多,施工管理十分复杂,涉及不同国家合同方的经济利益及公司的声誉,因而矛盾和争端是不可避免的。

争端裁决委员会(Dispute-Adjudication Board, DAB)是在国际工程承包实践中逐步发展起来的一种新的解决争端的方式。通常争端裁决委员会由三名成员组成,双方各派出一名,再由两名成员指定第三方,通过小型审理、中间调解、争端裁决委员会或争端评选委员会调查处理等形式进行争端调解。

每年 DAB 至少到现场 3 次开展下列工作:审查工程项目施工进度;调查存在的问题并使 DAB 最终介入;对已经发生的争端进行现场调查和听证;与工程项目各方协商,了解争端的原因与存在问题;确定 DAB 对争端的处理意见,编写报告,提交报告后可以离开现场。

合同任一方都可将来源于项目实施的任何争端(包括不同意工程师的任何决定)直接提交给 DAB 委员,同时将副本提交给对方和工程师。

DAB 在收到任一方提交材料后的 84 天内(或经 DAB 建议,在合同双方同意的时间内)根据合同协议就争端事宜作出书面决定。如果合同任一方同意 DAB 的决定,但事后又不执行,则另一方可直接要求仲裁。

如果合同任一方对 DAB 的决定不满意,可在收到决定后 28 天内将其不满通知对方(或在 DAB 收到合同任一方的通知后 84 天未能作出决定,合同任一方也可在此后 28 天将其不满通知对方),并可就争端要求仲裁。

16.6.2 国际工程仲裁

国际工程仲裁是解决国际争端方式之一，一般适用于解决两国（地区）间关于法律性质的争端，通常由当事方根据事先或事后签订的仲裁协定或某些条约中的仲裁条款，将争端交由双方选定的仲裁人所组成的仲裁法庭依照一定的程序审理，审理的结果（即裁决）为最后决定，双方均应服从。除上述为解决专案而组成的临时性仲裁法庭外，国际尚有常设仲裁法庭。

国际仲裁的提出须遵循：任何诉诸仲裁以解决国家（地区）间争端的约定构成一项法律义务，必须诚实地予以履行；这种约定产生自当事双方之间的协议，得涉及现有的争端或之后发生的争端；约定必须载于一件书面文件内，不论该文件采取什么形式；本规范规则向争端当事方建议的程序不应属于强制的性质，除非有关各方以仲裁协定或以其他形式的约定同意采用这些程序；当事各方在仲裁法庭的一切程序上应处于平等地位。

《承认及执行外国仲裁裁决公约》规定，由于自然人或法人间的争执而引起的仲裁裁决在一个国家的领土内作成，而在另一个国家请求承认和执行时，适用本公约。在一个国家请求承认和执行这个国家不认为是本国裁决的仲裁裁决时，也适用本公约。我国 1986 年 12 月加入该公约。该公约目前已有 150 多个缔约国家和地区，外国执行中国的涉外裁决将依据该公约规定的条件办理。在执行程序上各国依其国内法律的规定，但对裁决的审查都限于该公约规定的理由。

16.6.3 国际工程诉讼

诉讼作为解决国际法律纠纷的最终手段之一，在解决国际工程纠纷过程中也起到一定作用。但是不同于国际仲裁的是，诉讼在解决国际法律纠纷时的管辖权，既可以依双方当事人的协议约定获得，也可以依法院所在地的司法主权按照最密切联系的原则获得。因此，在国际工程法律纠纷中，如双方当事人未约定仲裁或仲裁协议无效的情况下，将通过国际诉讼的方式来解决争议，但国际诉讼涉及的平行管辖、区域法律冲突等很多法律问题仍然存在，从主张权利的一方来说，极少选用诉讼方式。

国际诉讼管辖权是指法院对某一涉外民事案的审判权限。确认涉外民事案件的管辖权是法院审理案件的前提，是行使国家主权的具体体现。为了更好地保护本国当事人的合法权益，各国都在设法扩大本国的管辖权。

参加或共同诉讼是指第三国参加诉讼。这又包括两种情况：第三国认为案件诉讼可能影响其法律性质的利益可以提出请求参加诉讼，由法院决定是否准许；诉讼涉及条约解释时，诉讼当事国以外该条约其他缔约国有参加诉讼的权利。如果参加了诉讼，法院判决中对于该条约的解释同样对该参加国具有拘束力。

中止诉讼是指在判决最后宣告前，争端各方达成不再继续诉讼的协议，法院停止该诉讼。

中国企业境外投资法律法规知识点导图如图 16-1 所示。

16.7 "一带一路"倡议推动构建人类命运共同体

16.7.1 中国的"一带一路"倡议

2013 年 9 月，习近平主席在访问中亚四国期间，在哈萨克斯坦首次提出共建"丝绸之路经济带"的构想。同年10月,习近平主席在访问印度尼西亚期间,又提出共建"21世纪海上丝绸之路"的构想。"丝绸之路经济带"与"21世纪海上丝绸之路"构想共同构成"一带一路"倡议。2022年,党的二十大报告将"推进高水平对外开放"作为加快构建新发展格局,着力推动高质量发展的五大重要任务之一,并强调推动共建"一带一路"高质量发展。

作为负责任的发展中大国,中国始终坚持把共建"一带一路"作为对外开放和对外合作的总规划,作为中国与世界实现开放共赢路径的顶层设计。共建"一带一路"倡议提出十余年来,中国在政策沟通、设施联通、贸易畅通、资金融通、民心相通等五个重点方面积极构建合作平台、签订合作协议、推进项目建设等,整体取得了重大成就。"一带一路"合作从亚欧大陆延伸到非洲和拉美地区,与150多个国家、30多个国际组织签署共建"一带一路"合作文件,举办3届"一带一路"国际合作高峰论坛,成立了20多个专业领域多边合作平台。

16.7.2　"一带一路"倡议取得的显著成效

"一带一路"倡议提出以来,"六廊六路多国多港"互联互通架构基本形成,"陆海天网"四位一体互联互通格局不断完善;我国依托双多边机制和区域合作平台,与共建国家不断加强对外贸易、多边金融和数字经济合作,加深了各国经济共荣互享,为全球经济增长注入强大动力;持续深化的友城合作和人文交流,让民心相通基础更加稳固。

瓜达尔港作为中巴经济走廊的关键节点,在共建"一带一路"倡议带动下,港口基础设施得到显著改善,已建成拥有3个5万吨级泊位的多用途码头,港口已具备全作业能力,2023年上半年完成集装箱吞吐量1162标准箱,散货吞吐量50.68万吨。与港口相连的东湾快速路通车,新国际机场建设进展顺利,提升了瓜达尔港的国际连通性,为地区经济发展打下了坚实基础。

中欧班列是连接亚欧大陆的重要物流通道,是我国参与"一带一路"建设、实施对外开放的重要运输平台。班列的年开行数量由最初的不到20列增长至超过1.2万列,年均增速达到108%,累计运送货物货值超过1600亿美元。截至2023年年底,中欧班列累计开行超过8.5万列,覆盖欧洲25个国家的219个城市。这些数据充分展示了中欧班列在促进亚欧贸易、提升物流效率、加强国际合作等方面发挥的关键作用。

红豆集团主导开发的柬埔寨西哈努克港经济特区,通过不断完善基础配套设施建设,提升产业承接能力,优化产业结构,引入来自中国、欧美、东南亚等国家及地区的企业(机构)180家,解决就业岗位近3万个,2023年累计实现进出口总额33.62亿美元,同比增长34.86%,占柬埔寨进出口贸易总额的7.18%,已形成国际工业园区规模,成为当地经济发展的"火车头"和民众的"金饭碗"。

16.7.3　中国将为构建人类命运共同体作出更大贡献

十余年来,共建"一带一路"倡议从理念到行动,从愿景到现实,开展了更大范围、更高水平、更深层次的区域合作,致力于维护全球自由贸易体系和开放型世界经济,推动文明交流互鉴,彰显人类社会共同理想和美好追求,为世界和平发展增添了新的正能量。

未来,高质量共建"一带一路"要继续以构建人类命运共同体为目标,以习近平主席提出的全球发展倡议、全球安全倡议和全球文明倡议为指引,持续凝聚国际社会广泛共识,在更大范围、更宽领域、更深层次推动国际合作,推动全球治理体系朝更加公正合理的方向发展,引领人类社会共同走向更加美好的和平之路、繁荣之路、开放之路、创新之路和文明之路。

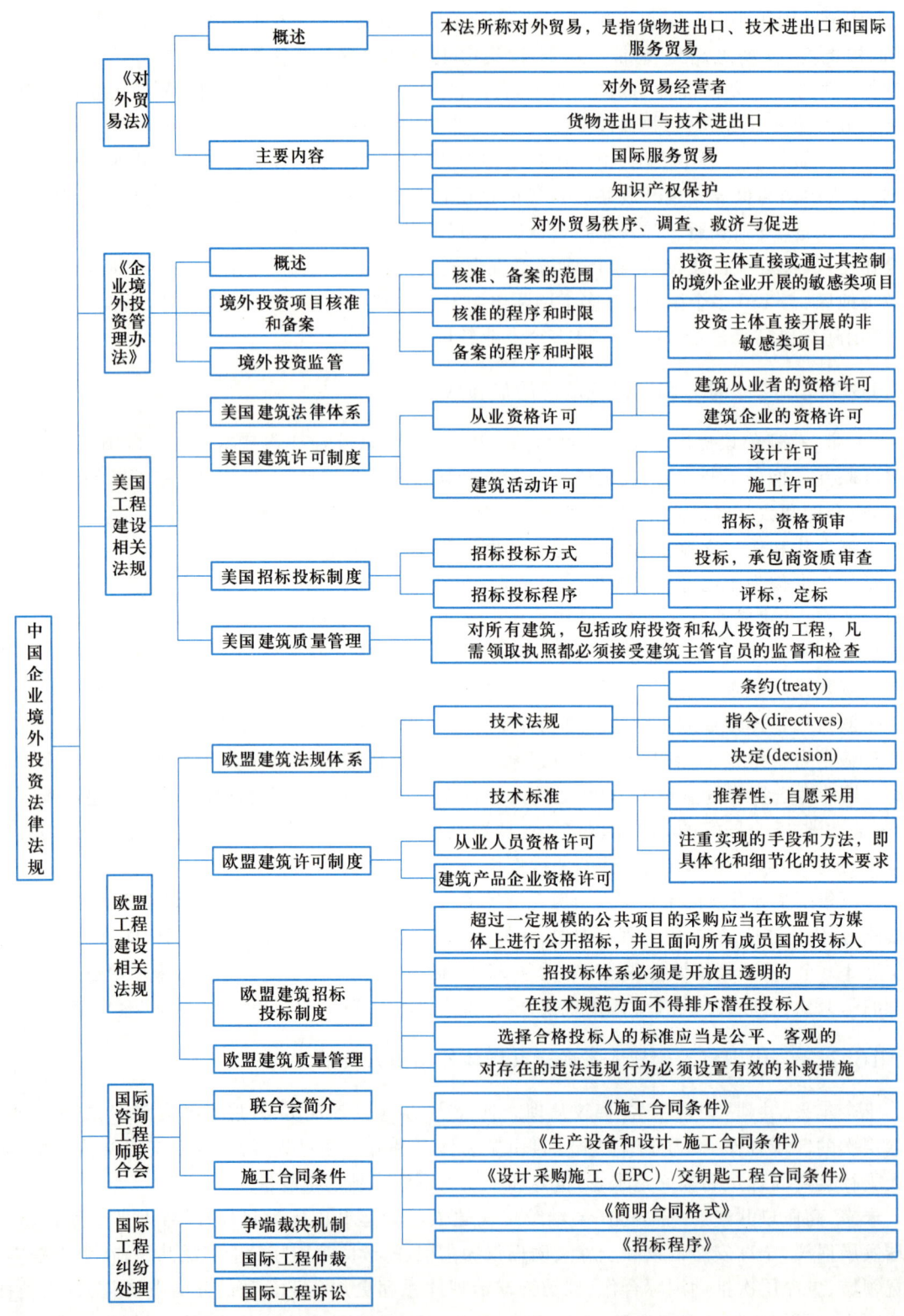

图 16-1 中国企业境外投资法律法规知识点导图

1. 《对外贸易法》的主要内容有哪些?
2. 境外投资项目核准的范围和程序是什么?
3. 境外投资项目备案的范围和程序是什么?
4. 比较美、欧等国的招标投标制度与我国有何区别。
5. 比较美、欧等国的工程质量管理与我国有何区别。
6. 国际工程纠纷解决的思路是什么?
7. "一带一路"倡议对我国建筑业"走出去"有什么影响?

第16章 案例　　第16章 测试题及参考答案

参考文献

[1] 吴胜兴.土木工程建设法规[M].北京:高等教育出版社,2003.
[2] 吴胜兴.土木工程建设法规[M].2版.北京:高等教育出版社,2010.
[3] 吴胜兴.土木工程建设法规[M].3版.北京:高等教育出版社,2017.
[4] 吴胜兴.土木工程建设法规[M].4版.北京:高等教育出版社,2020.
[5] 中华人民共和国国务院新闻办公室.中国特色社会主义法律体系[M].北京:人民出版社,2011.
[6] 全国一级建造师执业资格考试用书编写委员会.建设工程法规及相关知识[M].北京:中国建筑工业出版社,2024.
[7] 全国二级建造师执业资格考试用书编写委员会.建设工程法律法规选编[M].北京:中国建筑工业出版社,2024.
[8] 邱跃,苏海龙.全国注册城乡规划师职业资格考试辅导教材(第十六版):第3分册:城乡规划管理与法规[M].北京:中国建筑工业出版社,2023.
[9] 中国房地产估价师与房地产经纪人学会.房地产制度法规政策[M].北京:中国建筑工业出版社,2022.
[10] 全国中级注册安全工程师职业资格考试用书编写组.安全生产法律法规[M].哈尔滨:哈尔滨工程大学出版社,2018.
[11] 中国建设监理协会.建设工程监理相关法规文件汇编[M].北京:中国建筑工业出版社,2023.
[12] 宋宗宇.建设工程法规概论[M].3版.重庆:重庆大学出版社,2021.
[13] 顾永才.建设法规[M].6版.武汉:华中科技大学出版社,2021.
[14] 董良峰,李幽铮,张友志.建设法规[M].3版.南京:东南大学出版社,2022.
[15] 陈辉华,王青娥.建设工程法规[M].2版.武汉:武汉大学出版社,2020.
[16] 齐红军.工程建设法规[M].北京:北京理工大学出版社,2020.
[17] 余滢.建设工程法规实务[M].北京:中国水利水电出版社,2023.
[18] 刘黎虹,潘慧冰.建设法规教程[M].北京:化学工业出版社,2021.
[19] 陈东佐.建设工程法规概论[M].北京:化学工业出版社,2020.
[20] 李凯峰,田芳,花尉攀.建设工程法规[M].西安:西安电子科技大学出版社,2022.
[21] 王冠.建设工程法规[M].北京:北京理工大学出版社,2021.
[22] 陈会玲,郭海虹.建设工程法规[M].3版.北京:北京理工大学出版社,2022.
[23] 徐勇戈,宁文泽.建设法规[M].2版.西安:西安交通大学出版社,2022.
[24] 崔建鑫,董文涛.建设工程法规[M].北京:北京理工大学出版社,2022.
[25] 鲁正,李庭辉.建设工程法规[M].2版.北京:机械工业出版社,2023.
[26] 王照雯,王友国,车金枝.建设法规[M].3版.大连:大连理工大学出版社,2023.
[27] 马楠.建设法规与典型案例分析[M].北京:机械工业出版社,2023.
[28] 廖志浓.建设法规与案例分析[M].北京:机械工业出版社,2024.
[29] 王小艳,余亚斌.建设工程法规及案例分析[M].2版.武汉:华中科技大学出版社,2024.
[30] 全国二级建造师执业资格考试历年真题+冲刺试卷编写委员会.建设工程法规及相关知识:历年真题+冲刺试卷[M].北京:中国建筑工业出版社,2024.

郑重声明

高等教育出版社依法对本书享有专有出版权。任何未经许可的复制、销售行为均违反《中华人民共和国著作权法》,其行为人将承担相应的民事责任和行政责任;构成犯罪的,将被依法追究刑事责任。为了维护市场秩序,保护读者的合法权益,避免读者误用盗版书造成不良后果,我社将配合行政执法部门和司法机关对违法犯罪的单位和个人进行严厉打击。社会各界人士如发现上述侵权行为,希望及时举报,我社将奖励举报有功人员。

反盗版举报电话 (010) 58581999 58582371
反盗版举报邮箱 dd@hep.com.cn
通信地址 北京市西城区德外大街 4 号
高等教育出版社知识产权与法律事务部
邮政编码 100120

防伪查询说明

用户购书后刮开封底防伪涂层,使用手机微信等软件扫描二维码,会跳转至防伪查询网页,获得所购图书详细信息。

防伪客服电话 (010)58582300